M0057079

Das Anliegen dieses Buches

In sozialpädagogischen Einrichtungen werden Medien in vielfältiger Weise genutzt. Das ist uns oft nicht bewusst: Eine Praktikantin liest morgens in der Tagesstätte den zuerst eintreffenden Kindern aus einem Bilderbuch vor. Ein fünfjähriger Junge bringt – obwohl in der Gruppe andere Regeln herrschen – immer wieder einen Gameboy mit in die Einrichtung. Ein Gruppenteam bereitet ein Sommerfest vor und sucht Kassetten aus, die dort abgespielt werden sollen. Im Jugendzentrum sind die Foto-AG und das Internetcafé die beliebtesten Angebote.

Medien sind in der sozialpädagogischen Praxis nicht nur reichhaltig präsent, sondern es gibt zu den einzelnen Aspekten der Medienpädagogik mannigfache kontroverse Standpunkte. Dies deutet sich schon in den kleinen Beispielen an: Lesen wird meist positiv bewertet. Die Gruppenleiterin sieht das morgendliche Vorlesen nicht so gerne, weil sie den Kindern etwas Zeit lassen möchte, in der Gruppe anzukommen. Ein Gameboy wird in zahlreichen Tagesstätten heftig abgelehnt. Der Fünfjährige, ansonsten Außenseiter, gewinnt mit Hilfe des attraktiven Spielgeräts die Aufmerksamkeit der anderen Kindern in seiner Gruppe. Wir geraten unversehens in die Diskussion darüber, ob und wie Mediennutzung pädagogisch sinnvoll ist.

Die Praxis zeigt, dass die Beschäftigung mit Medienerziehung für angehende Erzieher/-innen und für andere sozialpädagogische Berufe immer wichtiger wird.

Deshalb gehört das Fach in mehreren Bundesländern zur Ausbildung oder die Thematik wird in anderen, geeigneten Unterrichtsfächern mit angesprochen. Das vorliegende Buch ist für beide Fälle als begleitendes Lern- und Arbeitsbuch gedacht. Natürlich kann es auch nach der Ausbildung zum Orientieren und Nachschlagen benutzt werden.

Der Band deckt den Querschnitt der Anforderungen breit ab und enthält deshalb sowohl ausführliche theoretische Kapitel als auch konkrete Anleitungen zur aktiven Medienpraxis. Dabei ist es möglich, Stoff auszuwählen und Schwerpunkte zu setzen. Lehrer/-innen, die dies möchten, können jedoch dem zu Grunde liegenden Kurs folgen. Das Buch orientiert sich an der Ausbildung in Phasen, die in verschiedenen Länderlehrplänen vorgesehen ist und von der neuen KMK-Rahmenvereinbarung im Sinn prozesshaft orientierter Ausbildung aufgegriffen wird. Den Phasen entsprechen in diesem Buch vier Ebenen:

- Ebene 1 geht vom eigenen Verhältnis der Erzieher/-innen zu den Medien aus und befasst sich mit den Medien an sich, den Medienmachern und den Grundlagen der Medienpädagogik.
- Ebene 2 richtet den Blick auf das Verhaltens der Kinder und Jugendlichen und stellt die Medienrealität, die Funktion von Medien, ihre reale Nutzung und ihre Wirkung dar.
- Ebene 3 wendet sich dem Konzept des pädagogischen Handelns zu und beschäftigt sich mit Medienerfahrung, Medienerleben und Medienerkennen. Hier sind zahlreiche Beispiele und Anleitungen für die konkrete Medienpraxis integriert.
- Ebene 4 schließt eine Reflexion sowie die Beurteilung von Medien an, was konkrete Kriterienlisten einschließt.

Dieser thematische Aufbau des Buches ist aus der auf den beiden folgenden Seiten abgedruckten Übersicht zu den Schwerpunkten näher ersichtlich. Er hilft auch Benutzern, die ein konkretes Thema suchen.

Der didaktische und methodische Aufbau des Buches ist an einem differenzierten Unterrichtsgeschehen orientiert. Dazu ist der fortlaufende Text in Fakten, Positionen, Gespräch und Weiteres gegliedert, was durch Piktogramme auch optisch deutlich gemacht wird.

Ebene 1

Ausgangspunkt:
Die Leser/-innen als angehende Erzieher/-innen bzw. Pädagogen sind voll und ganz in die Medienrealität einbezogen. Aspekte der Selbsterkennung und Informationen über Medien stehen im Vordergrund.

Aspekte…

- Was ist Wirklichkeit?
- Beeinflussen Medien das Verhalten?
- Meinungsaustausch über Medien: Was zählt dazu, welchen eigenen Standpunkt haben wir? Wie nutzen wir Medien?
- Erziehungswirkung, -funktion von Medien, medienbiografischer Ansatz
- Medienpädagogische Einführung: Wirkung, Nutzung, Umgang
- Medienpädagogische Kompetenzen
- Medienpädagogik ist interdisziplinär

…behandelt in Kapitel

1	Darstellung der Wirklichkeit
2	Medien beeinflussen das Verhalten
3	Meinungsaustausch
4	Lebensläufe, Lebensgeschichten
5	Was ist Medienpädagogik
6	Die Quellen der Medienpädagogik

Ebene 2

Ausgangspunkt:
Die Medienrealität der Kinder und Jugendlichen steht im Vordergrund und wird unter vielfältigen Aspekten betrachtet.

Aspekte…

- Wahrnehmung und Wirkung – das Dreieck von Realität, Medium und Persönlichkeit
- Rechtliches Umfeld, Schutz
- Gesellschaftliche Funktionen, Massenmedien, Aufträge der Medien
- Art und Umfang der Mediennutzung, Freizeitverhalten, Fernsehforschung
- Bereiche, Felder, Themen und Theorien der Medienwirkung auf Kinder und Jugendliche
  – Bereiche: Wahrnehmung, Emotion, Kognition
  – Felder: Kinder und Fernsehen, Kinder und Werbung, Journalismus (mit angegliedertem Praxisteil zum Selbst-Schreiben), Identität, Sprache
  – Themen: Geschlechterrollen, Ängste, Gewalt (in Fernsehen, Zeitschriften, Comics)
  – Theorien: Ursache – Wirkung, Wirkung – Nutzen, Interaktion, Wirkung von Medieninhalten

…behandelt in Kapitel

1	Die soziale Realität der Medien
2	Medien, Rechte und Gesetze
3	Medien haben gesellschaftliche Funktionen
4	Mediennutzung und Medienwirkungen
5	Bereiche der Medienwirkung
6	Felder der Medienwirkung **Praxis Schreiben**
7	Themen der Medienwirkung
8	Theorien der Medienwirkung

Ebene 3

Ausgangspunkt:
Das pädagogische Handeln steht im Vordergrund: Vermittelt werden fachwissenschaftliche Fundierung, didaktisch-methodische Planung und handlungsorientierte Kenntnisse zu den einzelnen Medien. Es werden konkrete Anregungen für die Umsetzung gegeben und erprobte Projekte vorgestellt.

Aspekte...	...behandelt in Kapitel
• Didaktisch-methodische Grundlagen: Grundraster von Medienprojekten, Handlungsrepertoire von Erzieher/-innen, Gruppenprozesse und soziales Erleben, Planungszirkel	1 Die Rolle der Erzieherin/des Erziehers in medienpädagogischen Erlebnis- und Lernprozessen
• Detaillierung anhand der exemplarischen Vorstellung eines Projekts, Ableitung systematischer Anforderungen an Projekte (Anschaulichkeit, Aktivität, Lebensnähe, Altersgemäßheit)	2 Die Entstehung einer vertonten Geschichte – Ein Beispiel eines Medienprojekts
• Kenntnisse und deren Umsetzung in Projekte für die verschiedenen Medien auf unterschiedlichen Altersstufen	3 Grundlegende (medien-)pädagogische Überlegungen
– Technik allgemein, Tontechnik	4 Aktive und kreative Medienarbeit
	4.1 Die Auseinandersetzung mit Technik
	PRAXISTEIL: Mit Technik experimentieren, Tonstudio und Fotolabor einrichten
– Grundlegendes zum Fernsehen	4.2 Fernsehproduktion
– Hörspiel, Hörerlebnisse	4.3 Hörspielproduktion und Hörspieltechnik
	PRAXISTEIL: Hörmedien auswählen, Hörexperimente, Hörprojekte, Musikprojekt
– Fotografieren, Fototechnik, Fotogeschichten	4.4 Fotografieren und Fototechnik
	PRAXISTEIL: Fotoübungen, Perspektive, Fotogeschichten und Fotodokumentationen
– Audiovisuelle Medien (Film, Video)	4.5 Die Technik der Audiovisuellen Medien
	PRAXISTEIL: Experimente zum Sehen, Einführung in die Film-/Videoaufnahme, Projektbeispiele
– Multimedia, Neue Medien, Computer, Cyberspace	4.6 Multimedia und die Neuen Medien
	PRAXISTEIL: Spielerische Übungen, Zugang zum Computer
• Verhältnis von Kunst und Medien, Nutzung klassischer und neuer Medien für künstlerische Aktivitäten (eigene Projekte mit Kindern und Jugendlichen, Auseinandersetzung mit Kunst)	5 Mit Medien kreativ sein – Medien-Kunst
	PRAXISTEIL: Gestalten mit Fotos, Installationen, Medien in Museen

Ebene 4

Ausgangspunkt:
Im Mittelpunkt steht, Medien und den (eigenen) pädagogischen) Umgang damit zu reflektieren. Das eigene Handeln soll pädagogisch professionalisiert werden, wozu nun auch der Aspekt der Kooperation (mit Teammitgliedern, mit Eltern) dazugenommen wird.

Aspekte...	...behandelt in Kapitel
• Medienpädagogisches Verhalten pädagogisch einordnen und Medienlernprozesse reflektieren und dokumentieren.	1 Die Reflexion medienpädagogischer Aktivitäten
• Elternarbeit einbeziehen und im Team handeln.	2 Impulse zum Austausch mit Eltern und anderen Erwachsenen
• Begründete Kriterien für die Beurteilung von Medien entwickeln (mit Kriterienlisten für Medien und Medieninhalte).	3 Gedanken zur Medienethik und der Beurteilung von Medien

Inhaltsverzeichnis

Bedeutung der Symbole

Fakten

(Begriffe, Definitionen, Erklärungen, zugleich Lernstoff)

Im Gespräch

(Beispiele, Berichte, Zusätze – darüber soll gesprochen werden)

Literaturtipp

(Bücher, Artikel, Broschüren, Medien zum Vertiefen)

Medienarbeit

(Anregung und Anleitung zur aktiven Medienpraxis)

Nachschlagen

und Nachhaken (Fragestellungen und Materialien zur Vertiefung)

Positionen

(Thesen, verschiedene Perspektiven zum Thema – zeigt bestehende Diskussionen auf und regt zur Diskussion an)

Ebene 1

Medien, Medienmacher, Medienpädagogen

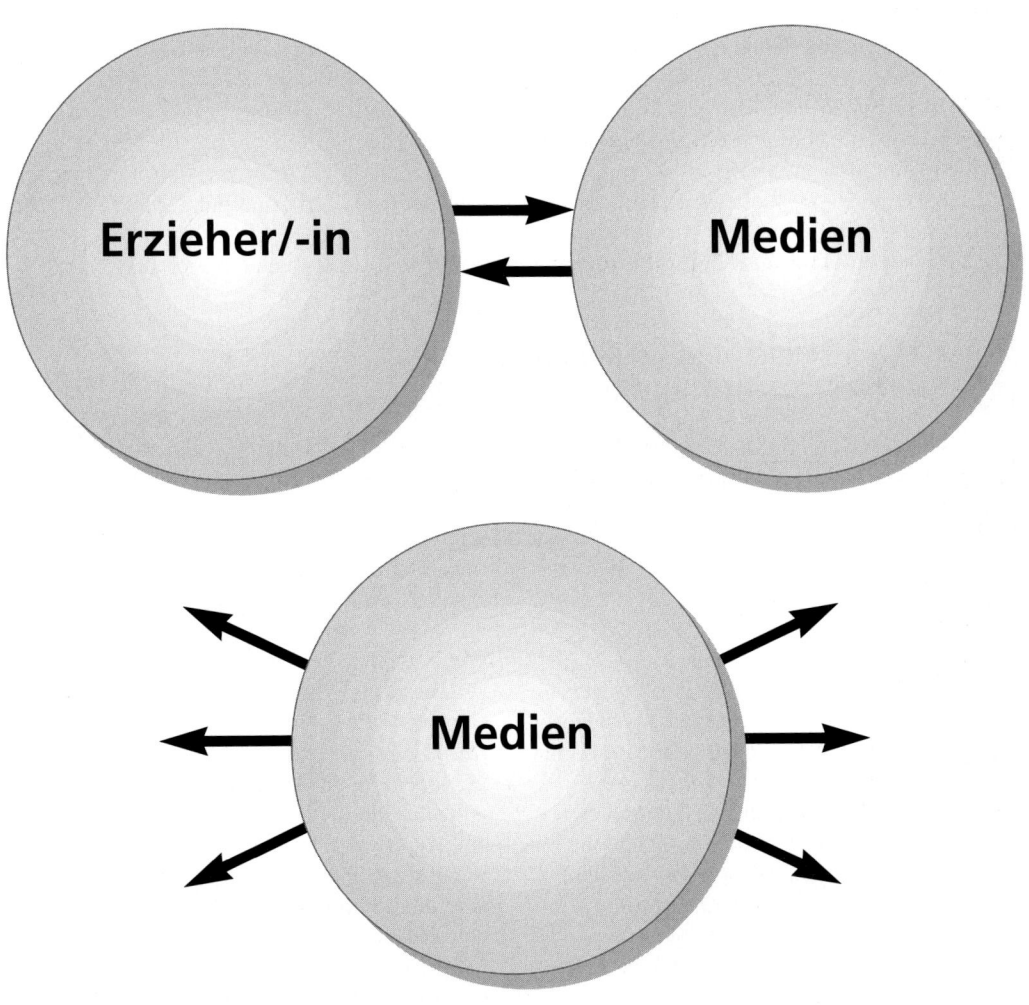

1 Darstellung der Wirklichkeit

1.1 Teile des Ganzen

Positionen

Die ganzheitliche Darstellung der Wirklichkeit mit allen relevanten Aspekten und Zusammenhängen überschreitet die menschliche Auffassungsgabe bei weitem.

Bei allen Darstellungsversuchen einer Wirklichkeit haben wir es immer mit Ausschnitten zu tun. Die Ansprüche, Methoden und Darstellungsverfahren können noch so ausgereift, differenziert und präzise sein, ein allumfassendes Bild liefern sie nie.

Unter dieser gedanklichen Voraussetzung zeigen Medien, Medienmacher/-innen und Medienpädagoginnen »ihren« Ausschnitt als Teil des Ganzen auf. **Die Darstellung der Wirklichkeit** durch die Medienwelt ist mit einem Mosaik vergleichbar. Viele Aspekte werden zusammengetragen und in mehr oder weniger enge Verbindung gebracht. **Viele Mosaikstein-**chen ergeben so ein immer deutlicheres Bild.

Es ist möglich, über einen Ausschnitt der Wirklichkeit nachzudenken, der das eigene Interesse leitet. Menschen haben die Möglichkeit, auf hohem kognitiven Niveau, angestoßen durch unmittelbar Wahrnehmbares, eigene **schöpferische Erkenntnisse** zu entwickeln. Die Abstraktion des Wahrnehmbaren führt zu einer Einsicht über das Ganze beziehungsweise über den Teil des Ganzen, der uns zugänglich ist. Es ist auch möglich, Ausschnitte der Wirklichkeit zu beschreiben und mit der Hilfe von Medien zu verarbeiten. Zusammenhänge werden dargestellt, erkannt und interpretiert.

1.2 Erkenntnisse über »die Medien«

Die Arbeit im Bereich der Medienpädagogik ist eng mit den Vorstellungen über den Sinn der Erziehung gekoppelt.
Sie beschäftigt sich mit erkennbaren Einflüssen der Medien und deren Bedeutung für die Erziehung. Dies beinhaltet die Suche und Zuordnung bedeutsamer und irrelevanter Einwirkungen auf das Erziehungsgeschehen.
* Medien haben im Alltag objektiv erkennbare Einflüsse. Die Zeit, die ein Kind, Jugendlicher oder Erwachsener mit Fernsehen verbringt, lässt sich beispielsweise exakt messen.
* Medien haben aber auch veränderliche (= labile) und unterschwellige (= latente) Einflüsse. Sie werden beispielsweise „gerne" oder „ungerne" genutzt oder bestimmte Inhalte haben für den einen Menschen eine große Bedeutung und ein anderer interessiert sich kaum dafür.

Die einzelnen Erkenntnisse über »die Medien« ergeben nur dann einen Sinn, wenn bei dem jeweiligen Menschen das Bewusstsein geschaffen wird, dass auch viele Erklärungen einer beobachtbaren Erscheinung immer weniger beinhalten, als die Erscheinung selbst.

Die Auseinandersetzung mit Medien wirkt sich besonders in interpersonalen und intrapersonalen Aspekten aus.
Im pädagogischen Alltag bedingen sich viele »Erscheinungen« gegenseitig. Eine Voraussetzung der Medienerziehung ist also die Berücksichtigung der Umfeldeinflüsse wie Beziehungsstrukturen, Gruppenklima oder Gestaltung der Räume, in denen Erziehung stattfindet, usw. Eine weitere Voraussetzung bilden die Einflüsse der Persönlichkeit. Sie sind untereinander verwoben und wirken auch auf die

äußeren Bedingungen ein. Medienerziehung basiert in diesem Verständnis auf den Voraussetzungen der Beteiligten, auf deren Individualität, Fähigkeiten und Möglichkeiten.

> *Erzieherinnen und Erzieher bringen ihre Persönlichkeit in den Erziehungsalltag ein. Mit ihren Einstellungen, ihrem Stil und ihrer individuellen Art, an die Theorie und die Praxis der Erziehung heranzugehen, sind sie Angelpunkt des Erziehungsgeschehens.*
>
> *Die Erzieherpersönlichkeit steht nicht still. Sie kann reifen.*

Erzieherinnen und Erzieher erwerben durch ihre **Ausbildung** und ihre Erfahrungen spezifische Verhaltensweisen, die eine gewisse Kontinuität des Erziehungsgeschehens mit sich bringen. Einige **Verhaltensmöglichkeiten** werden im Erziehungsalltag wohl einschleifen, andere entwickeln sich während des Geschehens neu oder sind zumindest Variationen gewohnter Handlungen. Erzieher/-innen haben eine sehr viel **breite**re **Handlungsbasis**, als sie selbst wissen und Außenstehende vermuten. Verschiedene Eigenschaften, Charakterzüge beziehungsweise Komponenten der Persönlichkeit einer Erzieherin oder eines Erziehers fließen immer wieder mit in das Alltagsgeschehen ein.

Verschiedene Elemente der Medienpädagogik sind sehr stabil und können vor anderen pädagogischen Bereichen bestehen.
Dazu gehört beispielsweise das Nutzen der Aktivität, Emotionalität, Sozialität oder Impulsivität. Andere Elemente sind wahrscheinlich eher variabel oder verändern sich kontinuierlich. Dazu gehören vor allem technische Systeme und Details. In diesem Buch werden nicht die Techniken der Medienarbeit im Mittelpunkt stehen, sondern die Menschen, die durch, mit und von den Medien »lernen«. Es geht um die Kinder, Jugendlichen, die Erwachsenen und besonders um Erzieherinnen und Erzieher und die Einflüsse der Medien auf das pädagogische Alltagsgeschehen.

Im Zusammenhang mit der Medienerziehung werden die Persönlichkeitskomponenten **Handlung und Verhalten** und besonders die **individuellen Überzeugungen** bedeutsam. Über diese Bestandteile wird eine Annäherung an den Alltag der Medienerziehung gesucht.

Erwachsene haben ihren Prozess der Identifikation verinnerlicht und besitzen damit eine **Orientierung in der Welt**, die sie überschaubar und beurteilbar macht. Mit diesem scheinbaren Vorschuss erziehen wir neue Generationen, immer in dem Bewusstsein, sie nach unseren Vorstellungen zu beeinflussen und zu formen. Wie ernst ein Kind in diesem Prozess genommen wird, zeigt sich auch daran, wie mit seiner Zukunft umgegangen wird. Hinterfragen Sie immer wieder, wie ernst Ihnen die Arbeit mit den Kindern und Jugendlichen ist…

am Beispiel der
Medienpädagogik.

2   Medien beeinflussen das Verhalten der Menschen

Glauben Sie eigentlich, was in der Zeitung steht?

Alle Erziehungsbemühungen von Medien unterlaufen?

Wie aus gut unterrichteten Kreisen zu erfahren war, ist der Vormarsch der hinterhältigen Medien nicht mehr aufzuhalten. Wenn die Friedensverhandlungen wieder nicht zu einer Einigung führen, bleibt der Pädagogik nichts anderes übrig, als zu kapitulieren.

In der pädagogischen Tradition wurde immer wieder vor den Gefahren der Medien gewarnt. Rousseau äußerte bereits im 18. Jahrhundert die Angst, Bücher könnten junge Menschen auf Abwege bringen. Für den Zeugen seiner Zeit waren Bücher das Werkzeug, das Kinder in ihr Unglück stürzt.

Zu Beginn des 20. Jahrhunderts warnten Pädagogen vor dem negativen Einfluss der bewegten Bilder.

Kinofilme wurden als entwicklungsschädigend eingestuft. Noch heute behaupten viele Vertreter der Pädagogik, Medien haben eine überwiegend negative Dynamik:

Alle Erziehungsbemühungen werden durch die Medien unterlaufen.

Die Kritik bezieht sich gleichermaßen auf Comics wie auf Fernsehen, Video und natürlich auch auf den Computer.   td

Medien beeinflussen den Alltag der Menschen bis in die einzelnen Lebensbereiche.
Wir nutzen täglich Medien. Und dies in einem gewaltigen Ausmaß. Medien wie Fernsehen, Video, Videogames oder Computer sind eine scheinbar unerschöpfliche **Quelle für Informationen** jeglicher Art. Die Informationseindrücke werden von uns **bewusst** ausgewählt, indem wir beispielsweise entscheiden, welchen Film wir anschauen, nachdem wir uns über seinen Inhalt informiert haben. Andere Informationsinhalte begegnen uns allerdings eher **verdeckt**. Wir hören Radio beim Frühstück, hören Musik im Kaufhaus oder gehen an Werbeplakaten vorüber.

Medien sind für die Menschen da, nicht die Menschen für die Medien.
Allgemeine Überlegungen zur Wirkung und Nutzung von Medien, können sich nicht alleine auf die Zeit beschränken, während der Medien direkt und aktiv genutzt werden. Es ist nicht sehr aussagekräftig, wenn ich weiß, wie lange Kinder durchschnittlich mit Fernsehen oder Jugendliche mit dem Lesen einer Zeitschrift beschäftigt sind.

Die Integration der Medien in das alltägliche Denken und Handeln ist von Bedeutung. Pädagoginnen können die Herausforderung der Mediengesellschaft annehmen und mit ihrer Erziehungspraxis und Bildungspraxis aktiv darauf eingehen.
Die Kritik an Medien spielt eine wichtige Rolle. Sie kann durch die bewusste Reflexion über die individuellen Auswirkungen ergänzt werden. Schließlich können wir die aktive Auseinandersetzung mit Medien anstreben.

Die bewusste Reflexion über die Wirkung von Medien wird oft in zwei scheinbar getrennten Lebensbereichen angesiedelt.

Gehen wir einmal davon aus, dass es **eine reale Welt** gibt, die sich voll und ganz von **einer künstlichen Medienwelt** unterscheidet. Ist diese Trennung in unserer zweifellos von Medien geprägten Gesellschaft sinnvoll?
Ein Beispiel:
Ist das Gefühl, das ein Kind bei einem Ausflug in den Park empfindet, anders als das Gefühl, das es beim Lesen eines Bilderbuchs oder beim Anschauen eines Films hat?

Fakten

Die unmittelbare Wahrnehmung, die sinnliche Erfahrung des Alltags, kann in unserer Gesellschaft nicht von der Medienrealität abgekoppelt werden.

Wie wirken Medien nun tatsächlich auf den einzelnen Menschen und die Gesellschaft?

In den frühen Jahren, als Medien noch nicht so verbreitet waren wie heute, konnte nicht die Rede von Massenmedien sein. Im Gegenteil, die zu dieser Zeit so wichtige Zeitung war nur einer speziellen Bildungsschicht vorbehalten. Die intellektuellen Mediennutzer der Frühzeit gingen natürlich davon aus, dass sich ihr **Horizont mit Hilfe der Medienerfahrungen erweitert.** Bildung war ohnehin ein Privileg. Wer Zeitung lesen konnte, war in einer Sonderstellung, war gebildet und hob sich von der Masse ab.

Übertragen auf heute könnte das heißen, dass diejenigen, die mit dem Multimediaangebot umgehen, zur intellektuellen Elite der Gesellschaft zählen.

Im Alltag erfahren immer mehr Menschen, unabhängig von ihrem Alter, grundlegende Informationen von, mit und durch Medien. Die teilweise **elementare**n **Erfahrungen** machen es unmöglich, zu entscheiden, welche einzelne Wahrnehmung basal ist, welcher Lernerfolg bodenständig oder welches Gefühl ursprünglich ist bzw. welche Erfahrungsinhalte aufbauen oder die **Ableitungen** sind.

Medien bieten sinnliche Erfahrungen.

Dazu müssen sie nicht bis in die kleinsten Details technisch ausgetüftelt sein wie der Cyberspace, in dem ich mich mit Hilfe eines Computers und entsprechender Geräte in künstlich animierten Welten bewegen kann. Bereits ein **Foto** vermittelt optische Eindrücke, die nachwirken können. Ein Film bietet optische und akustische Informationen, die manche Inhalte ebenso umfassend darstellen können wie die reale Erfahrung.

Es werden vor allem Stimmungen transportiert. Medien können demnach real erlebt werden und sie können nachwirken.

Ein Beispiel:

Wer hat nicht schon einmal bei einer ergreifenden Szene das Buch beiseite gelegt und zum Taschentuch gegriffen? Wer musste nicht beim Anblick eines witzigen Fotos schmunzeln? Zittern wir nicht ab und zu mit einer Fernsehheldin mit, die nur knapp einem Attentat entgeht?

Anregungen

a) *Sammeln Sie Ihre Eindrücke zu den beiden Fotoszenen. Machen Sie Ihre Empfindungen an den Details der Abbildungen fest. Vergleichen Sie Ihre Einschätzung mit denen anderer!*

b) *Suchen Sie, z.B. in Zeitschriften, weitere Bildpaare, die ähnliche Empfindungen auslösen.*

Der tägliche Umgang mit Medien hat aus wissenschaftlicher Sicht Einfluss auf alle Persönlichkeitsebenen eines Menschen.

Gefühle und Einstellungen können ebenso beeinflusst werden wie kognitive Strukturen, soziale Handlungen und motorische Abläufe. Für Erzieherinnen ist es besonders interessant, an welcher Stelle Medien ihren Einfluss geltend machen.
- Sind Medien beispielsweise für die Entstehung von Bedürfnissen verantwortlich?
- Erhalten Medien bestimmte Bedürfnisse aufrecht oder bestätigen sie Wünsche, die an anderer Stelle entstanden sind?
- Wie machen Medien ihren Einfluss geltend? Sind Menschen den Medien hilflos ausgesetzt oder können sie Medien bewusst und aktiv nutzen?
- Beeinflussen die Medien die ganzheitliche Persönlichkeit eines Menschen oder immer nur Teile?

Die entsprechenden Erkenntnisse helfen bei der Entscheidung darüber, welche pädagogischen Prozesse sinnvoll sein können.

2.1 Medien in unserer Zeit

Zwei kleine Mediengeschichten

▼ „Gehen wir heute ins Kino?", fragt Jens seine Freundin. „Ich muss erst meine Erzieherin fragen. Die sind hier im Heim manchmal schlimmer, als meine Eltern zu Hause es waren", beschwert sich Anne. Jens regt sich auf. „Das kann denen doch egal sein. Deshalb bist du doch ins Heim, damit die Alten nicht immer reinquatschen." „Das dachte ich auch. Die wollen aber alles besonders gut machen. Und Filme halten die sowieso für Schund. Heide, meine Gruppenleiterin, macht mich immer an: 'Lies doch mal ein gutes Buch. Von dem Videoquatsch wirst du noch blöd.' Die gehen mir echt auf die Nerven."

▼ Von weitem ruft Claudia ihrem Sohn Frank zu: „Hallo, mein Schatz. Was hast du denn heute im Kindergarten gemacht?" Frank ist ganz aufgeregt, er weiß nicht, wo er anfangen soll. „Zuerst habe ich mit Jessica »Riesenland« gespielt. Dann wollten Ursel und Ali auch mitmachen. Plötzlich war die halbe Gruppe dabei. Frau Spärlich hat uns zugeschaut. Als ich mit Jessica zwischendurch gefrühstückt habe, hat sie sich zu uns gesetzt. Da hatte sie eine prima Idee. Sie hat gefragt, ob wir unser Spiel auf Video aufnehmen wollen. Sie leiht für heute Nachmittag eine Kamera aus. Ich bin schon ganz gespannt, wie das funktioniert."

 Positionen zur Bedeutung von Medien
Kinder und Jugendliche haben einen anderen Zugang zu Medien als erwachsene Menschen.

Medien – ein Begriff, der unterschiedliche Meinungen und Positionen hervorruft.
Die Meinungen Erwachsener reichen von Begeisterung bis Ablehnung, manchmal sogar sehr rigoros.

„Unsere Medienlandschaft macht Kindheit kaputt" oder „Kinder können nicht mehr so sein, wie sie wollen. Sie können nicht mehr aufwachsen, wie sie es brauchen." Treffen solche Einstellungen zu?

Zugegeben, Kindheit ist heute auf jeden Fall anders als vor hundert Jahren. Aber anders muss nicht automatisch schlechter sein und Erzieherinnen haben gerade die Aufgabe, das Erwachsenwerden unter den heute gegebenen Umständen mit zu gestalten.

Eine erste Skizze pädagogischer Positionen soll die Bandbreite der medienpädagogischen Einstellungen verdeutlichen. Es gibt…

…**absolute Mediengegner,** die ignorieren, dass es Medien in unserer Gesellschaft gibt, und sie rigoros nicht nutzen bzw. nicht realisieren, dass sie einige Medien in Gebrauch haben;

…**unreflektierte Mediennutzer,** Medienbefürworter, die alle Medienerscheinungen gut finden, aber kaum über Wirkungen nachdenken und manchmal nicht über die bestehenden Möglichkeiten Bescheid wissen;

…**kritisch-aktive Mediennutzer,** die den eigenen Umgang mit Medien reflektieren und gezielt auswählen und prinzipiell für verschiedene Medien offen sind.

Die persönliche Auseinandersetzung mit Medien ist für Erzieher/-innen unerlässlich.
Wer in einem pädagogischen Feld arbeitet, darf keine Stereotype übernehmen, sondern muss sich individuell mit dem Begriff »Medien« auseinander setzen. Der beginnt mit den Fragen:

Was bedeuten Medien für mich?
Was rechne ich alles zu den Medien?
Wie ist mein eigenes Medienverhalten?

Erzieher/-innen müssen sich von Anfang bewusst machen, zu welchem Standpunkt sie im Hinblick auf Medien tendieren.
Dieser Standpunkt kann und wird sich in der Regel im Laufe der Ausbildung verschieben und das sollte ein ebenso bewusster Prozess sein.
Für eine Teilgruppe der Pädagoginnen steht im Vordergrund, dass Medien eine negative Wirkung haben können. Diese Erzieher/-innen tendieren dazu, den Umgang mit »den« Medien zu reduzieren oder zu verhindern. Zwangsläufig bleiben hier die Kinder und Jugendlichen unmündig, denn die Pädagoginnen entscheiden, was für sie gut oder schlecht ist. Vor dem Hintergrund unserer äußerst vielschichtigen Gesellschaft ist dies ein überhöhter Anspruch.

Eine andere Teilgruppe von Pädagoginnen sieht sich eher als Begleiter eines Lernprozesses, in dem Medien deshalb eine Bedeutung haben, weil sie in der Gesellschaft selbstverständlich präsent sind. Medien sind aus diesem Grund auch aus der pädagogischen Arbeit nicht wegzudenken. Diese Erzieherinnen haben keine prinzipiell ablehnende Haltung gegenüber Medien. Sie haben eine eher wertneutrale Ausgangsposition, von der aus sie gemeinsam mit Kindern und Jugendlichen Möglichkeiten und Wirkungen der Medien entdecken. (Der Begriff *begleiten* wird später noch genauer beschrieben.)

Welche Wege geht die Medienpädagogik?

Jede medienpädagogische Arbeit muss auf der realen Erfahrungswelt aufbauen.
Dabei ist zu berücksichtigen, dass es **mediale Wirklichkeiten** gibt. Menschen erleben Inhalte und Wirkungen von Medien ebenso real wie ihre unmittelbare Umwelt. Denn wir nehmen alles um uns herum über die Sinne auf. Dabei ist es zunächst nicht wichtig, ob die Figur, die wir beispielsweise als Fliege sehen, auf einem Bildschirm flimmert oder rasch „in echt" an unserer Nase vorbeisaust. Je interaktiver Medien werden, desto mehr integrieren sie sich in unsere reale Lebenswelt. An späterer Stelle im vorliegenden Buch wird ausführlich darauf einzugehen sein, dass die Unterscheidung von real und medial vermittelter Welt von Kindern überhaupt erst gelernt werden muss.

Wir nehmen jeweils den Eindruck wahr. Erst durch die Weiterverarbeitung eines Erlebnisses wird die Wahrnehmung geordnet und strukturiert. Der erste Schritt bei der Verarbeitung von Wirklichkeit ist demnach immer die *Rezeption* von Eindrücken.

Medienerziehung beginnt bei der Begleitung von Aufnahmeprozessen.
Medienerzieherinnen oder Medienerzieher hinterfragen alltägliche Rezeptionsmuster (= Aufnahmemuster) der Kinder und Jugendlichen, mitunter auch der Erwachsenen.

Folgende Fragestellungen regen dazu an, den gewohnten Umgang mit Eindrücken, vor allem Medieneindrücken, aufzubrechen und weiterzuentwickeln.

- **Was hast du gerade wahrgenommen?**
- **Wie verstehst du das?**
- **Was bewegt dich, wenn du das siehst und hörst?**

Es ist der wichtigste pädagogische Schritt, einen aktiven und reflektierten Umgang mit Medien anzuregen.
Dies geschieht, indem Medienarbeit auf die Bedürfnisse der Beteiligten eingeht. Damit sind sowohl die entwicklungsbedingten Anforderungen als auch individuelle Interessen und Fähigkeiten der Kinder, Jugendlichen und Erzieher/-innen selbst gemeint.

Literaturtipp

Postman, Neil (1991). Das Verschwinden der Kindheit. Frankfurt: Fischer.

2.2 Medienerfahrungen – ein Versuch der theoretischen Organisation

Die Zuordnung von Medieneinflüssen

Fakten

Die gesellschaftliche Realität und die technischen Entwicklungen machen es notwendig, die unterschiedlichen Medieneinflüsse voneinander abzugrenzen.

Um zu einem inhaltlichen Ordnungssystem zu kommen, das für die pädagogische Theoriebildung und die Praxis hilfreich ist, muss zunächst die Bedeutung der Kommunikation geklärt werden.

Kommunikation meint die Mitteilung oder Verständigung bzw. den Austausch von Informationen zwischen zwei „Systemen", z.B. zwischen zwei Menschen oder zwischen zwei Computern.

Die Verständigung vollzieht sich in aufeinander aufbauenden Teilschritten:

- Ein Sender besitzt eine »Information«.
- Diese Information wird in der dem Sender eigenen Art und Weise an den Empfänger übermittelt.

- Zum Zeitpunkt der Übermittlung wird aus der Information eine »Nachricht«.
- Die Nachricht wird von einem Medium übertragen. Dieses Medium kann natürlich sein (z.B. die Luft transportiert Schwingungen) oder es kann technisch sein (z.B. eine Telefonleitung mit jeweils einem Telefonapparat an den Enden).
- Der Empfänger erhält die Information und verarbeitet sie weiter.

Manche Kommunikationstechniken lassen eine unmittelbare Rückmeldung des Empfängers an den Sender zu (z.B. das Telefon), andere bieten diese Möglichkeit nur mit großer zeitlicher Verzögerung (z.B. ein Brief) oder überhaupt nicht (z.B. der Kinofilm). In diesem Fall wird der Inhalt der Nachricht ohne Rückkopplung in das Empfängersystem verinnerlicht.

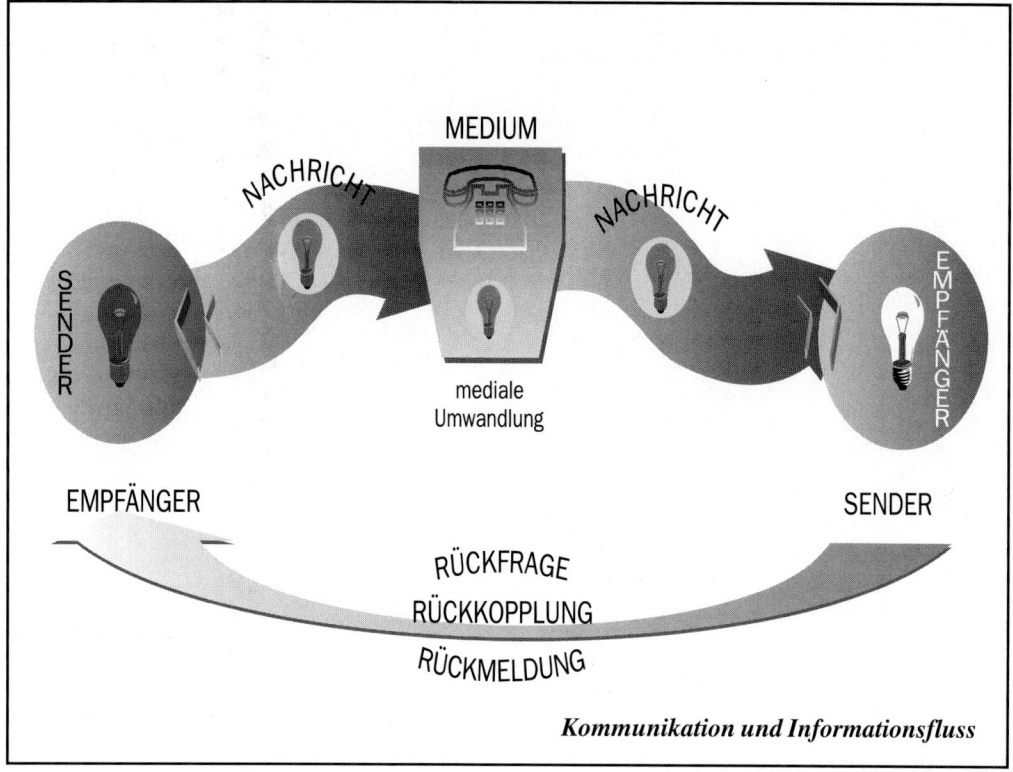

MEDIUM

NACHRICHT

NACHRICHT

SENDER

EMPFÄNGER

mediale
Umwandlung

EMPFÄNGER

SENDER

RÜCKFRAGE
RÜCKKOPPLUNG
RÜCKMELDUNG

Kommunikation und Informationsfluss

Die Kommunikation kann nur dann erfolgreich sein, wenn Sender und Empfänger über gemeinsame Zeichen und Symbole verfügen können. Dies könnte zum Beispiel dieselbe „Fachsprache" sein. Sobald Sender und Empfänger unterschiedliche Zeichensysteme haben, brauchen sie eine »Übersetzungsmöglichkeit«. Sollte auch diese nicht gegeben sein, ist eine erfolgreiche Kommunikation nicht möglich.

Aus sozialwissenschaftlicher Sicht bedeutet Kommunikation auch immer das Eingehen »sozialer Beziehungen«.

Jede soziale Aktion – zusammen spielen, lernen, nachdenken usw. – wird von Kommunikation getragen.
Die zwischenmenschliche Kommunikation ist deshalb möglich, weil jeder Mensch während seiner Sozialisation an die Kommunikationssysteme einer Gesellschaft herangeführt wird. Diese Systeme werden in folgende Bereiche gegliedert:

Primärtechniken der Kommunikation, das sind z.B. Geste und Sprache;
Sekundärtechniken, das ist z.B. die Schrift; und *Tertiärtechniken,* das sind z.B. elektronische Kommunikationsmittel wie das Telefon, der Rundfunk oder audiovisuelle Medien.

Die neuen technischen Möglichkeiten verändern gesellschaftliche Zusammenhänge.

In der öffentlichen Kommunikation wird der einzelne Empfänger mit Informationen versorgt.
Einzelne Personen oder Institutionen verteilen politische, wirtschaftliche oder kulturelle Teilinformationen. Der technische Wandel macht es heute für alle Menschen unserer Gesellschaft möglich, *relativ* unabhängig vom eigenen sozialen Status an wichtige Informationen zu gelangen. Selbst in unserer demokratischen Gesellschaft war dies nicht immer gegeben.

Ein Beispiel:
Wer 1970 von Bayern aus eine Anstellung als Erzieherin in Schleswig-Holstein gesucht hat, musste sich die regionalen Zeitungen besorgen oder brauchte zum Beispiel persönliche Bekannte in der Gegend. Heute können solche „Jobs" per Internet in wenigen Augenblicken ausfindig gemacht werden.
Durch die prinzipielle **Informationsvielfalt** ist die Kommunikation allerdings noch nicht „grenzenlos" geworden.

Information meint die Auskunft oder Nachricht. Dieser Begriff hat große Ähnlichkeit mit dem Begriff Kommunikation. Er bezeichnet aber eher das »Signal«, das einen (Kommunikations-)Prozess steuert oder regelt. Zur Erzeugung, Übermittlung und Speicherung von Informationen braucht man entsprechende technische Werkzeuge, z. B. Computertechnologie.

Beim Übermitteln von Informationen haben die Massenmedien, wie Zeitung und Fernsehen, eine entscheidende Bedeutung. Hier fließen nicht immer nur Informationen, manchmal werden sie auch unter dem Deckmantel der Informationsfreiheit verkürzt, unterschlagen oder gar verfälscht.
Die technischen und journalistischen Veränderungen wirken sich auf alle gesellschaftlichen Ebenen aus.

Zwei Beispiele:
Vor wenigen Jahren...
... wurden die meisten Briefe mit der Post verschickt. Danach hat sich das Faxgerät immer weiter verbreitet, um Texte zu versenden. Heute können Briefe per E-Mail von Computer zu Computer geschickt werden.
...wurden Kinobesucher damit überrascht, dass reale Schauspieler mit Zeichentrickfiguren im Film Seite an Seite agierten. Mittlerweile können in Kinos computeranimierte Filmhelden in komplett „künstlich erzeugten" Welten bestaunt werden.
Die neuen Kommunikations- und Informationsformen, wie das Faxgerät, der Computer oder das Bildtelefon, werden praktisch genutzt. Das Wissen wird aus weltweiten Quellen gespeist, auf die theoretisch jeder Mensch einfachen Zugang hat.

Erwachsene begleiten junge Menschen in ihrer »Medien-Sozialisation«

Die gesellschaftliche Realität verändert sich kontinuierlich.
Erwachsene unterstützen Kinder und Jugendliche, in die gesellschaftliche Realität hineinzuwachsen. Die Erziehung in Kinder- und Jugendeinrichtungen muss sich mit ihren Zielen und Methoden immer wieder dem Wandel in der Gesellschaft angleichen.

Die Gesellschaft wird von den Medien mit gestaltet. Die Entwicklung der Medien verändert kontinuierlich die Lebensbedingungen von Kindern, Jugendlichen und Erwachsenen. Die aktuellen Erziehungsziele müssen sich deshalb auch an den Medien orientieren.

Ein wichtiges medienpädagogisches Erziehungsziel, das sowohl in der Wissenschaft als auch in der Praxis genannt wird, ist die »**Medienkompetenz**«.
Die große Bedeutung der Medien für unsere Gesellschaft ist offensichtlich. Das übergreifende Ziel der Pädagogik ist es, den Kindern, Jugendlichen und Erwachsenen den aktiven Umgang mit Medien zu ermöglichen und sie entsprechend zu »bilden«. Es geht nicht darum, die Menschen so zu manipulieren, dass sie sich den Medien anpassen, oder sie auf Medien „abzurichten". Die Aufgabe der Erziehung ist es, Menschen auf ihrem Weg zum mündigen Gesellschaftsmitglied zu unterstützen.
Die Lebenswelt von Kindern wird früh durch Medien beeinflusst. Einjährige Kinder bekommen elektronisches Spielzeug geschenkt, zum Beispiel Puppen, die sprechen, oder Vierjährige beschäftigen sich mit ihrem ersten Computer. Er-

zieherinnen könnten darauf reagieren, indem sie beispielsweise möglichst früh Computerkurse anbieten und damit die Kinder auf das jeweilige Medium vorbereiten. Solche Reaktionen stellen jedoch die Bedürfnisse der Medien, oder besser gesagt der Gesellschaft, vor die Anforderungen der Kinder. Die Medienpädagogik kann aber nur dann den Aufbau von Kompetenzen sinnvoll unterstützen, wenn sie ganzheitlich angelegt ist.

Die ganzheitliche Medienpädagogik wächst mit den Anforderungen der technischen Entwicklung mit.
Erzieherinnen haben die Chance, auf die gesellschaftliche Entwicklung direkten Einfluss zu nehmen. Zum Aufbau von Medienkompetenz gehört sowohl die Förderung positiver medienkritischer Fähigkeiten als auch ethisch-moralischer Grundlagen.

Anregung

Bei der Übertragung von Informationen können sich Fehler einschleichen. Sammeln Sie Fehlerquellen, die einen Kommunikationsprozess stören können und die durch Medien verursacht sind. Entwickeln Sie Vorschläge, wie Kinder und Jugendliche auf den Umgang mit diesen Fehlerquellen vorbereitet werden können.

3 Meinungsaustausch: Medien

 Im Gespräch

Zum Umgang mit Fragebögen

Im Folgenden ist ein Bogen mit verschiedenen Fragen abgedruckt. **Lassen Sie sich auf die Fragen ein!**
Füllen Sie den Fragebogen bitte nicht im Buch direkt aus. Kopieren Sie ihn, damit Sie ihn mehrfach/bzw. wiederholt zur Verfügung haben. (Das gilt erst recht, wenn das Buch nicht Ihr Eigentum ist.)

Durch die vorgegebenen Antwortkategorien können Sie Ihre Meinung einordnen. Aber stellt sich bei Ihnen nicht, wie häufig bei Fragebögen, das Gefühl ein, dass Sie mehr zu sagen hätten, als der Bogen zulässt? Es braucht Erklärungen zu einzelnen Antworten!
Natürlich tendiert Ihre Meinung bei dem jeweiligen Punkt in eine bestimmte Richtung. Ihre

Einstellung ist jedoch differenzierter, als es ein Kreuz oder wenige Worte ausdrücken können.

Genau aus diesem Grund werden Sie hier mit den Fragen konfrontiert! Es soll bei Ihnen das Bedürfnis entstehen, sich mitzuteilen. Sie sollen nachgrübeln, sich aufregen und sich austauschen! Ist das Beeinflussung, tendiert das zu Manipulation? Natürlich! Der Fragebogen dient an dieser Stelle zwei Zwecken.

- Erstens geht es um Ihre Selbstwahrnehmung – Sie sollen sich mit Ihrer persönlichen Mediennutzung auseinander setzen.
- Zweitens haben Sie hier zugleich ein Beispiel dafür, wie ein Medium wirken, was es auslösen kann.

Persönliche Hintergründe zum Umgang mit Medien

1. Wie ordnen Sie Ihre Grundeinstellung zu »Medien« ein?

sehr positiv		↔		negativ
❏	❏	❏	❏	❏

2. Woran können Sie Ihre Einschätzung konkret festmachen?

_____

_____

3. Welche der folgenden „Materialien" aus der Kindereinrichtung gehören für Sie zu »Medien«?

	gehört dazu		↔		nicht
EinTheaterstück	❏	❏	❏	❏	❏
Ein Fernsehbericht zu den Wahlen	❏	❏	❏	❏	❏
Ein Videofilm zum Leben der Bären	❏	❏	❏	❏	❏
Ein Bilderbuch „Ich bin der Frosch"	❏	❏	❏	❏	❏
Ein Meditationsbild	❏	❏	❏	❏	❏
Eine Hörspielkassette „Biene Maja"	❏	❏	❏	❏	❏
Ein selbst bepflanzter Blumentopf	❏	❏	❏	❏	❏
Ein Zeitungsartikel zum Weltkindertag	❏	❏	❏	❏	❏

4. Gibt es Erinnerungen an Ihren eigenen Umgang mit Medien in der Kindheit, die überwiegend positiv sind? Nennen Sie bitte eine oder zwei davon! (Sie müssen sich nicht auf Kindergartenerlebnisse beschränken!)

_____

_____

5. Wie nutzen Sie Medien heute?

	häufig		↔		selten
Zur Ablenkung	❏	❏	❏	❏	❏
Zur Information	❏	❏	❏	❏	❏
Zur Weiterbildung	❏	❏	❏	❏	❏
Zur Unterhaltung	❏	❏	❏	❏	❏
Zum Ausruhen	❏	❏	❏	❏	❏
Neben einer Tätigkeit (z.B. Lernen)	❏	❏	❏	❏	❏

6. Wie viel Zeit verbringen Sie mit »Alltagsmedien« – **täglich?**

Fernsehen und Video	etwa	Minuten
Radio	etwa	Minuten
Computer	etwa	Minuten
Bücher/Zeitungen	etwa	Minuten
Insgesamt		**Minuten**

Zur Diskussion gestellt

Positionen

Die gute praktische Arbeit einer Erzieherin hängt davon ab, wie sie sich relevante pädagogische Inhalte bewusst macht. Das bewusste Arbeiten gehört in sozialen Tätigkeitsfeldern zu seriösem und professionellem Handeln untrennbar dazu.

Mit Ihrer Grundeinstellung zu Medien zeigen Sie Ihre Position an.
Sie können sich in Streitgespräche einlassen. Tun Sie das, wo es auch immer möglich ist. Die Auseinandersetzung mit anderen Positionen ist wichtiger als eine scheinbare Harmonie, die darauf beruht, dass sich alle Beteiligten ihren eigenen Teil denken. Im Ausbildungskurs und in den Teams in der Praxis werden »streitbare« Menschen gebraucht!

Durch die Auseinandersetzung über verschiedene Meinungen lassen sich Tendenzen in einer Gruppe erkennen.

Für ein Team von Erzieher/-innen entsteht erst durch diese Klärungsprozesse eine gemeinsame Handlungsbasis.

Die Antworten zu Frage 3 (»Was gehört zu Medien?«) geben zum Beispiel Aufschluss darüber, wie bewusst es den Kolleg/-innen ist, dass z.B. auch die beliebteren Bilderbücher im engeren Sinne eigentlich als Medien bezeichnet werden müssen – nicht etwa nur das Fernsehen!

Ein Austausch über die Frage 5 (»Wie nutzen Sie Medien?«) führt durch ernsthafte Gespräche im Team unter Umständen zu einem »echten« Erzieherverhalten. Wer selbst Medien gerne nutzt, sollte (trotz anderer sozialer Erwünschtheit) dazu stehen – auch den Kindern gegenüber.

Anregung

Füllen Sie den (zuvor kopierten) Fragebogen aus und notieren Sie sich Ihre spontanen Gedanken, die Ihnen zu den einzelnen Fragen in den Sinn kommen.
Suchen Sie sich Gesprächspartnerinnen und Gesprächspartner. Nehmen Sie zu den einzelnen Fragen Stellung und hören Sie die Gedanken der anderen.
Tauschen Sie sich aus, um Ihre Erkenntnisse zu überdenken und neue Ansichten zu reflektieren.

4 Lebensläufe, Lebensgeschichten – Mediensysteme, Mediengeschichten

Medien – Biografien

Fakten

Die Menschen und die reale Welt werden durch Mediensysteme, wie das Telefon, das Fernsehen, das Video und den Computer, verbunden. Die Realität wird in den Köpfen der Menschen abgebildet. Medien unterstützen diesen Prozess immer häufiger und intensiver.

Kinder, die gesellschaftliche Realitäten neu kennen lernen, erleben die verschiedenen Erscheinungen, Darstellungen und Vermittlungsformen zunächst als selbstverständlich.

Ihre **Lebenswelt ist durch die Medienvermittlung mit geprägt.** Die Qualität und Quantität unmittelbarer Erfahrungen wird durch den Medieneinfluss verändert, mitunter auch überlagert. Die Menschheit muss sich erstmals mit diesem Phänomen auseinander setzen.

Definition: MEDIATISIERUNG
Der Einfluss der Medien auf alle Lebensbereiche, ihre rasante Entwicklung und ihre Integration in inter- und intrapsychische Prozesse kann als »Mediatisierung« bezeichnet werden.

Die Mediatisierung ist offensichtlich eine prinzipielle Erscheinung unserer Gesellschaft.
Es treffen Generationen aufeinander, für die Medien sehr unterschiedliche Bedeutung haben können.

Ein Beispiel:
In einer Kindereinrichtung arbeitet Heidrun, eine Erzieherin, Mitte fünfzig, die ihre Kindheit in der Nachkriegszeit verbrachte. Als sie etwa zehn Jahre alt war, wurde die erste Fernsehsendung von der ARD ausgestrahlt. Das Fernsehen setzte sich als neues Medium langsam durch. Sie sah als Jugendliche vermutlich Filme wie „Manche mögen's heiß" von Billy Wilder, „Ben Hur" mit Charlton Heston, einen Thriller von Edgar Wallace oder einen Abenteuerfilm nach Karl May. James Dean könnte eines ihrer Idole gewesen sein. Wenn ja, gehörte sie zu den so genannten „Halbstarken". Ihre Wertvorstellungen wurden jedoch nicht von den Medien geprägt, sondern eher von den Eltern (wenn wir Historikern Glauben schenken dürfen). Sie wuchs in einer Zeit auf, in der traditionelle Lebensformen wie Ehe, Kinder, kleines Häuschen und der Wunsch nach sozialer Anerkennung für junge Menschen die Ideale waren. Die Medien spielten für Heidruns Orientierung und Selbstfindung kaum eine Rolle.

Ihre Kollegin Ursula ist Ende zwanzig. Sie war in einer Zeit ein Kind, in der die „neuen Medien" prägend waren. Der Begriff „neue Medien" war in den Siebzigerjahren eine Sammelbezeichnung für neue Formen der Informations- und Kommunikationstechnik.
Fernsehen war mittlerweile selbstverständlich geworden. Serien wie „Pan Tau", „Flipper" oder „Die Augsburger Puppenkiste" wurden von Kindern ebenso häufig gesehen wie „Daktari" oder „Der Kommissar". Neun von zehn Kindern schauten in den Siebzigerjahren mindestens fünf Tage pro Woche fern. Dazu gehörte wohl auch Ursula. Sie konnte sich auch „pädagogische" Programme anschauen: „Sesamstrasse", „Die Sendung mit der Maus" oder „Das feuerrote Spielmobil" wurden regelmäßig gesendet. Kinder schauten auch gerne „Schweinchen Dick" oder „Lassie" an. Als Jugendliche konnte Ursula Filme wie „Krieg der Sterne" oder „MASH" sehen. Ihre Idole waren vielleicht John Travolta und Olivia Newton.
Die Werte der so genannten „Wohlstandsgesellschaft" veränderten sich. Es war die Rede vom „Verfall der Werte". Die Medien hatten in diesem Prozess eine entscheidende Wirkung. Sie verbreiteten rasch und flächendeckend Inhalte, die für die Mitglieder der Gesellschaft als Orientierung dienen konnten – sie „machten" erstmals Meinung. Die Emanzipation der Frauen oder der Naturschutz bekamen auch deshalb ein großes Gewicht, weil sie zu Medienthemen wurden.

Heidrun und Ursula arbeiten in einer altersgemischten Einrichtung, mit Kindern von zwei bis etwa vierzehn Jahren. Jenny, zehn Jahre alt, ist eines dieser Kinder. Sie schaut gerne fern. Sie unternimmt aber auch gerne etwas mit ihrer besten Freundin. Fernsehen ist für sie „normal! Es gehört eben dazu." Jenny hat ein paar Lieblingssendungen. Sie mag „Spellbinder", „Verbotene Liebe" und „Alle unter einem Dach". „Ein Schweinchen namens Babe" ist im Moment ihr Lieblingsfilm. Dass es mindestens 20 bis 30 verschiedene Fernsehsender gibt, ist für Jenny auch normal. Sie findet sich gut zurecht.

4.1 Medien als Erzieher

Fakten

Die Wirklichkeit der Medien geht unter die Haut.

Die Wirklichkeit der Medien ist mehr als ein Abbild der Realität.
Die Bilder der Werbung, die Szenen der millionenfach besuchten Kinofilme vermitteln eine eigene Sinnlichkeit, die für die reale Umwelt einen Gegenpol darstellt. Sie verdichtet oder verzerrt reale Lebenssituationen wie das Wohnen, die Natur oder die öffentliche Meinung. Auch eine gewisse Skepsis gegenüber Medien kann die Tatsache nicht schmälern, dass Medien auch eine Erziehungs- bzw. Sozialisationsfunktion haben. Medien nehmen auf die Wahrnehmung intensiven Einfluss, da sie an menschliche Wahrnehmungsgewohnheiten anknüpfen.

Kritiker behaupten, dass Medien die gesellschaftliche Realität stören. Vielleicht spiegeln Medien die Realität nur wider oder reagieren eher als zu manipulieren! Sind die Medien die Ursache für die Vereinsamung mancher Menschen oder nehmen einsame Menschen das Medienangebot dankbar an, weil sie keine Alternative haben?

Die Gesellschaft oder besser die gesellschaftlichen Systeme, in denen sich Kinder, Jugendliche und Erwachsene bewegen, verlangen entsprechende Handlungskompetenzen…
… wie Reaktionsfähigkeit, Fähigkeit, Bilder

Medienerfahrungen und Bewusstsein

und Symbole zu erkennen, zu verstehen und diese zu verarbeiten.
Die allgemeine Erziehung ist ein Teil der **Enkulturation, Personalisation oder Sozialisation** eines Menschen. Sie unterstützt die Entwicklung einer Persönlichkeit in einem speziellen sozialen und kulturellen Umfeld. Unter dieser Voraussetzung müssen Kinder in der Wende des 20. zum 21. Jahrhundert auch an den Umgang mit Video und Fernsehen und anderen Technologien herangeführt werden. Auf Aufnahmefähigkeit (Rezeptionsfähigkeit) eines Menschen bauen Lernprozesse zur aktiven Gestaltung von Medieninhalten auf.

Medien haben ein adäquates Potenzial, um visuelle, kognitive, emotionale und kreative Lerninhalte zu ermöglichen.
Sie regen die Auseinandersetzung mit der gesellschaftlichen Realität ebenso an wie eine unmittelbare soziale Erfahrung, z.B. ein Gespräch zwischen Erzieherin und Kind.

Menschliche Erfahrungen werden zu Erinnerungen und prägen Einstellungen.
Die Kindheit einer Erzieherin liegt mindestens zehn bis zwanzig Jahre zurück. Die Erinnerung an die Zeit und die Gesellschaft, in der Medien nicht in dem Maße verfügbar waren wie heute, hat sich als Bewusstsein verankert.

Aspekte des Begriffs »Bewusstsein«
Nach Klatzky wird der Begriff Bewusstsein vielschichtig verwendet. Um den Einfluss von Medien auf das Bewusstsein von Kindern und Jugendlichen zu erklären, müssen wir uns klarmachen, dass das Bewusstsein einen Zustand bezeichnet, der nicht unmittelbar zugänglich ist. Es handelt sich zudem um den Zustand einer Struktur, auf die Prozesse und Handlungen einwirken.

Diese Prozesse und Handlungen können auch über Medien angesteuert werden. Eigentlich bestimmen kognitive Strukturen, in welcher Weise Umweltreize ausgewählt werden. Das Bewusstsein ist also ein Element der menschlichen Kognition.

In Anlehnung an die moderne psychologische Definition von Bewusstsein können wir folgende Bewusstseinsebenen einteilen:

- *Das Online-Bewusstsein*
Hier laufen Wahrnehmungsprozesse unmittelbar ab. Auf dieser Ebene kann der Mensch seine kognitiven und motorischen Aktivitäten direkt steuern und beeinflussen.

- *Das epistemische Bewusstsein [= erkenntnistheoretisches Bewusstsein]*
Diese Ebene ist das Endprodukt von Aktivitäten der Informationsverarbeitung, die aber nicht unbedingt bewusst erlebt werden müssen.

- *Die persönlichen Gedächtnismodelle*
In dieser Ebene des Bewusstsein werden sog. Abstraktionen gesammelt. Sie basieren auf einer großen Zahl zurückliegender Erlebnisse. Die Ordnung der Abstraktionen hängt wohl von den Inhalten ab und weniger von der Art, wie die Erlebnisse gemacht wurden.

Ein Beispiel:
Ein Kind sieht ein Pferd im Bilderbuch. Zu einem anderen Zeitpunkt hat es die Möglichkeit, ein Pferd aus der Nähe zu erleben, es reitet sogar darauf. Zusätzlich sieht es einen Fernsehbericht über Pferdeherden in der ungarischen Puszta. Alle Eindrücke werden nun zu einem abstrakten Schema »Pferd« zusammengesetzt. Das Erlebnis auf dem Rücken des Pferdes ist aber nicht unbedingt stärker berücksichtigt als der Fernsehbericht!

Wissenschaftlerinnen und Wissenschaftler gehen davon aus, dass die Erfahrung von Kindern heute zu einem „hohen Anteil" (die konkreten Angaben schwanken deutlich!) mediatisiert ist. Das würde bedeuten, dass Kindern viele **authentische Erfahrungen** fehlen, die sie zum Aufbau ihres Bewusstseins brauchen. Diese Annahme wird unter dem Stichwort „Erfahrungen aus zweiter Hand" diskutiert. Es wird davon ausgegangen, dass der Blick der Kinder auf die Welt, ihre Vorstellungen über reale Zusammenhänge in vielen Lebenssituationen nicht auf persönlich Erlebtem aufbauen. Die Handlungen der Kinder hängen dann eher von typisierten Vorgaben der Medien ab. Erwachsene müssen sich diesen Zugang zur Wirklichkeit, diese Sicht- und Handlungsweisen zuerst erarbeiten. Erst dann können sie sich auf die Begleitung von Kindern einlassen.

Das Bewusstsein von Kindern, Jugendlichen und Erwachsenen wirkt sich auf alle Persönlichkeitsebenen aus.

Die Medienwirkungen bleiben nicht an der Oberfläche einer Persönlichkeit. Sie sprechen wahrscheinlich sogar deutlich mehr Persönlichkeitsstrukturen an, als dies in gezielten Lernprozessen der Fall sein kann.

Im Bereich der Kognition werden die Wahrnehmung, das Lernen, das Denken, das Gedächtnis und die Intelligenz beeinflusst, ebenso wie die Neugier, die Fantasie und die Kreativität. Der Bereich der Sprachentwicklung, besonders das Sprachvermögen, wird durch das Bewusstsein gesteuert. Auch das Spielverhalten und das emotionale und soziale Verhalten, wie die Beziehungen zu Bezugspersonen, zu

Gleichaltrigen, die Empathie, das generell prosoziale Verhalten sind bewusst erlebte und gesteuerte Handlungsfelder.

Medien bieten für Kinder und Jugendliche in dieser Beziehung einen Ausgleich.

In den Bildungseinrichtungen unserer Gesellschaft stehen faktisch kognitive Lernprozesse im Vordergrund, selbst im Elementarbereich. Führen Medien dadurch zwangsläufig zur Flucht vor der Wirklichkeit? Nicht unbedingt! Sie ergänzen unter Umständen die Erziehung durch die Erwachsenen um Inhalte, die Kinder und Jugendliche brauchen.

Das menschliche Bewusstsein baut auf Bildern auf und formt eigene Bilder, Schemata bzw. Gestalten.

Die Aufnahme und Verarbeitung von Bildern muss erlernt werden. Sobald die Erziehung den Heranwachsenden die Möglichkeit bietet, sich auf Bilder einzulassen, unterstützt sie die **Entwicklung der Identität** (vgl. Fach Psychologie). Gerade Jugendliche formen in ihrer eigenen Kultur (= Subkulturen; vgl. Fach Soziologie), in der Jugendszene, jeweils zeitgemäße Bilderkulturen aus. Aus dem Blickwinkel der Erwachsenen scheinen die jugendlichen Subkulturen der Auflehnung und der Absonderung zu dienen. Tatsächlich bedeuten sie jedoch eine Möglichkeit, der eigenen Identität einen Entwicklungsschub zu geben.

Ein Beispiel:
Eine jugendliche „Gang" sucht sich ein gemeinsames Symbol, das sie von anderen Gruppen unterscheidet, z.B. eine Jacke mit dem Bild eines Actionhelden. Sie wollen damit ihre Zusammengehörigkeit demonstrieren. Jedes einzelne Gangmitglied macht seine Erfahrungen mit der Jacke. Ein Jugendlicher bekommt mit seinen Eltern Ärger, ein anderer beeindruckt ein Mädchen, das seine Freundin wird, usw. Beide werden entsprechend ihrer Erfahrung weiter handeln. Sie identifizieren sich nicht nur mit den Eigenschaften des Medienvorbilds, sondern verbinden reale Erfahrungen mit den Medienerfahrungen.

Das „Bewusstsein" der Medien

Die Hinwendung der Kinder und Jugendlichen zur Medienkultur wird aus ethischer Perspektive problematisiert. Eine Befürchtung kommt häufig zur Sprache:

Die Realität der Medien könnte bedeutender werden als die realen Lebenssituationen.

Die künstliche Welt der Medien könnte Kinder und Jugendliche in sich aufsaugen.

Die verdichteten, effektvollen und sensationellen Medienbilder könnten attraktiver sein als das komplexe, verwirrende und dennoch oft eintönige Leben. Erwachsene wünschen sich soziale und kulturelle Ideale als Maßstab für Medienprodukte und deren Inhalte. Medien scheinen aber eher auf die Bedürfnisse potenzieller Nutzer abgestimmt zu sein.
Das wirklich wichtige Kriterium für die Entstehung der Medienprodukte ist deren „Verwertbarkeit", z.B. die Absatzmöglichkeiten am Markt.

Die Massen von Mediennutzern haben Bedürfnisse und fragen Möglichkeiten nach, sie zu erfüllen.

Die Medien reagieren – und decken die Nachfrage ab. Gleichzeitig werden neue Bedürfnisse geweckt, die dann wieder befriedigt werden müssen. Handelt es sich hier um das einzig wahre „Perpetuum mobile"? Ist das ein Mechanismus, der dauernd aus dem „Nichts" heraus „Neues" erzeugt?

Wahrscheinlich wird der reale Alltag mit Hilfe der Medien verarbeitet.

Es gibt Menschen, vielleicht Kinder und Jugendliche in besonderem Maße, die sich in Medienklischees so zu Hause fühlen, dass sie ihr Aussehen, ihr Verhalten und ihre Sprache an ihnen ausrichten. Diese Menschen bewegen sich durch das Leben, als ob sie ständig von einem Kamerateam begleitet würden. Die Wirklichkeitsebenen können sich in der Wahrnehmung des Menschen vermischen. Das menschliche Handeln ist allerdings größtenteils an die Lebenswirklichkeit gebunden.

Der produktive Umgang mit Medien, der die Neuschöpfung eigener künstlicher Realitäten ermöglicht, bringt damit etwas Neues hervor – neue Erkenntnisse, ein neues Bewusstsein, eine **Weiterentwicklung der Identität.**

Medien bilden nicht nur ab, sie täuschen auch vor.
Bilder können wesentlich stärker blenden als Texte oder gesprochene Worte. Medien können demnach manipulieren. In dem Medium Kunst ist das teilweise sogar die erklärte Absicht. Da aber alle Medien von Menschen gemacht werden, können sie von anderen Menschen auch durchschaut werden. Es braucht nur das richtige „Handwerkszeug". Die Fähigkeit, mit Medien umzugehen, ist in unserer Gesellschaft ähnlich wichtig wie die Fähigkeit zu kommunizieren. Aus diesem Grund ist es eine medienpädagogische Aufgabe, Kindern und Jugendlichen Möglichkeiten an die Hand zu geben, die ihnen helfen, mit der Wirklichkeit der Medien umzugehen. Sie sollen mindestens lernen, Klischees als solche zu erkennen, Inhalte zu überprüfen und Intentionen zu durchschauen.

Anregung

Suchen Sie Beispiele, die verdeutlichen, dass Medien alle Bewusstseinsebenen erreichen können. Begründen Sie die Einflussmöglichkeiten aus Ihren persönlichen Erfahrungen heraus.

4.2   Medienbiografien

Die Methode und ihr Sinn

Fakten
Alle Erinnerungen, die mit Medienerfahrungen zu tun haben, sind medienbiografische Daten. Die systematische Methode der Erfassung dieser Erinnerungen heißt Biografie.

Der eigene Lebensverlauf ist voller wichtiger Ereignisse und Erfahrungen. Die Gedanken an Kindheits- und Jugenderinnerungen zeichnen eine Lebenslinie nach.
Durch eine Medienbiografie lässt sich die Einwirkung der Medien auf eine persönliche Entwicklung auskundschaften. Je systematischer dabei vorgegangen wird, desto charakteristischer wird die Sammlung. Eine solche Sammlung kann jeder Mensch für sich alleine anlegen. Durch den Vergleich vieler charakteristischer und individueller Medienbiografien ist es möglich, Ähnlichkeiten und Gemeinsamkeiten zur Nutzung und Wirkung von Medien zu erkennen. Es ist beispielsweise interessant, in einer Gruppe, z.B. in der Schulklasse, im Team oder in einer Jugendgruppe, über die einzelnen Erlebnisse zu sprechen und den Vergleich zum Gegenstand eines Projekts zu machen.

Mit Hilfe entsprechender **Filter**, wie das Alter, die Gruppe oder ein bestimmtes Medium, geben Medienbiografien über das Aufschluss, was Medienerlebnisse auslösen können.

Die medienbiografische Methode ist eine qualitative Vorgehensweise.
Die Auslese der Medienerinnerungen kann nach verschiedenen Systemen stattfinden:

Das Sortieren der Medienerinnerungen:
*   **Der Filter Lebenslauf:** In der persönlichen Entwicklung vom kleinen Kind über das Schulkind zum Jugendlichen und das Er-

wachsenwerden und Erwachsensein, spielen Medien unterschiedliche Rollen.
Welche Gefühle haben die Medien bei mir geweckt, die bis heute nicht vergessen sind? Welche Wünsche hatte ich als Kind und welche Träume als Jugendlicher? Welche Werte sind als Erwachsener für mich wichtig und welche Rolle spielen dabei die Medien? ...

- **Der Filter Medien:** Die Medienangebote spielen im individuellen Lebenslauf ebenso eine Rolle wie ihre Auswirkungen. Sie entwickeln sich parallel zu den Lebenslagen der Menschen weiter. Die Technik und die Vielfalt des Angebots formen auch die Auseinandersetzung mit den Medien. Die Entwicklungsgeschichte der Medien ist ein ebenso nützlicher Anhaltspunkt wie die individuellen Nutzungsmöglichkeiten.
Welches Medium ist mir zuerst bewusst begegnet? Ein Bilderbuch, eine Hörspielkassette, das Radio, das Fernsehen, Zeitschrif- *ten, Comics... ? Wann konnte ich mir ein entsprechendes Gerät (das erste eigene Radio, der Gameboy, das Handy...) leisten und was bedeutete das für mich? ...*

Das Sammeln und Festhalten der Medienerlebnisse:

- Es ist möglich, über die Erlebnisse nachzudenken und die Gedanken anderer im Gespräch mitzuteilen. Mit der Unterstützung „alter" Tonkassetten, Fotografien, Zeitschriften, Filme ... werden die Memoiren lebendig. Beim Hören und Sehen vollzieht sich eine Art Rückblende, die sehr anschaulich und überzeugend in die eigene Vergangenheit führen kann.
- Die Medienerfahrungen können auch in frei formulierten Texten aufgeschrieben oder auf Tonband diktiert werden. Die Tonbandaufzeichnungen können natürlich auch in Schriftstücke übertragen (= transkribiert) werden.

 ### Nachschlagen

Aus der wissenschaftlichen Diskussion um Medienbiografien ergaben sich wichtige Erkenntnisse bezüglich der Bedeutung und Wirkung von Medien.

Die Erlebnisse, die ein Mensch mit und durch Medien hat, sind immer mit anderen Sozialisationserfahrungen verbunden.
Bei der Interpretation der Sammlungen muss berücksichtigt werden, dass die Medieneinflüsse auf eine Persönlichkeit durch die Einwirkung anderer Menschen, der Lebensumstände und der jeweiligen Lebenssituation mit geprägt werden.

Ein Beispiel:
Ein junger Mann erinnert sich daran, wie er versucht hat, im Kino den Arm um seine Freundin zu legen. Diese Erinnerung taucht immer wieder auf, wenn er die Filmmusik hört oder eine der zahllosen Wiederholungen im Fernsehen sieht.

Besondere Ereignisse im realen Leben eines Menschen sind wichtiger als die Erinnerungen an Medienereignisse.

Ein Beispiel:
Die Großmutter erzählt ihrer Enkelin von der Krönungsfeier des englischen Königspaars, die im Fernsehen übertragen wurde, als der Opa gerade wegen einer Blindarmoperation im Krankenhaus lag. An die zweiundvierzigste Folge der Serie „Dallas" kann sie sich aber nicht erinnern.

Verschiedene Generationen gehen tatsächlich sehr unterschiedlich mit Medien um.
Dies liegt einerseits am Medienangebot selbst, andererseits liegt dies wohl auch an dem Angebot, das neben den Medien vorherrscht.

Ein Beispiel:
Die Urgroßmutter ist ohne das Fernsehen aufgewachsen und kann sich an Zeiten erinnern, in denen junge Leute lieber in den Wald gingen, um zu schmusen. Die Großmutter bekam ihren

ersten Kuss im Kino, das damals noch zwanzig Pfennige Eintritt kostete. Sie hat erst nach drei Jahren Ehe einen Fernsehapparat besessen. Die Mutter ist mit dem Fernsehen aufgewachsen. Sie hatte feste Fernsehzeiten, und wenn sie etwas „ausgefressen" hatte, gab es Fernsehverbot.

Damit muss die Tochter auch manchmal rechnen. Das macht ihr aber nicht so viel aus, weil sie dann mit ihrem Computer spielt. Manchmal geht sie auch mit Freunden ins Kino. Oder sie trifft sich mit der Natur-Aktionsgruppe im Wald. Dort bleibt sie auch schon einmal etwas länger, um mit ihrem neuen Freund zu „knutschen".

Medien sind mehr als nur ein Zeitvertreib.
Sie sind Orientierungspunkte und fixe Begleiterscheinungen in der Entwicklung eines Menschen. Sie aktivieren Emotionen und Bedürfnisse, die sie dann aber nur zum Teil befriedigen.

Ein Beispiel:
Ein vierzehnjähriger Jugendlicher setzt sich für die Rettung der Wale ein. Er war von dem Engagement eines Filmhelden derart begeistert, dass er ihn nachahmen will. Er kann sich an die Handlung des Films nicht mehr genau erinnern. Eine Szene, in der der Wal über einen Deich springt, kann er aber bis ins kleinste Detail nacherzählen.

Medien reizen auch zur Konfrontation mit Inhalten oder dem sozialen Umfeld.

Ein Beispiel:
Eine sechzehnjährige Jugendliche erinnert sich daran, dass sie mit ihren Eltern jeden Samstagabend „Das Wort zum Sonntag" ansehen musste. Heute hat sie keine Lust dazu, samstags nur aus diesem Grund um zehn Uhr zu Hause zu sein. Und außerdem findet sie die „bigotten Reden dieser Fernsehheiligen" (O-Ton) veraltet und unecht.

Medienbiografien haben etwas Nostalgisches, etwas Analytisches, etwas Grundlegendes, etwas Allgemeines und etwas sehr Subjektives. All diese Elemente und noch viele mehr machen es interessant und sinnvoll, sich mit ihnen zu beschäftigen.

Ein ausführliches Beispiel

Ein dreißigjähriger Erzieher erzählt:

In meiner Kindheit mochte ich gerne…

Ich war etwa fünf Jahre alt. Meine Mutter erlaubte mir, alleine vor dem Plattenspieler zu sitzen. „Onkel Tucas Lieder und Abenteuer aus dem Bananenparadies" war aufgelegt. Das war eigentlich ein Werbepräsent einer Firma, die Bananen importierte. Während Onkel Tuca davon erzählte, wie die Bananen zuckersüß auf der Zunge zerliefen, betrachtete ich das Bild auf der Plattenhülle: Auf einem Foto waren Palmen und ein Weg zu sehen. Auf dem Weg lief ein weiß gekleideter Mann, an der Hand einen Esel, der mit großen Bananenstauden beladen war.

Ich glaube, die Melodien dieser Schallplatte haben lange in mir nachgeklungen. Die Geschichten von Papageien, Bambushütten und Indio-Kindern mit exotischen Namen begeisterten mich…

Der Plattenspieler interessierte mich sehr. Ich legte bald selbst Platten auf – ohne Hilfe der Erwachsenen. Ich fand es witzig, kleine Platten langsamer oder große Platten schneller laufen zu lassen. Ich erinnere mich, dass der Plattenspieler meiner Eltern sogar drei Geschwindigkeiten hatte. Ich stellte kleine Figuren auf den Plattenteller und ließ sie sich immer schneller im Kreis drehen…

Ich hörte viele Märchenplatten. Mir sind besonders „Die Bremer Stadtmusikanten" in Erinnerung geblieben. Wie mich das Geschrei der vier Tiere beeindruckte, als sie die Räuber aus dem Haus vertrieben! Lange wollte ich keine andere Version des Märchens akzeptieren als die meiner Platte…

Es gab Tage, da lief wohl etwa hundertmal „Ich wünsch mir 'ne kleine Miezekatze". Wums Gesang musste meine Eltern an den Rand des Wahnsinns getrieben haben. Genauso gut war „Vader Abraham mit seinen Schlümpfen". Sie grölten „Das Lied der Schlümpfe" aus dem Lautsprecher und ich tanzte dazu. Da war ich schon etwas älter, etwa sieben…

Zu dieser Zeit ging ich auch das erste Mal ins Theater. Eine Weihnachtsvorstellung. „Der kleine Muck" wurde gegeben. Eigentlich erinnere ich mich mehr an die Farbe der Sitze und der Eingangstüren. Beide waren mit grünem Stoff verkleidet. Meine Oma saß mit mir relativ weit hinten. Ein kleines Männchen mit einem überdimensionalen Turban tummelte sich auf der Bühne. Das hat mich zumindest so sehr beeindruckt, dass ich von da an selbst mit einem Turban durch die Gegend lief. Ich verkleidete mich sogar für die Tanzvorführung meiner älteren Schwester. Während sie auf der Bühne hupfte, saß ich stolz in der ersten Reihe, zusammen mit meinem kleinen Kuscheltier. Wir trugen beide einen roten Umhang, ein weißes Hemd und einen großen Turban, vorne mit einer von Mutters Perlen…

Mit meinen Eltern und meiner Großmutter haben viele Medienerlebnisse etwas zu tun.
Meine Mutter bügelte mittwochabends die Wäsche. Ich saß dabei und malte oder bastelte. Im Radio lief ein Wunschkonzert. Peter Kraus, Katharina Valente, Vicco Toriani und andere trällerten ihre Schlager.
Mein Vater schaute sich die Fernsehübertragung der Olympischen Spiele und der Fußball-Weltmeisterschaft an. Was zuerst war, weiß ich nicht mehr. Auf jeden Fall sehe ich mich neben dem Sofa am Boden sitzen. Ich baute eine Unmenge kleiner Figuren auf. Sie bekamen kleine Eishockeyschläger an die Hände geklebt oder standen auf einem grün gestrichenen Brett mit

zwei Toren. Solange mein Vater auf das Geschehen im Fernsehen achtete, spielte ich das Gesehene nach…

Bei manchen Liedern rieche ich Quittengelee oder schmecke förmlich heiße Schokolade. Das liegt wohl daran, dass ich in der Küche meiner Großmutter neben dem alten Röhrenradio saß, solange sie das Gelee kochte, oder dass es samstags am Nachmittag Kuchen und den „Blauen Bock" im Fernsehen gab…

Als Schulkind wurden die gemeinsamen Fernsehzeiten mit der Familie etwas rarer. Ich durfte nach den Hausaufgaben öfters alleine fernsehen. Ich liebte „Pan Tau", das kleine Zaubermännchen, das sich groß machen kann und auch sonst allerlei Tricks auf Lager hatte. Mit Filmen wie „Die Vorstadtkrokodile", in dem es um einen behinderten Jungen ging, der in eine Clique aufgenommen werden wollte, oder „Servus, Opa, sagte ich leise", ein Film darüber, wie ein Junge das Sterben und den Tod seines Großvaters erlebt, klangen die „unbeschwerten" Kinderjahre langsam aus.

Meine nicht ganz so wilde Jugendzeit…

Bis zu meinem zehnten Lebensjahr hatte ich etwa… ungefähr… so genau kann ich das nicht sagen – ein Buch gelesen. Die Verwandten hatten mir zwar zu jedem Geburtstag Bücher geschenkt, aber die interessierten mich kaum. Doch mit einem Schlag änderte sich alles. An meinem zehnten Geburtstag schenkte mir eine entfernte Verwandte „Kim" von Rudyard Kipling. Bis heute habe ich dieses Buch unzählige Male verschlungen. Es erzählt von der Suche eines englischen Jungen, der in Indien aufgewachsen ist und lebt, nach seiner Identität – nach dem Sinn des Lebens (sehr empfehlenswert!). Dieses Werk hat noch heute einen Ehrenplatz in meiner Bibliothek…

In die Zeit meines persönlichen Umbruchs reichen viele Erlebnisse hinein, die mit Medien überhaupt nichts zu tun hatten. Die Jugendgruppe, in der ich viele Ideale aufbauen und

ausleben konnte, die Erlebnisse mit meinem besten Freund und die erste Liebe. Aber Moment, zur ersten Liebe fällt mir doch etwas ein:
Der erste Kinofilm, den ich bewusst sah, wurde im Gemeindezentrum gezeigt. Das Mädchen meiner Träume war auch dabei. Obwohl ich eigentlich mitgegangen war, um näher an sie heranzukommen, fesselte mich „Einer flog übers Kuckucksnest" so sehr, dass ich sie beinahe vergaß… Es wurde dann auch nichts aus uns!

Während meiner Jugendjahre beeindruckten mich nur wenige Filme. Ich schaute zwar regelmäßig fern und ging ins Kino, aber die Erinnerungen daran sind relativ spärlich. Die Erlebnisse, die ich mit Freunden und Bekannten, vor allem in der Jugendgruppe, sammeln konnte, sind wesentlich deutlicher erhalten geblieben.

Die Inhalte von Büchern sind mehr haften geblieben. Erstaunlicherweise fand ich die schulische Zwangsliteratur irgendwann gut. Zwar regelmäßig erst dann, wenn sie nicht mehr Thema im Unterricht war, aber immerhin. Werke wie „Der Tod in Venedig" von Thomas Mann oder „Demian" von Hermann Hesse finde ich heute noch ansprechend.
Von Fernsehen und Kino sind mir einige

Schauspieler wichtiger als spezielle Filme. Sir Peter Ustinov ist für mich einer der bedeutendsten Schauspieler. Bei Schauspielerinnen kann ich mich nicht so eindeutig festlegen…

Und nun endlich (?!) erwachsen…

Seit ich in der Jugendarbeit aktiv wurde, bin ich viel unterwegs. Das „tragbare" Medium Fotografie wurde sehr wichtig für mich. In den Jahren haben sich mehrere tausend Fotos angesammelt.
Auch die Begegnung mit dem Fotoapparat reicht in meine Kindheit zurück. Der Freund meiner ältesten Schwester machte Fotos von mir. Er zeigte und erklärte mir, als ich etwa acht Jahre alt war, wie ein Fotoapparat bedient wird. Ich bekam bald einen eigenen Fotoapparat geschenkt, knipste anfangs in der Gegend herum und kann noch immer nicht damit aufhören…

Radio hören und Fernsehen sind mir immer noch im Kreise der Familie am liebsten. Es ist schön, samstags zum Tee einen Videofilm mit einem englischen Krimi wie „Miss Marple" oder „Hercule Poirot" anzuschauen. Ich sehe auch gerne mit meinen Kindern fern – aber nicht zu viel, ich bin ja schließlich Pädagoge…

Anregung

Sammeln Sie Ihre Medienerinnerungen und halten Sie diese fest.
Folgende Raster dienen als Leitfaden:

Inhalte	Darstellungsformen und -mittel
◆ Kindheit: in der Familie; im Kindergarten; im Hort; in Freizeitgruppen… ◆ Jugend: wann, was und mit wem ◆ Erwachsenenalter: wie oft, was und warum ◆ …	◆ erzählen ◆ aufschreiben ◆ auf Tonband aufzeichnen ◆ filmen ◆ …

Lebenslauf

Inhalte	Darstellungsformen und -mittel
◆ Bücher ◆ Kassetten ◆ Schallplatten ◆ Radio ◆ Foto ◆ Fernsehen ◆ Filme ◆ Computer ◆ …	◆ alte Fotos ◆ Bücher ◆ Zeitungsausschnitte ◆ Chroniken ◆ …

Literaturtipp

Baacke, Dieter/Sander, Uwe/Vollbrecht, Ralf (1990). Medienwelten Jugendlicher. Band 1: Lebenswelten sind Medienwelten. Opladen: Leske + Budrich.
Baacke, Dieter/Sander, Uwe/Vollbrecht, Ralf (1990). Medienwelten Jugendlicher. Band 2: Lebensgeschichten sind Mediengeschichten. Opladen: Leske + Budrich.
Rein, Antje von (1996). Medienkompetenz als Schlüsselbegriff. (Hrsg. vom Dt. Inst. für Erwachsenenbildung -DIE). Bad Heilbrunn: Klinkhardt.

5   Was ist Medienpädagogik?

Definition: MEDIENPÄDAGOGIK
Einerseits ist die Medienpädagogik die **Wissenschaft** von der Mediatisierung und deren Bewältigung durch den Menschen. Ihre Aufgabe ist die Erforschung der medialen und informationalen Umwelt. Andererseits findet und formuliert sie **pädagogische Grundsätze und Handlungsmöglichkeiten,** welche die Bewältigung des Prozesses der Mediensozialisation des Menschen betreffen.

Die theoretische Basis der Medienpädagogik

Die traditionelle Medienpädagogik stützt sich auf drei Pfeiler:

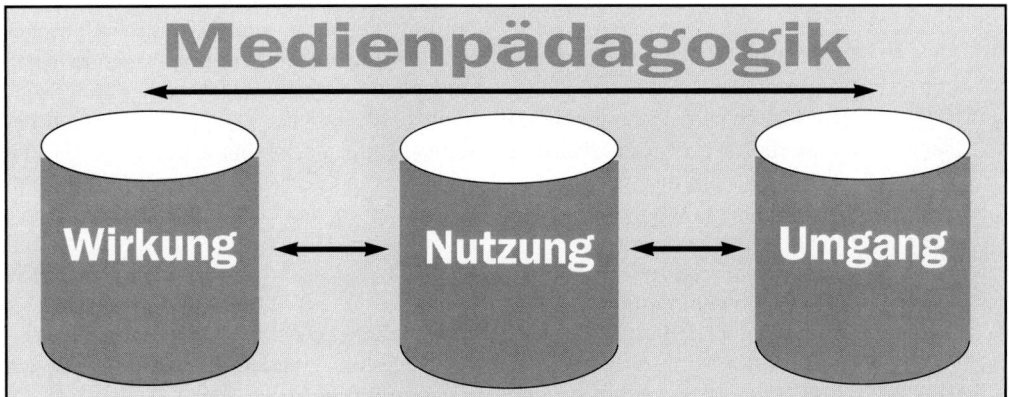

Medienwirkung

Medien sind Vermittler. Die Medienpädagogik erkennt und erklärt den Vermittlungsprozess zwischen Medien und Mensch. Hierzu zählen Erkenntnisse über die Umformung der äußeren Realität in die Medienrealität und über die Veränderung der äußeren Realität durch die Medien.

Ein Beispiel:
Medienforscher/-innen erklären, wie die äußere Realität durch die Werbung abgebildet wird, und untersuchen die Wirkung der Werbung auf die Käuferinnen und Käufer.

Mediennutzung

Die Medienpädagogik beschreibt den Umgang der Menschen mit der Medien- und Informationstechnologie. Sie macht Aussagen über die Qualität und Quantität verschiedener Nutzungsmöglichkeiten.

Ein Beispiel:
Medienpädagoginnen beobachten das Fernsehverhalten von Kindern und leiten allgemeine Verhaltensweisen davon ab. Sie machen beispielsweise Aussagen über die Häufigkeit des Fernsehkonsums oder beschreiben die am häufigsten gesehenen Inhalte.

Medienumgang

Die Medienpädagogik nennt Fähigkeiten und Fertigkeiten, die für die Auseinandersetzung und den Umgang mit Medien- und Informationstechnologien notwendig sind.

Ein Beispiel:
Erwachsene gehen häufig davon aus, dass der Konsum von Fernsehen für Kinder schädlich sei. Medienerzieher/-innen betrachten die Thesen über mögliche Medienwirkungen und bringen diese Inhalte mit dem Fernsehnutzungsverhalten von Kindern gedanklich zusammen. Aus ihren Überlegungen heraus geben sie beispielsweise Eltern Tipps, wie sie auf die Fernsehgewohnheiten ihrer Kinder einwirken können, oder sie geben Kindern Hilfestellungen, um die Fernseheindrücke besser verarbeiten zu können.

Das Theorie-und-Praxis-Problem der Medienpädagogik

Auch für die Medienpädagogik gibt es das Problem, die Theorie und die Praxis zu verbinden.

Die Medienpädagogik ist ein weites Feld. Die Koordination der drei genannten Bereiche ist teilweise schwierig. Es liegt heute kein einheitliches »Curriculum – Medienpädagogik« vor. Dies liegt wohl am ehesten daran, dass sowohl in der Theoriebildung als auch in der Praxis ein hohes Maß an Kooperation notwendig wäre, die nicht ausreichend stattfindet. Viele Forscher/-innen arbeiten zu autark und viele Pädagoginnen machen ihre praktischen Erfolge nicht publik.

Ein Nachteil dieser Situation ist es, **dass kein einheitliches theoretisches Konzept zur Wirkung oder Nutzung von Medien und zum Umgang mit ihnen** vorliegt, auf das sich die Praxis mit ihren Zielen und ihrem Handeln stützen und berufen könnte. Ein Vorteil ist es, dass in der medienpädagogischen Praxis auch gehandelt werden kann, wenn die Einzelinitiative durch eine individuell zusammengestellte theoretische Basis abgesichert ist. Ziele und Methoden müssen logisch verbunden sein. Es entstehen Praxisansätze, die handhabbar sind. Sie sind aber nicht unbedingt vergleichbar!

Ein Beispiel:
Eine Kindertagesstätte macht mit zwölf Kindern im Alter von vier bis sechs Jahren ein Fotoprojekt. Das Projekt verläuft gut. Die Kinder lernen, mit der Kamera umzugehen, sprechen sich zu den Fotothemen ab und produzieren ansehnliche Fotografien. Diese Fotos werden in einem Nebenraum, der als „Galerie" umgestaltet wurde, ausgestellt. Eine Kollegin aus einem befreundeten Team kommt zufällig vorbei und sieht die Fotos. Sie ist begeistert. Mit der Anregung geht sie in ihre Gruppe und startet ein eigenes Fotoprojekt. Nach drei Wochen gibt sie auf. Sie kommt zu keinem befriedigenden Ergebnis.

Medienpädagogische Forschung und medienpädagogisches Handeln brauchen schlüssige und vernünftige Strategien.

Erzieher/-innen können ihre Strategien auf zwei medienpädagogische Bereiche stützen. Ein Bereich ist die **Urteilsfähigkeit** der Kinder und Jugendlichen und ein zweiter Bereich ist der prinzipiell bejahende **Umgang** mit Medien.

Die Probleme und die Möglichkeiten des Individuums, der sozialen Gruppe (Familie, Gleichaltrigengruppe…) oder anderer sozialer Systeme (Stadtteil, Kirchengemeinde…) ergeben ein einfaches Raster für Themenkomplexe in der praktischen Auseinandersetzung mit der Medien- und Informationstechnologie.

Überblick über ein theoretisches Ziel- und Handlungsraster in der Medienpädagogik

Urteilsfähigkeit	bejahender Umgang
Probleme des Individuums	Möglichkeiten des Individuums
Probleme der Gruppe	Möglichkeiten der Gruppe
Probleme sozialer Systeme	Möglichkeiten sozialer Systeme

Dieses Raster muss natürlich inhaltlich gefüllt werden. Zunächst ist es sinnvoll, die Ziele der Medienpädagogik zu differenzieren und an das Raster anzubinden. Danach können Methoden und Inhalte gefunden und zugeordnet werden.

Die praktischen Beispiele in diesem Buch sollen veranschaulichen, dass letztlich jede Auseinandersetzung mit Medien die Entwicklung in einem der beiden Leitbereiche »Urteilsfähigkeit« und/oder »bejahender Umgang« begleitet und fördert.

Anregung

a) *Beobachten Sie Kinder und Jugendliche in den Praxiseinrichtungen und führen Sie mit ihnen Gespräche. Sie werden mögliche medienpädagogische Ziele für die Kinder und Jugendlichen entdecken.*

b) *Ergänzen Sie daraufhin die Beispiele zu den Zielsystemen »Kompetenzen«, »Qualifikationen« und »Lernbereiche«.*

5.1   Die Ziele der Medienpädagogik

Die Vorgaben der Lernenden

Emotion, Motivation und Kognition sind Elemente der menschlichen Persönlichkeit, die voneinander abhängen und sich gegenseitig während eines Lernprozesses beeinflussen.

Was sicherlich für alle Menschen und deren Lernprozesse gilt, hat im Umgang mit Kindern und Jugendlichen eine besondere Bedeutung. Die Lernprozesse, die Kinder und Jugendliche im Zusammenhang mit Medien erleben, sind keine rein automatischen Konditionierungsvorgänge. Die Lernenden sollen **verstehen** und Zusammenhänge **durchschauen.** Das Lernen um und mit Medien bedeutet nicht lediglich Wiedergabe zusammenhangloser Inhalte, sondern die **Einsicht** in ihre logischen Zusammenhänge. Das Lernen erfolgt nicht wahllos, sondern ermöglicht in aufeinander aufbauenden Schritten das Erfassen der medienpädagogischen Lerninhalte.

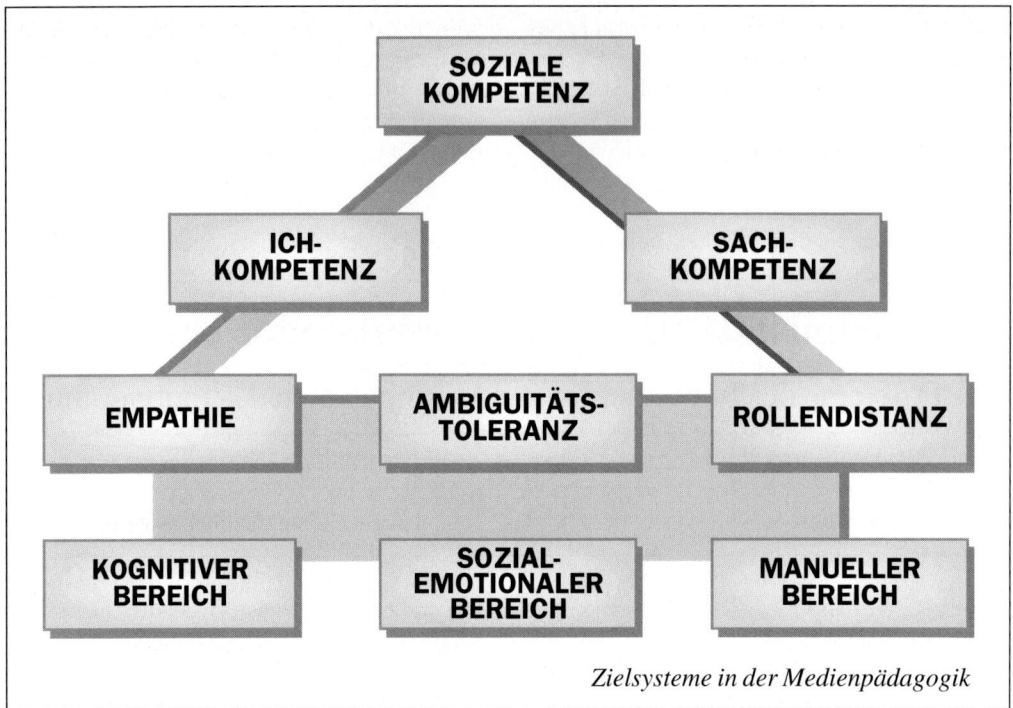

Zielsysteme in der Medienpädagogik

Die Entwicklung individueller Kompetenzen

Definition: KOMPETENZ
Kompetenz bezeichnet die Gesamtheit des Wissens und der Fähigkeiten und Haltungen eines Menschen.

Es ist wichtig, dass Medienpädagogen an den Deutungsmustern der Kinder und Jugendlichen (= Ansatz beim Individuum) anknüpfen und berücksichtigen, dass das Lernen immer mit der **Entwicklung der Identität** eines Menschen verbunden ist (Identitätslernen). In dieser Sichtweise steht die Persönlichkeit des Kindes oder des Jugendlichen im Mittelpunkt. Aus diesem Grund werden die Ziele nach verschiedenen Kompetenzen aufgegliedert.
Die einzelnen Kompetenzbereiche müssen inhaltlich gefüllt werden.

ICH-Kompetenz

- *Eigene Medienbedürfnisse und Interessen erkennen.*
- *Förderung des selbstbewussten Umgangs mit Medien.*
- *Spaß am praktischen Umgang mit Medien.*
- *Kritisch-aktiver Umgang mit Medien.*
- *Medien als Ausdrucksmittel eigener Inhalte nutzen.*
- *...*

SACH-Kompetenz

- Förderung kreativer Fähigkeiten und Fertigkeiten im Umgang mit Medien.
- Motivation zur Auseinandersetzung mit Themen der gesamten Umwelt.
- Entwicklung eigener Perspektiven der Mediennutzung.
- Kenntnisse über Medien.
- …

SOZIALE Kompetenz

- Auseinandersetzung mit der eigenen Lebenswelt (soziales Umfeld, Beziehungen, Freizeitverhalten…).
- Förderung kommunikativer Kompetenzen durch gemeinschaftliches Arbeiten und durch die Erkenntnis interaktiver Möglichkeiten der Medien.
- …

Die Persönlichkeit eines Menschen verändert sich unaufhörlich.

Die Kinder und Jugendlichen bringen Erfahrungen in einen Lern- oder Erlebnisprozess mit, die das Ergebnis ihres bisherigen Sozialisationsprozesses sind. Sie leben in einer für sie besonderen Erfahrungswelt. Dazu zählen beispielsweise ihre Familie, ihre Freunde oder ihr Wohn- und Lebensumfeld. Aus dieser Welt heraus deuten sie neue Erfahrungen. Diese **biografischen Bedingungen** der Kinder und Jugendlichen beeinflussen ihre Auseinandersetzung mit Medien.

Die Zielfindung und die Planung von Medienlernprozessen müssen auf möglichst **echten Eindrücken und Informationen über die Lebens- und Medienwelt,** der Lebensgeschichte und dem Alltag der Kinder und Jugendlichen aufbauen. Künstliche Lerninhalte oder künstliche Lernprozesse entfremden von der Realität. Gerade dieser Vorwurf wird gegen die Medien erhoben.

Die pädagogisch geleitete Auseinandersetzung mit Medien sollte Interpretationen hervorbringen, die helfen, dass die jungen Persönlichkeiten ihr Leben bewältigen.
Erzieherinnen und Erzieher sollten dazu beitragen, dass die Lösungsmöglichkeiten, die sich die Kinder und Jugendlichen erarbeiten, mit den auftretenden Problemen Schritt halten.

Erziehungsziele sollten immer legitimiert werden.
Die fachlichen Gesichtspunkte der Medientheorien sind für die Rechtfertigung von Zielen ebenso bedeutend wie die konkrete Operationalisierung der Ziele und Themen.

Folgende Aspekte können bei der Analyse von Lernsituationen helfen:

- Medienpädagogische Lerninhalte sollen Kinder und Jugendliche über mehrere Lebensphasen hinweg begleiten.
- Das Lernen und die Lerninhalte sollen für die Persönlichkeit des/der Lernenden wichtig und von Interesse sein.
- Kinder und Jugendliche brauchen erfahrungs- und erlebnisbezogene Lernprozesse, damit sie Handlungskompetenzen und Verhaltensmuster aufbauen können, die sie in ihrer aktuellen Lebenssituation nutzen können.
- Die Veränderung von Spiel-, Lern- und Lebensbedingungen soll sich auf die Lernprozesse auswirken und umgekehrt.

Die Entwicklung grundlegender Qualifikationen

Definition: QUALIFIKATION

Eine Qualifikation bezeichnet die Befähigung und Begabung eines Menschen, selbstständig und kreativ komplexe Handlungen auszuführen.

Kinder und Jugendliche setzen sich über Medien nicht nur mit ihrer Identität auseinander. Sie müssen sich auch den **gesellschaftlich**en **Anforderungen** stellen. Sie müssen sich im Umgang mit Medien verschiedenste Qualifikationen aneignen (Qualifikationslernen).

Zu den heute notwendigen Grundqualifikationen zählen die…

Empathie

- *Bedürfnisse und Interessen anderer erkennen.*
- *Aktionen und Reaktionen, die bei anderen Menschen durch Medien angeregt werden, gedanklich vorwegnehmen.*
- *Kritisch-konstruktiver Umgang mit anderen Mediennutzern.*
- *Medienverschlüsselte Inhalte erkennen und richtig deuten.*
- *…*

Rollendistanz

- *Die Wirkung von Medien auf die eigene Person erkennen.*
- *Den eigenen Umgang mit Medien selbstkritisch hinterfragen.*
- *Die Kommunikation über Medienwege mit anderen Menschen reflektieren.*
- *…*

Ambiguitätstoleranz

- *Mit den Eigenheiten von Medien zurechtkommen.*
- *Verschiedene Auswirkungen von Medien akzeptieren.*
- *Zwiespältige Situationen aushalten können.*
- *…*

Die Lernprozesse, die durch die Auseinandersetzung mit Medien durchlaufen werden, können zusätzlich über verschiedene Lernbereiche operationalisiert werden. Durch diese Zuordnung kann auch in der Medienpädagogik ganzheitliches Lernen sichergestellt werden.

Die medienpädagogischen Lernbereiche heißen beispielsweise…

Sozial-emotionaler Bereich

- *Gefühle und Stimmungen erkennen, die Medien auslösen.*
- *Inhalte mit Medien umsetzen, um bei anderen Menschen Gefühle zu wecken.*
- *…*

Manueller Bereich

- *Mit Medien spielen und ihre Mechanismen entdecken.*
- *mit Technik umgehen und lernen, sie zu beherrschen.*
- *...*

Kognitiver Bereich

- *Verstehen, wie ein Medium, z.B. ein Fotoapparat, funktioniert.*
- *Erklären, warum bestimmte Medien auf Menschen eine besondere Wirkung haben.*
- *...*

Die medienpädagogischen Ziele sind darauf ausgerichtet, Kinder und Jugendliche in ihrer Handlungsfähigkeit zu unterstützen.
In Anlehnung an die Leitbegriffe »Urteilsfähigkeit« und »bejahender Umgang« lassen sich zwei Handlungsfelder definieren:

Soziales Handeln
Soziales Handeln ist immer **interaktives Handeln.** Die Menschen, die aktiv sind, verändern sich, ihre menschlichen Bedingungen und Verhältnisse, aber auch ihr Urteil und ihren Umgang mit Medien. Zwischen den Interaktionspartnern **Mensch und Mensch** und den Interaktionspartnern **Mensch und Medium** gibt es immer ein gewisses Maß an Freiheit und Gebundenheit. Erzieher/-innen können entweder die Freiheit des Menschen oder seine Festlegung betonen.

Technisches Handeln
Jede Wirkung hat auch eine Ursache. Dieses Prinzip gilt auch für Medien, besonders für deren Technologie. Je mehr ein Mensch die Hintergründe eines Phänomens erkennt, desto sicherer wird er im Umgang mit ihm. Das medienpädagogische Handeln kann darauf gerichtet sein, die **Gegebenheiten der Medien** zu **erklären und** darüber hinaus zu **verändern.**

Literaturtipp

Deutsches Jugendinstitut (Hrsg.). (1994). Handbuch Medienerziehung im Kindergarten. Band 1: Pädagogische Grundlagen. Opladen: Leske + Budrich.
Moser, Heinz (1995). Einführung in die Medienpädagogik. Aufwachsen im Medienzeitalter. Opladen: Leske + Budrich.

6   Die Quellen der Medienpädagogik

Professionelle Medienpädagogik baut auf einem sozialwissenschaftlichen Verständnis der Mediensozialisation auf.
Zu Medien gibt es vielfältige Informationen und differenziertes Wissen. Geordnete, wissenschaftlich begründete und verständliche Erklärungen sind die Basis sinnvollen Handelns.

Alltagswissen kann zwar auch differenziert und klar darstellbar sein, es beruht aber auf zufälligen Erlebnissen.
Beide Elemente, wissenschaftliche Grundlagen und individuelle Alltagstheorien, führen zu einem breiten Handlungsspektrum.

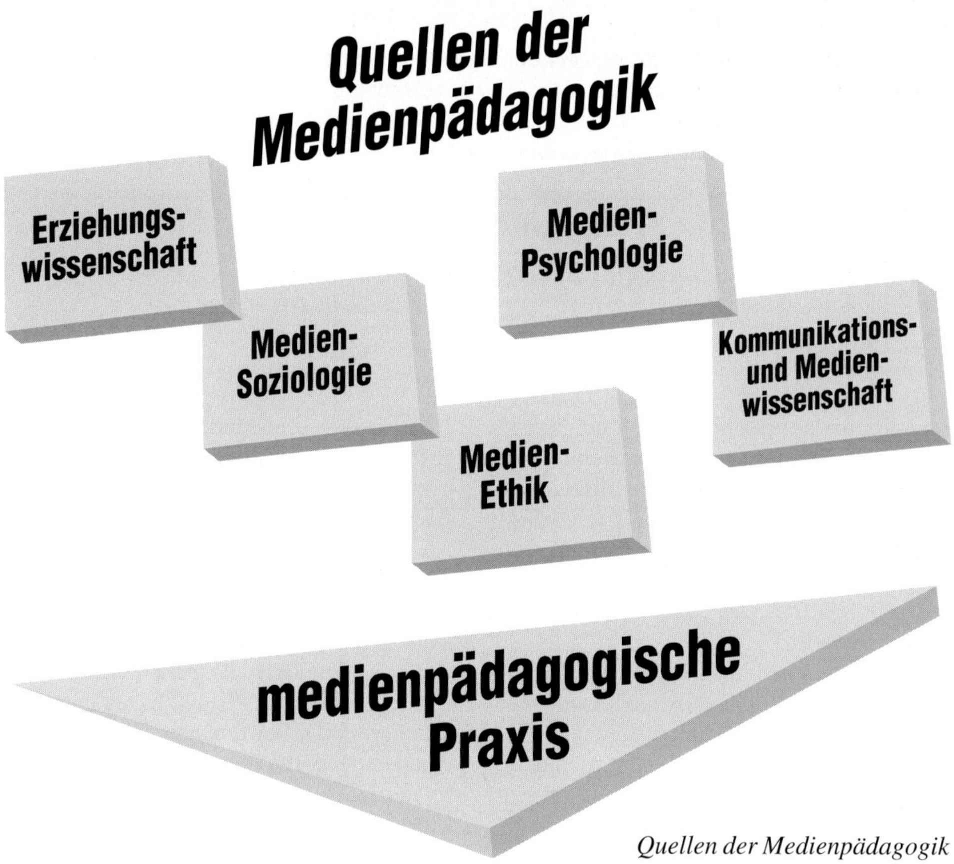

Quellen der Medienpädagogik

Erziehungs- wissenschaft

Medien- Psychologie

Medien- Soziologie

Kommunikations- und Medien- wissenschaft

Medien- Ethik

medienpädagogische Praxis

Quellen der Medienpädagogik

6.1 Die wissenschaftlichen Quellen der Medienpädagogik

Fakten

Die Erziehungswissenschaft (Pädagogik) durchleuchtet sowohl praktische als auch theoretische Aspekte der Medienerziehung.

Aus der Perspektive dieser handlungsorientierten Sozialwissenschaft werden die Ziele und Inhalte der Medienerziehung analysiert. Wissenschaftler/-innen beschreiben verschiedene Ebenen der Umsetzung (Interaktions- und Vermittlungsformen) vor dem Hintergrund der jeweiligen Rahmenbedingungen des Erziehungsalltags.

Da auch die Medienerziehung als Teil allge-

meiner Erziehungsbemühungen junge Menschen in ihrer Entwicklung begleitet, unterstützt und fördert, ist auch sie auf die ganzheitliche Entwicklung des Individuums ausgerichtet. Der einzelne Mensch wird mit seinen Persönlichkeitsmerkmalen, mit seinen Anlagen und Entwicklungsmöglichkeiten zu verantwortungsvollem Umgang mit Medien geführt. Zur Medienerziehung gehört neben der Vermitt-

lung von Wissen auch die Entwicklung von Fähigkeiten und Fertigkeiten im Umgang mit Medien. Zudem machen Erziehungswissenschaftler/-innen darauf aufmerksam, welche Persönlichkeitsebenen durch die Medienerziehung angesprochen werden; unter anderem werden folgende Ebenen angeführt:
- Wissen um Medien,
- Meinungsbildung,
- Gewissensbildung oder
- der Aufbau der Reflexionsfähigkeit.

Die Mediensoziologie beschäftigt sich mit dem Zusammenhang zwischen Mediensystemen und verschiedenen sozialen Systemen (z.B. Familie, soziale Gruppierungen, soziale Subsysteme). Der Austausch von Informationen innerhalb der Systeme oder zwischen den Systemen ist für die Soziologie von besonderem Interesse. Es wird geklärt, welchen Einfluss der Transport von Informationen auf die Funktionen dieser Systeme hat.
Aus der soziologischen Perspektive lässt sich zum Beispiel die Wirkung von Massenmedien gut erklären. Der Blick auf das Individuum würde hier keine ausreichenden Erklärungsmuster liefern.

Die Medienethik ist allgemein die Lehre vom „richtigen" Umgang mit Medien und vom „richtigen", moralisch vertretbaren medienpädagogischen Handeln im Speziellen. Ethik ist ein Teilbereich der Philosophie. Eine Aufgabe der Medienethik ist die Beschreibung der allgemeinen Vorstellungen von Sitten und Werten im Zusammenhang mit Medien. Sie beschäftigt sich beispielsweise mit dem Verhältnis zwischen „persönlicher Erfahrung" und „der Erfahrung durch mediale Informationsquellen".
Die wichtigsten allgemeinen medienethischen Themen sind…
- Wahrheitsgehalt von Medien,
- Informationsrecht gegenüber Datenschutz,
- freie Meinungsäußerung und Zensur.

Die wichtigsten „pädagogischen" Themen der Medienethik sind…
- Modelle für Heranwachsende (z.B. Vorbild Erzieherin),

- Bedrohung der kulturellen Vielfalt (z.B. Medien als Trendsetter),
- Verarmung menschlicher Fähigkeiten (z.B. Details der Umwelt werden nicht mehr wahrgenommen),
- soziale Folgen der Medien (z.B. Isolierung oder Passivität).

Obwohl kein umfassendes System der Medienethik vorliegt, können die einzelnen Fragenkomplexe zu der Erhellung von ethisch vertretbarem medienpädagogischem Handeln beitragen.

Die Medienpsychologie ist ein Element der modernen Psychologie. Die psychologischen Gegenstandsbereiche und Aufgabenfelder sind kaum einheitlich. Als Teilgebiet der Psychologie sucht die Medienpsychologie nach in einer Persönlichkeit bewussten Vorgängen, die durch Medien beeinflusst sind, und nach den resultierenden Zuständen. Dabei werden mögliche Ursachen und Auswirkungen analysiert.
Die Medienpsychologie liefert empirisch fundierte Erkenntnisse über die Zusammenhänge zwischen Medien und Individuum. Daneben finden sich aber auch geisteswissenschaftlich gewonnene Theorien zur Wirkung von Medien auf das Bewusstsein von Individuen, die Folgendes thematisieren:
- individuelle psychische Unterschiede (z.B. die Wirkung von Bildern und die Wirkung von Texten auf einen Menschen) und
- Unterschiede zwischen Individuen (z.B. Vergleich von Altersgruppen, Geschlechtern).

Die Kommunikations- und Medienwissenschaft ist interdisziplinär angelegt. Sie beschäftigt sich übergreifend mit den Themen, die in der Erziehungswissenschaft, der Psychologie, der Soziologie und der Ethik jeweils speziell zum Gegenstand werden. Die wichtigsten Ansatzpunkte sind die Erforschung…

- der Medien selbst,
- der Darstellungen, Informationen und Inhalte der Medien,
- der Adressaten von Medien,

- der Wirkung von Medien und
- der menschlichen und technischen Kommunikationsformen.

Auch wenn wir in der Praxis nicht jeden theoretischen Einzelaspekt berücksichtigen

können, sollte jede Arbeit mit Medien einen theoretischen Hintergrund haben.
Jede dieser einzelnen wissenschaftlichen Quellen bringt letztlich Anhaltspunkte für die medienpädagogische Praxis. Die einzelnen Erkenntnisse helfen, die Medienarbeit didaktisch zu analysieren und methodisch umzusetzen, zu operationalisieren.

6.2 Die Welt der Medien

Nachschlagen

Hinter der Welt der Medien steckt mehr, als uns die Wissenschaften sagen können. Medien sind immer mit Technik verbunden, egal, ob es sich um die Kunst des Buchdrucks oder die Digitalisierung von Informationen handelt. Technik lässt sich erklären und ihre historische Entwicklung beschreiben. Die Faszination aber, dass „dieses Ding da läuft", bleibt hoffentlich für alle Zeiten unerklärlich schön...

Das Fernsehen

Bevor es 1919 zum ersten Mal gelang, einfache Bilder und Buchstaben über mehrere Kilometer zu übertragen, war eine Unmenge von technischen Vorüberlegungen notwendig. Es brauchte Vorrichtungen, mit deren Hilfe ein Bild in elektronische Impulse umzuwandeln war. Zudem brauchte es eine Möglichkeit, diese Impulse auf der Seite des Empfängers wieder sichtbar zu machen. Von den ersten Versuchen, bis zu ersten öffentlichen Fernsehvorführungen in Deutschland 1925, vergingen etwa 40 Jahre. Im Gegensatz dazu dauerte es bis zur serienmäßigen Herstellung der Sender und Empfänger dann nur noch knapp zehn Jahre.
Die Entwicklung des Fernsehens, d.h. seiner Technik, wurde derart vorangetrieben, dass bereits 1920 von einem deutschen Physiker ein Patent für ein Farbbildverfahren angemeldet wurde.
Von der Selbstverständlichkeit des Fernsehens, die wir heute haben, war in den Pionierjahren nichts zu spüren. Die Übertragung von farbigen Fernsehbildern oder die Fernsehübertragung über den Atlantik war ein ähnliches Abenteuer wie die Atlantiküberquerung mit dem Flugzeug.

1967 wurde das Farbfernsehen in Deutschland eingeführt. Alle heutigen Fernsehtechniken basieren noch auf den ursprünglichen technischen Grundlagen. Die Technik wurde lediglich verbessert. Selbst das **interaktive Fernsehen,** das auf Digitaltechnik basiert, arbeitet mit ähnlichen Prinzipien. Diese Technik ermöglicht es allerdings, den technischen Empfänger (das Fernsehgerät) gleichzeitig als technischen Sender zu nutzen. Die ersten Versuche in Deutschland wurden 1993 gestartet.

Das Fernsehen verbindet Hören und Sehen.

In speziell ausgestatteten Fernsehzentren, so genannten »Studios«, werden alle Prozesse koordiniert, die zur Entstehung und zur Ausstrahlung von Fernsehbeiträgen, wie Nachrichtensendungen und Reportagen, Spielfilme, Fernsehfilme und Fernsehspiele, Gesprächsrunden und Talkshows oder Aufzeichnungen von Theaterinszenierungen usw., notwendig sind. (Einen Einblick bietet das Bild auf Farbtafel 10, S. 162.)

1935 wurde das Fernsehen in Deutschland als öffentliches Kommunikationsmittel installiert.

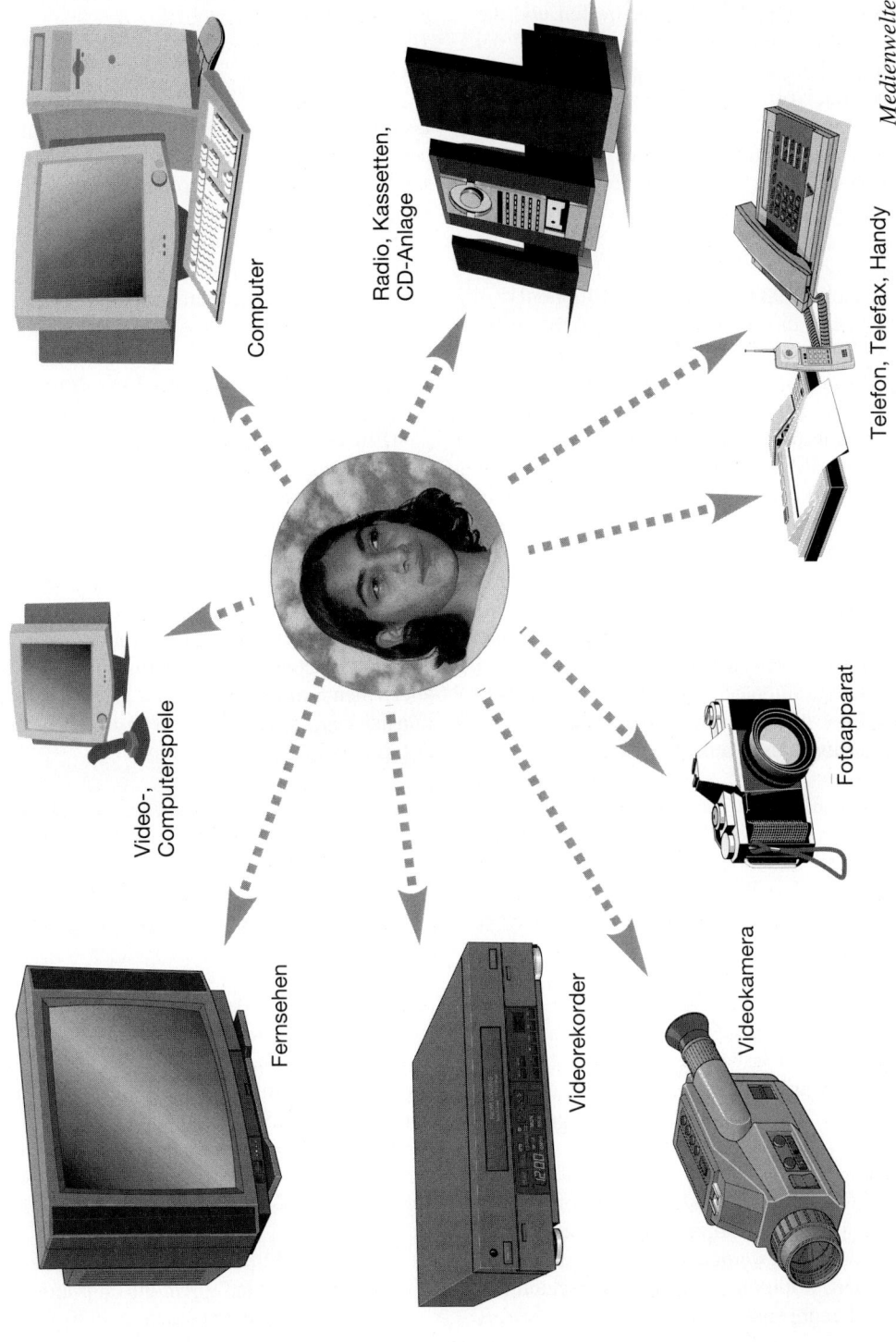

Computer

Radio, Kassetten, CD-Anlage

Medienwelten

Telefon, Telefax, Handy

Fotoapparat

Videokamera

Videorekorder

Fernsehen

Video-, Computerspiele

Zunächst gab es in Berlin die „Fernsehstuben". Dort konnten sich die Bürger treffen und das Programm gemeinsam nutzen. Während der Olympischen Spiele 1936 waren die Fernsehstuben randvoll. Nach dem Zweiten Weltkrieg wurden wieder Sendungen ausgestrahlt. Die **A**llgemeinen **R**undfunkanstalten **D**eutschlands (ARD) boten ab 1954 ein gemeinsames Programm an. Im Jahr darauf gab es etwa 100.000 Fernsehteilnehmer. Diese Zahl schnellte schon fünf Jahre später auf 4 Millionen Fernsehhaushalte hoch (1993 waren es 31,5 Millionen!).

1963 nahm die zweite große Fernsehfunkanstalt, das **Z**weite **D**eutsche **F**ernsehen (ZDF) mit Sitz in Mainz, ihren Sendebetrieb auf.

Das Farbfernsehen kam 1967 auf die bundesdeutschen Bildschirme.

Ende der 70er-Jahre und Anfang der 80er-Jahre wurden viele Haushalte an das „Kabel" angeschlossen. 1987 vereinbarten die Vertreter der Bundesländer den „Medienstaatsvertrag". Durch ihn wurde es möglich, dass neben den öffentlich-rechtlichen auch private Rundfunkanstalten ihr Programm anbieten konnten. Das Kabel und die Satellitentechnik machten es möglich, dass 1994 über die Hälfte der Haushalte mit Fernsehanschluss „verkabelt" war.

Die öffentlich-rechtlichen Anstalten sollen eine Meinungsvielfalt gewährleisten, die es den Fernsehzuschauern ermöglicht, aus mehreren Beiträgen eine eigene Perspektive zu einem Thema herzuleiten. Sie werden durch öffentliche Gelder und durch Anschlussgebühren finanziert.

Das ZDF hat 1984 den Versuch unternommen, gemeinsam mit dem Österreichischen Rundfunk und dem Schweizer Fernsehen das Satellitenprogramm 3sat zu starten, wodurch die öffentlich-rechtlichen Fernsehanstalten auf dem Satelliten- bzw. Kabelmarkt vertreten waren und noch heute sind. Die großen privaten Anbieter, wie RTL, SAT 1, Kabelkanal, PRO 7 oder VOX, sind meist in komplexen Firmenzusammenschlüssen organisiert. Die angebotenen Programme werden über Werbeeinnahmen finanziert, wodurch sie von den „Einschaltquoten" abhängig sind.

Seit 1992 umfassen die ARD elf Landesrundfunkanstalten.

Die Fotografie

Die „Lichtbildkunst" beruht eigentlich auf einer chemischen Entdeckung zu Beginn des 18. Jahrhunderts. Damals wurde erkannt, dass Silbersalze lichtempfindlich sind. Es dauerte noch etwa hundert Jahre, bis ein passendes »Fixiermittel« entdeckt wurde. Um 1840 gelang es schliesslich, den fotografischen Vorgang erfolgreich durchzuführen:

- Der erste Schritt ist die Aufnahme. Das meint den Vorgang, bei dem die Realität mit Hilfe eines optischen Geräts als Abbild aufgefangen wird.

Das wohl älteste optische Gerät, mit dem „fotografiert" werden kann, ist die Lochkamera, die Camera obscura (= lat. „dunkle Kammer"). Sie wurde bereits im 18. Jahrhundert genutzt. Die Camera obscura war wahrscheinlich schon im antiken Griechenland bekannt. Auch in mittelalterlichen Schriften wurde ihr Gebrauch ausführlich beschrieben (vgl. Kapitel 4.4 in Ebene 3, Fotopraxis).

- Der zweite Schritt ist die chemische Entstehung des Bildes. Das Abbild der Realität trifft auf ein so genanntes Negativ auf. Dort wird ein chemischer Prozess angeregt. Die Abbildung wird dann fixiert, d.h. haltbar gemacht.

Nacheinander wurden kopierbare Negative, Rollfilme auf Papier und auf Zelluloid, erfunden. Der technische Fortschritt machte das Fotografieren relativ günstig und damit auch schon Ende des 19. Jahrhunderts populär.

Die Farbfotografie kam dann erst in den Dreißigerjahren des 20. Jahrhunderts erschwinglich auf den Markt.

- Der dritte Schritt ist der Positivprozess. Durch ihn ist es möglich, die empfangenen Bildsignale wiederzugeben.

DAS DUALE RUNDFUNKSYSTEM IN DEUTSCHLAND

ÖFFENTL.-RECHTL. RUNDFUNK

- **ARD**
  Hörfunk
- **ZDF**
- **DEUTSCHE WELLE**
  Hörfunk weltweit und Fernsehen
- **DEUTSCHLAND RADIO**
  Hörfunk national
- **KINDERKANAL**
- **PHOENIX**

Das Erste / ARD

PRIVATER RUNDFUNK

- **FERNSEHEN NATIONAL**
  (einige nebenstehnd)
- **HÖRFUNK LOKAL**
  Z.B. NRW 48 Lokalradios

RTL · SAT1 · ProSieben · n-tv · (S) · VOX · ... · DSF

FINANZIERUNG

Öffentl.: Gebühren, teilweise Werbung

Privat: Nur Werbung

FOLGEN DER FINANZIERUNG

Öffentl.: Feste Einnahmen machen anspruchsvolle Programme auch für Minderheiten möglich, zum Beispiel: 3. Programme

Privat: Angewiesen auf möglichst hohe Einschaltquoten, um Werbeaufträge zu bekommen.

PROGRAMMAUFTRAG

Öffentl.: Erteilt durch Ländermediengesetze:
- INFORMATION
- BILDUNG
- UNTERHALTUNG

Privat: Kein Programmauftrag

KONTROLLE

Öffentl.: Rundfunkrat des jeweiligen Senders Beratung und Empfehlung Besteht aus Vertretern von gesellschaftlich relevanten Gruppen, zum Beispiel: Kirchen, Gewerkschaften, Parteien, Verbände

Privat: Rundfunkkommission der jeweiligen Landesmedienanstalten Beratung, Lizenzvergabe, Förderung Besteht aus Vertretern von gesellschaftlich relevanten Gruppen, zum Beispiel: Kirchen, Gewerkschaften, Parteien, Verbände

Das duale Rundfunksystem in Deutschland
Dieses Schaubild wurde an einer Fachschule für Sozialpädagogik von Schülerinnen und Schülern erarbeitet (Bildquelle: Waltraut Siebert da Costa Gomez, Geldern).

Die Fotografie wurde für alle Gesellschaftsbereiche wichtig. Neben einer großen Zahl an Amateurfotografen gibt es heute speziell ausgebildete Fotograf/-innen, die für die unterschiedlichsten gesellschaftlich relevanten Bereiche entsprechende Bilddokumente herstellen. Am wichtigsten scheinen hier die Fotojournalisten zu sein, da ihre Werke die wohl größte Verbreitung finden. Fotograf/-innen aus der Modebranche sind ähnlich bedeutend. Sie gelten häufig als Künstler in ihrem Fachgebiet.

Daneben gibt es spezialisierte Industrie-, Architektur- oder Sachfotografie.

Das Foto ist heute eines der wichtigsten optischen Medien, sowohl im Informationssketor als auch im Bereich der Kunst.

Fotografien hatten als journalistisches Medium anfangs einige Startschwierigkeiten. Da die Druckverfahren noch nicht ausgereift waren, wurden Fotografien von den meisten Tageszeitungen zunächst weitgehend abgelehnt. Die Bildberichterstattung erfüllt heute eine wichtige Informationsrolle. In Zeitungen werden Texte von wenigen Fotos unterstützt. In Zeitschriften, auch Illustrierte genannt, ist das Verhältnis von Foto und Text anders. Bilder begleiten nicht nur, sie tragen eine Information mit, teilweise stehen sie sogar weitgehend ohne Text für eine entsprechende Information.

Der Film

Die Ursprünge des Films reichen auch bis in die erste Hälfte des 19. Jahrhunderts zurück. Die Erfindung des Stroboskops, mit dessen Hilfe Bildreihen scheinbar in Bewegung gesetzt wurden, baute auf der Trägheit des menschlichen Auges auf. Die Bewegung der Filmbilder ist eigentlich eine Illusion. Einzelne Bilder werden so rasch hintereinander gezeigt, dass wir sie als Gesamtheit sehen.

Edison erfand 1889 einen Betrachtungsapparat für Filmbilder, dessen Prinzipien auch noch für die heutigen Projektionsapparate gelten.

Die Filmindustrie entwickelte sich rasch, nachdem Ende des 19. Jahrhunderts die ersten öffentlichen Filmvorführungen stattfanden. Das legendäre Hollywood entstand 1912. Ende der Zwanzigerjahre wurde in Deutschland der Tonfilm eingeführt. Seit Mitte der Dreißigerjahre gab es den Farbfilm. Die technischen und die inhaltlichen Gestaltungsmittel des Films wurden immer rascher weiterentwickelt.

Die filmtechnischen Möglichkeiten werden sich immer weiter vervollkommnen:
- Einstellungswechsel mit der Hilfe von Objekt- oder Kamerabewegung,
- Einsatz von der Totalen, von Großaufnahmen, Rückblenden, Auf- u. Abblendungen,
- der bewusst eingesetzte Bildrhythmus,
- die Schnitt- und Montagetechniken
- bis hin zu den computeranimierten Filmsequenzen

machen den Film zu einem vielseitigen Medium, das gezielt Wirkungen bei den Zuschauer/-innen auslösen kann.

Filme haben sowohl Realsituationen als auch fiktive Vorstellungen zum Inhalt. Es werden Geschichten erzählt. Reale soziale, besonders sozial-kritische Inhalte stehen neben der Darstellung von Erinnerungen oder Empfindungen. Kommerzielle Filmproduktionen stehen neben künstlerisch orientierten Werken.

Das „Häutchen", das ist die Übersetzung des englischen Begriffs „film", täuscht durch den raschen Ablauf von Einzelbildern gleich bleibende Bewegung vor. Gleichzeitig werden die Zuschauer/-innen in eine „vorgetäuschte" Realität geführt, die mehr als eine körperliche Reaktion auslöst.

Der Hörfunk

Der Physiker Heinrich Hertz experimentierte 1888 mit elektromagnetischen Wellen. Sein Name bezeichnet noch heute die Einheit, mit der Wellenlängen gemessen werden. Die Entwicklung von Sende- und Empfangsgeräten ließ nicht lange auf sich warten. Die Erkenntnis, dass Signale ohne die Hilfe fester Körper (z.B. Drähte) durch den Raum geschickt werden können, war revolutionär. Mit der Hilfe bestimmter Antennen wurde es möglich, Radiowellen eine bestimmte Richtung zu geben. Bereits 1899 wurden Funkwellen über den Atlantik gesendet. Ein nächster Schritt war die Übertragung von Sprache und Musik. Mit der Erfindung des Transistors wurden die Funkempfänger mobil.

Der Hörfunk ist ein Massenmedium. Er erreicht über einen großen Radius seine Hörerinnen und Hörer zeitgleich, d.h., in dem Moment, in dem gesendet wird, wird auch empfangen. Einerseits werden Informationen dadurch weit gestreut, andererseits ist dieses Medium aber auch wesentlich vergänglicher als beständige Medien wie Zeitungen oder Bücher.

Nach den Erfahrungen der jüngeren Geschichte brauchen Hörfunkanstalten ebenso wie Fernsehanstalten eine staatliche Lizenz, um senden zu können, dies gilt auch für private Anbieter. Sie müssen sich zumindest einer gewissen Kontrolle unterziehen.

Der Computer

Im Mittelalter wurde darüber nachgedacht, ob Maschinen die kognitiven Aufgaben von Menschen unterstützen oder übernehmen könnten. Die technischen Möglichkeiten dieser Zeit reichten natürlich nicht aus, um die mittlerweile über siebenhundert Jahre alten Entwürfe praktisch umzusetzen.

Die ersten funktionstüchtigen Rechenmaschinen wurden im 17. Jahrhundert gebaut. Mit ihrer Hilfe konnten die vier Grundrechenarten ausgeführt werden.

Im 18. Jahrhundert wurden Lochstreifen erfunden. Mit ihnen konnten Webstühle dirigiert werden. Auch die Schreibmaschinen, die Mitte des 19. Jahrhunderts aufkamen, waren die technischen Vorläufer der heutigen Computer.

Im ersten Drittel des 20. Jahrhunderts wurden Rechenmaschinen mit Hilfe von Relais gebaut. Dieses Grundprinzip hat sich etwa zehn Jahre lang gehalten. Danach wurde der Computer auf der Basis von datengesteuerten Programmen und durch die Erfindung des Transistors (siehe auch „Hörfunk") wesentlich verändert. Von da an wurden die Rechenmaschinen immer schneller und kleiner. Ein Prozess, der bis heute andauert und sich auch noch weiter fortsetzen wird.

Seit Anfang der Siebzigerjahre wurden immer leistungsfähigere Computer entwickelt. Die Anwendungsgebiete und Aufgaben der Computertechnologie fächern sich immer breiter auf. Der Personalcomputer (PC) steht in vielen Haushalten und ist von den meisten Arbeitsplätzen in Industrie, Handel und Dienstleistung nicht mehr wegzudenken. Rechnernetze verbinden und steuern Arbeitsschritte oder die Kommunikation (z.B. Internet). Es ist heute nicht mehr ungewöhnlich, von der künstlichen Intelligenz von Computern zu sprechen. Die „Rechenmaschinen" können Bilder erkennen und weiterverarbeiten, sie lassen sich mit der Sprache steuern oder sprechen selbst, sie reagieren teilweise sogar bereits auf Gedanken. Computer können mehrere Milliarden „Denkschritte" pro Sekunde durchlaufen und sich millionenfach mehr Fakten „merken" (= speichern) als Menschen.

Anregung

Die Geschichte der Medien ist in diesem Kapitel angerissen.
Suchen Sie andere Quellen. Stellen Sie einen Zusammenhang zwischen der Entwicklung des jeweiligen Mediums und der gesamtgesellschaftlichen Entwicklung her.

Literaturtipp
Wildermuth, Ralf (1996). Kleine Medienkunde. Vom Papyrus bis zum „neuen Papyrus", CD-ROM. Karlsruhe: Selbstverlag R. Wildermuth.

Die Medienwelt im Überblick
Diese **Medienliste** ist nicht vollständig! Sie gibt einen Überblick über die Zuordnung von Medien, die in diesem Buch zur Sprache kommen…

	AUDITIVE MEDIEN	VISUELLE MEDIEN	AUDIO-VISUELLE MEDIEN
Rundfunk	• **Radio** • **Kassette** (Kassettenrekorder) • **Compact Disc** (CD-Player)		• **Fernsehen** (Fernsehapparat)
Fotografie und Film		• **Foto** (Fotoapparat) • **Dias** • **Stummfilm**	• **Kinofilm**
Tele-kommunikation	• **Telefon** • **Handy**	• **Fax** (Faxgerät)	• **Bildtelefon** • **Internet**
Informations-technologie			• **Computer** • **…**

Zusammenfassung

Voraussetzungen und Bedingungen der Medienerziehung

- Es existieren unterschiedliche Meinungen zur Bedeutung von Medien. Dies führt zu Positionen, die von Mediengegnern bis zu kritisch-aktiven Mediennutzern reichen.

- Wer medienpädagogisch arbeiten will, braucht eine eigene Position und persönliche, fachliche, psychologische und pädagogische Kompetenzen.

- Medien sind stark am sozialen Wandel beteiligt.

- Im Umgang mit Medien machen sich soziale Prägungen der Kinder, Jugendlichen und Erwachsenen bemerkbar.

- Im Wahrnehmungsprozess bestimmt der Mensch »aktiv«, welchen Informationen er sich zuwendet und welche er ignoriert.

- Kinder haben zudem besondere Bedingungen, wenn sie ihre Umwelt wahrnehmen. Dazu gehört die besondere Beachtung von Details und Einzelheiten ebenso wie das teilweise fehlende Verständnis für komplexe Zusammenhänge.

- Das Verhalten der Erzieher/-innen beeinflusst die alltäglichen Lernsituationen der Kinder. Es wirkt sich kurz- und längerfristig aus.

- Erzieher/-innen brauchen die Fähigkeit, an Medienprojekten teilzunehmen und gleichzeitig als externe Beobachter die Situationen so sachlich wie möglich zu beurteilen.

Ziele der Medienerziehung

- Die Gesellschaft ist eng mit der Medientechnologie und ihren Auswirkungen verwoben. Erzieher/-innen sollten den Heranwachsenden nicht bewusst Medienerlebnisse vorenthalten. Die Lerninhalte könnten diese in ihrem späteren Leben dringend brauchen.

- Erzieher/-innen und Kinder können sich gemeinsam mit ihrer Lebenswelt auseinander setzen. Sie entwickeln gemeinsam kreative Fähigkeiten und Fertigkeiten.

- Zur professionellen Arbeit mit Medien gehört die Umsetzung der Vorstellungen in pädagogische Handlungen, das meint vor allem die Übertragung der eigenen Ideen in professionelle Lernprozesse.

- Medienerziehung ermöglicht Kindern einen gemeinsamen spielenden Umgang mit Medien.

- Zu den übergreifenden Zielen der Entwicklung im Kindesalter gehören…

  – Autonomie im Umgang mit Medien,
  – Identität in Abgrenzung zu Medien,
  – Selbstverwirklichung mit Hilfe von Medien,
  – selbstständiges Denken und Kompetenz in der Begegnung mit Medien.

Ebene 2

Medienrealität, Medienrezipienten, Medienraktionen

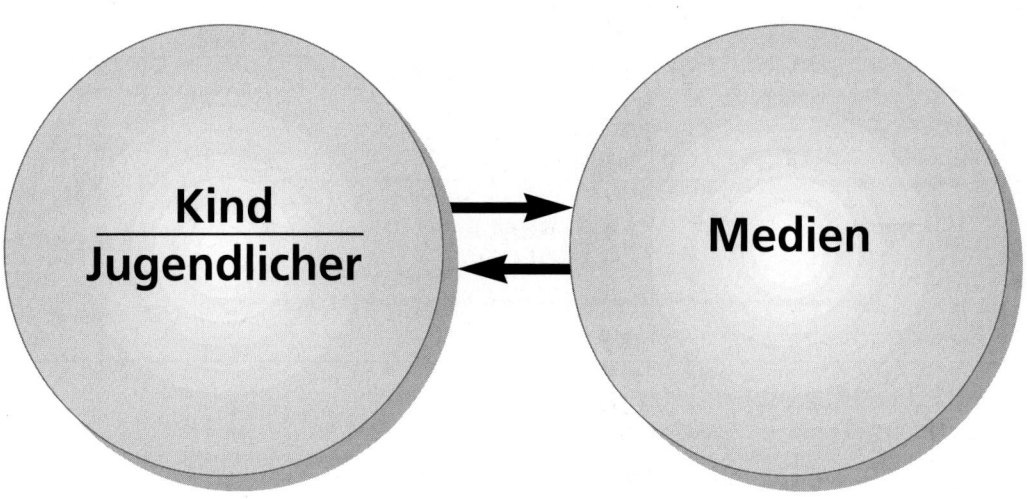

1 Die soziale Realität der Medien

1.1 Wahrnehmen, Zuordnen, Handeln – Zusammenhänge

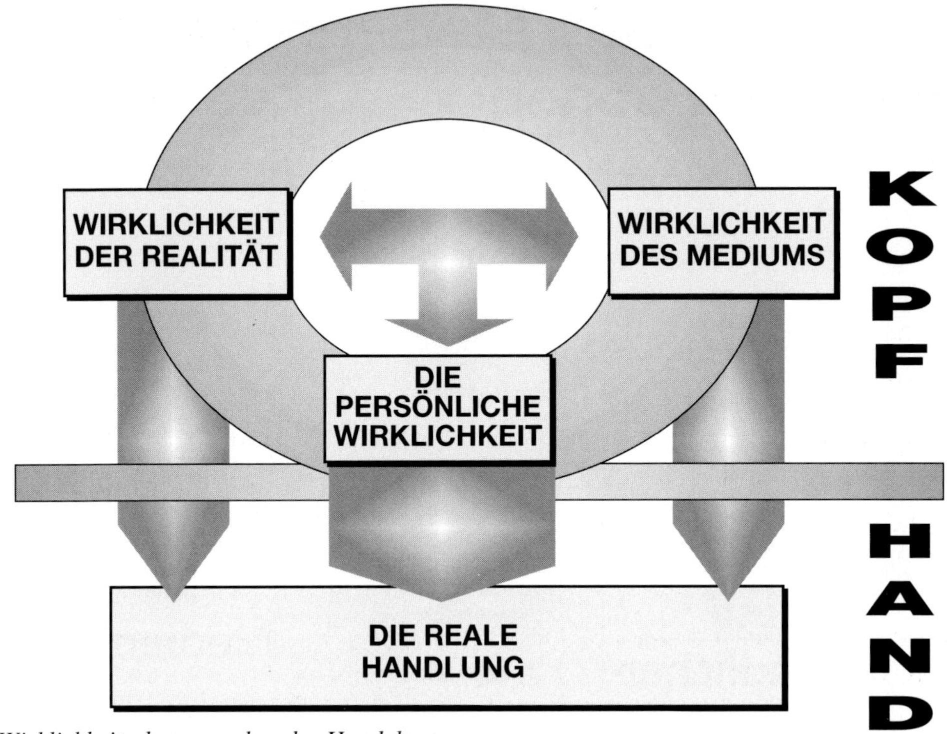

WIRKLICHKEIT DER REALITÄT

WIRKLICHKEIT DES MEDIUMS

DIE PERSÖNLICHE WIRKLICHKEIT

DIE REALE HANDLUNG

KOPF

HAND

Wirklichkeitsebenen und reales Handeln

Fakten

Menschen nehmen verschiedene Wirklichkeitsebenen wahr. Sie bilden mit ihren Wahrnehmungen, das heisst mit den wahrgenommenen Informationen, gedankliche Strukturen aus, auf die sie später zurückgreifen können.

Die Unterschiede der Wirklichkeitsebenen machen sich dann bemerkbar, wenn die jeweils neuen äußeren Eindrücke verarbeitet und zugeordnet werden sollen.

Die Wirklichkeit der äußeren Realität und die mediale Wirklichkeit werden in einem Wahrnehmungsprozess verknüpft und miteinander verglichen. Durch diesen Prozess werden eigene Vorstellungen und Einstellungen

aufgebaut, die als **die innere oder persönliche Wirklichkeit eines Menschen** bezeichnet werden kann. Wie „gut" diese individuelle innere Wirklichkeit für den Menschen ist, zeigt sich dann, wenn es in einem realen Zusammenhang zu einer **Handlung** kommt. Das Wahrgenommene wird im Kopf verarbeitet. Es regt Denkprozesse an, die dann zu konkreten Handlungen führen: Gedanken werden ausgesprochen, Bewegungen ausgeführt…

Es können einfache Handgriffe notwendig werden, die an der „richtigen" Stelle sitzen müssen, oder es kann eine komplexe soziale Kommunikation erlebt werden, in der auf eine zwischenmenschliche Situation angemessen reagiert werden soll.

Ein Beispiel:
Die zweijährige Magda macht mit ihren Eltern Musik. Der Vater spielt Gitarre. Die Mutter singt und tanzt. Magda gefällt der Tanz gut. Sie imitiert ihn. Sie lächelt und meint: „Schön tanzen!" Etwas später sieht Magda im Fernsehen ein Ballett. Sie erkennt, dass die Figuren auf dem Bildschirm tanzen, und imitiert auch deren Bewegungen. Sie erklärt: „Mata schön tanzen!"

Auf welchem Weg sollen Informationen und Erfahrungen aufgenommen werden, damit sie optimal in konkrete Handlungen umgesetzt werden können? Eine wichtige Frage, die in der Pädagogik heftig diskutiert wird. Sind Medien grundsätzlich schlechtere Quellen als das reale Leben?
Zur Beantwortung dieser Frage muss der Zusammenhang zwischen den verschiedenen Wirklichkeitsebenen auch ein Kriterium für die Medienpädagogik sein.

 Nachschlagen

Was unterscheidet die Wirklichkeit des Mediums von der Wirklichkeit der Realität?

> *Medien verändern den Erfahrungsspielraum des Menschen. Im Vergleich zu den Erfahrungsmöglichkeiten, die die Realität prinzipiell bietet, stellen sie jedoch immer nur einen Ausschnitt der Realität dar. Dieser Ausschnitt ist von Menschen gewählt und gestaltet.*

Bevor der Mensch Medien autonom nutzen und mit ihnen aktiv umgehen kann, muss er sich adäquate Handlungsmöglichkeiten erarbeiten.

Es macht einen Unterschied, ob der **Produzent des Mediums und der Betrachter** identisch sind oder ob es sich um unterschiedliche Personen handelt.

Ein Beispiel:
Wenn ein Kind ein Foto macht und es nach der Entwicklung anschaut, kann es sich an die „reale" Situation während der Aufnahme erinnern. Wenn dasselbe Kind ein Bild betrachtet, das eine Freundin aus ihrem Urlaub schickt, ist es ausschließlich auf die Bildinformationen angewiesen.

Wenn sich das Kind ein umfassendes Bild der Realität machen soll, muss es möglichst viele Informationen sammeln können.
Medien sprechen nicht alle Sinne an.

Ein Beispiel:
Ein Kind kann ein Kaninchen, das auf dem Bildschirm erscheint, sehen und hören. Es kann durch den Apparat aber nicht erfahren, wie weich sich das Tier anfühlt oder ob es angenehm oder unangenehm riecht.
Auch in der Realität können Kinder nicht immer alle Sinne einsetzen.
Ein Kind könnte ein real erlebtes Kaninchen zwar anfassen und auch bereits von weitem riechen, es kann das Tier ansehen und hört seine Laute, aber es würde wohl kaum hineinbeißen, um auch noch zu klären, wie es schmeckt!

1.2 Menschliche Wahrnehmungsstrategien

 **Fakten**

I. Menschen nehmen selektiv wahr.
Von allen möglichen Reizen, die auf den Menschen einströmen, wird nur ein (kleiner) Teil aufgenommen. **Im Wahrnehmungsprozess bestimmt der Mensch »aktiv«, welchen Informationen er sich zuwendet und welche er ignoriert.** Die Art der **Selektion** hängt einerseits von der Art der Reize, andererseits aber vor allem vom Menschen selbst ab (siehe **Subjektivität der Wahrnehmung**).

Es gibt **typische Selektionsfolgen,** die den Wahrnehmungsprozess prägen:
*   Visuelle Informationen werden verbalen Informationen vorgezogen (z.B. Bilder vor Worten).
*   Bewegte Informationen werden unbewegten Informationen vorgezogen (z.B. ein Film vor einem Foto).
*   Auffällige Informationen werden unauffälligen Informationen vorgezogen (z.B. kräftige Farben und laute Geräusche vor Grauschattierungen und leisen Geräuschen).

II. Menschen nehmen subjektiv wahr.
Es gibt **typische Merkmale der Subjektivität** bei Wahrnehmungsprozessen:
*   Die Art der Wahrnehmung hängt von den Erfahrungen und Lernprozessen ab, die sich auf die Erwartungen des Menschen auswirken.
*   Die augenblicklichen Bedürfnisse, Wünsche, Interessen, Meinungen, Einstellungen

und Werthaltungen sind für den Wahrnehmungsprozess entscheidend.
*   Die Subjektivität der Wahrnehmung ist stark durch Gefühle bestimmt.

Kinder haben zudem besondere Bedingungen, wenn sie ihre Umwelt wahrnehmen.

*   Kindliche Wahrnehmung ist auf einzelne, oft scheinbar nebensächliche Details gerichtet.
*   Komplexe Zusammenhänge (»Ganzheiten«) werden erst zeitlich versetzt als einzelne Teile erkannt.
*   Jüngere Kinder können zeitliche Abfolgen noch nicht hinreichend differenzieren und verfügen noch nicht über alle Fähigkeiten zur Beobachtung und Auffassung von komplexen Gesamtzusammenhängen.
*   Kinder neigen besonders dazu, Einzelheiten auszuwählen, die sie emotional besonders bedeutend erleben.

Zur Veranschaulichung der Wahrnehmungsmöglichkeiten von Kindern werden nun einige Altersrichtwerte genannt. Sie dienen ausschließlich der Orientierung, da die wissenschaftlichen Angaben deutlich variieren. Zudem müssen die Altersangaben eher als Entwicklungsalter gelesen werden und weniger als chronologisches Alter. **Es ist auf jeden Fall ratsam, das Wahrnehmungs- und Verarbeitungvermögen des einzelnen Kindes genau zu beobachten und zu interpretieren!**

Alter	*Verarbeitung der Medieneindrücke*
0 bis 4 Jahre	• Für das Kind sind die Inhalte der Medien real. Sie unterscheiden nicht zwischen den Ereignissen im Medium und den Ereignissen in ihrer realen Umgebung. • Die Einzelheiten der medialen Darstellung werden kaum wahrgenommen. • Die Inhalte der „Medienwelt" werden in die „Spielwelt" übertragen. • …

4 bis 7 Jahre	• Ob das Geschehen im Medium als real eingeschätzt wird, hängt zum einen von der konkreten Erfahrung des Kindes ab und zum anderen von der Art der Darstellung. • Das Kind weiß, dass die Figuren und Personen, die im Medium dargestellt werden, nicht unmittelbar mit ihm in Kontakt treten können. Ob Kinder das auch bei interaktiven Computerspielen realisieren, ist nicht geklärt. Es gibt in diesem Zusammenhang wohl auch Erwachsene, die z.B. fiktive Kriminalfilme, die als Reportage o. Ä. aufgebaut sind, als „wahr" einschätzen. • …
7 bis 10 Jahre	• Das Kind erwartet Inhalte und Handlungen, die geradlinig aufgebaut sind. • Der Wechsel von Handlungsorten und Zeitsprünge (z.B. Rückblenden oder Traumsequenzen) können nur bedingt nachvollzogen werden, zumindest, wenn der Wechsel rasch und häufig verläuft. • …
10 bis 13 Jahre	• Das Kind kann verschiedene Perspektiven (inhaltlich und optisch) nachvollziehen. • Inhaltliche Konstruktionen (z.B. Problem, Lösungsversuche, Lösungserfolg) werden nachvollzogen, wenn sie mit der Lebenswelt oder den Erfahrungen des Kindes zu tun haben. • …
ab 12 bis 13 Jahre	• Das Kind vergleicht selbstständig die Medieninhalte mit seiner persönlichen Wirklichkeit und beurteilt das Medium. • Komplexe inhaltliche Strukturen werden erkannt und nachvollzogen. • …

Aus den angeführten Erkenntnissen können folgende medienpädagogische Hinweise abgeleitet werden…

• Kinder sind **von Reizen und Informationen** aus ihrer Umgebung **abhängig.**
• Sie entwickeln **persönliche** Methoden der **Wahrnehmung und Verarbeitung.** Dieser Prozess beginnt mit der Geburt, wahrscheinlich sogar bereits in der pränatalen Lebensphase, und hält ein Leben lang an.
• Die **Handlungsmöglichkeiten** und die damit verbundenen kognitiven Fähigkeiten von Kindern entwickeln sich während des Entwicklungsprozesses **in Wechselbeziehung zu der sozialen, kulturellen, natürlichen und technischen Umwelt.**
• Kinder brauchen **Anregungen aus allen Umweltbereichen** und müssen sich frei mit den **Informationen** auseinander setzen können. Daraus entstehen Handlungsversuche, in denen Kinder experimentieren. Auf diesem Weg wird ein »eigenes« Handlungsrepertoire aufgebaut.

Wenn Kinder mit allen Sinnen aktiv werden können, um sich mit der medialen und realen Wirklichkeit auseinander zu setzen, erweitern sich ihre gesamten Handlungsmöglichkeiten.

Die pädagogischen Konsequenzen dieser Tatsachen können sehr unterschiedlich sein. Es gibt nun pädagogische Richtungen, die Medien ablehnen, da sie keine authentischen Erlebnisse ermöglichen. Andere pädagogische Richtungen nutzen die Besonderheiten der medialen Wirklichkeit in Erziehungsprozessen.

Zwei wichtige medienpädagogische Wege leiten sich ab, die einander ergänzen...

- *Erzieher/-innen ermöglichen Lernprozesse, in denen die Medien gerade wegen ihrer Besonderheiten genutzt werden. Kindern und Jugendlichen werden mit Medien besondere Blickwinkel ermöglicht, die ihren Wahrnehmungsstrategien entgegenkommen und diese Strategien gleichzeitig erweitern.*
  Ein Beispiel:
  Kinder werden angeregt, mit einem Fotoapparat auf „Detailsuche" zu gehen. Ganz nah an eine Fliege heranzuzoomen, ohne sie aufzuscheuchen, ist spannend! Die Vergrößerung des Fotos eines menschlichen Auges bringt faszinierende Eindrücke mit sich.

- *Erzieher/-innen ermöglichen Lernprozesse, durch die Kinder und Jugendliche erfahren, erleben und erkennen, welche Unterschiede zwischen den Wirklichkeitsebenen herrschen.*
  Ein Beispiel:
  Eine Kindergruppe macht eine Reihe fotografischer Detailaufnahmen, z.B. vom Ohrring der Erzieherin, von der lockeren Schraube an der Schranktür, vom Sand unter der Rutsche... Die anderen Kinder haben die Aufgabe, anhand der Fotos die Originalstelle zu finden.

Beide Wege sollen dazu führen, dass die Kinder und Jugendlichen ihre Handlungsmöglichkeiten erweitern und ihr Denken bereichern.

1.3 Medienerfahrungen wirken tief

Im Gespräch

Ein Praxisbericht:
Fackel in der Hand, Fackel an der Wand, Fackel auf dem Bildschirm

An einem Dienstagvormittag baten mich einige Kinder, mit ihnen in das Traumzimmer zu gehen. In unserer Kindertagesstätte kommt das häufiger vor. Besonders die Kinder, die den ganzen Tag da sind, nutzen den ruhigen Raum, der etwas abgeschieden liegt.

Die Kinder wünschten sich eine Fantasiereise. Nachdem sie es sich bequem gemacht hatten, erzählte ich von einem Waldweg, den die Kinder in Gedanken gehen sollten. Die Kinder wurden aufgefordert, sich eine Lichtung vorzustellen, in deren Mitte ein Hügel liegt. Unter dem Hügel ist eine Treppe, die in die Tiefe führt. Tief unten ist es feucht und muffelig. Neben einer großen Tür hängen Fackeln... Die Kinder wurden aufgefordert, sich vorzustellen, was sie vor ihrem inneren Auge sehen und was es da alles gibt.

Nach dieser meditativen Übung fand ein Gespräch statt. Die Kinder erzählten von ihren Vorstellungen und inneren Erlebnissen. Jenny beschrieb, dass sie sich wie in einem Computerspiel gefühlt hatte. Sie konnte die entsprechenden Szenen des Spiels genau schildern: „Ich fühlte mich wie die Computerheldin, die in einem Schloss gegen fiese Kerle kämpft und alle erledigt."

Auf meine Nachfrage hin stellte sich heraus, dass das Bild der »Fackeln neben der Tür« in dem Spiel grafisch umgesetzt war.

Medien arbeiten mit Symbolen.

Das Kind ist während der Übung auf ein Symbol eingegangen, das es bereits aus seinen Erfahrungen mit dem technischen Medium Computer kannte. Eine objektive Betrachtung des Praxisberichts wirft die Frage auf, warum Symbole derart wirken können.

Die Fackel steht beispielsweise für Licht. Sie dürfte eines der ältesten Werkzeuge sein, das Helligkeit spendet. In der antiken Dichtung steht sie für Liebesglut und Fruchtbarkeit des Feuers. Sie wird noch heute im Mittelmeerraum bei Hochzeitszügen mitgetragen. Die Fackel kann auch Erleuchtung oder Freiheit symbolisieren. Die amerikanische Freiheitsstatue hält

eine Fackel weithin sichtbar in der Hand. Menschen protestieren als lebende Fackel…

Definition: SYMBOLE
Symbole sind »Sinn-Bilder«, die Menschen verstandesmäßig, gefühlsmäßig und spirituell ansprechen.

Die mediale Symbolik ist mehr als eine Anhäufung von Zeichen.

Das Zeichen ist eine vordergründige Kommunikationshilfe. Ein Symbol wirkt tief in unsere Psyche hinein. Der Praxisbericht veranschaulicht diese Wirkungsebene. Sie ist rational kaum fassbar. Auch die Symbole in den Medien können unbewusste Prozesse in Gang setzen. Wahrscheinlich haben gerade die Symbole eine intensive Wirkung, die universellen Charakter haben, d.h. die von vielen Menschen ähnlich gedeutet werden. (= Archetypen)

1.4 Medien senden Botschaften und Medien sind Botschaften

Nachschlagen

Medien übermitteln Informationen. Die Wahl des Übermittlers beeinflusst die Botschaft, die empfangen wird.

In der zwischenmenschlichen Kommunikation wählen Menschen Artikulationsformen nach dem Bedeutungsgehalt der Information aus.

Ein Beispiel:

Kinder spielen an einem Bach, etwa hundert Meter vor einem kleinen Wasserfall. Sie bemerken, wie zwei andere Kinder mit einem selbst gebauten Floß auf den Wasserfall zutreiben… Die Kinder legen in Ruhe ihr Spielzeug zur Seite und schreiten gemächlich ans Wasser. Dort angekommen, flüstern sie den Flusskindern zu, dass sie in Gefahr seien, und zwinkern zur Warnung mit den Augenliedern.
– Eine etwas befremdliche Reaktion, nicht wahr? Lautes Rufen und wildes Gestikulieren wäre wohl die passende Ausdrucksform.

Kommunikationsmittel werden je nach Zweck optimal ausgewählt.

Ein Beispiel:

Auf welchem Weg warne ich am besten vor einem Hurrikan? Wie erreiche ich möglichst viele Mitstreiter für meine Sache? Wie bringe ich meine Ideen am ehesten an? Solche Überlegungen führen zum jeweils „besten" Medium. –
Für die Hurrikan-Warnung wähle ich wohl am besten das Radio und das Fernsehen. Meine Mitstreiter suche ich dann schon eher über Zeitungen. Ideen verbreite ich übers Internet.

Umgekehrt: Medien haben eine Eigenwirkung.

Wo Bilder, Bewegung, Töne und Geräusche miteinander verbunden werden, können mehrere Informationsstränge gleichzeitig genutzt werden. Ein Phänomen, das beispielsweise in der Musikindustrie gekannt wird. Für gute Lieder kann durch entsprechend gute Musikvideos die Nachfrage gesteigert werden. Ein gutes Video macht auch ab und zu ein weniger gelungenes Lied zum Erfolg. Diese Möglichkeit hatte die Schallplatte nie.

Die Medien hinterlassen unter Umständen einen stärkeren Eindruck als die Information selbst. Sie unterstützen die menschlichen Sinne auch in technischer Hinsicht.

Das hängt wohl damit zusammen, dass Medien die Wahrnehmung nicht nur im übertragenen Sinn erweitern. Die Ohren werden durch Lautsprecher ergänzt, die Augen sehen mit dem Fotoapparat oder einer Kamera in anderer Qualität, die Hände werden durch Roboterarme verlängert und so weiter.

Die medialen Eindrücke sind dabei nie objektiv. Die Unterstützung der Sinne geht mit einer Beeinflussung einher. Mit der Beeinflussung der Sinne folgt auch die Einwirkung auf das menschliche Handeln.

Die Art des Mediums hat sicherlich eine Bedeutung für den Wirkungsgrad einer Information, allerdings gibt es ebenso sicher kein Medium, das ohne spezifische Wirkung auskommt.

Selbst am Beispiel des Buches, das von Pädagoginnen in der Regel hoch geschätzt wird, lässt sich dies auf einer individuellen Erfahrungsebene erklären:

Sie setzen sich in Ihren Lesesessel. Neben auf dem kleinen Beistelltisch stehen eine Tasse Kaffee und ein handbemalter Teller mit ein wenig Konfekt, Ihrem Lieblingskonfekt. Der Regen prasselt an die Scheiben und im Kamin knistert das Feuer. Das Lesezeichen zeigt an, wo Sie geendet hatten. Sie blättern an die richtige Stelle und fassen den Gedanken wieder auf...

Eine individuelle Szene in mehrerlei Hinsicht: Sie haben gerade einen Text gelesen und sich dazu eine Szene vorgestellt. **Diese Vorstellung existiert nur in Ihrem Kopf – ein höchst individueller Akt!** Der Mensch ist ein Wesen, das symbolische Informationen in gedankliche Bilder umsetzen kann. Wahrscheinlich habe ich mir beim Schreiben eine ganz andere Szene vorgestellt, als Sie es beim Lesen taten!

Mein Lesesessel ist rot und hat eine hohe Lehne. Der Beistelltisch hat Räder und war einmal ein Fernsehtischchen. Der Kaffee ist eigentlich Tee, den trinke ich lieber, „Kaffee" habe ich geschrieben, weil es in unseren Breitengraden mehr Kaffeetrinker gibt...

Weitaus faszinierender ist die Möglichkeit, dass die Leserin oder der Leser eines Textes reale Erfahrungen gemacht hat, die dem Informationsgehalt der vorliegenden Worte ähneln. Das wäre gleichbedeutend mit einer hohen inneren Beteiligung, quasi einer **Erinnerung**. Die Worte der Erinnerung stammen aber nicht von der Leserin, sondern vom Autor.

Vorstellungen und Erinnerungen haben gemeinsame Wirkungsebenen: das Empfinden (Emotion) und das Denken (Kognition).

Ein kleiner Text, eine kleine „Botschaft", löst emotionale und kognitive Prozesse aus, die neue Ergebnisse mit sich ziehen. Die Inhalte und Ansprüche können sehr unterschiedlich sein. Eine Information kann theoretisch unendlich viele Ergebnisse zur Folge haben.

Vielleicht haben Sie den kleinen Text gelesen und sich aus dem Unterricht in das Wochenende hineingeträumt. Oder Sie haben sich an das letzte Buch erinnert, das auf dem Schreibtisch liegt. War das nicht Psychologie, das Kapitel über „Gedächtnis"?

Die Kommunikationsmittel werden so gestaltet, dass sie gewünschten Informationsinhalte optimal transportieren.

Ein Beispiel:

Im Fernsehen soll ein Spendenaufruf für „Kinder in Not" ausgestrahlt werden. Dies erfolgt nicht bloß als Text, sondern zusammen mit ansprechenden Bildern von spielenden Kindern. Den Kindern ist Armut anzusehen, aber sie entsprechen dennoch dem „Kindchenschema" und die Szene rührt an, ohne zu ernst oder zu freundlich zu sein.

1.5 Medien bilden...

Im Gespräch

Technische Medien verlangen eine spezifische Annäherung, die sowohl auf Motivation als auch auf entsprechenden Fähigkeiten und Fertigkeiten beruht.

In der Auseinandersetzung mit Medienwirkungen kommt Printmedien eine andere Bedeutung zu als technischen Medien.
Fernsehen und Computer sind die Medien, die sowohl auf individueller als auch auf gesellschaftlicher Ebene heute am deutlichsten Einfluss nehmen. Die Printmedien haben dadurch nicht an Bedeutung verloren. Insbesondere das Buch wird seinen Stellenwert auch nicht verlieren.
Obwohl es kaum noch strittig ist, dass die Medien die Gesellschaft stetig verändern, ist es nicht klar, ob der Umgang mit ihnen oder die Art der inhaltlichen Vermittlung neue Blicke auf die Welt forcieren.
Ist es nicht selbstverständlich geworden, dass die Medien die Grenzen von Raum und Zeit auflösen? Die Befreiung der Israeliter aus den Händen der Ägypter können wir, dank Hollywood, in etwa vier Stunden „miterleben", und das noch viertausend Jahre nach dem historischen Ereignis. Ein Spielfilm ist natürlich nur Fiktion!
Wie steht es dann um die Tatsache, dass wir zeitgleich Filme von einer Sturmflut in den Nachrichten sehen, die Tausende von Kilometern weit weg ist?

> *Die Dichte der Informationen wird stetig größer. Der oder die Einzelne hat immer intensiver werdende Bildungsquellen.*

Fakten

Medien ergänzen die Bildung und unterstützen die Verlagerung des Lernens auf Bereiche außerhalb der pädagogischen Institutionen.

Lernen und Bilden löst sich zunehmend von den Institutionen.
Bilden und Bildung sind wertvolle Begriffe, gerade in einer hoch technisierten Gesellschaft. Allgemeinbildung und Allgemeinwissen wurden in der Tradition der Erziehung institutionell geregelt. Das war vor allem notwendig, um das durch die Verfassung verbürgte Recht auf Bildung durchzusetzen.
Der Bildungsprozess wird immer häufiger **durch** vielfältige **Medien unterstützt.** Das wichtige (Schul-)Buch wird durch technische Medien ergänzt.

Die Freizeit bietet einen Ausgleich zu den institutionellen Lernanforderungen.
Schulisches Lernen wird oft mit Zwängen verbunden, teilweise, weil es subjektiv so erfahren wird, teilweise objektiv sichtbar. Die Bedeutung der Freizeit wächst für Erwachsene und ebenso für Kinder und Jugendliche. Für sie ist die **Lebensqualität** eher mit den Freizeittätigkeiten verbunden. Medien tauchen selbstverständlich in der Liste der Freizeitaktivitäten auf. Der Umgang mit Medien wird von Kindern und Jugendlichen hoch geschätzt und als nützlich eingeschätzt. Die Nutzung von Medien während der Freizeit geschieht in der Regel freiwillig. Somit ist die **Motivation zur Auseinandersetzung** groß. Mit der Freizeit sind generell Lernprozesse verbunden. Somit entstehen durch die Nutzung der Medien mit großer Wahrscheinlichkeit effektive Lernprozesse.
Es ist kaum noch umstritten, dass **freiwillig ein-**

gegangene Lernprozesse wesentlich **effizienter** sind als diejenigen, die auferlegt oder erzwungen werden. Strittig ist allerdings, ob die Inhalte, die in der Freizeit gelernt werden, ebenso **„hohe" Qualität** haben wie die Lerninhalte, die in Institutionen vermittelt werden.

Das alleinige Vorrecht der Bildung liegt nicht mehr länger bei den pädagogischen Institutionen wie dem Kindergarten oder der Schule.
Bereits Dreijährige nutzen das reichhaltige Bildungs- und Informationsangebot auf dem „freien Markt". Neben Veranstaltern, die Kurse für Musik, Sport, Umweltlernen u.Ä. anbieten und die den klassischen pädagogischen Anbietern damit Konkurrenz machen, offerieren Medien ihre Informationen in einem »Outfit«, das bei Kindern und Jugendlichen besonders gut ankommt.

Es ist anzunehmen, dass in vielen Familien immer mehr Kinder schon früh mit einem reichhaltigen Medienangebot umgehen können.
Der Umgang mit dem Computer ist dabei nur die Spitze des Eisbergs. Kinder und Jugendliche erwerben ihre Kenntnisse mit Hilfe des Fernsehens, über Zeitschriften oder andere bedeutungsvolle Lernmöglichkeiten.
Kindergartenkinder „programmieren" Mikrowellengeräte, junge Schulkinder suchen Informationen im Bildschirmtext des „Kinderkanals" und Jugendliche rechnen ihr Taschengeld „online" mit der Bank ab.

Die Inhalte der Medien sind derart vielfältig geworden und auf unendlich scheinenden (Medien-)Wegen zu erreichen, dass man Filter, Richtlinien und Kriterien braucht, mit deren Hilfe der »Medien-Informationsdschungel« überschaubar und einschätzbar wird.

Anregung

Sammeln Sie Beispiele aus Ihrem Alltag, die die selektive und subjektive Wahrnehmung belegen.

Suchen Sie Quellen zur Bedeutung von Symbolen, z.B. Jung, C. G. (1968). Der Mensch und seine Symbole. Freiburg: Walter-Verlag.
Durchforsten Sie Medien wie Zeitschriften und Fernsehen nach häufig auftretenden Symbolen und interpretieren Sie deren mögliche Bedeutung.

Stellen Sie die Fähigkeiten, die ein Mensch benötigt, um Printmedien zu nutzen, denen gegenüber, die er braucht, um mit technischen Medien umgehen zu können.

Zusammenfassung

- Die äußere Realität und die mediale Wirklichkeit werden in einem Wahrnehmungsprozess verknüpft und miteinander verglichen.

- Wenn sich das Kind ein umfassendes Bild der Realität machen soll, muss es möglichst viele Informationen sammeln können.

- Menschen nehmen selektiv und subjektiv wahr. Zu den besonderen Wahrnehmungsformen von Kindern gehört, dass sie eher auf einzelne, oft scheinbar nebensächliche Details achten und »scheinbare Ganzheiten« erst zeitlich versetzt als einzelne Teile erkennen. Andererseits können sie komplexe Gesamtzusammenhänge noch nicht erfassen.

- Medien werden in der pädagogischen Praxis gerade wegen ihrer Besonderheiten genutzt. Kinder und Jugendliche erfahren, erleben und erkennen im Umgang mit Medien verschiedene Wahrnehmungsebenen.

- Medien sind Kommunikationsmittel, die eine Eigenwirkung aufweisen. Sie können jeweils optimal in Artikulations- und Kommunikationsprozesse eingebunden werden, wenn der Mensch gelernt hat, mit ihnen umzugehen.

- Die Dichte der Informationen wird stetig größer. Der oder die Einzelne hat immer intensiver werdende Bildungsquellen. Die

technischen Medien und die Printmedien ergänzen sich.

- Das reichhaltige Bildungs- und Informationsangebot auf dem „freien Markt" wird vor allem durch die „neuen Medien" getragen und ergänzt und erweitert die Bildung durch pädagogische Institutionen.

2 Medien, Rechte und Gesetze

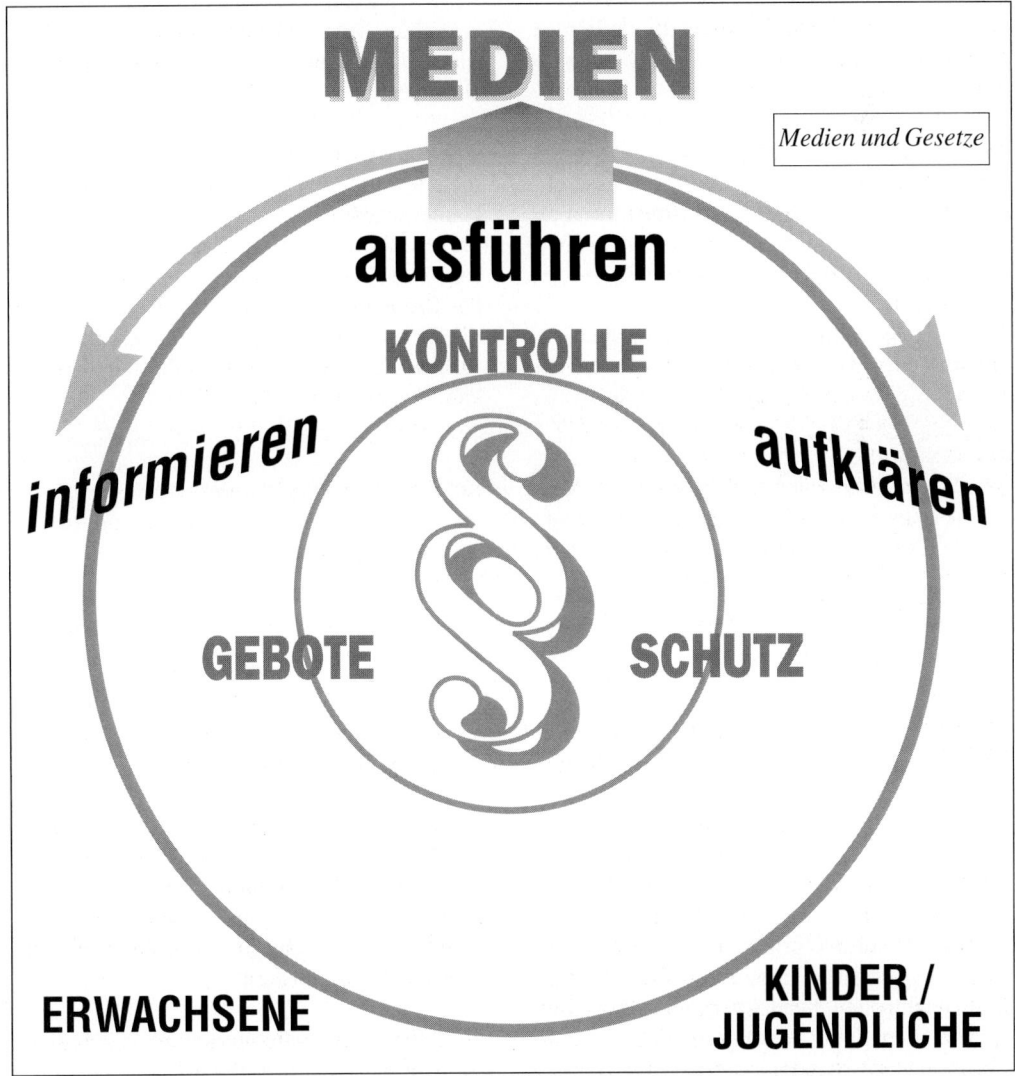

2.1   Medien sind Sprachrohr und Vermittler

Positionen

Medien sollen nach allgemeiner Erwartung die Rechte und Anliegen der Gesellschaftsmitglieder zum Inhalt und Maßstab ihrer Arbeit machen.

Kinder und Jugendliche brauchen als Teil dieser Gesellschaft Sprachrohre, die ihre Interessen und Rechte publik machen = **aufklären.** Gleichzeitig vermitteln die Medien Informationen, die unabhängig von speziellen Interessen, allen Mitgliedern der Gesellschaft zugänglich sein müssen = **informieren.** Rundfunk, Fernsehen und Zeitungen haben diesbezüglich die besten Möglichkeiten.

Medien haben für Kinder und Jugendliche eine weitere bedeutsame Aufgabe. Sie müssen an der **Umsetzung von Kinderrechten** mitwirken = **ausführen.** Das bedeutet zum einen, die **Medieninhalte an den Rechten der Kinder** zu **orientieren.**
Medien müssen ihr Angebot zumindest so einrichten, dass Kinder und Jugendliche keinen Schaden nehmen. So werden beispielsweise einzelne Beiträge dahingehend überprüft, ob sie für Kinder geeignet sind oder nicht.
Zum anderen können und müssen Medien über die Bedürfnisse, Belange und die speziellen Rechte der Kinder und Jugendlichen informieren und aufklären. Sie sollen eine breite Masse erreichen. Diese **Öffentlichkeit** wird durch die Medien **für Kinder- und Jugendthemen sensibilisiert.**

„Medienmacher" entscheiden mit, welche Themen wichtig werden. Über ihre Ambitionen kann gestritten werden. Es ist eine Frage der Interpretation, ob ein Fernsehsender einen Beitrag über Kinderprostitution ausstrahlt, um auf das Problem aufmerksam zu machen oder um die Zuschauerquote zu erhöhen. Ähnliches gilt für eine Zeitschrift, die einen Beitrag über radikale Jugendliche veröffentlicht.

> *Grundsätzlich haben Medien die Aufgabe, in der Gesellschaft ein Bewusstsein für die Anliegen der bedeutsamen Interessengruppen zu schaffen. Medien können mit der Hilfe vielseitiger und vielförmiger Techniken und Inhalte viele Menschen erreichen und damit Hinweise geben.*

Fakten

Der Öffentlichkeit wird über die Medien ein Zugang zur Kinder- und Jugendwelt ermöglicht, der über das individuelle Erfahrungsspektrum hinausgeht.

Kinder und Jugendliche benötigen ihrerseits einen medialen **Zugang zu Informationen und Wissen.** Sonst wären sie auf das angewiesen, was ihnen von wenigen Erwachsenen vermittelt wird. Natürlich orientieren sich Kinder zu Recht an den Erfahrungen und Einstellungen ihrer wichtigsten **Bezugspersonen,** zum Beispiel an ihren Eltern oder Erzieherinnen. Um zu einem eigenen Standpunkt zu kommen, brauchen sie aber **auch andere Quellen.** Das Leben ist so komplex, dass es auch nur über vielschichtige Informationen zu erfassen ist. Medien beeinflussen daher die **Vorstellungen Einzelner** zu sozialen, gesellschaftlichen oder auch politischen Fragen.

Kinder haben ein Recht darauf, zu erfahren, was um sie herum geschieht!

Die Vollversammlung der Vereinten Nationen (UN) hat bereits am 20. November 1989 die UN-Konvention über die **Rechte des Kindes** (kurz: UN-Kinderrechtskonvention) angenommen. Die beteiligten Staaten haben sich verpflichtet, alle rechtlichen, verwaltungsmäßigen und sonstigen Maßnahmen zu ergreifen, um die Konvention zu erfüllen.

In **Artikel 17** der UN-Kinderrechtskonvention sind der **Zugang zu den Medien** und der **Kinder- und Jugendschutz** verankert:

Die Vertragsstaaten erkennen die wichtige Rolle der Massenmedien an und stellen sicher, dass das Kind **Zugang** hat **zu Informationen** und Material **aus einer Vielfalt nationaler und internationaler Quellen,** insbesondere derjenigen, welche die Förderung eines sozialen, seelischen und sittlichen Wohlergehens sowie seiner körperlichen und geistigen Gesundheit zum Ziel haben. Zu diesem Zweck werden die Vertragsstaaten

a) die **Massenmedien ermutigen, Informationen** und **Material zu verbreiten,** die für das Kind von sozialem und kulturellem Nutzen sind und dem Geist des Artikels 29 entsprechen;

b) die internationale Zusammenarbeit bei der Herstellung, beim Austausch und bei der **Verbreitung von Informationen** und dieses Materials aus einer Vielfalt nationaler und kultureller Quellen **fördern;**

c) die **Herstellung** und Verbreitung von Kinderbüchern **fördern;**

d) die Massenmedien ermutigen, den sprachlichen Bedürfnissen eines Kindes, das einer **Minderheit** angehört oder Ureinwohner ist, **besonders Rechnung** zu **tragen;**

e) die Erarbeitung geeigneter **Richtlinien zum Schutz des Kindes** vor Informationen und Material, die sein Wohlerge-

hen beeinträchtigen, fördern, wobei die Artikel 13 und 18 zu berücksichtigen sind.

Deutschland hat die Konvention am 5. April 1992 ratifiziert. Ratifizieren meint die Bestätigung eines Landes mit seiner Verfassung und deren Umsetzung auf gesamtgesellschaftlicher, besonders auf rechtlicher Ebene.

Allen Kindern, die in Deutschland leben, wird das Recht auf angemessene Informationen durch ein vielfältiges Medienangebot zugesichert.

In **Artikel 13** der UN-Kinderrechtskonvention ist die **Meinungs- und Informationsfreiheit** verankert:

(1) Das Kind hat das **Recht auf freie Meinungsäußerung;** dieses Recht schließt die **Freiheit** ein, ungeachtet der Staatsgrenzen Informationen und Gedankengut jeder Art in Wort, Schrift oder Druck, durch Kunstwerke oder andere **vom Kind gewählte Mittel sich zu beschaffen,** zu empfangen und weiterzugeben.

(2) Die Ausübung dieses Rechts kann bestimmtengesetzlich vorgesehenen Einschränkungen unterworfen werden, die erforderlich sind

a) für die **Achtung der Rechte** oder des Rufes anderer oder

b) für den **öffentlichen Schutz** der nationalen Sicherheit, der **öffentlichen Ordnung** (ordre public), der **Volksgesundheit** oder der **öffentlichen Sittlichkeit.**

Durch Artikel 18 der UN-Kinderrechtskonvention wird dem **Staat die Aufgabe** gegeben, den **Eltern** oder gegebenenfalls dem Vormund eines Kindes **Unterstützung bei der Erziehung** zuzusichern. Das grundliegende Interesse gilt dabei dem **Wohl des Kindes.**

2.2 Die Umsetzung kindgerechter Mediengestaltung

Nachschlagen

Nackte Haut, spritzendes Blut, Elend und Gewalt – solch krasse Eindrücke begegnen uns in unserer direkten Umgebung immer seltener auf der Straße, aber immer häufiger in den Medien.

Einige Menschen mögen glauben, dass ein Sendeverbot zu typischen „Kinderzeiten" ausreicht, um Kinder vor Inhalten zu schützen, die ihrem Wohlergehen schaden könnten. Solche Vorschläge sind einfach und geradlinig. Ihre Umsetzung wäre relativ leicht. Tatsache ist aber, dass gesellschaftliche Probleme nie geradlinig sind und einfache Lösungen immer an der Oberfläche bleiben.

Das Bild der „schlechten Medien", die gegen die „gute Gesellschaft" angehen, ist falsch.
Natürlich ist zum Beispiel alleine das Angebot der Fernsehsender kaum noch zu überblicken. In nachmittäglichen Talkshows wird darüber gesprochen, warum Sex mit Tieren doch gar nicht so verwerflich sei, oder militante Erwachsene fordern die Todesstrafe für straffällige Jugendliche. Solche Sendungen werden aber gerne gesehen. Die Sehbeteiligung bei einer Diskussionsrunde

seriöser älterer Herren, die interessante Fakten austauschen und bei den Zuschauern ein Problembewusstsein schaffen wollen, ist verschwindend gering, während drei leicht bekleidete junge Damen, die sich wegen eines „irren Typs" in den Haaren liegen, die Einschaltquoten in die Höhe treiben. **Was ankommt, wird gesendet,** und Kinder sind mittendrin.
Der Konkurrenzkampf der Sender ist so groß, dass sie den **Schutz der Kinder** ab und zu zu Gunsten wirtschaftlicher Interessen hintanstellen.

Nach einer Studie der Arbeitsgemeinschaft Fernsehforschung (Fernsehnutzung 1997) liegt die Hauptfernsehzeit von Kindern (3–13 Jahre) zwischen 17.00 und 22.00 Uhr. Die von Erwachsenen aber auch! Da nun über 62 Mio. Erwachsene gegenüber knapp 9 Mio. Kindern das Fernsehen nutzen, sind die **Interessenverhältnisse klar verteilt.**

2.3 Die Durchsetzung der Rechte

Fakten

Das Recht auf die freie Meinungsäußerung ist eines der wichtigsten Elemente einer Demokratie. Auch unser Grundgesetz stellt dieses Recht weit vornan.

Grundgesetz Artikel 5
(1) Jeder hat das Recht, seine Meinung in Wort, Schrift und Bild frei zu äußern und zu verbreiten und sich aus allgemein zugänglichen Quellen ungehindert zu unterrichten. Die Pressefreiheit und die Freiheit der Berichterstattung durch Rundfunk und Film werden gewährleistet. Eine Zensur findet nicht statt.
(2) Diese Rechte finden ihre Schranken in den Vorschriften der allgemeinen Gesetze, den gesetzlichen Bestimmungen zum Schutze der Jugend und in dem Recht der persönlichen Ehre.
(3) Kunst und Wissenschaft, Forschung und Lehre sind frei. Die Freiheit der Lehre entbindet nicht von der Treue zur Verfassung.

Der Missbrauch der Medienfreiheit soll durch einen verantwortungsvollen Umgang mit den Inhalten der Medien verhindert werden.

Das Grundgesetz verbietet die Zensur, also die staatliche Aufsicht und **Kontrolle** aller Quellen. Dieses Grundrecht wird allerdings am deutlichsten durch den **Schutz der Jugend** eingeschränkt.

Aus diesem Grund unterziehen sich die Hersteller, Verbreiter und Bewerber von Medien einer Selbstkontrolle und Selbstbindung.
Es handelt sich bei entsprechenden Institutionen nicht nur um staatliche Instanzen, sondern auch um freiwillige, selbst organisierte **Kontrollinstanzen.**
Mit aus diesem Grund wird Medien häufig zugesprochen, die vierte Macht im Staat zu sein neben der legislativen, judikativen und exekutiven Macht.

In diesem Sinn erfüllen Medien wichtige Funktionen:
* Informationsfunktion
* Artikulations- und Meinungsbildungsfunktion
* Bildungsfunktion
* Integrationsfunktion
* Kontrollfunktion

Auf die einzelnen Funktionen wird später noch eingegangen. An dieser Stelle soll geklärt werden, wie diese „vierte Macht" ihrerseits kontrolliert wird.

Selbstkontrolle und Selbstbindung der Medien

Die Organisationen, die das Medienangebot kontrollieren, versuchen die größten Missstände zu beseitigen. Sie betonen allerdings alle, dass Kinder und Jugendliche am besten durch Erziehung auf den Umgang mit Medien vorbereitet werden. Verbote, Beschränkungen oder Empfehlungen sind Hilfestellungen, aber keine Lösung.

Für die Durchsetzung des Jugendmedienschutzes gibt es **zahlreiche Organisationen.** Sie haben **unterschiedliche Aufgaben und Zuständigkeitsbereiche.** Alle sind gemeinsam bemüht, Kinder und Jugendliche wirkungsvoll vor Inhalten zu schützen, die schädlich sein könnten. Die Meinungen darüber, was tatsächlich schädlich ist, gehen allerdings weit auseinander.

Zu den **staatlichen Kontrollinstanzen** gehören…
* die Landesmedienanstalten und Länderkontrollbehörden,
* die Zentralstellen zur Bekämpfung Gewalt darstellender, pornografischer und sonstiger jugendgefährdender Schriften und
* die Bundesprüfstelle für jugendgefährdende Schriften.

Zu den **freiwilligen Selbstkontrollen** gehören…
* die FSK, Freiwillige Selbstkontrolle der Filmwirtschaft,
* die FSF, Freiwillige Selbstkontrolle Fernsehen,
* die USK, Unterhaltungssoftware Selbstkontrolle,
* die FSM, Freiwillige Selbstkontrolle Multimedia-Dienstanbieter,
* die ASK, Automaten-Selbstkontrolle und
* die DT-Control, Interessengemeinschaft Selbstkontrolle elektronischer Datenträger.

Neben dem Grundgesetz gibt es **eine Reihe weiterer Gesetze,** welche den Schutz der Kinder und Jugendlichen regeln sollen…

* GjS, das Gesetz über die Verbreitung jugendgefährdender Schriften und Medieninhalte,
* JÖSchG, das Gesetz zum Schutz der Jugend in der Öffentlichkeit,
* IuKDG, das Informations- und Kommunikationsdienstgesetz,
* StGB, einige Paragrafen des Strafgesetzbuches, sowie
* der Rundfunkstaatsvertrag (RfStV) und
* der Mediendienste-Staatsvertrag (MDStV).

Fakten

Die Gesetze schränken die Pressefreiheit teilweise durch Kinder- und Jugendverbote oder durch Vermiet-, Vertriebs- und Werbeverbot ein.

- Die Gesetze **definieren** beispielsweise die Begriffe „jugendgefährdend" und „sittlich gefährdend".
- Sie **regeln** die Errichtung und Zusammensetzung der Kontrollbehörden.
- Sie **bestimmen** die Bereiche, auf die sie Anwendung finden, z.B. um einzelne Beiträge indizieren (= als empfehlenswert oder nicht empfehlenswert kennzeichnen) zu können.
- Sie **verpflichten** bei entsprechenden Verstößen zu strafrechtlichen Schritten.

- Sie **ermächtigen** entsprechende Behörden, Listen jugendgefährdender Medien zu führen
- ...

Eine **Auswahl einiger Kontrollinstanzen** und der wichtigsten Gesetzestexte soll einen Einblick in das komplexe Medien-Kontrollsystem von Deutschland ermöglichen, das in dieser Form einmalig auf der Welt ist.

Nachschlagen

Medien-Kontrollinstanzen

Die Bundesprüfstelle für jugendgefährdende Schriften – BPjS

Die Bundesprüfstelle für jugendgefährdende Schriften wurde im selben Jahr gegründet, in dem die Allgemeinen Rundfunkanstalten Deutschlands (ARD) ihre Sendetätigkeit aufnahmen, das war 1954. **Die Bundesprüfstelle befasst sich auf Antrag mit Medien,** die jugendgefährdende Inhalte aufweisen könnten. Nach der Hinzuziehung von **Kriterien,** die eine Entscheidung ermöglichen, ob das fragliche Medium **unsittlich** ist, **verrohend** wirkt oder beispielsweise **zur Gewalt auffordert,** wird ein indiziertes Werk in die **Liste jugendgefährdender Schriften** aufgenommen. Diese Liste wird viermal im Jahr aktualisiert und veröffentlicht.

Freiwillige Selbstkontrolle der Filmwirtschaft – FSK

Die Freiwillige Selbstkontrolle der Filmwirtschaft ist wohl die weithin bekannteste Kontrollinstitution. Sie existiert seit 1949. Viele Kinofilme tragen die Kennzeichnung der FSK. Sie **prüft Filme, Videos oder ähnliche Bildträger.** Nicht jeder Film muss der FSK vorgelegt werden. Sie hat gegenüber öffentlichen Einrichtungen eine **gutachterliche Funktion.**

Die FSK setzt sich aus Filmherstellern, Filmverleihern, Kinobesitzern und Videoprogrammanbietern zusammen. Auch wenn die Betonung darauf liegt, dass es sich um eine **freiwillige Kontrollinstitution** handelt, beruht die Arbeit auf den **gesetzlichen Grundlagen** und geht mit entsprechenden **Prüfkriterien** einher. Eine Grundsatzkommission, die sowohl aus Vertretern der Filmwirtschaft als auch aus Vertretern des Jugendschutzes oder öffentlicher Medienanstalten besteht, legt die Kriterien fest, die sich wiederum an den gültigen Gesetzesvorgaben orientieren. Die Altersbeschränkungen der FSK sind keine Empfehlungen, sondern **gesetzlich verbindliche Vorgaben.** (Zu den Kriterien siehe Thema »Beurteilung von Medien«; 4. Ebene).

Freiwillige Selbstkontrolle Fernsehen – FSF

Die Freiwillige Selbstkontrolle Fernsehen existiert seit 1993 als gemeinnütziger Verein. Ihre **Mitglieder sind private Fernsehanbieter.** Der Schutz der Kinder und Jugend im Fernsehen soll durch die Arbeit verbessert werden. Zudem hat die FSF den **pädagogischen Anspruch,** den bewussten Umgang mit dem Fernsehen zu fördern.

Die FSF ist an der **Festlegung von Sendezeiten** beteiligt. Sie macht auch **Programme** zu ihrem Prüfgegenstand, die von keinen anderen Instanzen unter dem **Aspekt des Jugendschutzes** geprüft werden. Dazu zählen beispielsweise Realitysendungen oder Serien.

Unterhaltungssoftware Selbstkontrolle – USK

Die Unterhaltungssoftware Selbstkontrolle existiert seit 1994. Ihre Mitglieder kommen aus dem **Kreis der Softwareanbieter.** Sie **prüft interaktive Medien** und stuft sie nach **Altersangaben** ein. Die **Altersbeschränkungen sind als Empfehlung** zu betrachten.

Die USK wird aktiv, wenn ein Anbieter einen **Antrag** stellt. Die Mitglieder des Verbands der Unterhaltungssoftware Deutschland (VUD) verpflichten sich, ihre Produkte unter den **Aspekten des Jugendschutzes** kontrollieren zu lassen.

Gesetzesauszüge

Fakten

Die »Aspekte des Jugenschutzes« ergeben sich aus den jeweils gültigen Gesetzesvorgaben. In den folgenden Auszügen aus Gesetzestexten sind einige Stellen durch Fettdruck markiert, um einzelne inhaltliche Gesichtspunkte hervorzuheben. Die Originaltexte enthalten diese Markierungen nicht!

Das Gesetz über die Verbreitung jugendgefährdender Schriften und Medieninhalte (GjS)

Das Gesetz über die Verbreitung jugendgefährdender Schriften und Medieninhalte (GjS) **gilt für alle jugendgefährdenden Medien.**
Es gibt vor, welche Kriterien dazu führen, dass ein Medium (z.B. Erster Abschnitt, § 1) in eine **entsprechende Liste** aufgenommen wird. Nachdem z.B. ein indiziertes Buch in die Liste aufgenommen wurde, darf es in keiner Weise Kindern oder Jugendlichen zugänglich gemacht werden (§§ 3 und 4). Dies gilt allerdings immer nur unter bestimmten Einschränkungen. Eine Bücherei kann beispielsweise eine Abteilung einrichten, zu der nur Erwachsene ab 18 Jahren Zutritt haben. Dort können dann auch Titel erhältlich sein, die auf einer Liste verzeichnet sind.
Schließlich werden Gewerbetreiber, die Medien anbieten, verpflichtet, **Jugendschutzbeauftragte** zu bestellen oder ihr Angebot durch eine Kontrollorganisation prüfen zu lassen (§ 7a).

Erster Abschnitt: Jugendgefährdende Schriften

§ 1 Aufnahme von Schriften in eine Liste
(1) **Schriften, die** geeignet sind, Kinder oder Jugendliche **sittlich** zu **gefährden,** sind in eine Liste aufzunehmen. Dazu zählen vor allem **unsittliche, verrohend** wirkende, zu **Gewalttätigkeit, Verbrechen** oder **Rassenhass** anreizende sowie den **Krieg verherrlichen**de Schriften. Die Aufnahme ist bekannt zu machen.
(3) **Den Schriften stehen Ton- und Bildträger, Datenspeicher, Abbildungen und andere Darstellungen gleich.**
(4) **Kind** im Sinne des Gesetzes ist, wer **noch nicht vierzehn, Jugendlicher,** wer vierzehn, aber **noch nicht achtzehn** Jahre alt ist.

[Das GjS ist in folgender Fassung wiedergegeben:
Bekanntmachung vom 12. Juli 1985 (BGBl. I, S. 1502) geändert durch Gesetz vom 29.10.1993 (BGBl. I, S. 1817) geändert durch Artikel 16 des Gesetzes vom 28.10.1994 (BGBl. I, S. 3186/ 3197), geändert durch Artikel 6 des Informations- und Kommunikationsdienstegesetzes (IuKDG) vom 22.07.1997 (BGBl. I, S. 1870)]

Das Gesetz zum Schutze der Jugend in der Öffentlichkeit – JÖSchG

Das Gesetz zum Schutze der Jugend in der Öffentlichkeit (JÖSchG) verbietet es, Kindern und Jugendlichen bestimmte Medien öffentlich zugänglich zu machen. Dazu gehört das **Aufenthaltsverbot für Kinder und Jugendliche** an Orten, die eine unmittelbare Gefahr darstellen (§ 1). Kinder dürfen nur dann an Filmveranstaltungen teilnehmen, wenn die Filme zuvor für sie „freigegeben" wurden. Die **Freigabe** erfolgt nach entsprechenden Richtlinien und ist nach Alter gestaffelt (§ 6). Die Freigaberegelung gilt für alle Bildträger in gleicher Weise (§ 7).

§ 1 Jugendgefährdende Orte

Halten sich Kinder und Jugendliche an Orten auf, an denen ihnen eine unmittelbare **Gefahr für ihr körperliches, geistiges oder seelisches Wohl** droht, so haben die **zuständigen Behörden** oder Stellen die zur Abwendung der Gefahr **erforderlichen Maßnahmen** zu treffen. Wenn nötig, haben sie die Kinder oder Jugendlichen
1. zum Verlassen des Ortes anzuhalten,
2. einem Erziehungsberechtigten zuzuführen oder, wenn kein Erziehungsberechtigter erreichbar ist, in die Obhut des Jugendamtes zu bringen.
In schwierigen Fällen haben die zuständigen Behörden oder Stellen das Jugendamt über den jugendgefährdenden Ort zu unterrichten.
…

§ 6 Öffentliche Filmveranstaltungen

(1) Die Anwesenheit bei **öffentlichen Filmveranstaltungen** darf Kindern und Jugendlichen nur gestattet werden, wenn die **Filme von der Obersten Landesbehörde** zur Vorführung vor ihnen **freigegeben** worden sind. **Kindern unter sechs Jahren** darf die Anwesenheit nur gestattet werden, wenn sie **von einem Erziehungsberechtigten begleitet** sind.

(3) Die **Oberste Landesbehörde kennzeichnet Filme** mit
1. „Freigegeben ohne Altersbeschränkung",
2. „Freigegeben ab 6 Jahren",
3. „Freigegeben ab 12 Jahren",
4. „Freigegeben ab 16 Jahren",
5. „Nicht freigegeben unter 18 Jahren".
Kommt in Betracht, dass ein nach Satz 1 Nr. 5 gekennzeichneter Film den Tatbestand des § 130 Abs. 2, des § 131 oder des § 184 (siehe hinten) des Strafgesetzbuches erfüllt, ist dies der zuständigen **Strafverfolgungsbehörde** mitzuteilen.

[Das JÖSchG ist in folgender Fassung wiedergegeben:
Fassung vom 25.02.1985 (BGBl. I, S. 425), geändert durch Artikel 21 des Dritten Rechtsbereinigungsgesetzes vom 28. Juni 1990 (BGBl. I, S. 1221/1227), geändert durch Artikel 16 des Gesetzes vom 28.10.1994 (BGBl. I, S. 3186/3197)]

Das Strafgesetzbuch (StGB)

Der Verstoß gegen die Gesetze zum Schutz der Kinder und Jugendlichen kann zu **strafrechtlichen Konsequenzen** führen. Im Strafgesetzbuch (StGB) sind daher die Tatbestände und das entsprechende Strafmaß geregelt.

Wer Schriften oder andere Medien (beide sind nach § 11 Abs. 3 StGB gleichgestellt) mit gewalttätigen (§ 131) oder pornografischen (§ 184) Inhalten Kindern und Jugendlichen unter 18 Jahren zugänglich macht, macht sich strafbar.

§ 131 Gewaltdarstellung

(1) Wer Schriften (§ 11 Abs. 3), die **zum Rassenhass aufstacheln** oder die grausame oder sonst **unmenschliche Gewalttätigkeiten gegen Menschen** in einer Art schildern, die eine **Verherrlichung oder Verharmlosung** solcher Gewalttätigkeiten ausdrückt oder die das Grausame oder Unmenschliche des Vorganges in einer die Menschenwürde verletzenden Weise darstellt,
1. verbreitet,
2. öffentlich ausstellt, anschlägt, vorführt oder sonst zugänglich macht,
3. einer Person unter achtzehn Jahren anbietet, überlässt oder zugänglich macht oder

4. herstellt, bezieht, liefert, vorrätig hält, anbietet, ankündigt, anpreist, in den räumlichen Geltungsbereich dieses Gesetzes einzuführen oder daraus auszuführen unternimmt, um sie oder aus ihnen gewonnene Stücke im Sinne der Nummern 1 bis 3 zu verwenden oder einem anderen eine solche Verwendung zu ermöglichen,
wird mit Freiheitsstrafe bis zu einem Jahr oder mit Geldstrafe bestraft.
…
…

§184 – Verbreitung pornografischer Schriften

(1) Wer pornografische Schriften (§ 11 Abs. 3)
1. einer Person unter achtzehn Jahren anbietet, überlässt oder zugänglich macht,
2. an einem Ort, der Personen unter achtzehn Jahren zugänglich ist oder von ihnen eingesehen werden kann, ausstellt, anschlägt, vorführt oder sonst zugänglich macht,…
wird mit Freiheitsstrafe bis zu einem Jahr oder mit Geldstrafe bestraft.
…
(3) Wer pornografische Schriften (§ 11 Abs. 3), die **Gewalttätigkeiten,** den **sexu-**ellen Missbrauch von Kindern** oder **sexuelle Handlungen von Menschen mit Tieren** zum Gegenstand haben,…
…wird, wenn die pornografischen Schriften den sexuellen Missbrauch von Kindern zum Gegenstand haben, mit Freiheitsstrafe von drei Monaten bis zu fünf Jahren, sonst mit Freiheitsstrafe bis zu einem Jahr oder mit Geldstrafe bestraft.
…

(5) Wer es unternimmt, sich oder einem Dritten den Besitz von **pornografischen Schriften** (§ 11 Abs. 3) zu **verschaffen,** die den sexuellen Missbrauch von Kindern zum Gegenstand haben, wird, wenn die Schriften **ein tatsächliches oder wirklichkeitsnahes Geschehen wiedergeben,** mit Freiheitsstrafe bis zu einem Jahr oder mit Geldstrafe bestraft. Ebenso wird bestraft, wer die in Satz 1 bezeichneten Schriften **besitzt**…
[Der Auszug des StGB ist in folgender Fassung wiedergegeben:
Bekanntmachung vom 10. März 1987, zuletzt geändert durch Artikel 4 des Informations- und Kommunikationsdienste-Gesetzes (IuKDG) vom 22. Juli 1997 (BGBl. I, S. 1870)]

Positionen

Der gesetzliche Jugendschutz kann nur in Verbindung mit medienpädagogischen Bemühungen sinnvoll greifen.

Es ist ein wichtiger Schritt, Kindern lange vor einer Gefährdung den Aufbau von Medienkompetenzen zu ermöglichen.
Nur eine **präventive Medienerziehung** verleiht der Kontrolle und Zensur einen Sinn.
Solange ein Kind nicht selbst einsieht, dass es Medieninhalte gibt, die tatsächlich nicht für es geeignet sind, wird es Wege finden, sich indizierte Medien zugänglich zu machen.

Ein Beispiel:
Vor einiger Zeit kam ein Computerspiel auf den Markt, das brutale Gewaltszenen beinhaltete. Die Spieler hatten die Aufgabe, in einen geheimen NS-Bereich vorzudringen und Hitler zu vernichten. Auf dem Weg dahin galt es jede Menge deutscher Soldaten „abzuschlachten", um nicht selbst Opfer zu werden. Das Spiel wurde für Deutschland verboten. Dennoch tauchte es in unzähligen Kinderzimmern auf dem Computerbildschirm auf. Die Kinder und Jugendlichen haben sich den „Geheimtipp" als Raubkopien weitergereicht.

Wenn sichergestellt ist, dass Kinder und Jugendliche vor gefährdenden Inhalten geschützt sind, gewinnen der vorteilhafte Gehalt und die positiven Funktionen der Medien eine große Bedeutung.

Anregung

Im GjS § 1 (4) wird definiert, wer Kind und wer Jugendliche/r ist. Und das JÖSchG beinhaltet in § 6 (3) die Altersstaffelung „6, 12, 16 und 18 Jahre".
Erklären und interpretieren Sie diese Altersangaben anhand allgemeiner Entwicklungskriterien.

Das GjS verbietet die Verbreitung jugendgefährdender Medien (§ 3). Das StGB sieht bei Verstößen entsprechende Strafen vor.
Wie schätzen Sie die Wirkung dieser Gesetze ein?

Die Kriterien, die von den Kontrollinstanzen zur Beurteilung eines Mediums angeführt werden, verändern sich stetig. In Kapitel 2 wird betont, dass Kinder- und Jugendschutz nur in Verbindung mit pädagogischen Bemühungen sinnvoll ist. Das hat zur Folge, dass Pädagoginnen und Pädagogen eigene Kriterien zur Beurteilung von Medien aufbauen müssen. Die Themen Gewalt und Pornografie sind besonders brisant.
Suchen Sie in Lexika Definitionen zu den Begriffen Gewalt und Aggression oder Pornografie, Erotik und Kunst.
Bauen Sie mit Hilfe dieser Vorgaben eigene Unterscheidungskriterien auf. Verwenden Sie zur Veranschaulichung Medienbeispiele. (Jugendzeitschriften, Comics oder andere Printmedien, zu denen Kinder Zugang haben, sind besonders geeignet!)

Zusammenfassung

- Die Medieninhalte müssen sich an den Rechten der Kinder orientieren und die Öffentlichkeit für Kinder- und Jugendthemen sensibilisieren. Die Medien, d.h. vor allem die Produzenten, haben die Aufgabe, über die Rechte der Kinder und Jugendlichen zu informieren, darüber aufzuklären und sich an deren Umsetzung zu beteiligen.

- Die Medien sind ein gesellschaftliches Organ, das die Meinungs- und Informationsfreiheit von Kindern und Jugendlichen garantieren muss. Kinder und Jugendliche sollen Medien nutzen können, um sich Informationen zu beschaffen und ihre Interessen zu artikulieren.

- Diejenigen, die für die Medien und deren Inhalte verantwortlich sind, haben die Aufgabe, Kinder und Jugendliche vor jeder Form der Schädigung (psychisch und physisch) zu schützen.

- Der Schutz der Kinder und Jugendlichen wird durch entsprechende Kontrollinstanzen und gesetzliche Regelungen gewährleistet.

- Der wirksamste Schutz vor negativen Einflüssen durch die Medien ist der Aufbau von Medienkompetenzen.

Literaturtipp

Bundesarbeitsgemeinschaft Kinder- und Jugendschutz e.V. (1998). Medienkontrollinstitutionen in Deutschland. Eine Übersicht. Bonn.

Ebbert, Birgit (1996). Schöne neue Welt? Multimedia – ein Thema für Jugendschutz und Pädagogik. Stuttgart: Aktion Jugendschutz (ajs).

3 Medien haben gesellschaftliche Funktionen

Fakten

Medien sind nicht nur schlichte Sprachrohre und Vermittler. Sie haben für die oder den Einzelnen und für die Gesellschaft multiple Funktionen.

3.1 Die Eigenschaften der Medien in der Gesellschaft

Aus gesellschaftlicher Perspektive wirken Medien, die viele Empfänger gleichzeitig erreichen, als Massenmedium und initiieren dadurch eine Massenkommunikation.

Definition: Massenmedien
Ein Massenmedium ist ein **technischer Kommunikationsträger,** durch den Informationen vermittelt und damit **allgemein zugänglich** gemacht werden.
Der **Sender** und die **Empfänger** sind mittelbar, also **nicht direkt, in Kontakt.**
Da die Empfänger weit verteilte Zuhörer und Zuschauer sind, besteht deren **Verbindung** ausschließlich **über das Medium.** Die **Aussage** ist **auf die Seite des Mediums,** bzw. der Medienproduzenten **beschränkt.**

Die meisten Definitionen zum Begriff Massenmedium betonen die **Einseitigkeit des Informationsflusses.** In der augenblicklichen gesellschaftlichen Situation mag dieser Gedanke noch gerechtfertigt sein, da die technischen Möglichkeiten, die eine **Rückmeldung des Empfängers** von Masseninformationen zulassen, noch nicht flächendeckend verbreitet sind.

Ein Beispiel:
Das Fernsehen lässt schon lange Jahre eine Rückmeldung zu. Die Zuschauerinnen und Zuschauer einer Fernsehshow können beispielsweise mit einem Telefonanruf einen „Wettkönig" wählen und damit direkt in die Show eingreifen. Auf dem Weg zum interaktiven Fernsehen ist es bereits möglich, in die Handlung von Spielgeschehen in ähnlicher Weise einzugreifen.

Es ist auch nicht ganz korrekt, zu behaupten, dass die Nutzer von Massenmedien nicht miteinander verbunden seien. Einerseits lassen sich **Empfängergruppen** eingrenzen und bestimmen. Die Empfänger von „Kindernachrichten" sind beispielsweise in erster Linie Kinder. Die Leser von „Fachzeitschriften" sind Fachleute usw. Die Empfänger können demnach anhand ihrer Gemeinsamkeiten in Gruppen eingeordnet werden.

Teilweise sind die verschiedenen **Empfänger** einer Masseninformation auch **unmittelbar miteinander verbunden.** Es ist beispielsweise möglich, im Internet **gleichzeitig** eine **Information** zu **empfangen,** und zwar auch dann, wenn die Empfänger mehrere tausend Kilometer voneinander entfernt sind. Parallel zum Empfang ist es auch möglich, **eigene Informationen zu senden.**

Ein Beispiel:
Eine Modenschau wird von Paris aus über das weltweite Netzsystem in mehrere Millionen Haushalte gleichzeitig direkt in die Computer übertragen. Claude, der als Einkäufer für seine Firma in Paris ist, kann sich von seinem Hotelzimmer aus auch über den Computer mit seiner Chefin darüber austauschen, was er am nächsten Tag ordern soll.

In den letzten Jahrzehnten wurden immer wieder Zweifel laut, ob bei „Massen", also einer breiten Öffentlichkeit, wirklich von **Kommunikation im engeren Sinne** die Rede sein kann, da die unmittelbaren Kontakte vermeintlich fehlen. Diese Bedenken werden allmählich durch die erweiterten, realen Möglichkeiten der Medien verdrängt.

Definition: Massenkommunikation
Massenkommunikation meint **alle öffentlichen Verständigungsformen,** seien sie unmittelbar in direktem physischem Kontakt oder vermittelt durch Medien.
Massenkommunikation kennzeichnet den **Kommunikationsprozess innerhalb einer Gesellschaft oder eines gesellschaftlichen Systems.** Für den Prozess der Massenkommunikation sind die Bedingungen der Interaktion (Formen und Medien) und der Interaktionspartner (Publizisten und Rezipienten) entscheidend.
Die Massenkommunikation kann, ebenso wie die individuelle Kommunikation, **Einstellungen und Verhaltensweisen** der Interaktionspartner **positiv oder negativ** beeinflussen.

Die **Qualität der Massenkommunikation** schreitet fort. Den »**neuen Medien**« wird in diesem Zusammenhang eine bedeutende Rolle zugeschrieben. Das Wort „neu" ist allerdings irreführend, da es sich bei den Medien, die allgemein mit dem Begriff in Verbindung gebracht werden, eher um den **Fortschritt bestehender Technologien** handelt. Zudem sind die Möglichkeiten und Auswirkungen der einzelnen Weiterentwicklungen derart unterschiedlich, dass ein einheitlicher Begriff eher nicht sinnvoll ist. Eine Minimaldefinition lautet…

Definition: Neue Medien
Der Begriff „neue Medien" bezeichnet die **fortschreitende Weiterentwicklung von Massenmedien und Technologien** zur Erfassung, Verarbeitung, Übertragung und Speicherung von Informationen.

3.2 Gesellschaftliche Aufträge der Medien

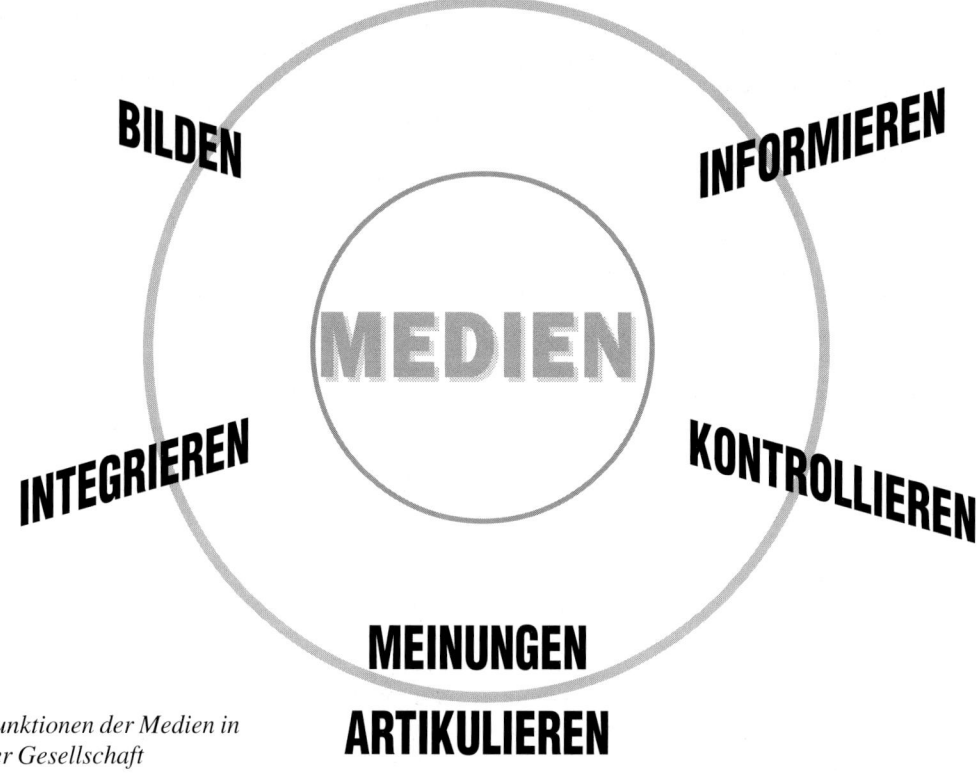

Funktionen der Medien in der Gesellschaft

Fakten

Medien steuern Auffassungen, Denkweisen oder Standpunkte. Sie bauen Meinungen auf und verwerfen sie wieder. Sie verdeutlichen Sachverhalte oder verschleiern sie.

Die Medien, besser gesagt die „Medienmacher", sehen sich in einer gesellschaftlichen Position, die von ihnen verlangt, Öffentlichkeit überhaupt erst herzustellen.
Menschen können nur Inhalte verarbeiten, die ihnen in irgendeiner Weise nahe gebracht werden oder die zumindest einen Auslöser haben.

Ein Beispiel…
Wenn die Medien niemandem „sagen", dass Gras grün ist, ist das nicht weiter tragisch, da die meisten Menschen authentische Erfahrungen mit Gras machen können. Verschweigen die Medien aber beispielsweise, dass die Regierung eines Landes Steuern erlässt, wenn die Bürger einen entsprechenden Antrag stellen, verschwindet diese Information, ohne beachtet zu werden.

Informieren
Medien haben die gesellschaftliche Aufgabe, umfassende und allgemein interessierende Informationen zugänglich zu machen.

Die Informationswege der Medien müssen sicherstellen, dass prinzipiell jeder Mensch seine Meinung artikulieren kann. Diese Forderung bleibt natürlich auf einer theoretischen Ebene. Die Realität zeigt, dass **die Kriterien der Informationsauswahl** nicht in der Hand des einzelnen Bürgers liegen.
Die Redakteurin einer Zeitung wählt zum Beispiel aus einer großen Flut von Einzelinformationen aus, die ihr von Presseagenturen angeboten werden oder die ihre Mitarbeiter erarbeitet haben. Oder aus tausend Leserbriefen werden zwei herausgesucht, weil sie zu der Darstellung des veröffentlichten Artikels passen.
Eine redaktionelle Arbeit wird **nicht wirklich vollkommen objektiv** sein können. Eine gewisse Objektivität kann nur dann erreicht werden, wenn verschiedene Informationsquellen von einem Menschen parallel genutzt und verglichen werden.

Meinungen artikulieren
Medien haben die Aufgabe, die gesellschaftliche Auseinandersetzung mit verschiedenen Meinungen zu ermöglichen und aus einer neutralen Position heraus verschiedene Standpunkte in einem demokratischen Meinungsbildungsprozess aufzuzeigen.

Die Trennung von Information und Bildung ist nicht möglich. Die Massenmedien machen den Gesellschaftsmitgliedern Informationen zugänglich, welche die oder der Einzelne entweder nicht gehabt hat (= weiterbilden) oder bereits gehabt hat und nun bestätigt sieht (= erhärten). Die Nutzer der Massenmedien erhalten Hilfestellungen und Wissen, was ihnen ermöglicht, sich durch spezielle und komplizierte Inhalte zu finden.

Bilden
Medien haben die Aufgabe, durch und mit ihren Informationen und Meinungsdarstellungen einen geistigen Überblick zu gesellschaftsrelevanten Themen zu ermöglichen. Durch allgemein verständliche Informationen werden die Empfänger weitergebildet oder deren Bildungsinhalte erhärtet.

Informieren und Bilden führt zur **Vervollständigung eines Meinungsbildes.** Medien müssen einen Sachverhalt besonders dann gründlich aufbereitet darstellen, wenn er von gesellschaftlichem Interesse, also »politisch« ist.

Integrieren
Medien haben die Aufgabe, gesellschaftliche Phänomene so darzustellen, dass möglichst alle relevanten Aspekte durchleuchtet werden. Vielseitige Darstellungen entsprechen dem demokratischen System der Gesellschaft.

Medien haben eine eindeutig politische Funktion, da sie eine **Plattform** für politische Gruppen darstellen. Diese können ihre Meinungen mit Hilfe der Medien kundtun.

Ein Beispiel…

Ein Politiker, den niemand kennt, kann noch so gute Ideen haben. Wenn er sein Gesicht nicht im Fernsehen oder in den Zeitungen zeigt, wird von ihm keine Notiz genommen.

Andererseits haben die Medien, neben den politischen Organen (Opposition, Interessengruppen…), gute Möglichkeiten, den politisch Verantwortlichen „auf die Finger zu schauen", sie in gewisser Weise zu überwachen. Diese Funktion hat den Medien auch die Bezeichnung „vierte Macht im Staat" eingetragen.

Kontrollieren

Medien haben die Aufgabe, die politischen Parteien und Interessengruppen vorzustellen oder zumindest eine entsprechende Plattform im Sinne der Meinungs- und Redefreiheit zu ermöglichen. Außerdem überwachen die Medien das politische Handeln entsprechender Einzelpersonen oder Organisationen.

Die Gesamtheit der Medien stellt in unserer Gesellschaft sicher, dass alle Funktionen erfüllt sind. Die Auswahl aus dem Medienangebot ist jedem Menschen grundsätzlich selbst überlassen.

Zusammmenfassung

- Massenmedien vermitteln allgemein zugängliche Informationen gleichzeitig an eine große Anzahl von Empfängern. Der jeweilige Sender und die Empfänger sind in der Regel nicht direkt in Kontakt.

- Die Nutzer von Massenmedien sind teilweise unmittelbar miteinander verbunden. Es ist beispielsweise möglich, im Internet gleichzeitig eine Information zu empfangen und eigene Informationen zu verbreiten.

- Der Kommunikationsprozess innerhalb einer Gesellschaft oder eines gesellschaftlichen Systems wird mit dem Begriff Massenkommunikation bezeichnet. Für die Form der Kommunikation sind die Bedingungen der Interaktion (Formen und Medien) und der Interaktionspartner (Publizisten und Rezipienten) entscheidend.

- Medien stellen Öffentlichkeit her, indem sie informieren, Meinungen artikulieren, bilden, integrieren und kontrollieren.

4   Mediennutzung und Medienwirkungen

Fakten

Kinder, Jugendliche und Erwachsene empfangen und verarbeiten Medieninformationen offensichtlich jeweils auf ihre eigene Art.

Die Unterschiede in der Art und Weise, wie die Rolle des Rezipienten ausgefüllt wird, können teilweise empirisch erfasst und teilweise qualitativ erklärt werden.

Zwei Rezeptionsebenen können berücksichtigt werden:

- **der Prozess der Informationsaufnahme = NUTZUNG**
- **der Prozess der Informationsverarbeitung = WIRKUNG**

Definition: Rezipient

Ein Rezipient ist der **Empfänger einer Information.** Der Rezipient nimmt Informationen auf und verarbeitet sie. Dieser Prozess bezieht sich auf den **Sinn und** die **Relevanz der Information.** Das Verständnis des Aufnehmenden, das heißt das **Erfassen der Inhalte und** deren **Interpretation,** erklärt einen wichtigen Teil der Wirkung einer Information.

4.1 Kinder „empfangen" Medien

Positionen

Kinder ordnen und benennen Medieneindrücke sehr präzise und treffsicher. Ihre Ordnungssysteme und Ordnungsregeln sind so aufgebaut, dass jeder Medieneindruck eine Sinnzuschreibung erhält. „Sinnlose" Inhalte werden entweder verdrängt oder bewusst nicht akzeptiert.

„Der Bösewicht im Film muss scheußlich aussehen, damit wir ihn erkennen!" Ali, 9 Jahre. Wenn Kinder über Medien reden, versuchen sie nicht, das Gesehene oder Gehörte nach ästhetischen Gesichtspunkten zu analysieren, sondern sie wollen ausdrücken, was sie empfinden oder welches Wissen sie errungen haben. **Solange das Medium genutzt wird, ist es Kindern und Jugendlichen meist wichtig, nicht abgelenkt zu sein.** Sie wollen sich mit dem Inhalt auseinander setzen und nicht mit der unmittelbaren Umwelt.

Ein Beispiel:
Ein Kind schaut einen Film an. Die Mutter kommt dazu und fragt: „Was passiert denn gerade?" Das Kind antwortet nicht, weshalb die Mutter schließt: „Du schaust dir den Film ja gar nicht genau an! Wir machen besser aus, wenn er dich sowieso nicht interessiert." Das Kind reagiert noch immer nicht. Die Mutter greift zur Fernbedienung, drückt. Und das Kind dreht fast durch!

Tatsächlich hatte das Kind seine ganze **Vorstellungskraft, Sinngebung** und sein **Denkvermögen** auf den Film konzentriert. Wenn es der Mutter erzählt hätte, was bisher geschehen war, hätte es den inhaltlichen Anschluss verloren und damit auch den Sinngehalt. Erwachsene reagieren in der Regel nicht in dieser Weise, wenn sie ihr Kind konzentriert bei den Hausaufgaben entdecken. Die Mutter würde es kaum dazu auffordern, kurz seine aufmerksame Tätigkeit zu unterbrechen und zu erzählen, was es bisher Schönes gelernt hat.

Kinder entscheiden selbst, wann sie sich von einem Medium lösen wollen und können.
Ein Vorurteil heißt, dass Kinder stundenlang ohne Unterbrechung fernsehen oder Computer spielen würden. Das vorschnelle Urteil bezieht sich auf den Gedanken „ohne Unterbrechung". Kinder orientieren sich nicht an vorgegebenen Spielfilmlängen oder an eingeschobenen Werbeblöcken. Es kann sein, dass ein Kind scheinbar mitten im Film aufsteht und zum Spielen

geht. Oder es fängt wie aus heiterem Himmel an, von sich aus zu erzählen, welche Stelle ihm besonders gut gefallen hat.

Dies sind jeweils Indizien dafür, dass Kinder **Medieninhalte als Gegenstand** anerkennen, **den es zu durchschauen und zu ergründen gilt.** Eine Vorabwertung, wie sie Erwachsene unternehmen, ist Kindern meist fremd. Sie befassen sich zunächst der Form und dem Gehalt nach mit dem Medium und kommen erst dann zu der Entscheidung – gut oder nicht gut. Das liegt wahrscheinlich daran, dass Kinder **noch nicht auf absolute ästhetische Maßstäbe festgelegt** sind.

Kinder lernen auch, von Medien oder Medieninhalten Abstand zu nehmen.

Wie wäre es anders zu erklären, dass es manches Kind ablehnt, ein Buch zu lesen? Erwachsene kommen in Argumentationszwang, wenn sie Kindern oder Jugendlichen beweisen sollen, dass Bücher gut für sie seien.
Andererseits stehen Kinder und Jugendliche unter dem Zwang, erklären zu müssen, dass ihnen weder der Fernsehapparat noch der Computer wirklich Schaden zufügen.

Kinder und Jugendliche nutzen Medien nicht hemmungslos und unkontrolliert.
Sie haben in der Regel der Sache gewachsene Umgangsformen. Ihre Medienkompetenzen sind oft ausgeprägter als die von Erwachsenen, was in den folgenden Kapiteln zur Mediennutzung noch zu bewiesen wird.

4.2   Freizeit und Medien

Die Bedeutung der Freizeit

Im Gespräch
Pädagogische Fachleute erwähnen häufig das Urteil: Medien rauben Kindern die Freizeit!

Dieser Einschätzung liegt ein bestimmtes Bild des Freizeitbegriffs zu Grunde. An »Freizeit« wird die Erwartung gekoppelt, etwas „Sinnvolles" zu tun, wobei der **Gebrauch der Medien von vornherein nicht** als **sinnhaft** eingeschätzt wird.

»Freizeit« könnte mit einem anderen Ansatz auch grundsätzlich als minderwertig eingestuft werden.
Es existieren wissenschaftliche Theorien, die Freizeit als Gegenstück zur sinnvollen Arbeit verstehen.
Für Kinder bedeutet diese theoretische Trennung von Arbeit und Freizeit, dass ihr Handeln in pädagogischen Institutionen, wie Kindertagesstätte, Hort oder vor allem Schule, zweckmäßig und empfehlenswert ist. Alle Handlungen außerhalb dieser vorgegebenen „Arbeits-

felder" sind zunächst „sinnleer" oder zumindest „sinnneutral".

Solche Vorstellungen sind verlockend, da sie nur wenige – in den beiden erwähnten Ansätzen jeweils nur zwei – Aspekte gegenüberstellen.

Der logisch folgende Gedanke wäre…
1. Medienerfahrungen, die in institutionellen Lernprozessen genutzt werden, sind sinnvoll;
2. Medienerfahrungen, die in der Freizeit gemacht werden, sind sinnleer.

Vor einfachen theoretischen Lösungen muss im Umgang mit Medien ausdrücklich gewarnt werden!
Insbesondere ein Begriff wie »Freizeit« muss differenziert betrachtet werden, um den Medieneffekten näher zu kommen.

Ein theoretisches Gegenstück zu der zuerst erwähnten Theorie (Freizeit muss sinnlos sein) ist folgende Vorstellung…

»Freizeit« steht für **selbstbestimmtes, autonomes Handeln.**

Auch diese Definition ist umstritten. Sie ist jedoch plausibel und vielschichtig genug, um für die Zusammenhänge zwischen Mediennutzung und Medienwirkungen Verständnis aufzubauen. Sie wird daher an dieser Stelle bevorzugt, zumal diese **positive Bestimmung des Begriffs »Freizeit«** eine lange theoretische Tradition in der Pädagogik hat und bis in die Antike reicht.

Die Inhalte der Freizeit

Positionen

Die Zeit, die nach dem Abzug aller verbindlichen Tätigkeiten übrig bleibt, ist die Freizeit, im engeren Sinn die individuell frei verfügbare Zeit.

Formal ist die Freizeit eines Menschen die messbare Zeit, die übrig bleibt, wenn alle Arbeits-, Schlaf-, Ess- und Pflegezeiten abgezogen werden.
Es gibt im Leben von Kindern und Jugendlichen noch weitere spezielle Zeiten, die im Alltag festgelegt sind.
Zu solchen Zeiten zählen bei älteren Kindern und Jugendlichen der Unterricht in der Schule, die Hausaufgabenzeiten und eventuell auch Förderzeiten (z.B. Nachhilfe, ggf. Therapien…).
Bei kleineren Kindern sind es die festen Spiel (= Arbeits-)Zeiten im Kindergarten oder der Kindertagesstätte, mit gelenkten Lerneinheiten, Förderangeboten oder ausdrücklichen Spielphasen.

Was in der frei verfügbaren Zeit getan wird, wird wohl immer einer Wertung unterzogen sein.
Die Maßstäbe von Kindern und Jugendlichen weichen auch an dieser Stelle wahrscheinlich von denen der Erwachsenen ab.
(Medien-)Pädagoginnen müssen subjektive Wertungen hintanstellen, wenn sie konstruktiv mit dem Medienverhalten von Kindern umgehen wollen.
Folgende Dimensionen unterstützen **objektive Kriterien zum Freizeitverhalten** von Kindern und Jugendlichen…

Aktivität	⟵⟶	**Passivität**
Motivation	⟵⟶	**Hemmung**
Rollenfreiheit	⟵⟶	**Rollenbeschränkung**
Autonomie	⟵⟶	**Abhängigkeit**

Aktivität versus Passivität – In dieser Dimension geht es darum, wie viel Aktivität von den Kindern in verschiedenen Tätigkeiten verlangt wird und welche Qualität die Aktivität hat. Obwohl Kinder eher körperlich aktiv sind, beschränkt sich diese Dimension nicht auf den motorischen Bereich. Zudem sind die Formen der Aktivität von der Gesamtpersönlichkeit abhängig und nicht universell gleich.

Motivation versus Hemmung – In dieser Dimension geht es um die Art und Weise, in der Freizeitaktivitäten dazu bewegen, sich mit neuen Inhalten auseinander zu setzen. Das Augenmerk liegt auf der Weiterentwicklung der persönlichen Möglichkeiten eines Kindes oder Jugendlichen.

Rollenfreiheit versus Rollenbeschränkung – Freizeitaktivitäten können zu einer Rollenerweiterung führen, wenn sie das persönliche Handlungsspektrum eines Kindes oder Jugendlichen erweitern. Klischees sollten abgebaut und durch objektive Einschätzungen ersetzt werden.

Autonomie versus Abhängigkeit – Freizeitaktivitäten können die Selbstständigkeit eines Menschen unterstützen, indem sie ihn von äußeren Bedingungen relativ unabhängig machen. Lerneffekte, die vielfältig nutzbar sind, sind vorteilhaft.

In der Freizeit von Kindern und Jugendlichen sind Medien präsent. Die folgenden Ausführungen verdeutlichen den Stellenwert der Medien…

Die wichtigsten Freizeitaktivitäten der Kinder

Fakten

Der Alltag von Kindern und Jugendlichen ist über weite Strecken fremdbestimmt. Sie haben überdies besondere Vorlieben und persönliche Schwerpunkte.

Die technische Entwicklung im letzten Jahrzehnt des 20. Jahrhunderts war rasanter denn je. Pädagoginnen und Eltern fragen sich natürlich, welche Auswirkungen dies auf die Kinder und Jugendlichen hat.

In der Studie „Kinder und Medien 1990" der ARD/ZDF-Medienkommission wurden in der ganzen Bundesrepublik 3600 Kinder im Alter von 6 bis 13 Jahren zu ihrem Umgang mit Medien befragt.

Die Kinder konnten sich neben vielen anderen Punkten auch **dazu äußern, was sie besonders gerne tun, was ihnen besonders Spaß macht.** Die Antworten waren nicht vorgegeben. Die Kinder konnten sich ganz frei äußern. Die folgende Abbildung zeigt die Reihenfolge der sechs beliebtesten Tätigkeiten.

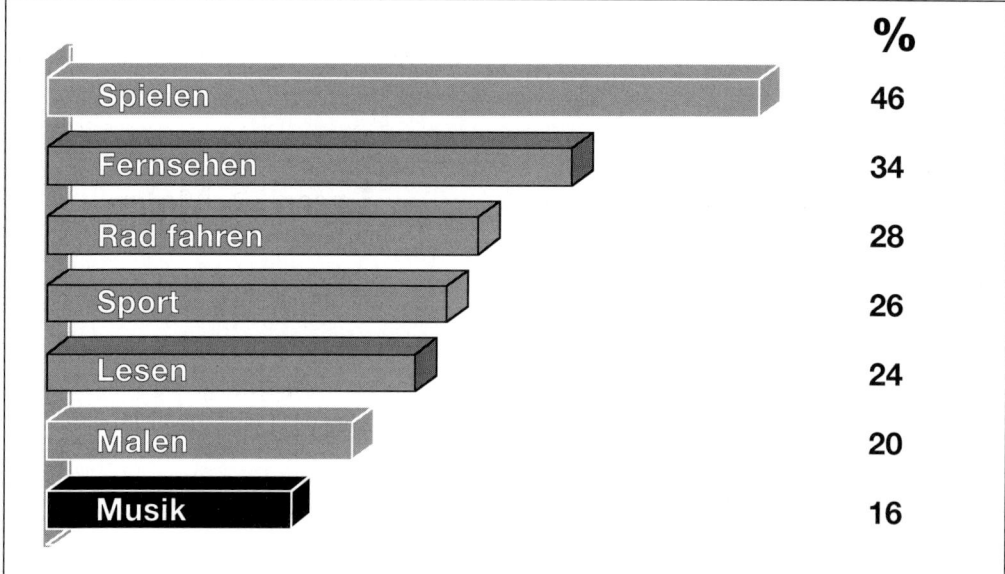

	%
Spielen	46
Fernsehen	34
Rad fahren	28
Sport	26
Lesen	24
Malen	20
Musik	16

In einer Studie von Hurrelmann, Hammer und Stelberg (Hurrelmann, B., Hammer, M., und Stelberg, K., 1996, Familienmitglied Fern- sehen, S. 52 ff.) konnten Kinder aus einer Liste von insgesamt 26 **Tätigkeiten** diejenigen aus- wählen, **die in ihrem Alltag wichtig sind.**

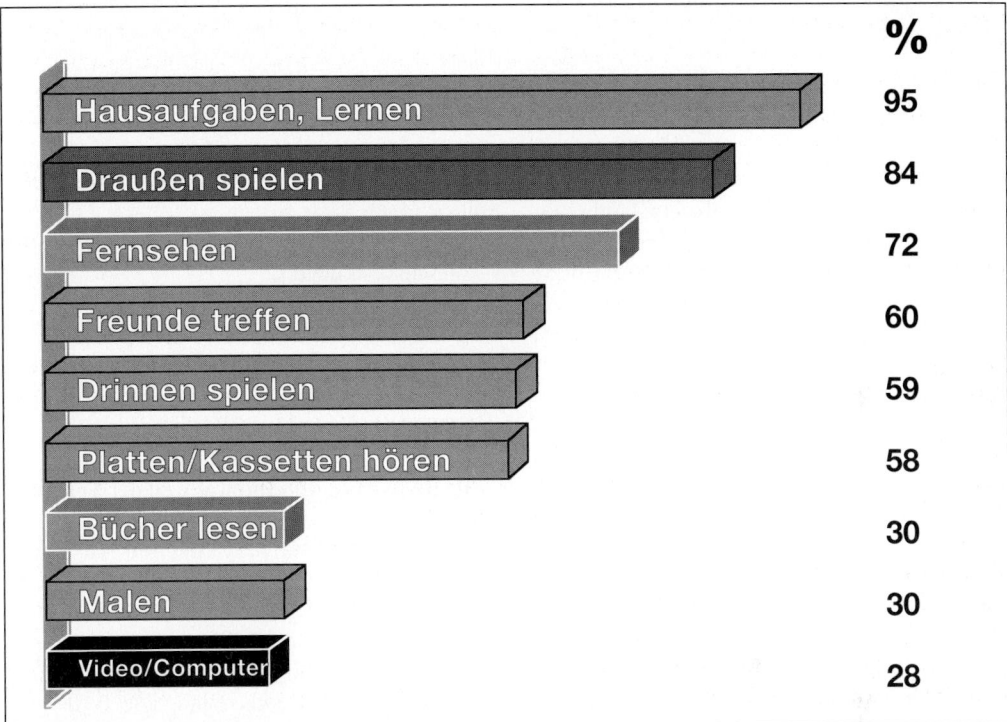

	%
Hausaufgaben, Lernen	95
Draußen spielen	84
Fernsehen	72
Freunde treffen	60
Drinnen spielen	59
Platten/Kassetten hören	58
Bücher lesen	30
Malen	30
Video/Computer	28

Beim Vergleich der beiden Listen fällt auf, dass die Kinder trotz der unterschiedlichen Mess- zeitpunkte (1990 und 1996) und der verschie- denen Vorgaben („Lieblingstätigkeiten" und „wichtigste Aktivitäten") eine ähnliche Rang- folge angeben:

Spielen ➡ Fernsehen ➡ ... ➡ Lesen ➡ Malen

Literaturtipp

Klingler, Walter (1996). Hören, Lesen, Fernsehen – und sie spielen trotzdem. Beiträge zum Medienumgang von Kindern. (Hrsg. Karen Schönenberg). Baden-Baden: Nomos Verlag.

Groebel, Jo (1994). Nutzen, Vorlieben, Wirkungen. In: Media Perspektiven (1994) 1.

4.3 Daten zur Fernsehnutzung

4.3.1 Die Durchführung von Fernsehforschung

Fakten

Die wichtigsten Indikatoren (Merkmale) zur Fernsehnutzung sind die Sehdauer, die Sehbeteiligung und der Marktanteil des jeweiligen Senders.

Umfangreiche pädagogisch orientierte Untersuchungen werden häufig mit der Unterstützung der Medienanbieter durchgeführt. Die ARD/ZDF-Medienkommission unterstützte beispielsweise die Studie „Kinder und Medien 1990", die Fragenkomplexe zum Stellenwert der verschiedenen Medien im Leben von 6- bis 13-jährigen Kindern thematisiert hatte.

Die Sender ARD, Kabel 1, ProSieben, RTL, RTL2, SAT. 1 und ZDF haben sich zu der »Arbeitsgemeinschaft Fernsehforschung« (AGF) zusammengeschlossen. Die AGF sammelt kontinuierlich Informationen über den TV-Markt in Deutschland. Sie beauftragt die Gesellschaft für Konsum-, Markt- und Absatzforschung (GfK-Fernsehforschung) und andere Datenverwerter (z.B. Media Control), das Zuschauerverhalten zu messen.

Zudem unternehmen die einzelnen Sender eigene Recherchen. Dies geschieht vor allem, um Aussagen darüber zu sammeln, wie das eigene Angebot von den Zuschauer/-innen angenommen wird. Natürlich verbinden die Sender, die sich in einer Arbeitsgemeinschaft zusammenschließen, nicht in erster Linie pädagogische Interessen mit den gesammelten Daten.

Universitäten führen Forschungen durch, um neue Erkenntnisse zu einem Thema zu gewinnen. Eine Untersuchung wie »Familienmitglied Fernsehen« der Arbeitsstelle für Leseforschung und Kinder- und Jugendmedien (Universität

Köln) stellt ein erkenntnisleitendes Interesse an den Anfang ihrer Arbeit. Aus dieser Untersuchung werden in den folgenden Kapiteln einige Ergebnisse skizziert.

Für medienpädagogische Debatten ist es sehr hilfreich, konkrete und beweiskräftige Fakten in entsprechende Argumentationsreihen mit einzubauen.

Zur Bedeutung von Indikatoren der Fernsehnutzung
Die Basis seriöser statistischer Aussagen muss immer repräsentativ für alle möglichen Betroffenen sein.
Ein Beispiel:
In unserem Fall sind das alle möglichen Fernsehzuschauer in Deutschland. Die AGF gibt beispielsweise zu ihren Daten für 1997 die Basis von 71,2 Mio. Personen ab 3 Jahren an.

Auf dieser Basis werden dann zu den einzelnen Indikatoren empirische Analysen vorgelegt. Alle Indikatoren müssen zunächst als Durchschnittswerte gelesen werden.
Ein Beispiel:
Wenn die Rede davon ist, dass die tägliche Sehdauer von Kindern zwischen 3 und 13 Jahren 95 Minuten beträgt, muss davon ausgegangen werden, dass ein Teil dieser Kinder weniger als 95 Minuten am Tag fernsieht und ein anderer Teil auch mehr.

DIE SEHDAUER

„Wie lange sehen Kinder fern?" – Diese oder ähnliche Fragen können durch die Angabe von Werten beantwortet werden, die erklären, wie lange **durchschnittlich alle möglichen Fernsehzuschauer** das Angebot **tatsächlich genutzt** haben.

- Da es sich um statistische Werte handelt, lassen sich die Beziehungen über eine Gleichung darstellen…

$$\frac{\text{Gesamtzahl tatsächlich gesehener Minuten}}{\text{Gesamtzahl aller möglicher Zuschauer}} = \text{durchschnittliche Sehdauer}$$

Ein Beispiel:
1.000 **beobachtete** Kinder im Alter von 3 bis 13 Jahren **haben in der Zeit** von 9.00 bis 13.00 Uhr **insgesamt 267 Stunden ferngesehen. Die Fernsehzeit jedes einzelnen Kindes wurde notiert. Einige Kinder haben den Fernsehapparat in der fraglichen Zeit überhaupt nicht angeschaltet, andere saßen zwei Stunden davor. Alle Zeiten werden addiert: 267 Stunden = 16.020 Minuten**

$$\frac{16.020 \text{ (Minuten)}}{1.000 \text{ (Kinder)}} \approx \text{durchschnittlich 16 Min. pro Kind}$$

Das Ergebnis erlaubt mir eine Aussage darüber, <u>wie lange</u> (ungefähr 16 Minuten) in einem bestimmten Zeitraum (zwischen 9.00 und 13.00 Uhr) im Mittel <u>von wem</u> (3- bis 13-jährige Kinder) ferngesehen wird.

DIE SEHBETEILIGUNG

„Wie viele Kinder schauen sich eine bestimmte Sendung an?" – Diese oder ähnliche Fragen können durch die Angabe von Werten beantwortet werden, die nennen, **wie viele Fernsehzuschauer** während einer **bestimmten Zeit** durchschnittlich das **Angebot eines Senders genutzt** haben.

- Eine Gleichung hierzu lautet…

$$\frac{\text{tatsächlich gesehene Zeit aller möglichen Zuschauer}}{\text{mögliche Gesamtsehdauer aller Zuschauer}} \times 100 = \text{Sehbeteiligung (in \%)}$$

Ein Beispiel:
1.000 **beobachtete** Kinder im Alter von 3 bis 13 Jahren **haben in der Zeit** von 13.00 Uhr bis 17.00 Uhr **(die mögliche Gesamtsehdauer beträgt in diesem Zeitraum 4 Stunden =** 240 Minuten) **insgesamt 383 Stunden** = 22.980 Minuten **das Fernsehangebot des »Kinderkanals« genutzt.**

$$\frac{22980 \text{ (Minuten)}}{1.000 \text{ (Kinder)} \times 240 \text{ (Minuten)}} \times 100 \approx \text{durchschnittlich 9,6 \%}$$

Das Ergebnis erlaubt mir eine Aussage darüber, zu welchem durchschnittlichen Anteil (9,6 %) in einem bestimmten Zeitraum (zwischen 13.00 und 17.00 Uhr) das Angebot des »Kinderkanals« genutzt wurde.

Zur Interpretation dieser Daten kann ich das jeweilige Angebot (z.B. eine bestimmte Sendung oder einen Werbeblock) hinzuziehen:

Aus der Fernsehzeitung kann ich entnehmen, dass jeden Tag zwischen 13.00 und 17.00 Uhr im Kinderkanal eine Abenteuerserie und danach ein Quiz gesendet werden. Zusammen mit der Auskunft über die Sehbeteiligung (bei unserem Beispiel etwa 10 %) kann ich daraus schließen, dass eines von zehn Kindern (eventuell auch aus meiner Gruppe) diese Sendungen gesehen hat.

Diese Überlegungen werden noch interessanter, wenn ich die Sehbeteiligung der einzelnen Sender vergleiche. Die Daten könnten beispielsweise ergeben, dass die Kinder im selben Zeitraum wesentlich häufiger und länger das Angebot von RTL2 angenommen haben (beispielsweise 19 %). Hier wurden in dieser Zeit vier Zeichentrickfilme und fünf Werbeblöcke gezeigt. Ich kann daraus schließen, dass zwei von zehn Kindern (bei meiner Kindergruppe mit insgesamt 24 Kindern wären das zwischen vier und fünf Kinder) diese Sendungen gesehen haben.

Die Ergebnisse zur Sehbeteiligung erlauben zudem eine Aussage darüber, zu welchen Zeiten das Angebot des gesamten Fernsehens oder eines Senders wie stark genutzt wird und von welchen Gruppen es wie stark genutzt wird.

Es gibt beispielsweise Daten darüber, zu welchen Zeiten wie viele Erwachsene ab 50 Jahren fernsehen. 1997 haben etwa 10 bis 15 Mio. Erwachsene dieser Gruppe zwischen 12.00 Uhr und 15.30 Uhr ferngesehen. 5 Stunden später hatten etwa viermal so viele (60 Mio.) das Fernsehgerät eingeschaltet.

Oder die Daten sagen aus, dass von 71 Mio. möglichen Zuschauern um 20.00 Uhr etwa 6,5 Mio. das Erste Programm, die ARD, eingeschaltet hatten.

DER MARKTANTEIL

Welche Sendungen und Sender sind »in«? – Diese Frage stellen sich in erster Linie die Anbieter selbst. Sie brauchen Angaben darüber, wie groß ihr Anteil am »Fernsehmarkt« ist. Es werden daher Werte gesammelt, die beantworten, wie lange **durchschnittlich alle möglichen Fernsehzuschauer** das **Angebot eines Senders** im **Vergleich mit dem Gesamtangebot** aller Sender **tatsächlich nutzten.**

- Die Werte ähneln denen der Sehbeteiligung, haben aber andere Bezugspunkte…

$$\frac{\text{Anteil der Sehdauer für einen Sender}}{\text{theoretische Sehdauer insgesamt}} = \text{Marktanteil} (= \text{relativer Anteil der Sehdauer})$$

Der gemeinsame Marktanteil aller Sender beträgt 100 %. Der Anteil eines Senders sagt aus, wie groß sein „Stück von dem gemeinsamen Kuchen" ist.

Es ist wichtig zu wissen, was die Daten zur Fernsehnutzung konkret aussagen. Nur mit diesem Hintergrund können die Daten sinnvoll interpretiert werden. Die Interpretation der Daten kann je nach Blickwinkel dennoch unterschiedlich ausfallen!

4.3.2 Daten der Fernsehforschung – eine Auswahl quantitativer Angaben

Fakten

In Deutschland gibt es 1997 rund 34 Mio. Haushalte. In etwas mehr als 33 Mio. Haushalten steht mindestens ein Fernsehapparat.

Wenn alle Haushalte, die keinen Fernsehanschluss haben, in einer Region versammelt wären, wäre dieses Gebiet etwa »so groß wie Duisburg, Düsseldorf und Essen zusammen« oder »so groß wie Leipzig, Dresden und Chemnitz« zusammen oder »so groß wie zweimal Frankfurt« oder »zweimal Stuttgart« oder »einmal München«. Und um diese fernsehfreie Insel herum gäbe es überall Fernsehen, Fernsehen, Fernsehen…

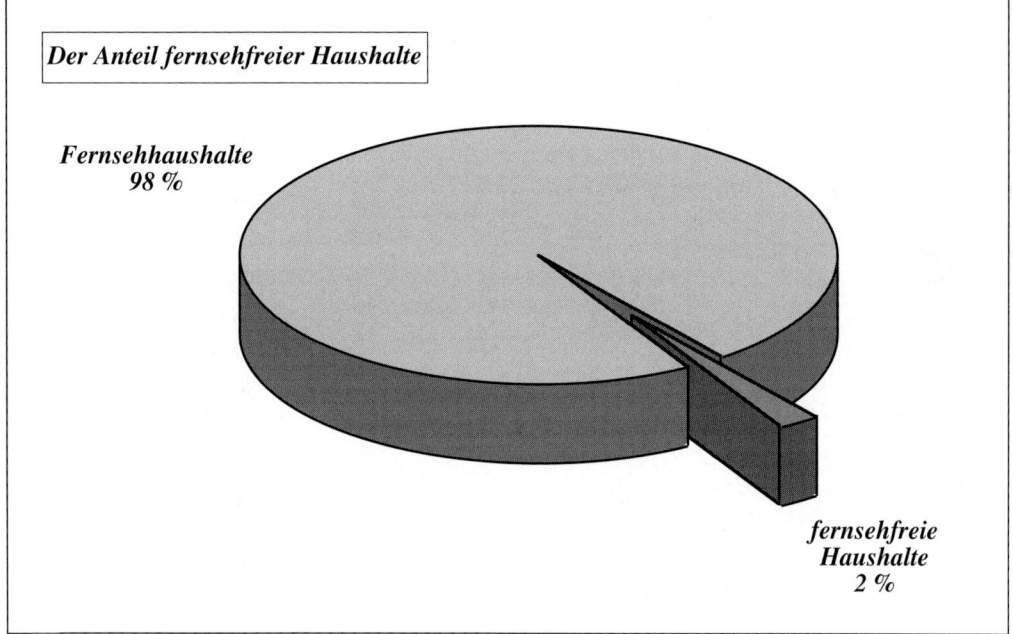

Der Anteil fernsehfreier Haushalte

Fernsehhaushalte
98 %

fernsehfreie
Haushalte
2 %

In den Fernsehhaushalten leben etwa **9 Mio. Kinder zwischen 3 und 13 Jahren** und ca. **14 Mio. Jugendliche und junge Erwachsene** zwischen 14 und 29 Jahren.

Insgesamt schauen etwa **72 Mio. Menschen** (ab 3 Jahre) fern, und zwar durchschnittlich etwa drei Stunden in der Woche.

Kinder zwischen 3 und 13 Jahren schauen insgesamt weniger fern als Jugendliche und Erwachsene.
Ihr Fernsehtag beginnt um 6.00 Uhr (Sehbeteiligung unter 5 %). Die Sehbeteiligung der Kinder steigt bis 9.00 Uhr leicht an (um 5 %) und bleibt bis etwa 13.00 Uhr relativ konstant, um dann wieder leicht anzusteigen (auf etwa 10 %).

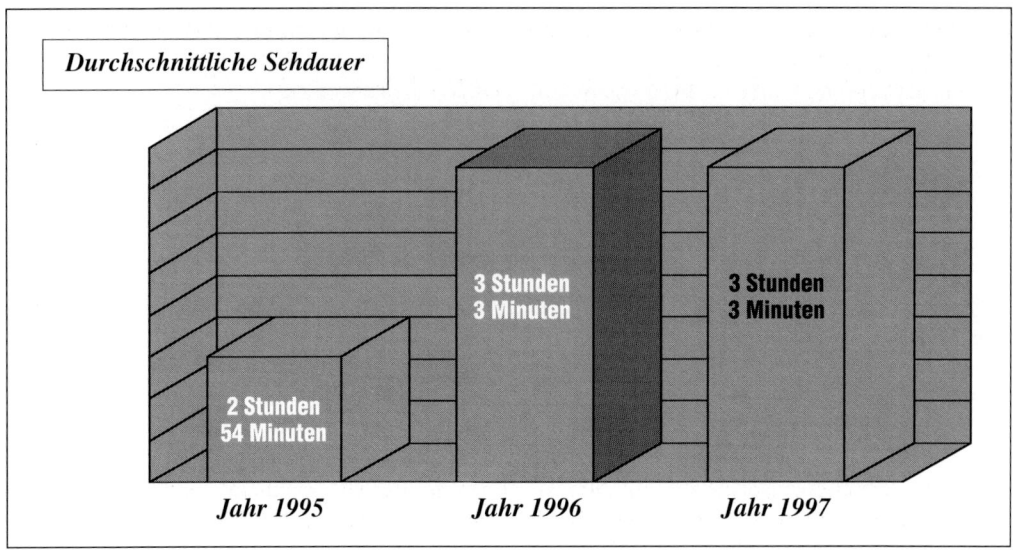

Durchschnittliche Sehdauer

2 Stunden 54 Minuten — *Jahr 1995*

3 Stunden 3 Minuten — *Jahr 1996*

3 Stunden 3 Minuten — *Jahr 1997*

Zwischen 15.00 Uhr und 17.30 Uhr sehen die Kinder wieder etwas weniger fern. Ab diesem Zeitpunkt springt die Sehbeteiligung der Kinder deutlich an (15 – 20 %).
Die Haupt-Fernsehzeit liegt zwischen 18.00 Uhr und 21.30 Uhr. Einige Kinder sehen auch danach noch fern, wenige sogar bis Mitternacht.

Kinder schauen durchschnittlich eineinhalb Stunden (95 Minuten) am Tag fern, Jugendliche und Erwachsene (ab 14 Jahren) schauen durchschnittlich über drei Stunden (196 **Minuten) am Tag fern** (nach AGF und GfK-Fernsehforschung, 1997).

Der beliebteste Lizenzsender der 3- bis 13-Jährigen ist Super RTL (13 %), gefolgt von Kinderkanal, wobei dieser Sender nur halb so oft (ca. 6 %) gesehen wird.

Die beliebtesten AGF-Sender sind ProSieben und RTL. Danach werden RTL2 und ARD (Erstes Programm) noch oft gesehen. SAT.1, ARD (Dritte Programme) und ZDF werden insgesamt ähnlich oft genutzt wie der Kinderkanal.

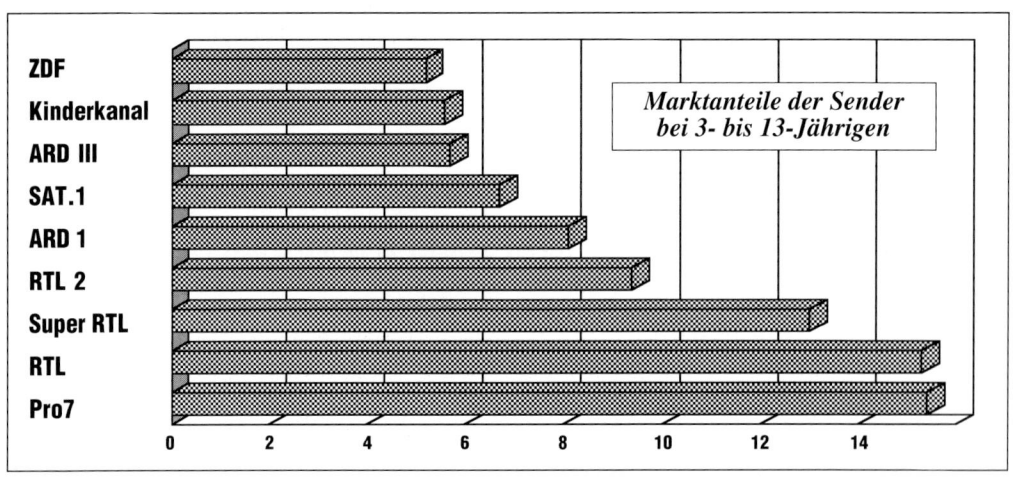

Marktanteile der Sender bei 3- bis 13-Jährigen

ZDF, Kinderkanal, ARD III, SAT.1, ARD 1, RTL 2, Super RTL, RTL, Pro7

0 2 4 6 8 10 12 14

Marktanteile der AGF-Sender und der Lizenzsender bei Kindern zwischen 3 und 13 Jahren, in %

	Pro7	RTL	Super RTL	RTL 2	ARD 1	SAT.1	ARD III	Kinder kanal	ZDF
%	15,4	15,3	13,0	9,4	8,1	6,7	5,7	5,6	5,2

(Quelle: Arbeitsgemeinschaft Fernsehforschung und GfK-Fernsehforschung, Fernsehnutzung 1997, Stand 9/1998, Tabelle 2.1.2 und 2.2.2)

Wie Familien mit Medien umgehen – eine Auswahl qualitativer Angaben

 **Fakten**

Die Medien werden heute noch vornehmlich durch die Kinder in den pädagogischen Alltag eingebracht. Die Kinder tragen ihre Medienerlebnisse in die Einrichtungen hinein. Sie sammeln am häufigsten Erfahrungen in der Familie.

Zum **Status der Familien** gehört eine umfangreiche Medienausstattung. Wenn ein Fernsehgerät im Wohnzimmer vor 30 Jahren noch ein Zeichen für besonderen Wohlstand war, ist das Fernsehgerät heute gewissermaßen obligatorisch in jedem Haushalt zu finden, ebenso ein Radio. Mit einem normalen Fernsehapparat oder einer üblichen Stereoanlage kann am Ende des 20. Jahrhunderts wohl niemand mehr imponieren. Teure Computer oder digitale Videokameras sagen schon mehr über das Prestige ihrer Besitzer aus. Letztlich ist es dennoch normal, mit Medien ausgestattet zu sein.

Der **Vergleich zwischen verschiedenen Familiensituationen** ist für Medienpädagoginnen auch jetzt noch aufschlussreich, da Kinder im familiären Lernfeld von klein an mit Medien umgehen können.
Durch die Ergebnisse der medienbiografischen Forschung bestätigt sich, dass Fernsehen, Video und Radio in erster Linie im Einflussbereich der Familie genutzt werden. Dies gilt zumindest für kleinere Kinder und Erwachsene. Ältere Kinder und Jugendliche befinden sich in der Regel in einem Ablösungsprozess von der Familie, weshalb sich ihre Mediennutzung auf außerhalb verlagert, z.B. traditionell in das Kino oder etwas aktueller in das Internet-Café.

Im Zusammenhang mit der familiären Mediensozialisation interessieren zwei Aspekte:
*   In welcher **Form** werden Medien in der Familie genutzt?
*   Welche **Beziehungsebenen** kommen durch die verschiedenen Nutzungsformen zu Stande?

Für die **Nutzungsformen** von Medien ist bedeutsam, ob Kinder in den Familien direkten Zugang zu den Medien haben.

Ein Beispiel:
In manchen Familien steht der Fernsehapparat in einem verschlossenen Schrank, in anderen Familien befindet sich in jedem Raum ein frei zugängliches Gerät, auch im Kinderzimmer.

Das **Geschehen während der Nutzung** ist interessant. Werden die Medien in Verbindung mit anderen Tätigkeiten genutzt, haben diese andere Auswirkungen als bei einer isolierten Nutzung.

Ein Beispiel:
Ein Kind, das ausschließlich fernsieht und dabei eventuell etwas knabbert, konzentriert sich auf das Geschehen im Film. Ein Kind, das gemeinsam mit der ganzen Familie vor dem Apparat zu Abend isst, muss sich auf verschiedene Reize einlassen.

Die **Kombination von Mediennutzung und einer parallelen Tätigkeit** ist weit verbreitet. Feste Regeln, die den Gebrauch der Medien organisieren, strukturieren die Mediennutzung von Kindern und die damit verbundenen Erfahrungen.

Ein Beispiel:
Kinder hören während der Hausaufgaben Radio oder sehen parallel fern. Diese Kombination ist aus der Sicht der Eltern nicht erwünscht. Sie treffen Vereinbarungen mit ihrem Kind – z.B. kann das Kind vor den Hausaufgaben einen Film anschauen.

Die **Regeln der familiären Mediennutzung** sind nicht immer logisch nachvollziehbar. Meist werden sie von den erwachsenen Familienmitgliedern vorgegeben.

Ein Beispiel:
Spielen während des Fernsehens ist nicht erlaubt, und wenn der Vater zu Hause is,t ohnehin nicht. Außerdem hat er dann die Fernbedienung in der Hand.

Die Nutzung von Medien, vor allem der Gebrauch des Fernsehens, ist mit sozialen Lernsituationen verbunden, wie im letztgenannten Beispiel deutlich wird.

Familienuntersuchungen machen deutlich, dass gerade das Fernsehen die Familiensituation nachhaltig beeinflusst. Das gemeinsame Filmeschauen ist eine **Vertrauenserfahrung.** Sobald mehrere Apparate im Haus sind und mindestens zwei inhaltliche Alternativen bestehen, wie eine Sportberichterstattung und ein parallel ausgestrahlter Spielfilm, spaltet sich die Familiengemeinschaft in zwei Interessengruppen.

Der soziale Aspekt der Medien ist nicht zwingend.
Wer Medien als Interaktionsstütze nutzen will, muss die passende Form bewusst ansteuern.

Ein Beispiel:
Eltern müssten mit ihren Kindern gemeinsam fernsehen und das Gesehene anschließend besprechen oder in ein Spiel einbringen. Auf diesem Weg erhalten sie einen Einblick in die inneren Vorgänge ihrer Kinder.
In Familien, in denen sich die Eltern nicht um den Medienkonsum ihrer Kinder kümmern oder in denen das Fernsehen ununterbrochen läuft, also als Hintergrundkulisse fungiert, kann keine konzentrierte soziale Situation entstehen.

Daten zur Nutzung von Medien in Familien – eine Auswahl quantitativer Angaben…

…zur Ausstattung…
Zwei von drei Kindern (60 %) besitzen einen **Walkman,** ebenso viele ein **Computerspielgerät.**
Etwa die Hälfte (52 %) der Kinder besitzen einen eigenen **Radiorekorder,** etwas weniger (43 %) einen eigenen **Kassettenrekorder.**

Durchschnittlich besitzt eines von fünf Kindern (20 %) einen eigenen **Fernsehapparat.** In diesem Punkt machen sich **bedeutsame Unterschiede zwischen verschiedenen sozialen Situationen** (die Forscherinnen unterscheiden zwischen unterer, mittlerer und oberer Schicht) bemerkbar. Eines von drei Kindern der unteren Schicht besitzt einen eigenen Fernsehapparat, während dies in der mittleren Schicht nur auf eines von fünf Kindern zutrifft. In der untersuchten Gruppe verfügte kein Kind der oberen Schicht über einen eigenen Apparat.

Ein ähnlich **bedeutsames Ergebnis** zeichnete sich **in Bezug auf Computer** ab. Insgesamt besitzt noch nicht einmal ganz jedes zehnte Kind (8 %) einen eigenen Computer. Beinahe vier von zwanzig Kindern der unteren Schicht (19 %) verfügen über einen eigenen PC, während dies nur eines von zwanzig Kindern der mittleren Schicht angeben konnte. Erstaunlich ist, dass in der untersuchten Gruppe auch kein Kind der oberen Schicht über einen eigenen Computer verfügt.

...zur Nutzung...

Von den **Eltern**, die in der Untersuchung befragt wurden, gaben neun von zehn an, dass sie **jeden Tag fernsehen.** Drei von zwanzig Eltern (15 %) nutzen auch **Computer- oder Videospiele** täglich.

Der **PC** wird von 13 % der Eltern täglich genutzt. Interessant ist jedoch, dass etwa drei von vier Eltern (73 %) den PC seltener als einmal im Monat oder nie nutzen. Etwa die Hälfte der Kinder gab in der Untersuchung an, dass sie selten Video- oder Computerspiele spielen.

...zu den Inhalten...

Drei von vier Kindern sehen am häufigsten **Zeichentrickfilme.** Insgesamt etwas weniger (72 %) Kinder schauen sich am **häufigsten spezielle Kindersendungen** an.

Jedes zweite Kind sieht sehr oft oder oft **Werbung.**

Drei von zehn Kindern sehen sehr oft oder oft **Actionfilme.**

...zur sozialen Lernsituation...

Neun von zehn Kindern wird ab und zu **verboten, eine bestimmte Sendung anzusehen.** Die Begründung lautet dann: „Diese Sendung ist (noch) nicht für dich geeignet!"

Knapp die Hälfte der Kinder **spricht** am ehesten mit Freunden **über die Fernseherlebnisse.** Nur ein Drittel der Kinder spricht darüber mit der Mutter und nur ein Fünftel mit dem Vater.
Immerhin haben zwei von zehn Kindern niemanden, mit dem sie über ihre Fernseherlebnisse sprechen.

Etwas weniger als die Hälfte der Mütter (46 %) und etwas mehr als die Hälfte der Väter (55 %) geben an, dass sie ihr **Kind fernsehen lassen,** damit es sich unterhalten kann.

Etwa zwei Drittel der Mütter und drei Viertel der Väter gehen davon aus, dass ihre Kinder durch das Fernsehen ihr **Allgemeinwissen verbessern** können.

Diese kleine Auswahl von Forschungsergebnissen (nach Hurrelmann, B., Hammer, M., und Stelberg, K., 1996, Familienmitglied Fernsehen, S. 52 ff.) soll die vorangegangenen Ausführungen erweitern und zum Nachdenken anregen.

a) Sie haben sich in Ebene 1 mit dem Fragebogen zum Umgang mit Medien auseinander gesetzt. Entwickeln Sie nun einen eigenen Fragebogen zu den Themenbereichen »Freizeit und Medien«, »Sehdauer bzw. Nutzungsdauer«, »Medien in der Familie«... und befragen Sie Kinder oder Jugendliche.

b) Eltern und Erzieher/-innen wissen oft nichts mit den Fernseherlebnissen von Kindern anzufangen. Das liegt zum Teil daran, dass sie die Inhalte selbst nicht kennen.
Schauen Sie fern!
Sie finden auf Farbtafel 2/3 (S.98/99) ein Beispiel für das Fernsehangebot eines beliebigen Samstag-vormittags. Diese Angebote nehmen Kinder wahr!
Die Bilder entstanden so, dass zu den Zeiten 9.30 Uhr, 10.15 Uhr, 11.20 Uhr, 12.10 Uhr und 13.30 Uhr ein Bild vom aktuellen Angebot folgender Kanäle gemacht wurde:
- *Kinderkanal*
- *ProSieben*
- *SuperRTL und ferner*
- *zu zwei Zeiten ZDF und einmal WDR.*

Wir „erwischten" auf diese Weise:
- *fünf Zeichentrickserien*
- *drei Musiksendungen*
- *drei Familienserien*
- *drei Serien bzw. Unterhaltungsprogramme (Action Trix, Blauvogel, Käpt'n Blaubär Club)*
- *einen Kinderfilm*
- *eine Tierdokumentation*
- *eine Sachsendung (über Schülerzeitungen)*

Nehmen Sie sich einmal Zeit und schauen Sie sich typische Kindersendungen an.
Halten Sie Ihre Eindrücke schriftlich fest.
Ordnen Sie die gesammelten Eindrücke nach den in diesem Buch angebotenen Blöcken »Wirkungsbereiche«, Wirkungsfelder«, »Wirkungsthemen« und »Wirkungstheorien«.

Zusammenfassung

- Mediennutzung bezeichnet den Prozess der Informationsaufnahme und Medienwirkung den Prozess der Informationsverarbeitung durch den Empfänger von Informationen (= Rezipient).

- Kinder konzentrieren ihre ganze Vorstellungskraft, Sinngebung und ihr Denkvermögen auf ein Medium, mit dem sie sich beschäftigen. Sie sind dabei noch nicht auf absolute ästhetische Maßstäbe festgelegt.

- Die Qualität und Quantität der Mediennutzung ist davon abhängig, wie sie sich auf das Verhalten der Kinder und Jugendlichen auswirkt. Das Medienverhalten der Kinder und Jugendlichen kann sie aktivieren oder passiv werden lassen, motivieren oder hemmen, Rollenfreiheit oder Rollenbeschränkungen mit sich bringen, autonom oder abhängig machen.

- Medien schränken definitiv nicht die Vielfalt der Freizeitgestaltung von Kindern und Jugendlichen ein. Sie sind in die Reihe sinnvoller Freizeitaktivitäten eingegliedert.

Spielen, Fernsehen, Lesen und Malen sind in dieser Reihenfolge für Kinder von 3 bis 13 Jahren wichtig.

- Die Indikatoren (= Merkmale) der Fernsehnutzung sind die Sehdauer der Fernsehzuschauer, die Sehbeteiligung an einem Sendeangebot und der Marktanteil eines Sendeangebots oder eines Senders. Diese Indikatoren können auch auf andere Medien (z.B. Internet) angewandt werden.

- Der Anteil fernsehfreier Haushalte ist sehr gering.

- Die durchschnittliche Sehdauer aller Fernsehnutzer liegt 1997 bei 3 Stunden und 3 Minuten pro Tag. Die durchschnittliche Sehdauer von Kindern (3- bis 13-jährige Kinder = 1 Stunde 35 Minuten) liegt im Gegensatz zu der von Erwachsenen (3 Stunden und 16 Minuten) deutlich unter diesem Durchschnitt!

- Die Medienausstattung einer Familie ist nicht mehr unbedingt ein Element des sozialen Status. Ein Fernsehapparat ist z.B. obligatorisch.

- Die Nutzung von Medien, besonders des Fernsehens, in der Familie ist vor allem mit sozialen Lernsituationen verbunden.

Literaturtipp

Arbeitsgemeinschaft Fernsehforschung und GfK Fernsehforschung (1998). Fernsehnutzung 1997. Frankfurt (und folgende Datensammlungen)

Hurrelmann, Bettina, Hammer, Michael, und Stelberg, Klaus (1996). Familienmitglied Fernsehen. Fernsehgebrauch und Probleme der Fernseherziehung in verschiedenen Familienformen. Opladen: Leske + Budrich.

Klingler, Walter, und Groebel, Jo (1990). Kinder und Medien 1990. Eine Studie der ARD/ZDF-Medienkommission. Baden-Baden: Nomos-Verlag.

Miot, Walter (1993). Medienforschung und Medienpraxis. Grundlagen für Theorie und Praxis der Medienarbeit. Frankfurt a. M.: Dt. Institut für Internationale Pädagogische Forschung.

5 Bereiche der Medienwirkung

5.1 Wirkungen auf die Wahrnehmung

Fakten

Zur Erklärung von Medienwirkungen ist die Ebene der Aufmerksamkeit wichtig. Sie bestimmt den Grad, in dem sich ein Mensch auf Reize der Umwelt einlässt.

Medienpädagogen und -pädagoginnen stellen sich die Frage, unter welchen Bedingungen Medieneindrücke auf das Verhalten der Rezipienten Einfluss nehmen und wie intensiv diese sind. Die menschlichen Wahrnehmungsstrategien, die bereits erwähnt wurden (siehe Kapitel 1.2 in Ebene 2), ergänzen die Argumentationsreihe.

WIRKUNG

Bereiche	Felder	Themen	Theorien
• **Wahr-nehmung**	• Meinungs-bildung	• Gewalt	• Ursache – Wirkung
• **Emotion**	• Identität	• Angst	• aktive Rezeption
• **Kognition**	• Sprache	• Sexualität	• Nutzen
		• Freizeit	• Interaktion

Auf der Seite des Empfängers erklärt dessen Aufmerksamkeit, welche Qualität die Wirkung eines Medieninhalts hat, das heißt…

1. **…seine Bereitschaft,** die Informationen aufzunehmen. Die Qualität der Wahrnehmung ist von der **Wachheit des Rezipienten** bzw. von der Aktiviertheit seiner Sinne abhängig.
Ein Beispiel:
Ein Kind, das sehr müde ist, hört weniger Details eines Textes als ein ausgeruhtes Kind.
2. …seine besondere, subjektive Art, Informationen auszuwählen, zu selektieren und **weiterzuverarbeiten.** Medieninformationen werden nicht komplett wahrgenommen, sondern immer in einer **Auswahl** (siehe Selektivität und Subjektivität).
Ein Beispiel:
Nach einer Bilderbuchbetrachtung erzählt ein Kind von der Hauptfigur, die krank war, und das andere Kind von dem Frosch, der im Text nicht erwähnt wurde, sondern nur als winziges Detail auf einem der Bilder zu sehen war.
3. …seine Bereitschaft, etwas **bewusst** wahrzunehmen. Nur durch eine bewusste **Anstrengung** kann ein Mensch die Wahrscheinlichkeit erhöhen, dass er vielfältige Reize der Umwelt entdeckt und auch verarbeiten kann.
Ein Beispiel:
Ein Kind bittet die anderen Kinder, etwas leiser zu sein, damit es das Lied von der Kassette besser hören kann. Nach einigen Tagen summt es die Melodie immer noch vor sich hin.

In der Wahrnehmungsforschung finden sich verwandte Begriffe wie Neugier, Wahrnehmungsaktivität, Fantasie oder Exploration (= Erforschen von Meinungen). Alle Begriffe haben gemeinsam, dass sie eine gerichtete Wahrnehmung beschreiben.

5.2 Wirkungen auf die Emotion

Fakten

Reize werden zunächst aufgenommen und dann weiterarbeitet. Wie intensiv und in welche Richtung diese Verarbeitung erfolgt, wird stark durch Emotionen beeinflusst.

In der Marktforschung, besonders in der Werbebranche, wird davon ausgegangen, dass 70 bis 80 % von Alltagsentscheidungen auf emotionaler Ebene getroffen werden und nur 20 bis 30 % der Entscheidungen rein vernunftmäßig ablaufen.

Emotionen haben sowohl psychische als auch körperliche Komponenten. Sie beeinflussen und steuern das Verhalten des Menschen…
1. …auf einer **organischen** Ebene. Innere oder äußere Reize rufen körperliche Vorgänge (Erregung oder Beruhigung und Spannung oder Entspannung) unterschiedlicher Stärke hervor.
Ein Beispiel:

Ein Jugendlicher schaut sich einen Gruselfilm an. Er merkt nicht, dass er nebenbei die Fernsehzeitung zerrissen hat.
2. …auf einer **psychischen** Ebene. Gefühle führen zur Veränderung des Ich-Zustandes, was beispielsweise bedeutet, dass eine unangenehme Filmszene Angst hervorruft. Die Angst ist ein Beispiel für einen psychischen Vorgang, der durch den Reiz des Mediums hervorgerufen ist und zu einer individuell erlebten Befindlichkeit führt. Dieser Zustand hat eine höchst persönliche Qualität, was bedeutet: Emotionen sind individuelle Auswirkungen (angenehm oder unangenehm; Lust oder Unlust), die Außenstehende nicht ohne weiteres nachvollziehen können.

Medien können Verhalten aktivieren, steuern oder lähmen.

- *Die Intensität des Medieneindrucks beeinflusst den Grad der körperlichen Erregung, der seinerseits die Stärke einer Emotion bedingt.*
- *Die Art der Emotion hängt von der subjektiven Erklärung für die Erregung ab. Damit ist die Wirkung nicht alleine vom Medium abhängig, sondern auch von der umgebenden Situation (= Lebenssituation).*
- *Nicht alle Erregungen, die ein Medium auslösen kann, werden als Gefühle gesehen. Medienerlebnisse, die differenziert erklärt und bewusst interpretiert werden, werden weniger intensiv auf der emotionalen Persönlichkeitsebene empfunden.*

Medien erzeugen »emotionale Bilder«, das meint visuelle oder andere sinnliche Eindrücke, die in der Vorstellung neu geschaffen werden.

Somit stehen sie in einem engen Zusammenhang mit der kognitiven Entwicklung eines Menschen.

5.3 Wirkungen auf die Kognition

Fakten
Medienerfahrungen sind in der Lage, kognitive Strukturen zu verändern. Dies geschieht im Sinne eines aktiven Vorgangs zwischen der bereits erworbenen kognitiven Ausstattung eines Menschen und seiner medialen Umwelt (= kognitive Entwicklung).

Medien unterstützen unter bestimmten Voraussetzungen die kognitive Entwicklung eines Menschen.
Sie führen zu einem intelligenten Verhalten, wenn sie zu einer sinnvollen Veränderung und

Erweiterung der kognitiven Ausstattung (= Akkomodation) eines Menschen führen.

Wenn Medien „nur" zu einer **Bestätigung** (= Assimilation) der vorhandenen kognitiven Inhalte eines Menschen beitragen, ist ihre Wirkung quasi neutral.

Ein Beispiel:
Eine Jugendliche interessiert sich für das Leben der Wale. Sie schaut sich einen Dokumentarfilm an, in dem behauptet wird, dass der Orca, der Schwertwal, das schlimmste Raubtier der Meere sei.
Wenn sie auch andere, positivere Informationen über diese Walart hat, wird sie die Inhalte des Films ablehnen und sich darüber aufregen.
Wenn sie der Meinung ist, dass der Film Recht hat, wird sich ihr insgesamt positives Bild von Walen dennoch nicht verändern.
Wenn sich die Informationen des Films mit ihren bisherigen Quellen decken, verschlechtert sich ihr Bild vom „Killerwal" kaum oder überhaupt nicht.

Medien wirken in den Entwicklungsphasen unterschiedlich...

- 2- bis 6-jährige Kinder ahmen Handlungen anderer Personen nach. Sie schreiben real und medial erlebten Ereignissen eine Bedeutung zu, die sich in ihrem Handeln widerspiegelt. Der eigene Filter, das heißt das eigene Denken, steht im Mittelpunkt des Handelns. Auch wenn Kinder in dieser Entwicklungsphase (nach Piaget »präoperatives Denken«) noch Schwierigkeiten im Umgang mit Begriffen und Relationen ha-

ben, übernehmen sie das Sprachangebot ihrer Umgebung.

- 6- bis 12-jährige Kinder gehen gut mit Begriffen und Relationen um, weshalb ihre kognitive Flexibilität und Leistungsfähigkeit zunimmt. Medienerfahrungen werden in inneren Systemen miteinander verbunden. Handlungen werden nach bestimmten logischen Regeln strukturiert (nach Piaget »konkret – operatorisches Denken«). Kinder bauen so genannte Invarianzbegriffe (Invarianz = Unveränderlichkeit) auf, die ihnen helfen, veränderliche Eindrücke der Medien an quasi absoluten Maßstäben zu messen. Sie denken dennoch anhand sehr konkreter vorgefundener Objekte, Sachverhalte und Ergebnisse.

- Jugendliche und Erwachsene (ab 12 Jahren) können über die konkret und real vorgefundene Umwelt hinausdenken (nach Piaget »formallogische Operationen«). Sie haben oder entwickeln prinzipiell die Fähigkeit, auf Vermutungen beruhende Ableitungen zu entwickeln (= hypothetisch-deduktives Denken). Auch die Aussagen der Medien werden auf ihre Logik hin überprüft, bevor sie in den persönlichen Erfahrungsschatz aufgenommen werden. Zusätzlich können in dieser Entwicklungsphase Medienerfahrungen reflexiv durchdacht werden. Dies ermöglicht einen kritischen und emanzipierten Umgang mit Medien.

Wirkungen von Medien auf bewusste Kognitionen

Fakten

Zu den kognitiven Prozessen, die durch Medien beeinflusst werden, gehören Lernen, Behalten, Begriffsbildung, Denken, Problemlösen und Vergessen, aber auch Kreativität und Sprache (siehe unten).

Medien berühren gleichzeitig bewusste kognitive Vorgänge und Prozesse, die augenblicklich nicht bewusst sind oder nie im Bewusstsein auftauchen werden.
Medien wirken auf den kognitiven Prozess des Organisierens und Strukturierens. Zusammen

mit Beurteilungskriterien oder Problemlösungsstrategien, die unabhängig von Medien aufgebaut wurden und werden, können sie zu direkten sinnvollen Handlungen beitragen...

- Medien führen zu bewussten Kognitionen,

die vom Rezipienten wahrgenommen werden und über die er etwas mitteilen kann.
Ein Beispiel:
Ein Kind kann die Inhalte eines Dokumentarfilms wiedergeben.

- Medien führen auch zu unterbewussten Kognitionen, die nicht immer unmittelbar zugänglich sind, die aber bewusst werden können.
Ein Beispiel:
Ein Kind erinnert sich beim Spielen auf der Straße daran, dass es nicht hinter seinem Ball herrennen sollte. Es hatte einmal in einem Verkehrsfilm gesehen, wie ein „Filmkind" von einem Auto in einer ähnlichen Situation überfahren wurde.

- Medien führen zu nicht bewussten Kognitionen, zu denen die Rezipienten keinen direkten Zugang haben.

Ein Beispiel:
Ein Kind wünscht sich zum Geburtstag ein „richtig fliegendes Raumschiff". Es hat natürlich noch nie eines gesehen und kann es auch nicht genau beschreiben. Es hat keinerlei aktive Erinnerung daran, dass es in der Werbung, um letzte Weihnachten herum, so etwas Ähnliches gesehen hatte.

Medien beeinflussen handlungssteuernde Kognitionen, die wiederum Einzelhandlungen kontrollieren und begleiten.
Der Einfluss von Medien auf menschliches Verhalten ist auf der Basis dieser Theorie immer mittelbar und nie direkt. Das bedeutet, dass Medienerfahrungen immer nur einen Teil des Verhaltens von Kindern, Jugendlichen oder Erwachsenen beeinflussen.

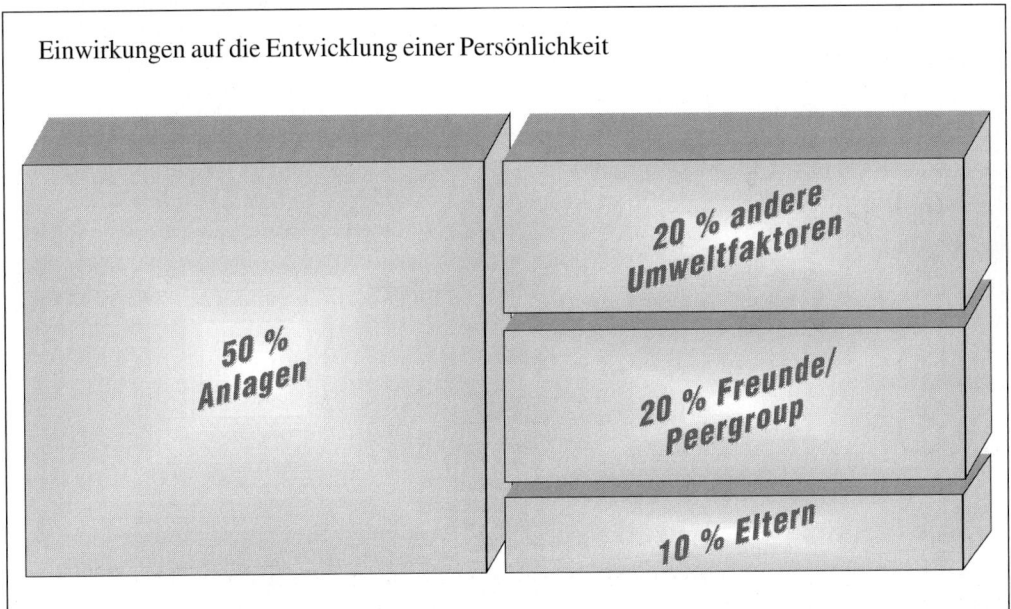

Einwirkungen auf die Entwicklung einer Persönlichkeit

50 % Anlagen

20 % andere Umweltfaktoren

20 % Freunde/ Peergroup

10 % Eltern

Nach heutigen Maßstäben muss davon ausgegangen werden, dass menschliche Handlungen zum relativ größten Teil, etwa zur Hälfte, durch ihre genetischen Grundbedingungen bestimmt werden. Die andere Hälfte der Einwirkungsmöglichkeiten teilen sich die sozialen und anderen Umweltbedingungen. Zu den sozialen Einflüssen zählen in erster Linie die Eltern (maximal 10 %) und die Gleichaltrigengruppe (maximal 20 %). Zu den restlichen 20 % gehören alle denkbaren Umwelteinflüsse und nur einer davon ist die Medienwirkung.

Die äußere Realität

Das Bewusstsein erwachsener Menschen wird zudem von Erfahrungen mit geprägt, die in der heutigen äußeren Realität nicht mehr zugänglich sind.

Erwachsene

Das Bewusstsein von Kindern und Jugendlichen wird gleichzeitig von der Medienrealität und von der äußeren Realität beeinflusst.

Kinder

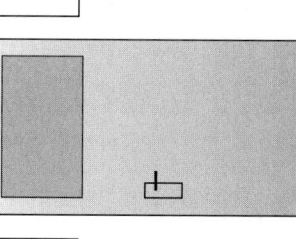

Die Medien-Realität

... ist Teil der äußeren Realität

und

... ist gleichzeitig eine Erweiterung

Die Tür zur Erfahrungswelt der Kinder und Jugendlichen öffnet sich für Erwachsene über die Auseinandersetzung mit der Medienrealität der Kinder. Zentrale Frage: Wie können sich Erwachsene das Verhalten der Kinder erschließen?

Medien als Erzieher

Medienpädagogik schärft das Bewusstsein

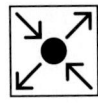

Positionen

Durch die pädagogische Begleitung des aktiven Umgangs mit Medien können Kognitionen von der unbewussten auf die bewusste Ebene gehoben werden.

Kindern und Jugendlichen wird dadurch ermöglicht,
- leichter zu einer Auswahl, Änderung oder Ablehnung von Medieninhalten zu finden,
- das Medienverhalten zu kontrollieren, aber auch rational zu bewerten,
- bewusst an eigene Routinen im Umgang mit Medien heranzukommen,
- schwierige Situationen (z.B. wenn ein Medium Angst macht oder wenn es betroffen macht) zu steuern und zu regulieren,
- die Struktur komplexer Medienereignisse (z.B. ein Multimediangebot) zu erkennen, was zu einer besseren Handlungsfähigkeit führt. Zufallsergebnisse im Umgang mit Medien werden so zunehmend vermieden,
- zukünftige Handlungen gedanklich vorwegzunehmen (= Antizipation).

Medien haben den positiven Effekt, dass sie durch ihre Vielfalt und universelle Präsenz den Zerfall von Informationen aufhalten.
Der Begriff »Zerfall« meint das Vergessen. Menschen erleben mit fortschreitender Zeit, dass einige kognitive Inhalte verloren gehen. Medien wandeln den Zerfall in eine so genannte **Interferenz** um. Dieser Begriff bezeichnet auch eine Art des Vergessens, allerdings verschwinden Informationen nicht ganz, sondern lediglich das Abrufen gespeicherter Information wird erschwert oder gehemmt.

In Bezug auf die innere Präsenz von Informationen haben Medien zweierlei Auswirkungen...
- Medien erinnern durch ihre Präsenz an latente Informationen, auch ohne zwingenden Zusammenhang.

Ein Beispiel:
In einem Fachmagazin steht ein Artikel über die Pädagogik in Reggio d' Emilia. Im Artikel ist die Rede von der Nähe dieser Pädagogik zu den Reformpädagogen. Die Erklärungen im Text erinnern die lesende Erzieherin daran, dass sie schon einmal etwas über Wahrnehmungsförderung und Ganzheitlichkeit gehört hatte. Von sich aus wäre sie nicht mehr auf diesen Gedanken gekommen.

- Medien stellen einen gigantischen Speicherapparat dar. Das Abrufen von Information ist wegen der Fülle beeinträchtigt. Eine einmal gespeicherte Information geht aber nicht mehr verloren.

Ein Beispiel:
Wenn eine Schülerin etwas über das Denken wissen möchte, kann sie in eine Bibliothek gehen und unter dem Stichwort nach Literatur suchen. Oder sie sucht zum Beispiel im Internet. Wahrscheinlich findet sie mehrere tausend Bücher zu dem Thema bzw. eine riesige Zahl von Internetseiten zum Stichwort. Ohne eine thematische Eingrenzung sucht sie ewig!

Das Bewusstsein der wird am ehesten durch aktive Methoden erreicht, die die Persönlichkeit als Ansatzpunkt haben.

Ein Beispiel:
Die Kinder schauen mit ihrer Erzieherin einen Filmausschnitt an, in dem eine Kinder-Clique ein Kind jagt, um es zu versprügeln. Danach spricht die Gruppe über ihre Eindrücke. Themen wie Angst oder Gewalt werden von der Erzieherin aufgegriffen. Die Kinder setzen sich mit „Jäger" und „Gejagtem" auseinander. Nach dem ersten Gespräch leitet die Erzieherin ein Rollenspiel an, in dem Handlungsvariationen probiert werden (Kind entkommt, entkommt nicht, erhält Hilfe von Dritten usw.). Im Reflexionsgespräch wird das Thema vertieft und auf die Realität übertragen.

6 Felder der Medienwirkung

WIRKUNG

Bereiche	**Felder**	Themen	Theorien
• Wahr- nehmung	• **Meinungs- bildung**	• Gewalt	• Ursache – Wirkung
• Emotion	• **Identität**	• Angst	• aktive
• Kognition	• **Sprache**	• Sexualität	Rezeption
		• Freizeit	• Nutzen
			• Interaktion

6.1 Kinder und Fernsehen

Positionen

Die ersten Kindersendungen des deutschen Fernsehens wurden genauestens pädagogisch geplant. **Die jungen Zuschauer sollten keinen seelischen Schaden nehmen.** Die Sendedauer wurde ferner auf maximal eine Stunde je Woche (!) begrenzt. Das war 1954.

In der Zwischenzeit hat sich viel verändert. Kinder können heute aus einem Fernsehangebot schöpfen, das sich insgesamt auf mehr als vierundzwanzig Stunden Sendezeit am Tag (!) addiert. Die Fernbedienung macht es möglich, innerhalb weniger Minuten durch die parallel laufenden Sendungen zu zappen.

Erzieher/-innen und Eltern äußern vor diesem Hintergrund die Angst, dass die Kinder mit der Reizüberflutung überfordert oder gar gefährdet seien.
Eine wichtige Diskussion rankt sich z.B. um die Frage, ob Gewaltdarstellungen in den Programmen die Kinder direkt zu Gewalthandlungen anregen. Diese und ähnliche Fragen sind auch für die Medienforschung sehr interessant. Die Erkenntnisse über die Wirkung von Gewalt in Medien sind noch nicht eindeutig und führen zu Meinungen, die weit auseinander gehen. **Es gibt Anhaltspunkte dafür, dass häufige Gewaltszenen in Fernsehsendungen vor allem bei kleineren Kindern Angst erzeugen können.** Neben der Angst ergeben sich durch Medieneindrücke, wie nachgewiesen wurde, unmittelbare körperliche Veränderungen bei den Kindern. **Hautwiderstand und Pulsschlag verändern sich deutlich. Dieser körperliche Erregungszustand kann in Verbindung mit den aufgebauten Ängsten durchaus zu aggressiven Verhaltensweisen führen.** Dieser Zusammenhang ist aus der Aggressionsforschung bekannt.

Medien können nicht alleine dafür verantwortlich sein, ob ein Mensch gewalttätig wird oder in einer anderen Weise linear auf die Medien reagiert.

In der modernen Medienforschung wird allerdings nicht mit dem einfachen Ursache-Wirkung-Modell argumentiert. So genannte ökologische Perspektiven berücksichtigen andere wichtige Einflussfaktoren auf das kindliche Verhalten. Die unmittelbare Lebenswelt (Familie, Wohngegend, Freundeskreis…) und die individuellen Lebenserfahrungen (Erlebnisse, Erinnerungen…) eines Kindes haben einen großen Einfluss auf sein Handlungsrepertoire.

Ein Beispiel:
Kinder, die in einem Krisengebiet aufwachsen, wie es beispielsweise jahrelang in Nordirland der Fall war, erleben Gewalt als Bestandteil des Alltags. Auf sie haben Gewaltdarstellungen im Fernsehen eine viel stärkere Wirkung. Sie verbinden alltägliche Lebenserfahrungen mit den Medieninformationen. Kinder, die derart massive Gewalt nicht kennen, empfinden die Wirkung deutlich schwächer.

Kinder und Fernsehen – ein Praktikumsbericht

Im Gespräch

Vanessa, 21 Jahre, verbrachte ihr berufspraktisches Jahr in einem Hort. Sie hat in ihrem Jahresbericht folgende Gedanken zum Thema „Kinder und Fernsehen" formuliert…

Anders als gewohnt an eine Sache herangehen, dieses Motto kristallisiert sich immer mehr in meiner Arbeit heraus. Ein Thema, das in der Entwicklung der Kinder eine große Rolle spielt und das Freiräume einengen oder erweitern kann, ist das Fernsehen, auf das ich hier noch einmal eingehen will.

Es erübrigt sich für mich, einen Fernsehapparat zu besitzen, denn die Kinder erzählen die Inhalte des ganzen Abendprogramms zur Genüge. Ich habe natürlich trotzdem einen. Mir fällt anhand der Nacherzählungsart öfters auf, dass der Sinn mancher Stücke entweder höchst ominös oder wenig verstanden ist. Das Fernsehverhalten der Kinder ist kaum unter Kontrolle. Oft schauen sie einfach nur, um beschäftigt zu sein. Das sind sie dann tatsächlich!

Der Körper reagiert auf äußere Impulse. Es besteht eine wechselseitige Beziehung zwischen der Person und ihrer Umgebung. Sehen wir, wie jemand gähnt, kann das den Drang auslösen, dasselbe zu tun. Flieht jemand vor seinen Verfolgern, versuchen wir, ihn zu unterstützen, und spannen unmerklich ein wenig unsere Muskeln an. Die ständige Bereitschaft des Körpers zu reagieren ist besonders bei Kindern recht groß. Sie tanzen vor Freude, verstecken sich, wenn sie ängstlich sind, oder strecken die Hand aus, um ein Pferd zu streicheln. Sitzen die Kinder vor dem Apparat, ist die Gefahr groß, dass sie frustriert werden, weil die ausgelösten Bedürfnisse nicht befriedigt werden können.

Ich sehe eine Möglichkeit zur Hilfe darin, dass ich mit den Kindern lerne, bewusster und gezielter fernzusehen. Wir haben in der Gruppe gemeinsam Filme geschaut. Vor dem ersten Film meinte Kris: „Film ist blöd, das schaue ich immer daheim. Hier will ich was Richtiges tun!"

Den Zeichentrickfilm „Das Wolkenzimmerhaus" von Janosch unterbrach ich, um ihn dann weitererzählen zu lassen. Er bot gleichzeitig den Auftakt zu den Umbauten in der Gruppe. Es geht um einen, der sein Haus bis in die Wolken baut und das dann zusammenbricht. Dieses Beispiel für das Fortsetzen des Gesehenen mit eigenen Worten, verlief erfolgreich. Die Kinder fanden schnell das tatsächliche Ende des Films heraus. Eine Übertragung fand aber nicht statt.

95

Sie fanden zwar einen Zugang zum Umbau (ein Gruppenraum wurde parallel gemeinsam mit den Kindern umgestaltet), erkannten aber keinen Zusammenhang zum Film.

Deutlicher war da schon die zu erkennende positive Betroffenheit nach dem zweiten Film. In „Servus, Opa, sagte ich leise", nach einem Buch von Barbara Gehrts, geht es darum, wie ein Junge das Sterben seines Großvaters erlebt.
Diesen Film haben wir nachbesprochen. Die Situation war natürlich, denn oft schauen sich die Kinder wahllos etwas an, was sie dann betroffen macht. Ich wollte zeigen, dass es dann wichtig ist, mit jemandem zu reden, eine Anregung für die Kinder, ihre Eltern in Anspruch zu nehmen.

In „Ronja – Räubertochter", einem Film nach Astrid Lindgren, wird die Geschichte eines Mädchens erzählt, dessen Vater ein Räuber ist.
Mit diesem Film schloss ich den Versuch ab. Während des Films wurde mitgesungen, danach getanzt, die Eindrücke wurden also direkt in Aktion umgesetzt. Ein anderer Umgang mit Film und Fernsehen, als es unsere Kinder gewohnt waren.

Ich halte es für notwendig, verschiedene positive Umgangsformen mit diesem Medium zu finden, weil es aus unserer Gesellschaft nicht mehr wegzudenken ist.

Die Medienwelt macht nur einen Teil der Reize aus, die in großer Vielfalt auf den Menschen einwirken. Besonders Kinder sind durch eine Reizüberflutung belastet. Es sind Bereiche wie der Verkehr oder der Konsum, die Aufmerksamkeit verlangen. Die Flut an Eindrücken ist Realität und ich kann sie daher nicht wegreden. Ich suche immer aufs neue Möglichkeiten, um Umgangsformen damit zu finden.

Ein Weg, den ich gehe, beginnt bei der inneren Hektik der Kinder. Es gibt kaum Momente, in denen ich eines unserer Kinder entspannt erlebe. Ich suche verfügbare ruhige Momente. Von früh bis spät sind alle Stunden mit Verpflichtungen angefüllt, die die Kinder zu erfüllen haben. Ihnen werden Arbeitspensen aufgebürdet, die man besser anderen überlassen sollte. Eine Menge unnützer Tätigkeiten sind dabei, die andere übernehmen müssten: der Einkauf, der kleine Bruder, der in den Kindergarten gebracht werden muss, die schnelle Besorgung für die Mutter und so weiter.

Kinder haben kaum Möglichkeiten, sich zu wehren, und auch mir sind da die Hände gebunden. Ich bewege mich auf einer anderen Schiene und versuche, während die Kinder bei uns sind, kleine Oasen der Ruhe für sie zu schaffen. Das sind Momente der Be-Sinn-ung, Augenblicke, in denen ich die Sinne anspreche. Manchmal sitze ich nur da und singe oder unterhalte mich. Wir hören gemeinsam eine Kassette oder tanzen oder raufen. Dann gehöre ich ganz dem Kind und lasse auch über meine Zeit bestimmen.

Genau genommen haben unsere Kinder kaum die Chance, ganz für sich zu sein. Entweder werden sie von den Eltern, der Schule oder von uns beobachtet. Einen tatsächlichen Freiraum haben sie offensichtlich nicht. Sie ziehen sich eben vor den Fernsehapparat zurück.

Vor fünfzehn Jahren gab es Gebiete in der Stadt, in die ich als Kind alleine mit Freunden gehen konnte – keine Erwachsenen weit und breit. Die Straße war für Kinder ein bevorzugter Aufenthaltsort. Die Wohnungen, in denen unsere Kinder leben, sind so eng, dass sie daraus fliehen müssen, wenn sie spielen wollen. Man konnte sich einmal frei auf der Straße bewegen. Heute gehört sie dem Verkehr.

Wirkliche Freiräume, in denen die Kinder ihre persönlichen Abenteuer erleben können, sehe ich leider nicht. Ich sehe sie nicht durch die Felder rennen oder auf Bäume klettern. Gerne würde ich ihnen die Chance lassen, diese Erfahrungen zu machen, aber ich sehe keinen gangbaren Weg. Wenn ich Geschichten erzähle, können sie sich vieles nicht vorstellen, weil ihnen die Erlebnisse fehlen. Hier ist ein großes Defizit, dem sich die Pädagogik in den kommenden Jahren widmen muss. Vorerst habe ich für mich noch keine befriedigende Antwort parat.

Dieser Querschnitt ist folgendermaßen hergestellt worden:

An einem beliebigen Samstagvormittag wurde zu vier Zeiten zwischen 9.30 und 13.30 Uhr in mehrere Programme hineingeschaltet und festgehalten, was zu diesen Zeitpunkten dort ausgestrahlt wurde (Einzelheiten siehe S. 86). Die Bilder zeigen also, was die Kinder beim Durchschalten durch die betreffenden Programme in diesem Zeitraum zu sehen bekommen.

Zeichnung

Fotografie

Computergrafik

6.2 Kinder und Werbung

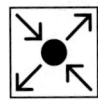

Positionen

Sehr viele Kinder verfügen über eigenes Geld. Das Taschengeld, die „paar" Mark von der Oma oder vom Onkel ergeben zusammen ein beträchtliches **Kaufkraftpotenzial,** hinter dem unendlich viele Werber her sind.

Gerade kleine Kinder lassen sich noch sehr gut durch Werbung beeinflussen.
Ihre Fähigkeit zum »magischen Denken« (= reale und nicht-reale Darstellungen werden auf einer Ebene gedacht und erlebt), die ihnen zum Beispiel im Umgang mit Märchen Vorteile verschafft, gerät ihnen im Umgang mit Werbung zum Nachteil.
Kinder erfassen nicht den Zweck, den Werbung verfolgt. Auf Grund der kognitiven Entwicklung können Kinder (etwa bis zum 5. Lebensjahr) die Werbung nicht von anderen Programminhalten unterscheiden. Da hilft es auch nicht wesentlich weiter, wenn Kinder erfassen, dass Werbung in der Regel kürzer ist als andere Programminhalte. Pädagogische Bemühungen, die Kindern Unterscheidungskriterien vermitteln wollen, sind zwangsläufig erfolglos.
Die **Kürze und** die damit verbundene **Klarheit** der Werbeaussagen **verleitet** Kinder dazu, wie auch manche Erwachsene, die Werbung wörtlich zu nehmen. Während sich Erwachsene von der Wirkung der Werbung eher indirekt (unbewusst) beeinflussen lassen, nehmen kleinere Kinder die Botschaften sehr ernst.

Ein Beispiel:
Ein fünfjähriges Mädchen ist durchaus davon überzeugt, dass sich ihr selbst gebauter „Legoanzug" vergrößert und sie selbst damit fliegen oder tauchen kann. Erst die Erfahrung belehrt sie eines Besseren.

Definition: WERBUNG
Werbung ist die **absichtliche Einwirkung** auf Menschen, um einen festliegenden Zweck zu erreichen. Die Werbung ist ein Mittel, mit dem eine **Bedarfsweckung und Kaufförderung des Rezipienten** erreicht werden soll. Die Werbebranche nutzt dazu Medien wie Werbefilme, Plakate, Anzeigen…

Die Werbeträger, wie Fernsehen, Rundfunk, Kino oder Zeitungen, sind Vermittler der **Werbeinhalte** und haben gleichzeitig einen eigenen wirtschaftlichen Nutzen.

Die Werbung ist **mehr als reine Produktinformation.** Sie hat auch einen **Unterhaltungswert** oder hat für viele Menschen eine wichtige Bedeutung für ihre **Wertvorstellungen.**

Im Sinne einer **Rollenübernahme** erlangen Kinder frühestens zwischen sechs und elf Jahren die Fähigkeit, zu erkennen, dass hinter der Werbung Menschen stehen, die einen bestimmten Zweck verfolgen und deshalb die objektive Wahrheit in ihrem Sinne stark interpretieren.

Ein Beispiel:
Nur in der Werbung bewegen sich die Kontinentalplatten so schnell, dass sie sich zusammenfügen und „den Weg freimachen"!

Im Fernsehen wird in einer Größenordnung von 15- bis 20tausend Werbespots versucht, potenzielle Käuferinnen und Käufer auf die eigene (Marken-)Seite zu ziehen. Die Privatsender bauen vor allem während der Hauptsendezeiten spezielle **Werbespots für Kinder** ein. Das würden sie nicht tun, wenn Kinder in Bezug auf ihre **Kaufkraft** nicht ernst zu nehmen wären. Selbst wenn Kinder nicht über enormes Eigenkapital verfügen, können sie doch ihre Eltern aktiv bei **Kaufentscheidungen** „unterstützen". Das führt dazu, dass genervte Eltern dann doch „Fruchtzwerge" statt „Biojoghurt" einkaufen, nur um dem penetranten Quengeln ihrer Kinder zu entkommen.

Anfang 1999 machen die Privatsender Werbung für Werbung! Ein Spot erwähnt sinngemäß, dass es nur die Werbeeinnahmen ermöglichen, gebührenfreie Programme auszustrahlen. So viel Selbstlosigkeit ist lobenswert! – Nein, ernsthaft… **Ein breites Fernsehangebot erweitert natürlich objektiv das Informationsspektrum.**

Subjektiv betrachtet wirkt die Beeinflussung der Zuschauerinnen und Zuschauer durch exzessive (= außerordentliche, ausschweifende) Werbung natürlich nachhaltiger.

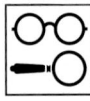

Nachschlagen

Die Beeinflussung durch Werbung ist heute unterschwelliger (und subtiler), als es auf den ersten Blick aussieht. Der Fachbegriff für „neuere" Werbestrategien heißt »Merchandising«.

Merchandising funktioniert nach einem einfachen System:

- Ein Mensch begeistert sich für ein besonderes oder wiederkehrendes Programmangebot, z.B. für einen besonderen Film oder eine Fernsehserie.

- Zu dem Programmangebot werden verschiedene Artikel angeboten, die der »Fan« auf Grund seiner Begeisterung unbedingt haben möchte.
- Der gekaufte Artikel macht andere auf das Programm aufmerksam, die sich dann ihrerseits die Artikel wünschen.

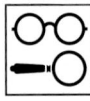

Bei Kindern und Jugendlichen wirkt dieses System besonders gut, da der Zugehörigkeitswunsch sehr ausgeprägt ist.
Ein neuer Kinofilm für Kinder ist deshalb zusätzlich zum Inhalt und zur filmisch-technischen Umsetzung auch in den Belangen des Merchandising-Konzepts bis ins Detail durchdacht, bevor er auf den Markt kommt.

Ein Beispiel:
Zu einem Zeichentrickfilm wie „Der König der Löwen", „Die Schöne und das Biest" oder „Ants" werden Produkte wie Spielzeugfiguren und das passende Zubehör, Kleidung, Poster, Bücher, Stifte, Mäppchen ... bis hin zu Computerspielen und Videos auf den Markt gebracht. Der Rhythmus, in dem die einzelnen Artikel auftauchen, ist exakt durchgeplant. Die Videos können beispielsweise dann gekauft werden, wenn die Zahl der Kinobesucher merklich

nachlässt. Dadurch wird das Interesse an dem Gesamtprodukt noch einmal angekurbelt.

Einige Forschungsergebnisse weisen darauf hin, dass Menschen, die bis zum 16. Lebensjahr an bestimmte Markenprodukte gebunden sind, danach relativ lang anhaltende Anhänglichkeit zeigen.

Werbung wirkt nicht nur auf Kinder, sie nutzt auch deren Werbewirksamkeit.
Kindergesichter tauchen im Zusammenhang mit WC-Reinigern, Versicherungen, Autos oder anderen Produkten auf, auch wenn der Bezug nicht unbedingt logisch ist. Kinder werden gerne gesehen. Das »Kindchen-Schema« ist Sympathieträger und deshalb sehenswert. (Der Begriff »Kindchen-Schema« meint die Wirkung des typisch geformten Kindergesichts, die vor allem Beschützerinstinkte weckt.)

Werbung als eigenständiger Medienfaktor

Fakten
Der Zusammenhang zwischen Einschaltquoten und der Werbung hat auch eine inhaltliche Ebene.

Der erste Spot eines Werbeblocks muss die Zuschauer beim entsprechenden Sender halten. Sie dürfen nicht dazu verleitet werden, weiterzuschalten. Nur die durchgängige Quote ist ein Garant dafür, dass die werbenden Firmen auch weiter bezahlen.

Ob die Werbung Kindern und Jugendlichen tatsächlich generell schadet, ist nicht definitiv zu klären.
Einzelne Werbebeiträge können die Werte- und Normvorstellungen derart negativ beeinflussen, dass die Kinder und Jugendlichen in realen Situationen Schwierigkeiten bekommen können, zumindest auf bestimmten Handlungsebenen.

Ein Beispiel:
Aggressive Werbung für Energy-Drinks, Alkohol oder Zigaretten ist an der Fixierung auf Drogen beteiligt. Die Werbung allein macht nicht

süchtig. Sie unterstützt aber suchtbegleitende Faktoren wie Idealkonzepte oder Zugehörigkeitsmuster.

Auch für Werbung gelten rechtliche Kriterien, die Kinder und Jugendliche schützen sollen.

Im Rundfunkstaatsvertrag steht dazu in § 6:
Werbung, die sich auch an Kinder und Jugendliche richtet oder bei der Kinder oder Jugendliche eingesetzt werden, darf nicht ihren Interessen schaden oder ihre Unerfahrenheit ausnutzen. [Rundfunkstaatsvertrag vom 31. August 1991, in Kraft getreten am 1. Januar 1992, geändert am 19. August 1996, gültig ab 1. Januar 1997]

Werbung in und durch Medien bedeutet heute, dass inhaltliche und marktwirtschaftliche Argumente einander gegenüberstehen.

Beide Perspektiven sind gerechtfertigt. Die Konsequenz: Eifrige und engagierte Kinder- und Jugendsender bzw. -redaktionen brauchen wohl auch in Zukunft besondere finanzielle Unterstützung, um ihre werbearmen Programme durchhalten zu können.

Die empirische Erfassung von Werbewirkungen scheint augenblicklich still zu stehen. Quantitative Aussagen helfen wohl bei der Interpretation von Werbeeinflüssen nicht weiter. Für die Medienpädagogik bedeutet dies eine qualitative Beschäftigung mit den Werbewirkungen. Zunächst müssen sich die erwachsenen Interaktionspartner darüber klar werden, wie sie auf Werbung reagieren. Danach empfiehlt sich ein Austausch mit anderen Erwachsenen und Kindern bzw. Jugendlichen. Die klassischen Methoden wie Rollenspiel oder andere kreative Umsetzungsmöglichkeiten helfen dabei.

Anregung

Die Werbung zielt nicht immer, aber immer öfter auf Kinder und Jugendliche ab. Kinder sind gleichzeitig Werbeträger und Adressaten. Die Jugendlichen „machen mit ihrer frischen Art unheimlich an" mit „Sprüchen" wie „Mann, sind die cool, Mann"....

a) *Sammeln Sie Werbebeiträge. Fassen Sie die typischen Werbebotschaften und die typischen Werbeelemente zusammen. Kommen Sie der Wirkung von Werbung näher, indem Sie die Werbeangebote mit Kindern, Jugendlichen und Erwachsenen besprechen.*

	Themen und Inhalte der Werbung	Gestaltungsmittel
Werbung für Kinder *Werbung für Jugendliche*		
Werbung mit Kindern *Werbung mit Jugendlichen*		

b) *Wählen Sie typische Werbeseiten aus Zeitschriften aus. Gestalten Sie eine Motivtafel und formulieren Sie Fragen, die Sie einer entsprechenden Adressatengruppe stellen können.*

Ein Beispiel:
Zu Abbildungen, wie sie beispielhaft auf der Farbtafel 1 (Seite 97) abgedruckt sind (wir haben seriöse Beispiele gewählt, suchen Sie auch fragwürdige), können folgende Fragen gestellt werden:

Ist die Werbung für dich/Sie interessant?	*JA*	*NEIN*
Sprechen dich/Sie die Farben der Werbemotive an?	*JA*	*NEIN*
Gefallen dir/Ihnen die abgebildeten Personen [Figuren]?	*JA*	*NEIN*

Möchtest du das [jeweilige Produkt] gerne haben?	JA	NEIN
Was gefällt dir daran?		
Welches der abgebildeten Produkte hast du in den letzten Wochen gekauft?		
...		

6.3   Die Grundsätze des Journalismus

Nachschlagen

Meinungen entstehen auf der Basis von Erfahrungen, Erinnerungen und Informationen. Der Journalismus ist das Medienfeld, auf dem reichhaltige meinungsbildende Quellen sprudeln.

Der Journalismus ist ein Berufsfeld. Journalisten sind in Presse, Hörfunk, Fernsehen und Film tätig. Das Pressewesen hat die Aufgabe, Nachrichten und Kommentare zu vermitteln.
Seine Ursprünge liegen im Mittelalter. Zu jener Zeit zogen die „Journalisten" noch mit Holzkarren durch die Dörfer und Städte, stellten sich auf einen kleinen Schemel (= Bänkchen = Bänkel) und verbreiteten die Neuigkeiten mit ihrem Bänkelgesang. Heute zeigt sich der Journalismus als Medium, das aktuelle Informationen zügig und deutlich publiziert. Zu den journalistischen Grundprinzipien gehört es, die Informationen gewissenhaft abzusichern und durch belegte Quellen zu fundieren.

Jeder Mensch hat das Recht, seine Meinung mit journalistischen Mitteln kundzutun. Die **Pressefreiheit** garantiert dieses in der Verfassung verankerte Recht (Grundgesetz, Artikel 5). Die Freiheit der Presse bedeutet besonders, dass ihre Informationen vor der Zensur geschützt sind. Das war in Europa nicht immer so. Das Reichspressegesetz wurde erst in der zweiten Hälfte des 19. Jahrhunderts verabschiedet, angeregt durch die deutsche Revolution 1847/48.
Der Journalismus ist vor staatlichen Eingriffen geschützt. Es gibt Ausnahmen: Journalismus ist (natürlich) an den Kinder- und Jugendschutz gebunden und muss das Zeugnisverweigerungsrecht beachten. Ansonsten gilt die Pressefreiheit und diese führt dazu, dass sich die Presse in erster Linie selbst kontrollieren muss, z.B. durch die informelle Bindung an journalistische Gebote.

Das traditionelle Medium des Journalismus ist die Zeitung.
Zeitungen erscheinen täglich, manchmal auch mehrmals am Tag, wöchentlich oder zumindest in regelmäßigem Rhythmus als Tageszeitungen, Sonntagszeitungen, Wochenzeitungen oder Boulevardzeitungen. Sie können lokale, regionale oder überregionale Verbreitung haben.

Die journalistischen Formen der Zeitung sind
* die Nachricht (zur Information),
* der Bericht (zur Information),
* der Leitartikel und die Glosse (als Meinungsbeiträge),
* das Feuilleton (als Unterhaltung) und
* die Anzeige (als Werbung).

Die Meldungen der Zeitung gehen auf Informationen von Nachrichtenagenturen oder Pressediensten, auf Berichte von Korrespondenten oder die Arbeit von Reportern zurück.

Das eingehende Material wird gesichtet und sortiert. Dies ist die Aufgabe der Redakteure. Die Beiträge werden nach »Ressorts« (= Sachgebieten) geordnet. Das sind z.B. Kultur, Sport, Politik oder Aktuelles…

Die Nachrichtenagenturen sind Sammelstellen für Informationen.
Diese Nachrichtendienste sind große Unternehmen, die mit Nachrichten handeln. Die Nachrichten werden gesammelt, grob bearbeitet und an die einzelnen Zeitungen weitergereicht. Die Abnehmer bezahlen das Angebot und können die Nachrichten nach eigenen Vorgaben und Ideen weiterverarbeiten.

Moderne Nachrichtenagenturen liefern sowohl Texte als auch Fotos und Filme. Neben großen internationalen Diensten gibt es in fast jedem größeren Land auch staatlich gebundene Agenturen. Die wichtigsten Nachrichtendienste in Deutschland sind die »dpa« (=Deutsche Presse-Agentur) und der »ddp« (= Deutscher Depeschen-Dienst). Zudem gibt es zwei große konfessionell gebundene Nachrichtendienste, die »KNA« (=Katholische Nachrichtenagentur) und den »epd« (= Evangelischer Pressedienst).

Die Presse und die Zeitungen haben bestimmte Strategien, um die Öffentlichkeit zu informieren, anzuregen oder auch vorzudenken.
Journmalisten gewinnen die öffentliche Meinung für sich, machen auf Missstände aufmerksam oder verbreiten regelmäßig Informationen, um die Öffentlichkeit für einzelne Inhalte zu gewinnen.

Die Öffentlichkeit sind zunächst alle Bürgerinnen und Bürger eines Landes, aber auch besonders die Entscheidungsträger, das heißt Menschen, die auf Grund ihrer Positionen Entschlüsse treffen können, die wieder viele andere Menschen betreffen.

Voraussetzungen für gelungenen Journalismus

- Die Realität und die Inhalte der Presse müssen sich decken. Die **Glaubwürdigkeit** des Mediums ist wichtig, damit die Zielgruppen die Informationen auch unvoreingenommen aufnehmen.
- Kompetentes Auftreten macht die Unterschiede zwischen Allerweltswissen und professionellem Journalismus deutlich. Genaue und sachliche Inhalte zeigen **Kompetenz** in der journalistischen Tätigkeit.
- Der Beruf Journalist/-in wird nicht überall ernst genommen bis hin zu einem schlechten Ruf, den manche journalistische Sparten haben. Deshalb ist wichtig: Verlässliche Partner, die nicht immer nur sagen, was ankommt, sondern Stellung nehmen, demonstrieren **Ernsthaftigkeit.**
- Die Arbeit muss **Transparenz** aufweisen, das erfordert, die Quellen der Arbeit so klar wie möglich darzustellen, ohne mögliche Informanten bloßzustellen.
- Kontroversen sollen in der Presse sachlich und kompetent dargestellt werden und Argumente gut vertreten sein, das heißt die Zeitung oder die Journalistin, die hinter einem Artikel steht, muss **Position** beziehen.
- Viele Menschen sind anfällig dafür, sich für alles zuständig zu fühlen. Eine Journalistin oder ein Journalist sollte nur Stellung zu einem Thema beziehen, wenn eine qualifizierte Meinung abgegeben werden kann, wenn **Zuständigkeit** vorliegt.
- Trotz der Schnelllebigkeit von Informationen und öffentlichem Interesse gehört es zum professionellen journalistischen Handeln, die Zeit aufzuwenden, die notwendig ist, um gute Qualität abliefern zu können. Gerade **Professionalität** im Journalismus hinterlässt prägnante Eindrücke.

Charakteristische Eigenschaften der Zeitung

Aktualität
Häufig erscheinende Zeitungen können Tages- oder Wochengeschehen brandneu servieren. Aktualität heißt hier, wichtige Themen, die in der Öffentlichkeit besprochen werden, aufzugreifen und Dauerthemen zu finden und immer wieder einzubauen.

Periodizität

Große Zeitungen erscheinen täglich. Die Regelmäßigkeit erhöht den Erkennungswert. Das bedeutet für die Zeitung, dass sie eher gekauft wird, und für den Rezipienten, dass sich eine gewisse Vertrautheit einstellt. Der Aufbau der Zeitung wird vertraut und erleichtert es, die individuellen Schwerpunktthemen zu finden. Dies erhöht wiederum die Dichte der Informationsaufnahme.

Publizität

Eine Zeitung muss prinzipiell allen Bürgerinnen und Bürgern frei zugänglich sein. Die Ausnahme bildet wieder der Kinder- und Jugendschutz.

Universalität

Prinzipiell berichtet die Zeitung aus allen Lebensbereichen, aber immer wieder orientiert an ihren Adressaten.

Begrenzter Umfang

Zeitungen sind nicht ohne Grund an verschiedenen Stellen in ihrem Umfang begrenzt. Die einzelnen Artikeltypen haben vorgegebene Zeilenzahlen. Das hängt mit dem Medienverhalten der Adressaten zusammen.

Der Aufbau von Artikeln

Nachschlagen

Ein guter Artikel sollte grundsätzlich jeweils Antworten auf die sechs »W-Fragen« *Wer, Wann, Was, Wo, Warum* **und** *Wie* **geben.**

Die Form eines Artikels macht sich an seinem Inhalt und seinem Umfang fest …
- die Meldung bis 15 Zeilen
- der Bericht bis 60 Zeilen
- die Reportage bis 120 Zeilen
- der Kommentar bis 60 Zeilen
- die Glosse bis 30 Zeilen

Eine Zeile entspricht etwa fünfzig Buchstaben mit Zwischenraum. Neben den formalen Aspekten ist es eine wichtige Grundregel, immer die Leser im Auge zu behalten. Nur was betroffen macht, im positiven oder negativen Sinn, wird gelesen und wirkt nach. Es ist daher wichtig, professionell zu schreiben und für einen Inhalt die entsprechende Machart zu finden.

- Der **Bericht** ist eine ausführliche Nachricht ohne Wertung, aber mit Hintergrund.
- Die **Reportage** nennt Fakten und verknüpft sie mit lebensnahen Erfahrungen.
- Der **Kommentar** beschreibt die eigene Meinung, die auf Fakten basiert, und nennt Veränderungsvorschläge.

- Die **Kritik** stellt eine Meinung zu einer Aufführung jeglichen Inhalts dar.
- Die **Rezension** ist eine Kritik zu Büchern oder zu Musikprodukten.
- Die **Glosse** ist ein ironischer Kommentar zu irgendeiner Begebenheit.
- Das **Feature** wechselt zwischen der sachlichen Untersuchung und der bilderreichen Schilderung eines Themas ab.
- Das **Interview** ist eine besondere journalistische Form. Es stellt als Wortlautinterview oder in einer Berichtsform die Aussagen eines Gesprächspartners dar. Die Meinung der Autorin oder des Journalisten ist nicht ausschlaggebend.
- Die **Bildreportage** verbindet sprachliche und fotografische Inhalte zu einer Gesamtaussage.

Die Regeln des Journalismus betreffen vor allem den Stil, der für den Lesewert einer Zeitung oder einer Zeitschrift ausschlaggebend ist.

Obschon Schreibstile Geschmacksache sind, gibt es einige Regeln…

...wenn ein Artikel entsteht

1. Zunächst wird das Material gesammelt. Andere Zeitungen und Zeitschriften, Pressemeldungen, Filme oder andere Quellen werden ausgewertet, ausgesucht, sortiert und sondiert.

2. Das Material wird gruppiert, das heißt inhaltlich geordnet und den Ressorts zugeschrieben.

3. Die Auswahl wird festgelegt. Meist geschieht das in einer Redaktionssitzung, in der die Verantwortlichen einer Zeitung entscheiden, was wichtig ist und genommen wird oder was weggelegt wird.

4. Die Artikel werden in der Regel mehrmals bearbeitet. Sie werden umgeschrieben und redigiert, das heißt sprachlich abgerundet.

5. Das Lay-out wird erstellt und nach der Prüfung in Druck gegeben.

... zum Grundgerüst der Artikel...

TATSACHENAUFBAU

Hauptsache (Vorspann)
2. Tatsache
3. Tatsache
4. Tatsache

ZITATENAUFBAU

Zitat
Hauptzusammenfassung
Zitat
Zusammenfassung
Zitat
Zusammenfassung

HANDLUNGSAUFBAU

Bericht des Wichtigsten
wiederholt mit Einzelheiten
mehr Einzelheiten
noch mehr Einzelheiten

...zum Inhalt der Artikel

- Viele kurze Beiträge und Meldungen sind leserfreundlich.

- Anschauliche Texte beinhalten Beispiele aus der Erfahrungswelt der Leserinnen und Leser.
- Fachwörter und Fremdwörter werden vermieden oder zumindest erklärt.

- Zeitungsartikel werden aus kurzen Sätzen zusammengestellt. Lange Schachtelsätze werden vermieden.
- Gute Artikel setzen bei den Leserinnen und Lesern nicht zu viel als bekannt voraus. Sie versuchen allen Leserinnen und Lesern den gleichen Wissensstand zu erhalten. Wenn dies nicht gelingt, werden einige Rezipienten den Inhalt nicht nachvollziehen und etwaige Schlussfolgerungen nicht verstehen können.
- Die Inhalte eines Artikels müssen gründlich recherchiert werden. Seriöse Nachforschungen erhöhen die Aussagekraft eines Artikels.

Professionelle Journalisten richten sich nach folgenden Geboten…

Wahrhaftigkeit
gründliche Recherche
Kritisch sein
Verantwortungsbewusstsein
zielgruppenorientiert arbeiten
journalistisch, fachlich gut arbeiten

mutig sein
nicht korrumpieren lassen
weiterbilden – informiert sein
der Ausrichtung der Zeitung verpflichtet sein

Ein Medium dient dem Menschen nur, wenn er seine Besonderheiten kennt.

Ein Leser wird eine Pressekritik nur dann richtig verstehen, wenn er Hintergründe kennt und auch die Absichten erkennen und einordnen kann, die die Kritiker bzw. die Zeitung verfolgen. Hilfreich für Leser (und Rezipienten allgemein) ist es, wenn sie vor allem auch die verschiedenen Medien miteinander vergleichen können.

Die Leserinnen und Leser von Zeitungen und Zeitschriften können überprüfen, ob die Journalist/-innen ihre Regeln und Gebote einhalten. Sie können aber auch den Wahrheitsgehalt journalistischer Beiträge einschätzen, indem sie selbstständig und kritisch mit den Medien umgehen. Das Wissen um die pressespezifischen Darstellungsformen hilft bei der individuellen Meinungsbildung.

Anregung

Verfassen Sie eigene Artikel! Als Vorübung empfiehlt es sich, täglich oder zumindest regelmäßig Zeitungen und Zeitschriften zu lesen.
Unterscheiden Sie die Typen »Meldung«, »Bericht«, »Reportage«… anhand von Beispielen. Greifen Sie dann die Beispiele auf und versuchen Sie sich selbst an Texten.

PRAXIS – SCHREIBEN

Die aktive Öffentlichkeitsarbeit – mit Printmedien

 ### Medienarbeit

Printmedien haben in der Öffentlichkeit einen hohen Stellenwert. Aus diesem einfachen Grund können Kinder- und Jugendeinrichtungen die für sie erreichbaren Medien nicht oft genug für ihre Zwecke nutzen. Es gibt immer einen Anlass, einen Rundbrief zu schreiben, einen Artikel in der örtlichen Presse zu veröffentlichen, eine Kita-Zeitung herauszugeben oder mit dem regionalen Fernsehen in Verbindung zu treten.

Die Arbeit der Kinder- und Jugendeinrichtungen ist allgemein nicht so bekannt, wie es ihrem gesellschaftlichen Stellenwert entspricht, deshalb gilt:

- Durch Öffentlichkeitsarbeit wird das Vertrauen der Öffentlichkeit aufgebaut und gepflegt,
- die öffentliche Meinung wird für die eigenen Ziele und Absichten gewonnen,
- die Öffentlichkeitsarbeit macht nicht nur auf Missstände aufmerksam – sie muss eher informieren, anregen und vordenken.

Die aktive Öffentlichkeitsarbeit braucht oft viel Kraft und Nerven, weshalb es wichtig ist, als Team eine feste Strategie mit eigenen grundsätzlichen Überlegungen festzulegen…

Wen wollen wir erreichen?

- Die »innere Öffentlichkeit«
Dazu gehören die Kinder, das Team, die Eltern und die Vertreter der Träger (z.B. Pfarrer). Die Atmosphäre im Alltag der Einrichtung ist bereits meinungsbildend. Wer mit der Einrichtung zu tun hat, nimmt sie wahr und bildet sich seine Meinung. Darüber hinaus benötigt eine Einrichtung aber bewusste Strategien, um Verbündete zu finden. In Kindereinrichtungen ist die reguläre Elternarbeit ein wesentlicher Bestandteil der Öffentlichkeitsarbeit. Eltern sind die am besten erreichbare Zielgruppe und der wichtigste Multiplikator. Jugendeinrichtungen erreichen die Eltern oft nicht so leicht.

- Die »äußere Öffentlichkeit«
Dazu gehören die zukünftigen und ehemaligen Kinder, Jugendlichen und Eltern, die Trägerorganisationen (z.B. Caritas, Diakonie, AWO…), die Entscheidungsträger (z.B. Kommunalpolitiker, Stadträte, Aufsichtsbehörde), mögliche Sponsoren, Spender, die örtliche Umgebung, andere Einrichtungen im Einzugsgebiet. Hier kommen normalerweise wenig und unregelmäßig Informationen an. Wenn sich eine Einrichtung erst meldet, wenn es „brennt", kann das unangenehm auffallen. Wer die Öffentlichkeit gewinnen will, muss sie korrekt, vollständig und immer wieder informieren!

- Die »breite Öffentlichkeit«
Dazu gehören überregionale Entscheidungsträger, Bürgerinnen und Bürger der weiteren Umgebung, die Presse, Verbände, Parteien und Fachleute. Diese Gruppe ist am schwierigsten zu erreichen. Der Umgang z.B. mit Vertreter/-innen der Presse will gelernt sein.

Was wollen wir erreichen?

- **Ein realistisches Bild des pädagogischen Alltags in der Öffentlichkeit zeichnen.** Einrichtungen stellen ihre Arbeit, Organisation, Ziele und Struktur selbst dar und bringen sie der Öffentlichkeit nahe.
- **Die Bedeutung der pädagogischen Arbeit für die Öffentlichkeit klären.** Einrichtungen behaupten sich als ein Teil der Öffentlichkeit.

- **Die Einrichtung in das soziale und kulturelle Umfeld einbinden.**
- **Einen Austausch und den Dialog mit der Öffentlichkeit suchen.** Die Mitarbeiterinnen und Mitarbeiter einer Einrichtung setzen sich öffentlich mit den eigenen Vorstellungen, Inhalten und Arbeitsformen auseinander.

Wie können wir etwas erreichen?
- Öffentlichkeitsarbeit darf keine Eintagsfliege sein. Verschiedene Aktionen müssen aufeinander abgestimmt sein und aufeinander aufbauen. Der Kreis derer, die Öffentlichkeitsarbeit machen, sollte nicht zu klein sein, um Kontinuität zu gewährleisten.
- Die Identität einer Einrichtung (= Corporate Identity) bestimmt ihr Image in der Öffentlichkeit. Der Stil des Teams und die Art, sich der Öffentlichkeit mitzuteilen, ist ihr Markenzeichen.
- Hier schließt sich der Kreis: Öffentlichkeit hat Interesse an der Kinder- oder Jugendeinrichtung, die Einrichtung hat Interesse an einem positiven Image und die Medien sind das Verbindungsglied.

Praktisch heißt das…
- **Info-Tafeln/-Wände** in der Einrichtung und an öffentlich stark frequentierten Plätzen ausstellen,
- **Ausstellungen** über pädagogische Inhalte, den Alltag oder Projekte organisieren,
- **Plakate** gestalten,
- **Schaukästen** gestalten,
- **Leserbriefe und Zeitungsberichte** schreiben,
- eine **eigene Zeitung** herausgeben…

Zur journalistischen Arbeit ist im vorangegangenen Abschnitt Grundsätzliches ausgeführt worden – z.B. zum Aufbau eines Berichts oder zu den journalistischen Geboten. Hier folgen nun noch einige praktische Aspekte und Beispiele…

Beispiel 1 – Experimente mit dem Lay-out

Die meisten Übungen, die mit Printmedien zu tun haben, sind für Schulkinder und Jugend-

liche gedacht, da sie in der Regel mit Lesen und Schreiben zu tun haben.

Kleinere Kinder können sich mit dem grafischen Aufbau von Zeitungen und Zeitschriften auseinander setzen. Sie können…
- Zeitschriften nach gemeinsam vereinbarten Motiven durchforsten, diese ausschneiden und zu einer Collage zusammenfügen,
- Plakate anfertigen, die mit einem Thema zusammenhängen,
- mit Drucktechniken experimentieren (vgl. Hietkamp, E., 1998. Kunst erleben – Kunst begreifen. Kapitel 5.3: Künstlerische Drucktechniken),
- mit Schriftzeichen experimentieren (z.B. mit Druckstöcken oder mit dem PC).

Ein Beispiel für eine Buchstaben-und-Zeichen-Grafik…

Benedikt, 4 Jahre

Beispiel 2 – Übungen zum Umgang mit Zeitungen

<u>Übung – Texte überarbeiten</u>
Kennen Sie das? Selbst nach dem dritten Lesen eines Zeitungsartikels oder einer Buchpassage verstehen Sie immer noch nicht, was gemeint ist. Es ist auch nicht ganz einfach, verständliche Texte niederzuschreiben. Versuchen Sie doch einmal, den folgenden Text so umzuformulie-

ren, dass der Inhalt einem Menschen klar wird, der nichts mit Medienpädagogik zu tun hat.

Ein Artikel aus einer Schülerzeitung…
Der Bildschirm soll und kann die privatimen Gespräche, die autonomen Erfahrungen und Erlebnisse, den spezifisch subjektiven und kreativen Gebrauch von Mußestunden nicht ersetzen. Daher stellt sich die Aufgabe für Erziehungsberechtigte und andere an der Erziehung beteiligte Menschen, die Kinder und Jugendlichen zu einer denkrichtigen und urteilsfähigen Nutzung des Mediums Fernsehen zu befähigen. Kritische Nutzung des Fernsehens heißt nicht nur, damit selbstbestimmend, kreativ und verantwortungsvoll umzugehen, sondern auch Standards für eine entwicklungsgerechte Anthologie zu entwickeln und attraktive Alternativen zum Monitor offerieren zu können. Dies ist auch ein Obolus zur Bildung von Problembewusstsein, Erkenntnisvermögen und Urteilsbereitschaft – Qualitäten, die Attribute eines mündigen „Citoyens" (= Staatsbürgers) sind.

- Wie können Sie den Inhalt ausdrücken, damit der in pädagogischen Fragen Unerfahrene ihn versteht? Verwenden Sie keine Fachbegriffe!
- Suchen Sie nach Stellen in diesem Buch, die aus Ihrer Sicht unklar ausgedrückt sind (was jedem Autor passieren kann), und formulieren Sie diese Passagen um!

Übung – Informationen vergleichen

Die Meldungen wichtiger Ereignisse werden von verschiedenen Medien und von unterschiedlichen Anbietern verbreitet. Was für eine Tageszeitung nur eine fünfzeilige Meldung wert ist, wird in der Regenbogenpresse auf einer ganzen Seite ausgebreitet…
- Die Kinder und Jugendlichen besprechen ein aktuelles Thema. Dabei fällt ihnen sicherlich auf, dass die Meinungen sehr unterschiedlich sind. Zum Teil hängt das mit ihren Quellen zusammen.
- Die Kinder und Jugendlichen werden aufgefordert, ihre Aussagen zu belegen. Dazu

müssen sie ihre Quellen, die Zeitungen und Zeitschriften, suchen und mitbringen.
- Es ist auch möglich, eine Anzahl aktueller Zeitungen und Zeitschriften bereitzustellen. Die Kinder und Jugendlichen suchen sich dann die entsprechenden Passagen heraus.
- Die einzelnen Artikel werden im Umfang, im Wortlaut und im Inhalt verglichen.
- Die Kinder und Jugendlichen können aus den verschiedenen Informationen einen eigenen Text formulieren oder sie stellen die Texte in einem Wandbild gegenüber.

Beispiel 3 – Eine eigene Zeitung – selbst schreiben

Die journalistischen Grundsätze werden in Worten »lebendig«. Wenn Sie sich bei der Produktion einer Schüler-, Kindergarten- oder Hortzeitung an die Grundregeln halten, können Erzieherinnen und Erzieher gute »Presse« machen…
- Der Grundsatz der Wahrheit heißt, dass alles, was geschrieben wird, **beweisbar und belegbar** sein muss. Aber auch für uns sind Informanten tabu, sie werden nie bekannt gegeben!
- Pädagoginnen und Pädagogen brauchen für ihre Arbeit ohnehin eine umfassende Allgemeinbildung und Fachwissen. Wenn sie journalistisch tätig werden, müssen sie **sich ständig informieren und auf aktuellem Stand sein!**
- Immer auf dem neuesten Stand zu sein heißt sich auf dem Laufenden halten! Dazu gehört **die regelmäßige Lektüre der Zeitung, von Fachzeitschriften und Fachliteratur.** Wer viel liest, bekommt allmählich ein Gefühl dafür, wie Texte in einer Zeitung „aussehen" können.
- Gute »Pädalisten« oder »Journagogen« lassen sich nicht abweisen, wenn sie **Hintergründe recherchieren.**

Das Schreiben ist zu lernen!
- „Ich kann das nicht!" sollten Sie aus ihrem Wortschatz streichen, denn nur durch Schreiben lernt man schreiben. Die kon-

struktive Kritik anderer ist in diesem Prozess durch nichts zu ersetzen.

- Ein gedanklich vorbereiteter und nüchtern durchdachter Text wird sicherlich gut. Spaß am Schreiben und an den Inhalten überträgt sich auf die Leserinnen und Leser.
- Wenn ein Text dann noch bildhaft geschrieben ist und sich an seine Zielgruppe wendet, ist er für die Öffentlichkeit gemacht.

Wer kann wie bei der Zeitung mitarbeiten?
Die Zeitung des Kindergartens oder des Jugendhauses hat verschiedene Rubriken, z.B. Kindermund, Bastelecke, Meinungen, Aktuelle Trends in der Erziehung ...
Aus den Rubriken werden Ressorts (= inhaltliche Bereiche) zusammengefasst. Aus ihnen entstehen Redaktionen, in denen sich Kinder, Jugendliche, Pädagoginnen, Eltern oder sonstige Mitarbeiter/-innen zusammensetzen, um die aktuellen Inhalte zu besprechen. Für jedes Ressort sollte sich eine bestimmte Erzieherin, ein Jugendlicher oder eventuell auch ein Kind verantwortlich fühlen.

Kinder…
- äußern sich über Themen und ihre Aussagen werden festgehalten,
- führen Interviews, die anschließend von Erwachsenen transkribiert werden,
- zeichnen oder malen Bilder, die zu bestimmten Themen eingefügt werden,

- machen selbst Fotografien, z.B. auch Fotoreportagen,
- drucken selbst einzelne Seiten als Einlage in die Zeitung,
- ...

Eltern…
- sammeln Presseartikel,
- schreiben eigene Artikel,
- lesen Artikel vorab und kritisieren sie konstruktiv,
- arbeiten in den Redaktionen mit,
- arbeiten beim Lay-out mit,
- schreiben Artikel auf Computer,
- ...

Ein praktischer Leitfaden
1. Material sammeln = Zeitungen und Zeitschriften auswerten, aussuchen, sortieren, sondieren. Die einzelnen Ausschnitte werden auf einen »Pressespiegel« geklebt, um besser handhabbar zu sein.
2. Eigene Artikel schreiben
3. Material gruppieren = inhaltlich ordnen
4. Auswahl festlegen = Was ist wichtig und wird genommen? Was wird weggelegt?
5. Bearbeitung = umschreiben + redigieren
6. Artikel ordnen
7. Ressort + Redaktionskonferenzen, Teambesprechungen
8. Lay-out
9. Druck
10. Verkauf! Verteilen!

PRESSE-SPIEGEL

AUSSCHNITT AUS:	Tageszeitung BNN
DATUM:	21. August

Kinder und Medien
Rundfunk-Sendereihe – Hilfe für Lehrer und Eltern

Unter dem Titel „Kinder und Medien" starten einige Rundfunkanstalten eine medienpädaogische Aufklärungskampagne. Dazu produzieren die Sender eine zwölfteilige Reihe, die im kommenden Frühjahr von mehreren Sendeanstalten ausgestrahlt werden soll.

Die Sendereihe soll Eltern und Lehrern Hilfen an die Hand geben, um Kinder zu einem verantwortungsvollen Umgang mit Medien anzuleiten. Zu den Themen gehören „Medien und Gewalt", „Medien und Wirklichkeit" sowie „Medien und Manipulation". Den Rahmen bilden

zwei Studiorunden mit Experten und Zuschauern.
Die ebenfalls beteiligte Landesanstalt für Rundfunk hat die Verwertungsrechte zur nicht kommerziellen Nutzung der Serie erworben. Sie möchte damit die Inhalte einem breiteren Publikum als Videokopien zugänglich machen. Wir werden vor Sendebeginn der Serie ausführlicher berichten.

6.4 Identität und Medien

Fakten

Medien begleiten die Entwicklung einer Persönlichkeit über alle Entwicklungsstufen hinweg. Die Ich-Entwicklung bekommt durch psychische, soziale und technische Umwelteinflüsse Impulse.

Es wird davon ausgegangen, dass die **Identitätsbildung** ein **lebenslanger Prozess** ist, der in unterschiedlichen Lebenslagen besondere Richtungen bekommt.

In Anlehnung an die theoretischen Phasen der Persönlichkeitsentwicklung soll der Medieneinfluss dargestellt werden…

Vertrauen

Frühe **vertrauensvolle Erfahrungen** ermöglichen einem Menschen, Umweltreize zu ordnen. Auch Medienreize können auf dieser Basis positiv verarbeitet werden.

Selbstständigkeit

Zu einem positiven Selbstkonzept gehört die Erfahrung, sowohl psychische als auch physische Fähigkeiten zu besitzen. Der Umgang mit Medienreizen macht dann keine Probleme, wenn ein Mensch entsprechende Handlungskompetenzen aufgebaut hat.

Tatkraft

Der freie, aktive Umgang mit Umweltreizen führt zu Erfolgserlebnissen, die ein positives Selbstbild mit sich bringen. Der neugierige Kontakt mit Medien initiiert das Gefühl, autonom mit ihnen umgehen zu können.

Aktivität

Das aktive Forschen nach Regeln, Organisationsmustern und Ordnungssystemen ermöglicht es dem Menschen, hinter Phänomene zu schauen. Wenn ich weiß, wie Medien funktionieren, kann ich angstfrei mit ihnen umgehen.

Identitätsbildung

Die Identitätsbildung hat in der Jugendphase einen Höhepunkt. Die Wahrnehmung der inneren und äußeren Bedingungen erweitert sich.

Einerseits ergibt sich durch diesen Vorgang eine unüberschaubar scheinende Lebenssituation, andererseits wird die eigene Persönlichkeit durch die Übernahme verschiedener Rollen zunehmend charakterisiert.

Medienreize können in dieser Phase entweder Orientierungshilfe sein oder zur Desorientierung führen. Das pädagogische Handeln hängt von der Richtung ab, die eine Jugendliche oder ein Jugendlicher in dieser Beziehung einschlägt.

6.4.1 Sprache und der Umgang mit Medien

Im Gespräch

Erziehung, die Kinder vor Anforderungen bewahrt, um ihnen einen Schonraum zu sichern, ist für die kindliche Entwicklung hemmend.

Medienpädagogische Arbeit hat viele Fassetten, da die unterschiedlichen Medien verschiedenste praktische Möglichkeiten bieten.
Es finden sich dennoch gemeinsame Grundelemente.

Zum einen verlangt der Umgang mit Medien bestimmte **Planungsansätze,** die sich an modernen pädagogischen Auffassungen und psychologischen Erkenntnissen über die wichtigen kindlichen Bedürfnisse und Entwicklungsanforderungen orientieren.

Zum anderen verwenden alle Medien Zeichen und Symbole, die von den Benutzern entschlüsselt werden müssen. Das wichtigste menschliche und mediale Symbolsystem ist die »Sprache«.

In der pädagogischen Realität findet immer wieder eine Art **Bewahrung** statt. Zudem tragen Erzieherinnen ihre eigene Persönlichkeit in die Alltagssituationen mit den Kindern hinein und bilden Interaktionsschemata aus, die teilweise nachteilig für die Kinder sind. Dies wird besonders im **Sprachverhalten von Erzieherinnen** deutlich. Wissenschaftler stellen in den Raum, dass bis zu 90 % der verbalen Aussagen von Erzieherinnen Befehle, Anforderungen, Zurechtweisungen oder Ausdruck der eigenen Anspannung seien. Diese Begegnungsart wird als **sozial irreversible Kommunikationsform** bezeichnet. In dieser Kommunikationsart wird gegen allgemeine Regeln der Achtung und Höflichkeit verstoßen. Die Erzieher/-innen sprechen mit Kindern, wie sie mit Erwachsenen niemals sprechen würden. Alltagsbeobachtungen weisen darauf hin, dass Erzieherinnen und Erzieher oft die eigene Erziehung wiederholen, sei es in Ansichten und Einstellungen, im Umgang mit sich selbst und anderen oder eben im **Sprachverhalten,** in dem offen oder verborgen **Machtverhältnisse** zu Tage treten, wo es ein Unten und Oben gibt, aber bei vielen Kolleginnen auch **Gleichberechtigung.**

In der Auseinandersetzung mit der gesamten Umwelt ist die Sprache wesentlich.
Im Umgang mit Medien gibt es für Erzieherinnen vielfältige Wege, auf die Qualität ihrer eigenen Sprache zu achten oder sie gegebenenfalls zu verändern…
Die aktive Medienarbeit bringt es z.B. mit sich, dass Erzieherinnen ihre **Bedürfnisse und Interessen klar artikulieren** müssen. Dies setzt voraus, dass sie sich ausführlich mit dem verwendeten Medium auseinander setzen und ernsthaft mit ihren gleichwertigen Gesprächspartnern umgehen. Die **Formulierung eigener Argumente** muss dann besonders überlegt sein, wenn die Erzieherin die Kinder schätzt.

Neben ihren formulierten inhaltlichen Aussagen ist die Erzieherin im selben Augenblick ein **sprachliches Vorbild,** ein Modell für die Kinder. »Sprache« ist demnach nicht nur irgendein Symbolsystem, sondern selbst das bedeutendste »Medium« des Menschen.
Zur »Sprache der Erzieherin« finden Sie in den Praxiskapiteln konkrete Hinweise und Anregungen.

Das eigene Sprachverhalten stellt neben der sozialen Komponente die Grundlage für spracherzieherisches Handeln dar.
Sprachförderung ist erst im Zusammenhang mit einem bestimmten Erzieherverhalten sinnvoll. Das Kind ist ein gleichberechtigter Gesprächspartner, der selbstständig lernt und handelt.

Erst eine gute Beziehung zur Erzieherin kann Kindern die nötige **Sicherheit und Ermutigung** geben, die sie **für die lernende Auseinandersetzung mit ihrer sprachlichen und medialen Umwelt** brauchen. Der Bereich »Sprache« kann dem großen Bereich »Kognition« teilweise zugeordnet werden. Neben diesen Bereichen und dem »emotionalen und sozialen Verhalten« ist das »Spiel« die wohl typischste Tätigkeit von Kindern, in der sie mit Sprache umgehen. Diese Zusammenhänge werden in der Pädagogik, Psychologie und Spielerziehung deutlich herausgestellt. Es ist legitim, diese Grundlagen auch auf die medienpädagogische Arbeit zu übertragen.

Medienarbeit, die Lernen oder Spiel beinhaltet, ermöglicht Kindern einen gemeinsamen Umgang mit Medien. Damit werden Sprache und auch kognitive Prozesse angeregt und gefördert.

Die Erzieherin hat in allen Tätigkeitsbereichen der Kinder Vorbildfunktion und nimmt Einfluss auf das kindliche Verhalten, besonders durch die persönliche Art, auf Kinder verbal und emotional einzugehen.
In den zwischenmenschlichen Beziehungen des Alltags ist die Persönlichkeitsentwicklung

der Erzieherin stark mit dem (Medien-)Lernen und der Entwicklung der Kinder verbunden.

Eine systematische und umfangreiche Schulung der Kommunikation kann durch die Einbeziehung vielfältiger Medien untermauert werden.
Es müssen nicht immer Medien wie Bilderbücher oder Sprachspiele verwendet werden. Vielen funktionsorientierten Förderungsprogrammen fehlt der Zugang zu den Lernenden, da sie den kognitiven Förderbereich überbetonen.

Erzieher/-innen und Kinder können sich gemeinsam mit ihrer Lebenswelt auseinander setzen. Sie entwickeln gemeinsam kreative Fähigkeiten und Fertigkeiten und haben zusammen Spaß an der praktischen Arbeit mit Medien. Motivierte Erwachsene können Kinder mitreißen. Mit Hilfe von Medien können Perspektiven verändert und somit neu wahrgenommen werden. Viele **Kompetenzen in der Kommunikation werden miteinander erprobt und erlernt.** Erwachsene, die sich selbst als lernende Menschen verstehen, sind die idealen Partner für Kinder und Jugendliche.

Kinder haben unendlich viele Interessen. Ihre natürliche Neugier verhilft ihnen immer wieder zu neuen Erlebnissen, die sie in sich aufnehmen.
Erwachsene können an den Erlebnissen der Kinder teilhaben. Sie können als Eltern oder Erzieher/-innen mit Kindern aktiv werden. Dabei bringen erwachsene Menschen ihre Erfahrungen mit ein. Sie äußern ihre Einstellungen und nutzen ihre Fähigkeiten. Erwachsene haben zwar mehr Lebensjahre als Kinder und Jugendliche, das heißt jedoch nicht automatisch, dass sie mehr oder bessere Erfahrungen haben.

Kinder haben nicht weniger Erfahrungen als Erwachsene, sie haben andere Erfahrungen, andere Zugänge zur Welt.

Manchmal haben Kinder und Jugendliche auch eigene Welten, die den „Fortgeschrittenen" verschlossen bleiben oder verloren gegangen scheinen. Gibt es nicht die Mütter, Väter und Erzieher/-innen, die bedauern, dass sie kindliche Eigenschaften wie Spontanität, Begeisterung für Details oder Freude an neuen Entdeckungen verlernt haben?

6.4.2 Erzieher, Kinder und Medien beeinflussen sich gegenseitig

Positionen

Erzieher/-innen sind nicht die einzigen Menschen, die Lernprozesse anbieten. Kinder haben vielfältige menschliche Beziehungen.

Lernbereiche von Familie und Institution vermischen sich im Alltag.
Die Hinweise in den sozialen Systemen wie Familie, Stadtteil, Schule und vielen anderen mehr deuten darauf hin, dass sich die Lebensbedingungen von Kindern kontinuierlich verändern und damit auch die Anforderungen an die professionelle pädagogische Arbeit.
Viele soziale und wirtschaftliche Strukturen haben sich in unserer Gesellschaft verändert und verändern sich weiter. So wandeln sich beispielsweise das Zusammenleben in Familie und Partnerschaft, die Rolle der Frau, die Formen

der Rollenverteilung generell oder die Anforderungen an kindliches Verhalten. **Medien sind an diesem sozialen Wandel stark beteiligt.** Medien verbreiten Meinungen. Sie bilden Klischees ab. Sie machen Informationen zugänglich. Sie zeigen Besonderes, aber auch Allgemeines …

Vor diesem Hintergrund ist es nicht möglich, uneingeschränkt „ganzheitlich" pädagogisch zu handeln. Die unterschiedlichen Anforderungen, die für Kinder und Erwachsene aus unterschiedlichen Quellen entstehen, können nicht alle in einer Institution sinnvoll verarbeitet werden.

Zum professionellen Handeln, vor allem zur seriösen medienpädagogischen Arbeit, gehört die Abgrenzung der Bezugsfelder, wie Familie und Institution, und zugleich die Vernetzung verschiedener Lernfelder.
Das meint, dass eine Erzieherin nicht unmittelbar in den Familienalltag (= Bezugsfeld) eines Kindes eingreifen kann, indem sie z.B. die Fernsehzeiten für das Kind festlegt. Sowohl das Kind als auch die Eltern würden sich gewiss beschweren.
Die Erzieherin kann jedoch über die Beziehung zum Kind einen bewussten Umgang mit dem Fernsehen fördern oder sie kann Eltern über „Erkenntnisse zum Umgang von Kindern mit Fernsehen" informieren (= Lernfelder vernetzen).

Zwischen den Kindern, den Erzieherinnen und den Medien gibt es große Nähe, aber auch eine klare Trennung.

Die Wesensart der Menschen ist noch immer eine andere als die der Technik. Das dürften die meisten Menschen, die in sozialen Bereichen arbeiten, so sehen. Mancher Techniker versucht diese Grenze zu durchbrechen, beispielsweise indem er Maschinen das „Denken" beibringt.
In der Lebensbegleitung von Kindern sollte die prinzipielle Unterscheidung zwischen Persönlichkeit und Medium beibehalten bleiben, wobei unterschiedliche Spezifizierungen durchaus vorgestellt und bewusst gemacht werden müssen.

Das Verhältnis zwischen Mensch und Medium ist wohl immer »interaktiv«. Es handelt sich um Wechselwirkungen zwischen allen am Erziehungsprozess Beteiligten einerseits und den unterschiedlichen Mediensignalen andererseits. Erzieher/-innen sollten diese Einsicht in ihre Einstellungen zur Erziehung mit einbeziehen.

Über weite Strecken der praktischen Medienerziehung kann tatsächlich interaktiv gearbeitet und gelernt werden.

6.4.3 Kinder sind Persönlichkeiten, die mit Medien leben

Nachschlagen

Alle Lernprozesse müssen für Kinder so gestaltet werden, dass es nicht lediglich zur Wiedergabe zusammenhangloser Elemente kommt. Kinder sollen zur Einsicht in die logischen Zusammenhänge des Lerngegenstandes gelangen und darüber ihre Persönlichkeit weiter entwickeln.

Wie wir bereits gesehen haben, hängen die verschiedenen Persönlichkeitsbereiche voneinander ab und beeinflussen sich während eines Lernprozesses gegenseitig. Aus diesem Grund bedeutet **Lernen** gerade im Medienbereich nicht lediglich mechanisches Einschleifen von Reaktionen auf bestimmte Reize, sondern **verstehendes und begründendes Durchschauen von Zusammenhängen.** Kognition und soziales Verhalten (bzw. sozial-emotionales Verhalten) sind die übergreifenden Komponenten (= Bestandteile) der Entwicklungsbereiche des Menschen. Die Übergänge zwischen diesen

Bereichen sind fließend. Sie sind stark miteinander verzahnt.

Medien werden nicht unreflektiert eingesetzt, sondern immer aus unterschiedlichsten Blickwinkeln betrachtet.
Folglich werden in der Medienerziehung Lernangebote und praktische Tätigkeiten bevorzugt, die nicht willkürlich angelegt sind, sondern die das Erfassen der Bedeutung des Gegenstandes in den Vordergrund stellen. Die verschiedenen Möglichkeiten der Auseinandersetzung müssen nicht alle didaktisch und

methodisch vorgeplant sein. Manchmal genügt auch ein **Impuls durch die Erzieherin,** um sinnvolle Lerninhalte zu verfolgen. Es ist notwendig, dass die Medienerziehung die **Erfahrungen und Deutungsmuster der Kinder** (= Ansatz beim Individuum) **als Ausgangspunkt** nimmt. **Lernen ist das Aufnehmen und Verändern dieser Deutungen** der Lebenswelt (= Identitätslernen).

Die Persönlichkeitsstruktur der Kinder mit allen ihren Handlungsmöglichkeiten ist das Ergebnis von Sozialisationsprozessen, die auch außerhalb der unmittelbaren Interaktion zwischen Erzieher/-in und Kind stattfanden und stattfinden.
Kinder kommen nicht völlig unbeeinflusst in eine pädagogische Institution. Sie bringen ihre lebensweltliche Situation und die Erfahrungen aus einem besonderen sozialen Umfeld in alle Lernprozesse mit ein.

Besonders im Umgang mit Medien machen sich die sozialen Prägungen der Kinder bemerkbar.

Die gesellschaftlich-biografischen Bedingungen eines Kindes sind auf unterschiedlichen kindlichen Bewusstseinsebenen angesiedelt und prägen seine Persönlichkeit.
Die Planung von medienpädagogischen Angeboten sowohl in den funktionsorientierten Arbeitsansätzen oder Medienprojekten als auch in den situationsorientierten Arbeitsansätzen muss auf möglichst authentische Eindrücke und Informationen über die Lebenswelt, die Lebensgeschichte und den Alltag der Kinder zurückgreifen, *für* die geplant wird oder *mit* denen geplant wird.

Zu den übergreifenden Zielen der Entwicklung im Kindesalter gehören…
- **Autonomie im Umgang mit Medien,**
- **Identität in Abgrenzung zu Medien,**
- **Selbstverwirklichung mit Hilfe von Medien,**
- **selbstständiges Denken und Kompetenz in der Begegnung mit Medien.**

Es ist besonders wichtig, die selbsttätige Gestaltungskraft der Kinder in jede Form der medienerzieherischen Planung einzubeziehen.

Mediale Verarbeitungsmöglichkeiten von Kindern

Auf der Farbtafel 8 (S. 104) sehen Sie drei Abbildungen. Die Bilder wurden alle von *einem* Kind geschaffen. Es war zu dieser Zeit drei Jahre und neun Monate alt. Die Bilder sind in einem Zeitraum von etwa drei Wochen entstanden. »Gesichter« ist das gemeinsame Thema.

Die Entstehung der einzelnen Bilder wurde nicht durch Außenstehende initiiert oder methodisch begleitet. Es wurden lediglich die jeweiligen Medien (Papier und Farbe, Fotoapparat, Computer und Drucker) zur Verfügung gestellt. Die Grundfähigkeiten im Umgang mit den einzelnen Medien waren bereits angelegt.

Literaturtipp

Bucher, Hans-Jürgen, und Straßner, Erich (1991). Mediensprache, Medienkommunikation, Medienkritik. Tübingen: Narr.

Haase, Frank (Hrsg.) (1996). Anschlüsse: Begleitbuch zur medienpädagogischen Fernsehreihe „Kinder und Medien". Baden-Baden: Nomos-Verlag.

Hietkamp, Eveline (1998). Kunst erleben – Kunst begreifen. Berlin: Cornelsen Verlag (ein Lehr- und Arbeitsbuch für Kunst, Gestaltung, Werken in sozialpädagogischen Berufen)

Toscani, Oliverio (1996). Die Werbung ist ein lächelndes Aas. Mannheim: Bollmann Verlag.

7 Themen der Medienwirkung

7.1 Die Wirkung von Medien auf die Identitätsentwicklung – am Beispiel »sexuelle Identität«

Positionen

Geschlechtsidentität ist ein Teil der persönlichen Identität. Ein Mensch entwickelt von der Geburt an ein Bild seiner individuellen Körperlichkeit. Der Schritt zur Identität vollzieht sich über das Akzeptieren der eigenen Gestalt. Diese Gestalt ist eine Einheit aus der körperlichen und der seelischen Komponente des Selbsterlebens.

Im Kapitel, das sich mit Werbung beschäftigt, wurde erwähnt, dass Medien mit Rolleninhalten umgehen (ein Thema, das ausführlich ins Fach Erziehungswissenschaften bzw. Pädagogik/Pychologie gehört). Solche Vorgaben unterstützen das Erleben der Rezipienten, weiblich oder männlich zu sein.

Dem Begriff »sexuelle Identität« werden im Zusammenhang mit Jugendlichen nicht eindeutige und vor allem nicht einheitliche Bedeutungsinhalte zugeschrieben.
Es ist wahrscheinlich, dass es sich im Bezug auf kindliche Geschlechtsidentität ähnlich verhält.

Jugendliche nennen an erster Stelle ihre **Bezugspersonen,** wenn sie nach Gesprächspartnern oder Vorbildern für ihre sexuelle Entwicklung gefragt werden. Ihre persönlichen Erinnerungen reichen teilweise in die Kindheit zurück. Da aus der Sicht von Jugendlichen neben den Eltern respektive der Mutter auch Lehrer wichtige Gesprächspartner sind, kann diese Rolle auch einer Erzieherin zugeschrieben werden. **Die Medien stehen im Bewusstsein der Jugendlichen relativ weit hinten,** obwohl diese im Alltag viele Wissensinhalte über Sexualität vermitteln und auch Einstellungen zu Themen der Sexualität verbreiten.

Kinder und Jugendliche entscheiden selbst, welchen Einfluss Medien auf ihre persönlichen Vorstellungen von Sexualität haben. Sie nehmen die Information, Anregungen und Eindrücke auf, die ihnen angenehm sind.

Sie können sich beispielsweise eine Kussszene im Film anschauen oder sich abwenden. Sobald Kinder diese **Rezeptionsebene** verlassen und sich im Austausch mit anderen befinden, wird das Sexualverhalten gleichzeitig zu einem sozialen Verhalten und ist somit Bestandteil des sozialen Lernens von Kindern. Diese sozialen Prozesse, die in allen **Interaktionsprozessen** zur Geltung kommen, beeinflussen die Identitätsentwicklung der Kinder und Jugendlichen wesentlicher als alle anderen denkbaren Einflussebenen zusammen, inklusive der Medien.

Zu den Fragestellungen der sexuellen Identitätsentwicklung gehört nicht nur die so genannte Aufklärung, die am ehesten Wissens- **inhalte hat, sondern noch wichtigere Aspekte, wie die Auseinandersetzung mit Werten und Normen der Gesellschaft, die Schaffung positiver emotionaler Beziehungen und das Brechen der Tabus der Sexualität.**

Neben der zielgerichteten Sexualerziehung spielt im Bereich der tabuisierten Themen das **Vorbild der Medien** eine wichtige Rolle. Dabei stellt sich die Frage, wie Mädchen und Jungen ihre **Geschlechtsrollen** durch die Medien vorgeführt werden und ob bewusst oder weniger bewusst Unterschiede gemacht werden. Die medienethische Grundlage von Achtung und Wohlergehen der Partner setzt Maßstäbe. Die eigene Sexualität ist ein positiver und kreativer Teil des Lebens. Medien können am Aufbau des positiven Selbstbilds beteiligt sein oder es zerstören. An anderer Stelle wird in diesem Zusammenhang erläutert, wie wichtig der Schutz der Kinder und Jugendlichen ist (vgl. Medien und Gesetze).

 Nachschlagen

Kinder und Jugendliche müssen sich in ihrer Entwicklung für persönliche Werte entscheiden, nach denen sie ihre sexuelle Identität gestalten.

Sie müssen die Möglichkeit haben, Moralvorstellungen, die durch Medien popularisiert werden, zu hinterfragen.

Die Bewertungsmaßstäbe ergeben sich aus…
*   … der **Beobachtung vom Verhalten anderer.** Medien machen sehr intime Beobachtungen möglich.
    Ein Beispiel:
    In einem Jugendfilm können die Gedanken zweier Jugendlicher gehört werden, die das erste Mal miteinander schlafen.

*   … der **Beobachtung des eigenen Verhaltens** und der eigenen Erscheinung. Medien können die Selbstdarstellung unterstützen.
    Ein Beispiel:
    Kinder und Jugendliche, die sich in Pubertätsphasen befinden, haben oft ein starkes Selbstdarstellungsbedürfnis. Sie lassen sich gerne fotografieren, wenn sie sich schön

finden. Sie schreiben Gedichte, um ihre Gedanken und Gefühle anderen zugänglich zu machen…

*   … dem **Vergleich verschiedener Meinungen oder Handlungsmöglichkeiten.** Medien liefern eine Vielzahl unterschiedlicher Informationen, die als Aspekte in individuelle Entscheidungen einbezogen werden.
    Ein Beispiel:
    Jugendmagazine zeigen verschiedene Typen, die Vorbildfunktion haben. Die Jugendlichen können sich ihren eigenen Stil aufbauen. Aus der Imitation der Vorbilder wird durch Kombination und Selektion ein eigener „roter Faden".

Der große Nachteil der Medien, dass Fiktion und Realität nicht immer auseinander zu halten sind, kommt auch hier wieder zur Geltung.

Beim **Aufbau von Körperidealen**, orientieren sich die Jugendlichen sehr stark an ihren Vorbildern. In den Medien wirken die Idole makellos. Diese Vollkommenheit verleitet Mädchen dazu, einem Schlankheitsideal entgegenzustreben, sich die Haare lang wachsen zu lassen oder Körperteile durch Kleidung zu betonen. Jungen versuchen „männlich" und muskulös auszusehen und greifen zur Hantel oder zu Medikamenten.

Auf Farbtafel 4/5 (S. 100/101) ist eine Collage (Schülerarbeit) zum Thema „Schöne Welt" zusammengestellt.

Die Werbung mit schönen, schlanken und gut gebauten Models wirkt zweifellos auf die Rezipienten. Da sich die individuellen Idealbilder aber auf die subjektive Erfahrung eines Menschen beziehen, kann es auch **Alternativen zu den Medieninhalten** geben...

- Medien arbeiten mit technischen Tricks, die ihre Produkte in das gewünschte „Licht" rücken können.
  Mit dem richtigen Licht und ein wenig Make-up kann aus jedem Menschen eine Schönheit oder ein Monster werden.
  Ein entsprechendes Fotoprojekt wäre eine pädagogische Antwort auf die Medienrealität.
- Die idealen Medienprodukte machen eher eine Minderheit aus.

Idealmaße sind im Verhältnis zur Weltbevölkerung eindeutig unterrepräsentiert. Schönheitsideale sind dem Zeitgeschmack unterworfen.

Ein Vergleich von Medienprodukten über die Geschichte hinweg wäre beispielsweise amüsant und lehrreich.

Der Prozess der Identitätsbildung mit Unterstützung von Medien hängt davon ab, wie Kinder und Jugendliche diesen Vorgang interpretieren und wie sie bei dieser Interpretationsleistung unterstützt werden.

Die **Kommentare der Bezugspersonen** zum Mediengeschehen sind mindestens ebenso wichtig wie die Medieninhalte selbst. Letztlich sind nur die Medieninhalte subjektiv nützlich, die in der Realität zum Erfolg führen. An diesem Erfolg hat das Medium selbst keinen Anteil.

Ein Beispiel:
Claudia sieht in einem Film, wie die Heldin den begehrten Jungen absichtlich mit dem Fahrrad anfährt. Durch diese Aktion werden sie ein Paar. Diesen Trick findet sie so gut, dass sie ihn gleich am nächsten Tag ausprobieren will. Ihre ältere Schwester, der sie von ihrer Idee erzählt, rät ihr ab. Auf dem Weg zur Schule entdeckt Claudia den Jungen ihrer Träume, sie fährt ihn an. Ihr Objekt der Begierde reagiert anders als erwartet, schreit herum und humpelt davon. „Bescheuerter Film," denkt sich Claudia.

7.2 Medien und die Ängste

 Positionen
Wenn Kinder oder Jugendliche von gruseligen Szenen oder Horrorgeschichten erzählen, schwingt oft ein Unterton der Faszination mit.

Je gruseliger eine Filmszene wird, desto weniger können sie wegschauen geschweige denn weggehen...
„Dann ist dem volle Kanne die Hand weggeflogen – wwuusch – und dann der Schädel – wwaasch – echt eklig! ... und dann ging's erst richtig zur Sache!"

Definition: Angst
Angst ist ein **negativer emotionaler Zustand.** Sie bezieht sich auf unbestimmte Gegenstände, die in der Regel **nicht rational fassbar** sind. Die Angst kann, wie andere emotionale Zustände, weitere Effekte hervorrufen wie beispielsweise Aggression. Sie hat eine **Schutzfunk-**

tion, die in vielfältigen Angstzuständen zum Tragen kommen kann.

Angstsituationen lösen körperliche Reaktionen aus, es kommt zur Ausschüttung von Hormonen. Dieselben Hormone können auch für Glücksempfindungen zuständig sein.
Was Menschen letztlich dazu bewegt, absichtlich und bewusst mit Angst erzeugenden Medien umzugehen, ist wissenschaftlich noch nicht definitiv geklärt. Angst und Genuss scheinen für einzelne Persönlichkeiten eng zusammenzuhängen, was mit deren individuellem Erfahrungsspektrum zu tun hat.

Äußere Faktoren, die den „Gruselwunsch" unterstützen, sind die Neugier des Menschen oder ein Wunsch der Zugehörigkeit.

Die Zusammenhänge von Angst und Lust

Kinder und Jugendliche wollen mitreden können, wenn andere vom „Kettensägenmassaker" erzählen.

Ein **Verbot** Erwachsener hat in der Regel einen Umkehreffekt. Es ist sinnvoller, die eigene **Position** klar zu definieren, um Kindern alternative Haltungen aufzuzeigen. Wenn wir bedenken, mit wie vielen sonderbaren Inhalten Erwachsene umgehen, ist es wichtig, dass hinter den **Äußerungen** einer Erzieherin oder eines Erziehers auch ein **entsprechendes Handeln** steht.

Ein Beispiel:
Es ist unglaubwürdig, wenn eine Erzieherin den Jugendlichen im Heim verbietet, Gruselvideos zu schauen, und sich während der Nachtbereitschaft einen Psychothriller von Stephen King „reinzieht".

Fakten

Sowohl Kinder als auch Jugendliche und Erwachsene sind für medial erzeugte und unterstützte Angst anfällig.

Während der Nutzung eines Mediums, das Ängste auslösen kann, vollziehen sich folgende **Schritte**:
1. Der unheimliche Film oder das gruselige Buch fesselt inhaltlich. Ein **Zustand der Erregung wird aufgebaut.**
2. Die Spannung steigert sich bis zu einem **Erregungshöhepunkt.**
   Einschlägige Medien (z.B. Horrorfilme, Gewaltvideos, Military-Computerspiele…) schalten eine Kette von Höhepunkten hintereinander, um die Anspannungsphase auf einem hohen Niveau zu halten.
3. Die **Spannung wird** nach dem Höhepunkt wieder **abgebaut.** Gerade dieser Prozess, während dessen sich die körperliche und psychische Anspannung langsam löst, wird als lustvoll empfunden.

In der Entwicklungsphase von Jugendlichen wird die **aktive, bewusste Nutzung** jedoch besonders bedeutungsvoll…

- Jugendliche nutzen Horror- und Gewaltmedien, weil sie ihren **subjektiv empfundenen Alltagserfahrungen** entsprechen. Sie lösen sich von ihrer überwiegend behüteten Kinderwelt und entdecken allmählich die reale Welt, die leicht als brutal und feindselig erlebt werden kann.
- Die Entwicklungspsychologie bestätigt, dass die körperlichen **Veränderungen in der Jugendphase selbst als negativ und bedrohlich erlebt** werden. Horror- und Gewaltmedien stellen dann einen Katalysator für die angstbestimmten Körpererfahrungen dar.
- Jugendliche haben die **Tendenz, sich** von der Gesellschaft der Erwachsenen **abzulösen und zu distanzieren.**
  Sie entwickeln Subkulturen, die neben aktiver Gewaltorientierung auch in die Richtung der Horror- und Gewaltmedien gehen können.

Da die Gruppe der Jugendlichen alles ande-re als homogen ist, reagieren nicht alle gleich stark oder in dieselbe Richtung.

Diejenigen, die mit medial angebotener Gewalt umgehen, haben aus soziologischer Sicht **typi-sche Merkmale**:

- Jugendliche, die Mediengewalt nutzen, bringen **angstbezogene Sozialisations-erfahrungen** mit.
- Sie haben **keine** ausgeprägten **Angstbewäl-tigungsstrategien.**
- Die **Ängste** sind in realen Zusammen-hängen (sozial und/oder ökologisch ge-prägt) **gewachsen und latent vorhanden.**
- Jugendliche, die häufig Gewaltmedien nut-zen, sind **vielfach emotional „ausge-höhlte", furchtsame Typen** oder zeigen depressive Merkmale.
- Sie **vermeiden oft die Auseinanderset-zung** mit realen Lebenssituationen, die ih-nen individuell Angst bereiten.

Die jugendlichen Horror- und Gewaltfans sind nicht generell psychisch labil oder rea-litätsfremd. Sie haben zwar bestimmte Dis-positionen (= Neigungen und Veranlagun-gen), sind aber größtenteils auf einem „nor-malen" Weg, ihre Identität zu finden.

Das Verhältnis von Angst- und Lusterlebnissen durch Medien ist dann günstig, wenn sie unter folgenden Bedingungen genutzt werden:

BEDINGUNGEN DES MEDIUMS

Das Medium muss einen **unterstützenden Spannungsbogen** beinhalten, dazu gehört vor al-lem ein **allmählicher Spannungsabfall** am Ende, möglichst mit einer positiven Auflösung.

Ein Beispiel:
Ein Horrorfilm, an dessen Ende nicht klar ist, wer der Massenmörder war, wirkt länger in die subjektiv empfundene Realität der Zuschauer nach als ein Film, an dessen Ende die „Guten" eindeutig siegen.

BEDINGUNGEN DES REZIPIENTEN

Die Zuschauerin oder der Zuschauer muss sich **mit der Gesamtsituation identifizieren** oder eigene Erfahrungen projizieren können. Ohne diese Nähe bleibt die Medienerfahrung leer, was von den Rezipienten immer negativ erlebt wird.

Ein Beispiel:
Ein Filmmonster kann nur dann in der Fantasie des Zuschauers besiegt werden, wenn die Bedrohung zuvor „realistisch" eingeschätzt wird. Das Monster muss sich in einer Welt be-wegen, die mit der des Rezipienten Ähnlichkeiten hat, und es muss beispielsweise mit her-kömmlichen Mitteln zur Strecke zu bringen sein.

BEDINGUNGEN DES UMFELDS

Die Mediennutzung muss **frei von äußeren Zwängen** sein, das heißt, der Rezipient muss sich **freiwillig** auf das Medium einlassen.

> Ein Beispiel:
> Klara geht nur mit ins Kino, um ihrer Freundin einen Gefallen zu tun. Sie weiß nicht genau, was sie erwartet. Im Film schlachtet ein Mann mit einer Clownsmaske Dutzende von Mädchen bestialisch ab. Klara ist schockiert. Die Bilder verfolgen sie bis in ihr Schlafzimmer. Sie muss ihre Sammlung von Clownspuppen noch mitten in der Nacht in einen Karton packen und ins Wohnzimmer stellen, sonst kann sie kein Auge zumachen.

Nur wenn alle drei Bedingungen erfüllt werden, können Medienerfahrungen mit Gewalt und Horror als (angenehmer) Nervenkitzel erlebt werden. Sollte ein Faktor ausfallen, ist die Wahrscheinlichkeit sehr groß, dass das Medienerlebnis eindeutig destruktiv erfahren wird.

Im Gespräch

Erregungen tun dann besonders weh, wenn sie unerklärlich sind. Das Verhältnis zwischen Angst und Lust ist nicht immer ausgewogen.

Angst ist ein negativer Zustand, der nur über objektivierbare Interpretationen in den Griff zu bekommen ist.
Überall da, wo Ängste erzeugt werden, aber die Ursache oder der Auslöser nicht schlüssig hergeleitet werden können, wirken sie beunruhigend. Mit dem Aufbau von Bewertungskriterien können auch medial vermittelte Ängste verarbeitet werden:

- Medienpädagoginnen können Kinder und Jugendliche dabei unterstützen, bedrohliche von nicht bedrohlichen Situationen zu unterscheiden. Durch diese Unterstützung werden unbewusste Erfahrungsinhalte in das Online-Bewusstsein geholt. Dieser Prozess hat aber natürliche Grenzen.

- Ein weiterer Schritt ist das Erarbeiten von Möglichkeiten und Strategien, um mit einer wahrgenommenen Bedrohung fertig zu werden:

Eine Strategieebene ist die **Flucht** vor oder die **aktive Auseinandersetzung** mit der Bedrohung.

Ein Beispiel:
Sven spielt regelmäßig Horror-Videogames. Wenn er Wut auf seine Eltern oder seine Lehre-

rin hat, setzt er sich schon einmal länger vor den Computer. Er stellt sich vor, dass seinen Eltern der Kopf abgerissen wird. Dann fühlt er sich nicht mehr so ohnmächtig. Außerdem machen ihm die Darstellungen keine Angst, nur den anderen.
Sven erzählt seiner Erzieherin im Hort von den Fantasien. Sie spricht mit ihm darüber, was ihn wütend macht, ohne seine Vorstellungen zu werten. Sven erkennt, dass er eigentlich Angst vor den Eltern hat. „Die Comics helfen mir nur mal kurz. An dem Ding mit meiner Mutter ändern die eigentlich nix!"
Idealerweise würde sich Sven dem Konflikt mit seiner Mutter durch die Anregung der Erzieherin stellen.

Eine andere Strategieebene ist die **Neubewertung** einer bedrohlichen Situation, also der **Perspektivenwechsel.**

Ein Beispiel:
Martin liebt Horror-Comics. Die Bilder sind schön eklig. Hans-Dieter, der Sozialpädagoge im Jugendtreff, hat Martins Neigung zufällig mitbekommen und ihn gebeten, einmal ein paar seiner Hefte mitzubringen.

Luzie, Holger und Elfie, aus seiner Gruppe halten Martin für bescheuert und durchgedreht. Er spielt nämlich bei jeder Gelegenheit das Monster und erschreckt damit alle.

Hans-Dieter schlägt vor, aus den vielen Comics Bilder auszuschneiden und auf ein großes Plakat zu kleben. Martin erklärt dabei, welche Szenen er toll findet. Er identifiziert sich immer mit den starken Monsterfiguren, auch wenn die in der Regel am Ende eins auf die Kappe bekommen. Elfie, die Martin sehr mag, findet die Monsterjäger eigentlich besser. Die hauen nämlich nicht ab, sondern gehen das Risiko ein, selbst massakriert zu werden. So hatte das Martin bisher nicht gesehen…

Die aktive Auseinandersetzung mit der eigenen Angst ist eine sensible Angelegenheit. Da Jugendliche in ihrer speziellen Entwicklungsphase aber mit größter Wahrscheinlichkeit mit ihren Ängsten ringen, ist eine pädagogische Begleitung legitim. Vor handgestrickten „Therapien" muss aber deutlich gewarnt werden!

Comics – Bilder, die das Gruseln lehren

Fakten

Viele Medien stellen Gewalt dar, teilweise sehr subtil und teilweise ganz offensichtlich. Das Medium Comic bietet eine große Auswahl verschiedenster Motive.

Beim Gedanken an Comics stellen sich die meisten Menschen zuerst die lustigen Figuren vor, die in vielen Heftchen auf dem Markt sind. Die so genannten »Funnies« beherrschen auch tatsächlich das Gewerbe. Der Comic-Markt gibt aber noch viel mehr her – Grusel, Gewalt, Horror…

Zur Vertiefung des Themas »Comics« verweise ich auf das Fach Kinder- und Jugendliteratur. Ich möchte hier nur einen kurzen geschichtlichen Aufriss wiedergeben, um dann die aktuellen Trends der Comic-Szene darzustellen.

Die Geschichte der Comics

Zur **Entstehung der Comics** gibt es viele Theorien. Die Höhlenmalereien unserer Vorfahren haben Ähnlichkeiten mit Comics, die großen Gemälde in Kirchen oder die mittelalterlichen Wandteppiche weisen Parallelen auf. Die belegbaren Ursprünge der Comics liegen im 19. Jahrhundert. In dieser Zeit war es noch schwierig, Fotografien in den immer beliebter werdenden Zeitungen abzubilden. Die frühen Zeitungsblätter wurden daher mit Zeichnungen illustriert. Noch heute sehen wir ab und zu die Zeichnung einer Gerichtsverhandlung in der Zeitung. Sie wird dann notwendig, wenn Fotografieren und Filmen nicht erlaubt ist. Früher waren die Karikaturen besonders beliebt, weshalb die Tageszeitungen bald dazu übergingen, Bildergeschichten abzudrucken.

Die Karikaturen gingen langsam in Comics über. Aus kleinen Bildergeschichten mit zwei oder vier Einzelbildern (= Comic-Strips) wurden halbe oder ganze Seiten. Die Zeitungen, die beliebte Comics abdruckten, wurden besonders gerne gekauft. Gute Comic-Zeichner waren begehrt und gut bezahlt, besonders diejenigen die etwas Außergewöhnliches zu bieten hatten.

Es entstand die Idee, Fortsetzungs-Comics zu machen, was die Leser dazu animierte, eine Zeitung regelmäßig zu kaufen.

Aus den Comic-Seiten wurden ganze Beilagen, die schließlich so beliebt wurden, dass sie als eigenständige Comic-Hefte verkauft werden konnten. Anfangs wurden Comics überwiegend von Erwachsenen gelesen, auch wenn die frühen Helden Kinder waren. Noch heute machen die erwachsenen Leserinnen und Leser einen großen Teil der Abnehmer aus, gerade wenn es sich um besondere Genres handelt.

Frühe Comic-Typen waren
- Serien, die nur sonntags erschienen,
- Comics, die nur schwarzweiß an den sechs Wochentagen erschienen,

- Serien, in denen eine Geschichte über die Tagesstreifen und eine zweite auf den Sonntagsseiten erzählt wurde,
- Serien, deren Story über alle sieben Tage

der Woche lief. Die Autoren brachten es fertig, dass man die Handlung auch verfolgen konnte, wenn man nur die Werktags- oder nur die Sonntagsausgabe las.

Ein Beispiel aus der Serie Vater und Sohn

Comics haben Ähnlichkeiten mit Bilderbüchern. Sie nutzen die menschliche Wahrnehmungsstrategie und legen den Informationsschwerpunkt auf die Bildinhalte.

Die Texte sind in der Regel ergänzend. Auch kleinere Kinder können dadurch Handlungsfolgen erkennen. Der Symbolgehalt von Comics spricht Archetypen an, weshalb ihre Wirkung nicht unmittelbar beziehungsweise nicht bewusst realisiert wird.

Zu den **Comic-Genres** zählen…
Funnies, Adventure-Comics, Fantasy-Comics, Sciencefiction-Comics, History-Comics, Satire-Comics, Erotik-Comics, Gewalt-Comics, Military-Comics, Horror-Comics…

Neben den »Mainstream-Comics« (= Hauptströmung) existiert eine Vielzahl von »Underground-Comics« (auch »COMIX« geschrieben). Sie spiegeln jeweils ein bestimmtes Lebensgefühl wider, das auf spezielle Kunden abzielt.

Kinder und Jugendliche kommen ohne Probleme an Comics heran, die durchaus auch zweifelhafte Inhalte haben.
Comics werden von ihnen auch immer häufiger wegen der grafischen Darstellungen gekauft, die Inhalte treten dahinter zurück. Die Collage auf der Farbtafel 6/7 (Seite 102/103) dient als Kostprobe. Sie ist aus Comics zusammengestellt, die ausschließlich von Kindern und Jugendlichen gekauft wurden.

In ihrer frühen Geschichte war der Erfolg eines Comics in erster Linie von zwei Umständen beeinflusst. Zum einen verkaufte sich ein Comic nur gut, wenn der Zeichner das Geschick hatte, den Geschmack des Publikums zu treffen. Zum anderen hing die Attraktion des Comics davon ab, welche Qualität der Druck des Mediums hatte. **Mit Hilfe heutiger technischer Möglichkeiten stehen den Comics wieder neue Türen offen, die sie attraktiv machen und ihre Verbreitung forcieren.**
Die Comic-Welten werden verfilmt, in Computer eingespeist oder als Musical auf die Bühne gebracht. Sie sind also eine Kostprobe für die multimediale Zukunft. Wie diese genau aussieht, müssen wir abwarten…
…will be continued…

7.3 Gewalt von Kindern und Jugendlichen

Das Abbild der Medienwelt?

Positionen

Die »Gewalt« ist ein immer wieder bearbeitetes und besprochenes Thema. Es werden gesellschaftsrelevante Thesen hervorgebracht. Der Stand der Diskussion lässt es jedoch nicht zu, ein homogenes Bild von den Ursprüngen der Gewalt, ihren Verläufen und möglichen Interventionen aufzuzeigen.

Die Öffentlichkeit, die Eltern, Pädagogen und Politiker fragen nach den Ursachen, die Achtjährige dazu bringen, ihresgleichen zu quälen, 13-Jährige dazu verleiten, zu rauben, und 15-Jährige, zu vergewaltigen.
Laut Polizeistatistiken steigt die Zahl der Verbrechen von Minderjährigen seit Anfang der 90er-Jahre deutlich an. Die Aussagekraft von Kriminalstatistiken ist allerdings sehr umstritten. Es gibt nämlich Vergehen, die nicht entdeckt werden und somit nicht zur Anzeige kommen. Über **die Ursachen des Gewaltanstiegs** machen diese Statistiken ebenfalls keine Angaben. Und in unserer Gesellschaft ist eine **Übersensibilität** gegenüber Jugendverhalten festzustellen.

Ein Beispiel…
Fälle rücken ins Blickfeld, die vor dreißig Jahren kaum beachtet wurden und tatsächlich nicht unbedingt als Delikte anzusehen wären. Dazu gehört beispielsweise eine vergleichsweise „normale“ Jungenrauferei oder eine versehentlich eingeworfene Fensterscheibe. Kinder, die vor zwanzig Jahren eine Scheibe einwarfen, bekamen Ärger mit ihren Eltern, heute müssen sie sich vor der Polizei rechtfertigen.

Ähnlich vielfältig wie die Erscheinungsformen der Gewalt sind die Erklärungsmuster von Psychologen, Soziologen und Pädagogen.

Die **Spannbreite der wissenschaftlichen Überlegungen** ist enorm.

Die Überlegungen, die Autorinnen und Autoren anstellen und veröffentlichen, gehen von Annahmen wie der „**angeborenen** Gewaltbereitschaft" aus bis hin zu Erklärungsmodellen, die besagen, dass Aggression und Gewalt durch Erziehung und Sozialisation „**antrainiert**" seien. Die Medien werden in diesem Zusammenhang als relevante Sozialisationsinstanz beschrieben.

Im Kern gibt es häufige Übereinstimmungen darüber, dass Leistungsdruck, Werteverlust und Gefühlskälte in Familie, Schule und Gesellschaft die jungen Menschen verunsichern und ihre Aggressionen zum Ausbruch bringen. Über die konkrete Rolle der Medien herrscht keine Einigkeit.

Ein Beispiel:

„Dieses beschissen-verblödete Leben. Erst wenn ich einem in die blöde Visage haue, geht es mir gut", meinte Christian, ein dreizehnjähriger Junge aus dem Jugendzentrum. „Du siehst es denen ja auch an. Arschlöcher sehen alle gleich aus, wie diese Ratte aus Terminator, der der Schwarzenegger das Hirn wegpustet. Geil!" Eine Sprache und Bewertung, die nach klassischen Maßstäben nicht druckreif ist, aber wir möchten Ihnen den O-Ton nicht vorenthalten. Haben die Filme, die Christian offensichtlich gesehen hat, sein Weltbild derart geprägt, dass er zu einem extrem gewaltbereiten „Killer-Kid" wurde?

Die Wissenschaft legt bei der Beantwortung solcher Fragen besonderes Augenmerk auf die Entwicklung und Situation der »Institution Familie«. Innerhalb unserer Gesellschaft, die selbst orientierungslos geworden sei, versagen viele Eltern dabei, ihrem Nachwuchs **Grenzen** zu setzen und ihm **Werte** beizubringen.

Somit ist die Kinder- und Jugendgewalt nur ein Spiegel der Gesellschaft. Die Medien reflektieren die offene und verschleierte Gewalt, die Kinder und Jugendliche täglich erleben können.

Kinder erkennen den Druck, unter dem manche Mütter und Väter um den Erhalt ihres Sozialstatus ringen. Die Anspannung entlädt sich in vielen kleinen Attacken gegeneinander oder gegen die Kinder.

Es fällt auf, dass nach allgemeinen Schätzungen etwa 90 % der Gewalttäter Jungen sind. Das würde bedeuten, dass es einen signifikanten Unterschied zwischen den Geschlechtern gibt. Einige Autoren begründen dies über verschiedene Rollenklischees, die von der Gesellschaft und den Medien aufgezwungen werden. Für andere liegt der Grund unter anderem darin, dass Mädchen ihre Aggressionen eher nach innen richten. Psychosomatische Leiden und Depressionen, die sich selten in offener Gewalt äußern, eignen sich nicht sehr gut für eine wirksame Verarbeitung in den Medien.

Es gibt wohl weder den geborenen Gewaltverbrecher noch sind es immer die schlimmen Medien, die aus einem unschuldigen Kleinkind einen Kriminellen machten.

Welche Einflüsse aber sind es, die entscheiden, ob ein Kind als Erwachsener seine Konflikte friedlich oder mit Gewalt regeln wird?
Über bestimmende Faktoren streiten die Autorinnen und Autoren heftig. Es gibt anscheinend wenige Kategorien, die als „Ursprung der Gewalt" auszumachen sind. Besonders Jugendliche aus **sozialen Problemgruppen** und ausländischen Familien scheinen gefährdet, sich in Gewalt zu flüchten.

Ihre Gründe sind eher **gesellschaftliche Ausgrenzung** oder **geringe Chancen und Lebensperspektive.** Aggressive Reaktionen tauchen am häufigsten in Verbindung mit unmittelbaren Lebenserfahrungen auf. Wer beispielsweise zu Hause körperlich bestraft wird und somit Gewalt als Mittel der Konfliktlösung kennen lernt, neigt ebenfalls zu Gewalttätigkeiten. Solche Zusammenhänge sind wissenschaftlich eher abgesichert als die Zusammenhänge zwischen den Medien und der Gewalt.

Ob zur wachsenden Akzeptanz der Brutalität das Fernsehen und ihm verwandte Medien beitragen, ist strittig.

Im Gespräch

Die synthetische Gewalt der Medien wird zwar massenhaft konsumiert, doch diese Tatsache reicht nicht aus, um das Verhalten der Rezipienten zu erklären.

Viele Medienforscher und Pädagogen sind sich einig, dass die Mordszenen, die täglich ausgestrahlt werden (sie zählten mehr als 70 Morde am Tag), bei Kindern und Jugendlichen Spuren hinterlassen. Dabei wird weniger vermutet, dass die Szenen zur Nachahmung verleiten, vielmehr ist zu befürchten, dass die jungen Konsumenten gegenüber der Gewalt abstumpfen und ihr **moralisches Urteilsvermögen** vermindert wird. In vielen Medien wird Gewalt gezeigt. In den Nachrichten nehmen Morde, Unglücksfälle oder Katastrophen den meisten Raum ein. Manche Filme scheinen Gewalt geradezu zu verherrlichen. Doch ist dies ein Phänomen der modernen Welt?

Drei Beispiele:

Beobachten wir doch einmal ältere Menschen, die in ein Gespräch vertieft sind. Sie unterhalten sich über ihre Krankheiten und Missgeschicke und darüber, wer zuletzt gestorben ist oder wohl bald sterben wird.

Oder schauen wir uns an, wo Passanten eher stehen bleiben. Die Menschenmassen versammeln sich selten voller Erregung um eine Gruppe städtischer Gärtner, die gerade neue Blumen in eine Grünanlage pflanzt. Sie „betrachten" sich lieber ein brennendes Haus oder die Rettung blutender Verletzter aus einem Autowrack.

Auch die alten guten Märchen und Mythen stecken voller offener Gewalt. Diesem Medium wird von Pädagogen heute eher eine reinigende Wirkung zugesprochen. Es heisst, dass Kinder ihre Ängste mit Hilfe der Märchen verarbeiten können. Gibt es aber wirklich einen nennenswerten Unterschied zwischen dem Wolf, der eine alte gebrechliche Dame und ihre niedliche kleine Enkelin verschlingt, um zur Strafe vom Schritt bis an die Kehle aufgeschlitzt und ertränkt zu werden, und der kleinen Zeichentrickmaus, die von ihrem Katzenfreund in die Luft gesprengt wird und die sich dadurch rächt, dass sie ihn durch eine Brotmaschine jagt und in viele kleine Scheibchen schneidet?

Die Darstellung der Gewalt ist keine Errungenschaft der modernen Medien. Von „noch nie gezeigter" Brutalität durch die Medien kann nicht die Rede sein.
Die Gewalt war und ist ein gesellschaftliches Phänomen. Die Medien bilden sie nicht wesentlich anders ab als andere gesellschaftliche Phänomene.

In dem Moment, in dem die Heranwachsenden einen besonders geeigneten Raum entdecken, nutzen sie diesen auch, um ihre Aggressionen auszuleben.

Erzieherinnen und Lehrerinnen stellen immer wieder fest, dass die **Montage** deutlich vor den anderen Wochentagen hervortreten. Die Kinder scheinen am Wochenende, wenn man den Angaben der verschiedenen Autoren glauben darf, durchschnittlich 18 Stunden Fernsehen zu konsumieren. Geht man davon aus, dass die Kinder und Jugendlichen an einem Samstag und Sonntag 30 Stunden wach sind, so würden sie 60 % dieser Zeit vor den Apparaten verbringen. Eine direkte Verbindung zu den Erpressungen, Drohungen, Schlägereien, die an Schulen registriert werden, kann aber zum Leidwesen der Medienkritiker nicht wissenschaftlich abgesichert werden.

Die Brutalität, mit der die jungen Täter vorgehen, ist erschreckend.
Auf Hilflose wird eingeprügelt, auch dann noch, wenn sie reglos am Boden liegen. Die Hemmschwelle loszuschlagen scheint gesunken zu sein. In der Schule scheint mittlerweile eher Sozialarbeit als Pädagogik gefragt. Es wurde bislang nicht empirisch belegt, dass auf Schulhöfen heute mehr gekämpft wird als in den vergangenen Jahren, allerdings spricht einiges dafür, dass dem so ist.

Um die Gewalt von Kindern und Jugendlichen zu erklären, braucht es mehr Aspekte als die Wirkung von Fernsehen, Film oder Computer.

Weshalb fühlen sich Kinder und Jugendliche als Verlierer in der Leistungsgesellschaft? Ahnen sie, in welchen Kreislauf von Arbeits- und Zukunftslosigkeit sie geraten können? Denn wer die Ideale unserer Gesellschaft nicht verwirklichen kann, wer weder einen Job hat noch Geld und damit entsprechende Statussymbole, gerät rasch ins Abseits!

Haben Institutionen wie Kirche, Familie und Nachbarschaft, die früher Halt boten, an Einfluss verloren? Erhalten die Jugendlichen ihren Rückhalt und die Orientierung durch die Peer-Group? Suchen sie nur einen Familienersatz und ist die Ideologie einer Gruppe dabei relativ unwichtig? Denn die Gemeinschaft steht im Vordergrund – mit ihrem Kleidungsstil, dem Musikgeschmack und auch den Feindbildern.

Die jugendlichen Gruppen sind sehr oft auf Grenzerfahrungen aus, unter anderem auch durch gezielte Provokation.

Wie werden aus Kindern Täter?

Die Gründe sind zweischichtig: Die Freizeitbeschäftigung von Kindern und Jugendlichen hat sich verändert, die Medien bieten andere Erfahrungen, weniger körperliche Betätigung, weniger Aktion in der sozialen Gruppe. Zweitens sind in unserer liberalen Zeit Erwachsene schwerer aus der Reserve locken und reagieren möglicherweise erst dann, wenn Jugendliche handfest mit rechtsradikalen Parolen und Symbolen agieren.

Aber daraus darf kein zu kurzer Schluss gezogen werden. Vielmehr ist, auf diesen Fragen aufbauend, zu untersuchen, wo Gewalt wirklich beginnt, wenn sie von Kindern oder Jugendlichen ausgeübt wird.

Liegt der Ursprung der Gewalt in der Gruppe der Kinder und Jugendlichen? Oder tragen, wenn Kinder und Jugendliche die schwersten Verbrechen begehen, die vielschichtigen Einflüsse der Gesellschaft den größeren Teil der Verantwortung?

 Nachschlagen

Gewalt ist keinesfalls kinder- und jugendspezifisch.

Bereits kleine Kinder zeigen in Konflikten scheinbar aggressive Lösungsansätze.
Es wird in der Kindergartengruppe gerangelt, es werden gegenseitig Spielsachen kaputtgemacht und dies ist nicht selten mit lautem Geschrei verbunden. Dieses Geschrei ruft die Erzieherinnen auf den Plan, die versuchen, dieses kindliche Verhalten zu unterbinden, da es augenscheinlich „gewalttätig" ist.

Experten der Entwicklungspsychologie sagen im Wesentlichen aus, dass Kleinkinder kaum wirklich aggressiv und gewalttätig seien.
Wenn Kinder in ihren ersten Lebensjahren Dinge einstoßen oder umwerfen, dann sähe dies nur für Erwachsene wie Aggression aus. Das Kind empfinde es als lustvoll, wenn etwas, das langsam wächst, mit einem Streich wieder zerstört werden kann. Worte wie „zerstören" wählt da-

bei nur der Erwachsene. Für das Kind handelt es sich um ein wertfreies „Umwerfen", nicht um einen feindseligen Akt. Es liegt nahe anzunehmen, dass die Kinder auch mit diesem spezifischen Blick die Inhalte der Medien erfassen.

Selbst wenn Kinder schlagen oder andere an den Haaren ziehen, heißt das noch lange nicht, dass sie gewalttätig sind.
Zu einem großen Teil handelt es sich um Neugier: Wie reagieren die anderen? Was macht der, wenn ich ihn haue? Vielleicht steckt auch nur ein verunglückter Annäherungsversuch dahinter und ein Schlag war eigentlich als Streicheln geplant gewesen. Es ist sogar denkbar, dass ähnliche Beobachtungen, die im Fernsehen gemacht werden, die Neugier eines Kindes stillen, bevor es einen realen Versuch unternimmt.

Bei der Beobachtung von Kindern fällt auf, dass sie durchaus unterscheiden können, ob es sich um eine verunglückte Annäherung handelt oder um eine ernst zu nehmende Grenzüberschreitung. Nicht selten nehmen Jungen und Mädchen die Schläge ihrer Altersgenossen gelassen hin. Schreitet in solchen Fällen kein Erwachsener ein, lösen sich solche Streitfälle erstaunlich gut selbst.

Die Schwierigkeit für Erzieher/-innen und noch mehr für Eltern liegt darin, zuzulassen was unter den Kindern geschieht, und das, was in einem Fernsehbeitrag zu sehen ist, nicht so ernst zu nehmen.
Es fällt Erwachsenen schwer, abzuwarten, wie die Kinder beispielsweise auf einen Zeichentrickfilm reagieren. Sie reagieren meist schon auf den kleinsten Anschein von körperlicher Aggression und werten dies als Fehlentwicklung, die es so schnell wie möglich zu korrigieren gilt.

Einige Autoren warnen in diesem Zusammenhang vor einer Art »Gewaltspirale«. Wenn Eltern ihre Kinder für etwas tadeln oder bestrafen, was Kinder selbst nicht als einen Akt der Gewalt erkennen, erzeugt man lediglich Unverständnis und unter Umständen erst recht eine gewalttätige Trotzreaktion.

Man muss natürlich sehr stark differenzieren, wenn man es mit Kindern zu tun hat, die bereits bei kleinen Anlässen ausrasten und sich immer wieder prügeln und keinerlei Frustration aushalten können. Erzieher/-innen berichten aus ihren Einrichtungen über immer mehr dieser Fälle.

Hinter aggressivem Verhalten, das Kinder zeigen, stecken oft grundlegende Ängste.
Solche Ängste werden aber weniger durch den „rosaroten Panther" oder die „Gummibärchenbande" gestützt. Sie werden eher durch die Eltern, die sich ständig streiten, aufgebaut. Um das Gefühl von Ohnmacht wieder loszuwerden, das die Kinder empfinden, wenn ihre Ordnung zu zerbrechen droht, werden sie selbst aktiv und schlagen zu.

Andere Kinder erleben, dass sie von ihren Eltern abgelehnt oder kaum beachtet werden. Sie laufen Sturm gegen Gefühlskälte und Gleichgültigkeit und versuchen nun, sich „mit aller Gewalt" die verweigerte Liebe und Geborgenheit zu erkämpfen. Hier schließt sich die einfache Feststellung an:
Eine vertrauensvolle, warme und verlässliche Beziehung könnte vieles an unerträglicher Aggressivität verhindern und die Flucht in die Welt der Medien reduzieren.

In einigen Veröffentlichungen ist zu lesen, dass oft auch verwöhnte Kinder, die niemals ein Nein hören, denen zu Hause nie Grenzen gesetzt werden, aggressives Verhalten aufweisen.
Selbstverständlich „dürfen" diese Kinder auch stundenlang mit dem Computer spielen oder fernsehen.
- Wer seinen Kindern keine Grenzen setzt, macht es falsch;
- wer ihnen dagegen keinen Freiraum lässt und jedes Herumtoben verbietet, macht es auch nicht besser.

Dasselbe gilt für Erzieher/-innen und Lehrer/-innen. Sie werden häufig mit aggressiven Kindern und Jugendlichen konfrontiert. Haben sie überhaupt noch einen Einfluss auf deren Verhalten, können sie noch „gegensteuern"?

Eine Möglichkeit wäre es, bei Gewalterscheinungen nicht wegzusehen, sondern sie zum Thema zu machen und dabei die Medien zu nutzen, mit denen Kinder und Jugendliche selbstverständlich umgehen.

Wenn sich zum Beispiel zwei Schüler auf dem Schulhof in den Haaren hatten, kann man diese beiden den Konflikt zunächst verbal oder in einem geschützten Rahmen, beispielsweise im Boxring, nach fairen Regeln austragen lassen. Danach sind die Kontrahenten so weit beruhigt, dass der Vorfall in der Klasse besprochen werden kann. Jetzt mischen sich zwar die anderen einer Gruppe in das Geschehen ein, können aber aus einer eigenen Perspektive Stellung beziehen und Ratschläge für die Lösung eines

Konfliktes geben. Der große Vorteil dabei ist es, dass sich kein Kind, ob Opfer oder Täter, mit seinen Nöten allein gelassen fühlt. Diese Art der Konfliktbewältigung muss, um funktionieren zu können, gut geübt werden, was jedoch viel Zeit in Anspruch nimmt – und die fehlt vielen Lehrer/-innen und Erzieher/-innen.

„Lass dir nicht alles gefallen, wehr dich doch!" Eine Aussage, die viele Jungen und Mädchen im Ohr haben. Einige Autoren beklagen, dass Kindern heute oft nicht viel mehr mitgegeben wird als dieser Rat.

Mädchen gelingt es, sich mit zunehmendem Alter immer besser mit Worten zu wehren, während viele Jungen auf diesem Gebiet nicht so firm sind.

Sehr oft entpuppt sich ein „Prügeltyp" als jemand, der sich verbal weniger gut äußern kann. Wenn so ein Junge dann keine Freunde hat und am Rande steht, versucht er unter Umständen, das Interesse der anderen im wahrsten Sinne des Wortes „mit Gewalt" auf sich zu lenken.

Der Hort oder die Schule könnten, statt sich Problemkinder einzeln herauszupicken und sich besonders um sie zu kümmern (was sie noch mehr isolieren kann), Freundschaften in der Klassengemeinschaft fördern, indem gemeinsame Erlebnisse geschaffen werden. Medien bieten hier nicht die schlechtesten Möglichkeiten!

Medienaktionen geben keine Erfolgsgarantie, aber sie machen einen Zugang zu Kindern und Jugendlichen möglich, der anders ungleich schwieriger zu finden ist.

Ein Beispiel…
Ein gemeinsamer Dokumentarfilm über ein Thema wie „Das stinkt mir gewaltig!" oder ein eigener Spielfilm „Gute Zeiten – schlechte Zeiten – im Hort" hilft eventuell, Probleme zu thematisieren und sie damit ins Bewusstsein zu rücken.

Fakten

Laut vielen Untersuchungen erweist sich die Zufriedenheit mit der Lebenssituation als ein wichtiger Indikator zur Kennzeichnung der psychischen Gesamtsituation und damit der Stimmungslage unter der Jugend.

Trotz aktueller Besorgnisse und Bedrohungsgefühle ist die Grundstimmung der meisten jungen Leute einerseits optimistisch, wenn es um Erwartungen der eigenen individuellen Zukunft geht.

Die Ergebnisse zeigen jedoch andererseits, dass die gegenwärtige gesellschaftliche Entwicklung im Lande ein Hauptfaktor ist, der sowohl die ökologische Lebenssituation als auch die psychische Befindlichkeit junger Leute tief greifend beeinflusst. Die Unsicherheiten, mit denen die Jugendlichen umzugehen haben, rechtfertigen zwar nicht den Gebrauch von Gewalt und die steigende Aggression, sie stellen aber mit Sicherheit eine mögliche Ursache dar.

Gerade die 12- bis 13-Jährigen neigen offensichtlich besonders leicht dazu zu Entgleisungen. In diesem Alter steigen sie oft in die kriminelle Gewaltszene ein, da sie zwischen allen Stühlen sitzen. Sie sind zu alt für Hort und Spielplatz, aber zu jung für den Jugendklub und die Disko. Andere Angebote werden diesen Kindern aber nicht gemacht und so verlieren sie Halt und Orientierung.

Kinder in diesem Alter und ältere sind meist voller Ideale, sie haben hohe soziale Normen.
Zum Ausbruch von Gewalt kommt es auch deshalb, weil sie Enttäuschungen erleben, gerade durch das Verhalten Erwachsener. Denn deren Umgang mit Gewalt ist sehr oft heuchlerisch. Die Gesellschaft und die unmittelbare Umgebung der Kinder und Jugendlichen ist zwar sehr sensibel geworden, wenn es um das Thema Gewalt geht, aber überall, in den Medien, in der Geschäftswelt oder in der Politik, ist Gewalt akzeptiert, sofern sie dazu dient, ein bestimmtes Ziel zu erreichen.

Die Jugendlichen machen also genau das, was sie aus erzieherischer Sicht tun sollen, sie ahmen das Modell nach und geraten dann nicht selten mit dem Gesetz in Konflikt.

Wann hängen Medien mit Aggression zusammen?

 **Positionen**

Aggressives Verhalten geschieht absichtlich, der Betroffene erleidet Schaden und das Verhalten stellt eine Normverletzung dar. Als „Gewalt" gelten besonders schwere Aggressionen, die zu körperlichen oder psychischen Verletzungen führen.

Trotz unterschiedlicher Theorien sind sich die meisten Wissenschaftler zumindest in dieser Frage einig.

Es genügt dennoch nicht, die Verhaltensweisen der Kinder und Jugendlichen zu beschreiben und unter medienpädagogischen Gesichtspunkten zu analysieren. Es ist vielmehr wichtig, aggressives Verhalten essenziell zu verstehen.
Neuere Ansätze suchen mehrdimensionale Erklärungsmodelle. Sie untersuchen die verschiedenen Erscheinungsformen der Aggression, um neue wissenschaftlich verwertbare Daten zu bekommen. Dabei unterteilen sie zunächst in die individuelle und die kollektive Aggression. Alle menschlichen Gesellschaften unterscheiden zwischen dem (individuellen) Töten innerhalb der Gemeinschaft, was als Mord verurteilt wird, und dem (kollektiven) Töten von Außenstehenden in kriegerischen Auseinandersetzungen. Es wird oft als Heldentat gefeiert.

Die kollektive Aggression wird durch stimulierende Einflüsse verstärkt.
Die Darstellung einzelner Sachverhalte durch die Massenmedien kann Menschen anstiften, verleiten und mitreißen. Gerade Jugendliche tun im Schutz oder unter der vermeintlichen Zustimmung der Allgemeinheit Dinge, die sie als Einzelne vermutlich nie tun würden. Die Anonymität in der Gruppe lässt Hemmungen und Verantwortungsgefühl verschwinden, ein Effekt, der beispielsweise bei Hooligans sehr deutlich zu erkennen ist.

Auch der scheinbar „unbeteiligte" Zuschauer, der über das Fernsehen Zeuge einer Gewalttat wird, spielt nach der Auffassung einiger Soziologen eine zentrale Rolle für das Gewaltklima in einer Gesellschaft. Sie machen deutlich, dass Gewalttäter häufig mit Zustimmung aus dem Publikum rechnen können. Somit handelt der Täter als Stellvertreter der Zuschauer.

Die Aggression lässt sich grob in fünf Bereiche aufteilen:
- die Aggression, die abwehrt und dem eigenen Schutz dient;
- die spontane, aber meist harmlose Äußerung des Missmuts, die gegen ein bestimmtes Ziel gerichtet ist;
- die Aggression, die eingesetzt wird, um etwas Bestimmtes zu erreichen. Bei dieser Form wird die Aggression als „Instrument" genutzt;
- die Vergeltung, die eine zielgerichtete Antwort auf Herausforderungen ist,
- die Aggressionslust, die nicht auf einen Nutzen abzielt, sondern auf emotionale Befriedigung.

Einige Faktoren, die aggressives Verhalten verstärken:
- aggressive Vorbilder (zum Beispiel: reale Vorbilder = Erwachsene und mediale Vorbilder);
- Normen und Werte einer Gruppe oder Gruppierung;
- Anspannungen wie Stress oder Langeweile;
- Angriffe, Provokationen oder Vorurteile;
- Aggression, die zum Erfolg führt.

Die beiden Aufzählungen beinhalten eine gewisse Progression, das heisst, sie zeigen eine qualitative Steigerung.

Beispiele:
Medien können helfen, einen Missmut auszuleben, beispielsweise beim Schreien und Hetzen gegen die gegnerische Fußballmannschaft während der Übertragung eines Finalspiels.

Aber befriedigen sie wirklich die Aggressionslust eines Jugendlichen, der loszieht, um – und hier wieder Originalton, vor dem Erzieher/-innen die Augen nicht verschließen dürfen – „Ausländer abzuklatschen"?

Die rasanten, brutalen und dennoch immer lustigen Filmfiguren können in der Tat zu Vorbildern werden.
Im Kindergarten rasen dann tatsächlich johlende und um sich schlagende „Mini-Turtles" durch die Zimmer und Gänge.
Aber können es Kinder tatsächlich als persönlichen Erfolg verbuchen, wenn ein Fernsehbösewicht zur Strecke gebracht wird?

Die verschiedenen Formen treten meist in einer Mischform auf, was es oft schwierig macht, die Ursachen eindeutig zu orten und schnell und effektiv zu intervenieren.
Letztlich ist es dennoch notwendig, die Motive der Aggression aufzudecken, um die Aggressionen selbst behandeln zu können.
Wenn Aggressionen durch sinnvollere Strategien ersetzt werden können, geben wir als Pädagogen und Pädagoginnen den Kindern und Jugendlichen eine wichtige Hilfe für ein friedvolles und verantwortungsbewusstes Leben.

Das Pauschalurteil „Medien machen aggressiv und führen zu Gewalt" ist eindeutig abzulehnen!

Anregung

Schauen Sie sich Filme an, die eines der Themen »Identitätsfindung«, »Angst« oder »Gewalt« zum Inhalt haben. Besprechen Sie die Inhalte ausführlich und wenden Sie zur Interpretation die Kriterien aus Kapitel 7 an (zu Identitätsentwicklung – Bewertungsmaßstäbe; zu Ängste – Bedingungen; zu Gewalt – Bereiche und Faktoren).

Ein Vorschlag:
Der sehr umstrittene Film „Kids" von Larry Clark, der Mitte der 90er-Jahre erschien, beinhaltet alle drei Themen. Er handelt von Jungen, deren „Hobby" es ist, „Jungfrauen zu knacken", und von Mädchen, die sich über den Unterschied zwischen „making love", „having sex" und „fucking" Gedanken machen. Der Film ist gemäß § 7 JÖSchG von der FSK ab 16 Jahren freigegeben.

 Literaturtipp
Büttner, Christian (1993). Wut im Bauch. Gewalt im Alltag von Kindern und Jugendlichen. Weinheim: Beltz-Verlag.

Glogauer, Werner (1993). Kriminalisierung von Kindern und Jugendlichen durch Medien. Wirkungen gewalttätiger, sexueller, pornografischer und satanischer Darstellungen. Baden-Baden: Nomos-Verlagsgesellschaft.

Kleiter, Ekkehard F. (1997). Film und Aggression – Aggressionspsychologie. Theorie und empirische Ergebnisse. Weinheim: Dt. Studienverlag.

Schulz, Winfried (Hrsg.). (1992). Medienwirkungen. Einflüsse von Presse, Radio und Fernsehen auf Individuum und Gesellschaft. Forschungsbericht DFG. Weinheim: VCH, Acta Humaniora.

8 Theorien der Medienwirkung

WIRKUNG

Bereiche	Felder	Themen	**Theorien**
• Wahr-nehmung	• Meinungs-bildung	• Gewalt	• **Ursache – Wirkung**
• Emotion	• Identität	• Angst	• **aktive Rezeption**
• Kognition	• Sprache	• Sexualität	• **Nutzen**
		• Freizeit	• **Interaktion**

Nachschlagen

Die Nutzung von Medien und deren Wirkung auf Kinder, Jugendliche und Erwachsene kann nur in einem komplexen zusammenhängenden System erklärt und verstanden werden.

Zu diesem System gehören neben dem Verarbeitungsprozess auch die Interaktionsbedingungen zwischen dem Rezipienten und dem Medium. Dieses engere System wird zudem von sozialen, technischen und individuellen Faktoren beeinflusst. Da es noch keine einheitliche Erklärung zu den Erscheinungen des Mediengebrauchs gibt, müssen die verschiedenen theoretischen Blickwinkel parallel betrachtet werden.

Es existieren im Wesentlichen drei Theorieansätze zur Mediennutzung und Wirkung…

Einmal wird die Verarbeitung von Medien-eindrücken durch den eher passiven Rezipienten erklärt (= Ursache-Wirkungs-Theorie).

Auf dieser Annahme baut die Vorstellung auf, dass Rezipienten zwar von den Medieninhalten direkt beeinflusst werden, aber dennoch aktiv und mit einer gewissen Distanz mit diesen Inhalten umgehen können (= Wirkungs-Nutzen-Theorie).

Die aktuellsten Theorien gehen davon aus, dass der Rezipient nicht nur von Medien beeinflusst wird, sondern im engeren Sinn des Begriffs »Interaktion« direkt mit dem Medium kommuniziert (= Theorie der aktiven Rezeption bzw. Interaktions-Theorie).

8.1 Ursache-Wirkungs-Theorien

In den frühen Erklärungsmodellen wird das **Medium generell als der aktive Teil interpretiert,** es ist deshalb ein medien-zentrierter Blickwinkel. Die Rezipienten werden als passiv eingestuft und sind quasi wehrlos den Einflüssen der Medien ausgesetzt.

Der Wirkungsansatz ist die schlichteste Vorstellung vom Einfluss der Medien auf den Menschen. Er geht von einer **geradlinigen Reiz-Reaktions-Kette** aus. Das Verhalten der Rezipienten wäre direkt vom Medieninhalt abzuleiten. Das würde bedeuten, dass das Medium den Menschen manipuliert, ohne dass er die Möglichkeit hätte, sich dieser Beeinflussung zu entziehen.

Würde diese Annahme stimmen, müssten Reaktionen auf einen Medieninhalt berechenbar sein. Das sind sie aber nicht! Eine Medien-ursache führt nicht zwangsläufig zu einer bestimmten Wirkung. Die Wirkungszusammenhänge sind so vielschichtig, dass sie nur über sehr umfassende Modelle erklärt werden können.

8.2 Wirkungs-Nutzen-Theorien

Diese Vorstellung vom Einfluss der Medien setzt einen **aktiven Rezipienten** in den Mittelpunkt der Überlegungen. Aus diesem rezipienten-zentrierten Blickwinkel wird erklärt, wie die Rezipienten aus den Medieneinflüssen Vorteile ziehen.

Die Eigenschaften des Mediums und die Bedingungen während und nach der Nutzung werden in dieser erweiterten Theorie hinzugedacht. Die Persönlichkeit des Rezipienten spielt beim Verarbeitungsprozess, das heißt während der Aufnahme von Informationen, eine große Rolle. In der Forschung wurde vor allem die Wirkung von Mediengewalt über Wirkungs-Nutzen-Modelle erklärt. Die Ergebnisse waren und sind aber auch mit diesem Modell zu widersprüchlich.

Die vielen Ergebnisse der Wissenschaft zeigen, dass Menschen zwar häufig die Inhalte aus Medien herausziehen, die ihnen Nutzen bringen, dies klärt aber nicht, ob Medien tatsächlich zu den Ursachen von Verhalten zählen.
Es ist wohl eher so, dass sich beispielsweise bereits gewaltbereite Menschen aus den Gewaltdarstellungen der Medien ihre persönliche Handlungslegitimation ableiten. Auf jeden Fall konnten bislang nur sehr schwache Zusammenhänge zwischen Mediengewalt und gewalttätigen Handlungen nachgewiesen werden.

In dem Kapitel, das sich mit dem Zusammenhang zwischen Angst, Lust und Medien beschäftigt (Ebene 2, Kapitel 7), wurde festgestellt, dass einige Menschen Neigungen für bestimmte Medieninhalte entwickeln können. Diese Tatsache ergänzt den Gedanken der Wirkungs-Nutzen-Theorien. Es ist denkbar, dass aktive Rezipienten Medien gebrauchen, um einzelne **Bedürfnisse** zu **befriedigen.**

Die Bedürfnisbefriedigung durch Medien setzt dann ein,
* wenn andere, authentische Mittel und Wege zur Befriedigung fehlen oder
* wenn die Medieninhalte eine sehr hohe Motivation des Rezipienten auslösen.

Diese Vorstellung ist aus pädagogischer Sicht sehr attraktiv.
Im ersten Fall müssten Kinder und Jugendliche nur **ausreichend** mit alternativen **Handlungsmöglichkeiten** versorgt werden, um eine negative Medienwirkung auszuschließen.

Ein Beispiel:
Kindern werden verschiedene Konfliktlösungsmöglichkeiten vermittelt, die sie aktiv einsetzen können. Die Erfolge, die beim Umgang mit anderen Kindern gemacht werden, hinterlassen positive Erfahrungen, gegen die kein Medienangebot ankommen kann.

Im zweiten Fall könnten **Medien als Verstärker** eingesetzt werden.

Ein Beispiel:
Kinder sind in der Regel von kleinen Tieren begeistert. Sie mögen kleine Hasen, Affenbabys oder Bärenkinder. Um sie für den Umweltschutz zu aktivieren, ist es denkbar, Filme von bedrohten Tierarten zu zeigen, in denen besonders die Tierkinder im Mittelpunkt stehen. Die

große emotionale Beteiligung der Kinder überträgt sich eventuell auf ihr Verhalten gegenüber der Natur.

Die Wirkung der Medien hängt primär von den sozialen und individuellen Handlungsmöglichkeiten der Rezipienten ab.
Das meint, je kleiner das Handlungsspektrum eines Menschen ist, desto eher wird er das Angebot der Medien als Alternative, vielleicht sogar als Flucht in Anspruch nehmen.
Je weniger Möglichkeiten vorhanden sind, die Bedürfnisse real zu befriedigen, desto eher werden Medien zur Befriedigung von Bedürfnissen herangezogen.
Medien werden dann zu subjektiv wichtig erlebten Informationsquellen oder zur Stütze beim Aufbau der eigenen Identität.

8.3 Interaktions-Theorien

Dieser Standpunkt erklärt, wie die **Bedingungen des Mediums und die des Rezipienten** zusammenwirken und sich **gegenseitig** beeinflussen. Medienwirkungen können nur dann sinnvoll erklärt werden, wenn sowohl die Bedingungen des Mediums und des Rezipienten als auch die äußeren Rahmenbedingungen berücksichtigt werden.

Im Zentrum der Betrachtung steht die **Mediennutzung als eine Form sozialen Handelns.** Einerseits bieten die Medien repräsentative Inhalte an, die von den Rezipienten aktiv ausgewählt werden können. Andererseits bieten moderne Medien die Möglichkeit, in das Mediengeschehen unmittelbar einzugreifen. Damit können sehr persönliche Handlungsmotive in Medien eingebracht werden. Die Mediennutzer geben den Medieninhalten einen individuellen Sinn.

Ein Beispiel:
Ein Kind spielt ein Computerspiel, bei dem es darum geht, einen Schatz zu finden. Es bewegt sich durch die virtuelle Welt und merkt sich verschiedenste Informationen. Diese Erinnerungen braucht es, um die Aufgabe lösen zu können. Wenn es nur die Möglichkeit hat, durch stupides „Abballern" von Hindernissen weiterzukommen, wird es sich bald von dem Spiel abwenden. Wenn es kombinieren muss und durch Versuch und Irrtum weiterkommt, wird es motiviert werden, die Aufgabe zu lösen.

Zu den **Bedingungen des Mediums** zählen sowohl seine inhaltlichen Vorgaben als auch seine technischen Möglichkeiten.

Zu den **Bedingungen des Rezipienten** zählen seine Erfahrungen, bereits gewonnene Einstellungen und Handlungsmöglichkeiten. Medien werden nicht jedes Mal neu erlebt, sondern werden in die Kette der bisherigen Erlebnisse eingereiht.

Zu den **Rahmenbedingungen des Mediengebrauchs** zählt im engeren Sinn die augenblickliche Situation, in der das Medium aktiv gebraucht wird, und im weiteren Sinn alle sozio-kulturellen Umwelteinflüsse, die diese Situation relevant beeinflussen können.

8.4 Thesen zur Wirkung von Medieninhalten

Positionen

Die vier folgenden Thesen stellen Annahmen über die Wirkung von Medien auf die Handlungen, Einstellungen und Emotionen der Rezipienten in den Raum. Die Vorstellungen sind teilweise widersprüchlich, da sie aus den verschiedenen theoretischen Ansätzen abgeleitet wurden.

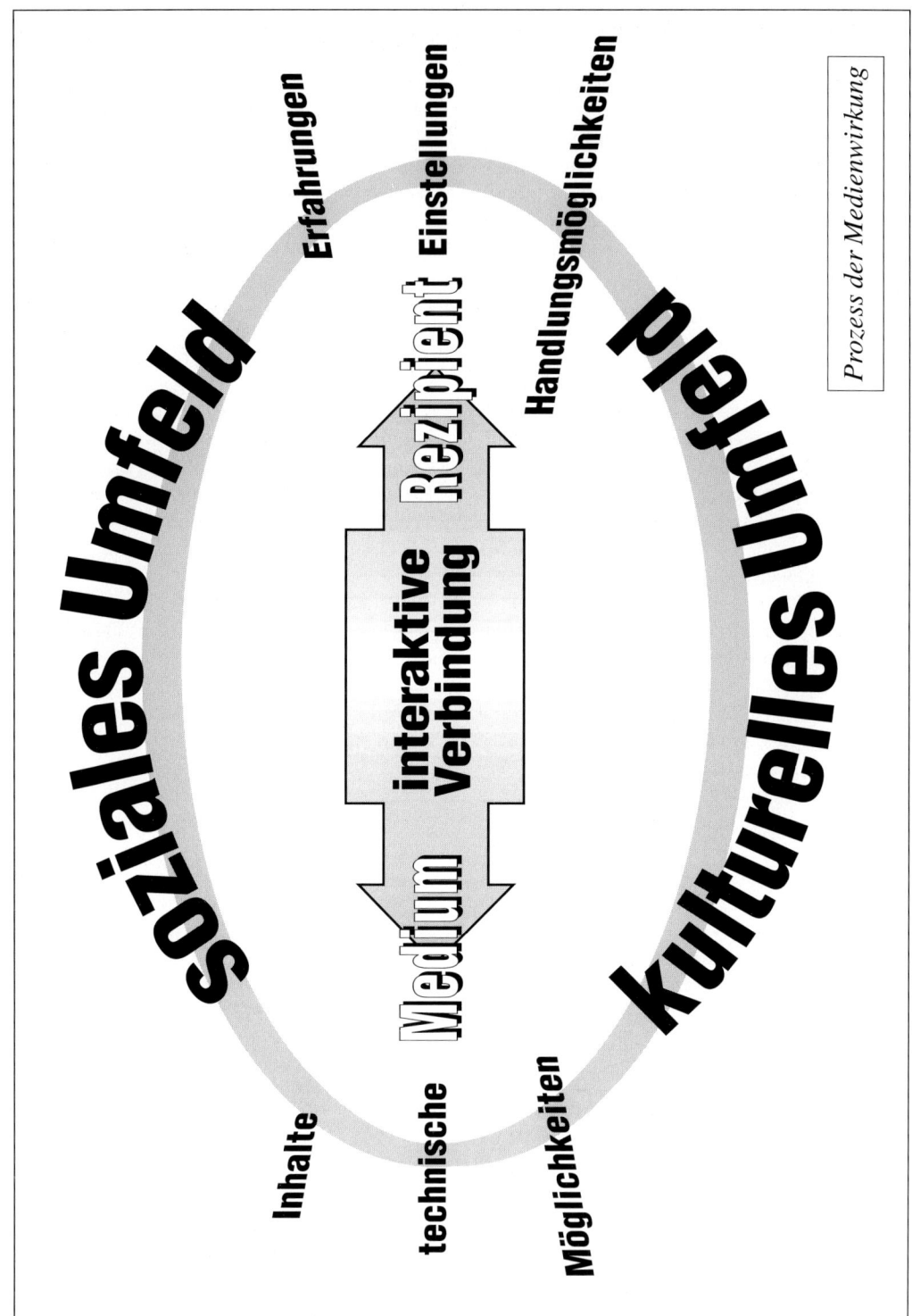

Prozess der Medienwirkung

STIMULATIONSTHESE

Medienkonsumenten nehmen mediale Darstellungen auf und richten das eigene Verhalten nach den vorgegebenen Inhalten aus. Sie ahmen die angebotenen Verhaltensmuster nach.

Ein Beispiel:
Hanna liest in einem Liebesroman, wie die Heldin ihrem „Schwarm" ein Glas Wein über die Hose kippt, um ihn kennen zu lernen.
Am folgenden Tag probiert Hanna diesen »Trick« im Jugendtreff an einem tollen Jungen aus. Sie nimmt tatsächlich ihr Glas Wasser...

KATHARSISTHESE

Medienbetrachter haben individuelle Persönlichkeitsbedingungen, die als Triebe bezeichnet werden. Während der Betrachtung der Medieninhalte werden die vorhandenen Triebe befriedigt und damit abgebaut.
(Diese These wird zwar mancherorts noch vertreten, gilt aber bei vielen Psychologen als mittlerweile wissenschaftlich überholt – ein Thema für das Fach Psychologie.)

Ein Beispiel:
Heinz-Gerhard würde gerne einmal eine Wildwasserfahrt im Kanu machen. Er schaut sich deshalb bei jeder Gelegenheit ein Video über den Grand Canyon an, das er zum Geburtstag geschenkt bekam.

INHIBITIONSTHESE

Medienbenutzer erkennen gesellschaftliche Normen und Werte. Sie nehmen Medieninformationen mit diesem Filter auf und richten ihr Verhalten entsprechend sozialer Erwünschtheit ein.

Ein Beispiel:
Dorothee ist bei der Jugendgruppe ihrer Kirchengemeinde aktiv. Sie hat gemeinsam mit der Gruppe einen Film über Kampfsport angeschaut, der das Element der Selbstverteidigung stark als Legitimation herausstellt. Sie äußert sich bei der Filmbesprechung: „Ein Mensch, der seinen Nächsten respektiert, sollte als letztes Mittel Gewalt anwenden. Ich versuche immer erst ‚mit den Leuten zu sprechen, oder gehe ihnen aus dem Weg."

HABITUALISIERUNGSTHESE

Medienkonsumenten nehmen oft und reichhaltig das vorgegebene Angebot wahr. Durch die Nutzungshäufigkeit entsteht ein Zustand der Sättigung. Diese Sättigung bewirkt eine Grundbereitschaft, die vorgeführten Verhaltensweisen selbst zu übernehmen. Der wichtigere Effekt ist jedoch, dass der Rezipient den Folgen seiner Handlung gegenüber gleichgültig wird.

Ein Beispiel:
Zwei Jungs sitzen täglich vor dem Computer. Sie spielen am liebsten Actionspiele, bei denen das Blut fließt. „Das ist ja nur Spiel!"
Auf dem Schulhof treten sie eines Tages einem Mitschüler pausenlos ins Gesicht, als der nach einem handgreiflichen Streit auf dem Boden liegt. Ihnen ist egal, was mit ihm passiert, er hat ja schließlich zu einem „Du Wichser!" gesagt.

Anregung

Sammeln Sie mögliche Faktoren, die Kinder oder Jugendliche zu einer Gewalthandlung führen können. (Am besten wäre ein authentischer Fall aus der Praxis geeignet.)
Klären Sie die Funktionen der Medien in diesem Fall.

 Literaturtipp

Früh, Werner (1991). Medienwirkungen. Das dynamisch-transaktionale Modell. Theorie und empirische Forschung. Opladen: Westdt. Verlag.

Zusammenfassung für die Kapitel 5 bis 8

- Die Qualität der Medienwirkung hängt davon ab, wie gut das Medium oder der Medieninhalt die Neugier, Wahrnehmungsaktivität, Fantasie oder Exploration anregt.

- Die Qualität der Medienwirkung hängt davon ab, wie hoch der Grad der körperlichen Erregung, die Art der aufkommenden Emotionen, die subjektiven Erklärungen für die Erregung und die Interpretation der Medienerlebnisse sind.

- Medien unterstützen die kognitive Entwicklung eines Menschen und führen zu einem intelligenten Verhalten. Die Bedingung hierfür ist, dass sie zu einer sinnvollen Veränderung und Erweiterung der kognitiven Ausstattung eines Menschen führen.

- Medien wirken auf den kognitiven Prozess des Organisierens und Strukturierens. Zusammen mit Beurteilungskriterien oder Problemlösungsstrategien, die unabhängig von Medien aufgebaut wurden und werden, können sie zu direkten sinnvollen Handlungen beitragen.

- Medien haben den positiven Effekt, dass sie durch ihre Vielfalt und universelle Präsenz den Zerfall von Informationen aufhalten.

- Medien können nicht alleine dafür verantwortlich sein, ob ein Mensch gewalttätig wird oder in einer anderen Weise linear auf die Medien reagiert. Es gibt allerdings Anhaltspunkte dafür, dass häufige Gewaltszenen in Fernsehsendungen vor allem bei kleineren Kindern Angst erzeugen können.

- Kinder erfassen nicht den Zweck, den Werbung verfolgt. Sie erleben die realen und nicht-realen Darstellungen auf einer Ebene und werden dadurch verleitet, die Werbeinhalte wörtlich zu nehmen.

- Merchandising bezeichnet Werbestrategien, die auf die Bedürfnisse der Rezipienten reagieren und gleichzeitig neue Wünsche wecken.

- Ob die Werbung Kindern, Jugendlichen und Erwachsenen tatsächlich generell schadet, ist nicht definitiv zu klären.

- Journalistische Medien müssen glaubwürdig, kompetent, ernsthaft und transparent sein.

- Die charakteristischen Eigenschaften von Zeitungen sind Aktualität, Periodizität, Universalität und Publizität.

- Medien begleiten die Entwicklung einer Persönlichkeit über alle Entwicklungsstufen hinweg. Die Ich-Entwicklung bekommt durch psychische, soziale und technische Umwelteinflüsse Impulse.

- Medienarbeit, die Lernen oder Spiel beinhaltet, ermöglicht Kindern einen gemeinsamen Umgang mit Medien. Damit werden Sprache und auch kognitive Prozesse angeregt und gefördert.

- Kinder haben nicht weniger Erfahrungen als Erwachsene, sie haben andere Erfahrungen, andere Zugänge zur Welt!

- Zum professionellen Handeln, vor allem zur seriösen medienpädagogischen Arbeit, gehört die Abgrenzung der Bezugsfelder wie Familie und Institution und zugleich die Vernetzung verschiedener Lernfelder.

- Alle Lernprozesse müssen für Kinder so gestaltet werden, dass es nicht lediglich zur Wiedergabe zusammenhangloser Elemente kommt. Kinder sollen zur Einsicht in die logischen Zusammenhänge des Lerngegenstandes gelangen und darüber ihre Persönlichkeit weiterentwickeln.

- Der Prozess der Identitätsbildung mit Unterstützung von Medien hängt davon ab, wie Kinder und Jugendliche diesen Vorgang interpretieren und wie sie bei dieser Interpretationsleistung unterstützt werden.

- Die jugendlichen Horror- und Gewaltfans sind nicht generell psychisch labil oder realitätsfremd. Sie haben zwar bestimmte Dispositionen (= Neigungen und Veranlagungen), sind aber größtenteils auf einem „normalen" Weg, ihre Identität zu finden.

- Die aktive Auseinandersetzung mit der eigenen Angst ist eine sensible Angelegenheit. Da Jugendliche in ihrer speziellen Entwicklungsphase aber mit größter Wahrscheinlichkeit mit ihren Ängsten ringen, ist eine pädagogische Begleitung legitim.

- Kinder- und Jugendgewalt ist ein Spiegel der Gesellschaft. Die Medien reflektieren die offene und verschleierte Gewalt, die Kinder und Jugendliche täglich erleben können.

- Die Darstellung der Gewalt ist keine Errungenschaft der modernen Medien. Die Gewalt war und ist ein gesellschaftliches Phänomen. Die Medien bilden sie nicht wesentlich anders ab als andere gesellschaftliche Phänomene.

- Kinder können durchaus unterscheiden, ob es sich im Falle einer Gewalthandlung um eine verunglückte Annäherung handelt oder um eine ernst zu nehmende Grenzüberschreitung. Nicht selten nehmen Jungen und Mädchen die Schläge ihrer Altersgenossen gelassen hin. Schreitet in solchen Fällen kein Erwachsener ein, lösen sich solche Streitfälle erstaunlich gut selbst. Eine Möglichkeit wäre es, bei Gewalterscheinungen nicht wegzusehen, sondern sie zum Thema zu machen und dabei die Medien zu nutzen, mit denen Kinder und Jugendliche selbstverständlich umgehen.

- Die aktuellen Theorien gehen davon aus, dass der Rezipient nicht nur von Medien beeinflusst wird, sondern im engeren Sinn des Begriffs »Interaktion«, direkt mit dem Medium kommuniziert (= Theorie der aktiven Rezeption bzw. Interaktions-Theorie).

- Die Wirkung der Medien hängt primär von den sozialen und individuellen Handlungsmöglichkeiten der Rezipienten ab.

Ebene 3

Medienerfahrungen, Medien erleben, Medien erkennen

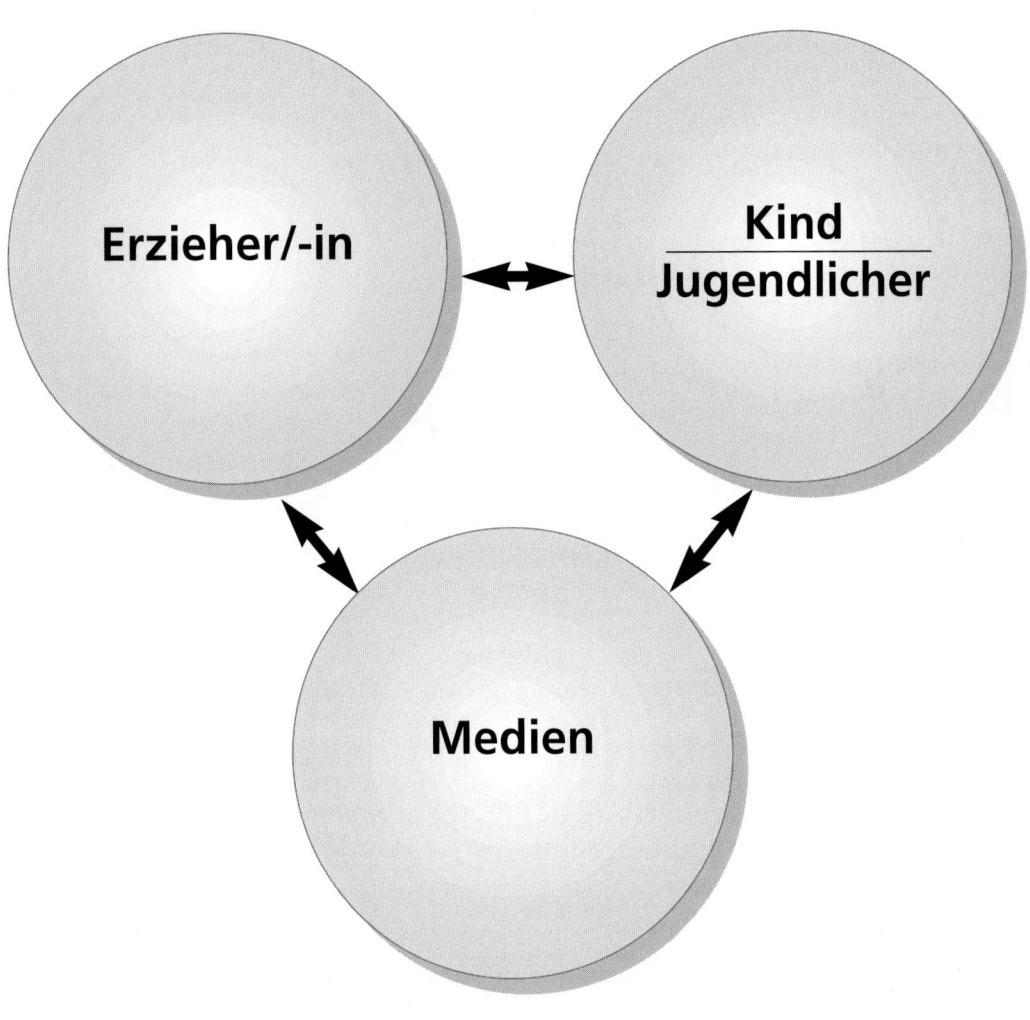

1 Die Rolle der Erzieherin/des Erziehers in medien-pädagogischen Erlebnis- und Lernprozessen

themengebundene Medienprojekte		offene Medienprojekte
◆ Mehrere Einzelbeschäftigungen zu einem Thema werden aneinander gereiht.	**Ausgangspunkt**	◆ Aus einem Impuls entwickelt sich ein Lernprozess, dessen Verlauf und Ergebnis vorab nicht eindeutig feststeht.
◆ Orientierung an den Zielen, die Erzieherinnen für die Kinder auswählen	**Inhalte**	◆ Orientierung an den Bedürfnissen, die Kinder äußern
◆ Erwachsenenentscheidungen stehen im Vordergrund.	**Entscheidungen**	◆ Kinder- und Erwachsenenentscheidungen sind gleichwertig.
◆ organisierter und vorgeplanter Lernprozess	**Lernprozess**	◆ offener Lernprozess
◆ Kinder werden zu ausgewählten Lerninhalten geführt.	**Lernergebnisse**	◆ Kinder erarbeiten gemeinsam mit der Erzieherin verschiedene gleichwertige Lerninhalte.
◆ Motivation liegt bei der Erzieherin.	**Lernmotivation**	◆ Motivation liegt bei der Gruppe.
◆ Erzieherin lenkt den Lernprozess.	**Rolle der Erzieherin**	◆ Erzieherin begleitet den Lernprozess.

1.1 Das Handlungsrepertoire der Erzieherin/des Erziehers ist der Motor für das medienpädagogische Handeln

Positionen

Das Handeln der Erzieherin/des Erziehers und das Handeln der Kinder ist wechselseitig aufeinander bezogen.

In der Begleitung medienpädagogischer Aktivitäten durch Erzieher/-innen gibt es zwei mögliche methodische Schwerpunkte.

- Zum einen richtet sich das Tun des Erwachsenen ganz auf die **Erreichung des Zieles.** In diesem zielorientierten Tun versucht die Erzieherin die Bedürfnisse der Kinder wahrzunehmen und richtet sich danach. Sie handelt also **kindorientiert.** Das Ergebnis, das an das jeweilige Medium gebunden ist, steht zwar nicht unbedingt im Vordergrund, aber in den **organisierten und geplanten Medienbeschäftigungen** überwiegt die Zielorientierung. Die **Entscheidungen der Erwachsenen** dominieren.

Ein Beispiel:
Eine Erzieherin möchte mit den Kindern, die bald in die Schule kommen, eine Fotodokumentation über die Gruppe machen. Sie weiß, dass die meisten Kinder noch nie einen Fotoapparat in der Hand hatten, deshalb überlegt sie sich genau, welche Schritte sie gehen muss, damit die Kinder verstehen können, wie dieses technische Gerät funktioniert. Erst dann kann sie mit dem eigentlichen Vorhaben beginnen.

- Beim freien Umgang mit Medien hingegen liegt der pädagogische **Schwerpunkt** auf der **Orientierung am kindlichen Bedürfnis.** Kinder und Erwachsene lassen sich gemeinsam auf einen **offenen Lernprozess** ein. Das bedeutet nicht, dass sich Erzieher/-innen völlig zurücknehmen und nicht eingreifen, bis die Kinder mit ihrem Lernprozess abgeschlossen haben. Die Entscheidungen der Erwachsenen und die **Entscheidungen der Kinder** werden gleichgesetzt und sind gleichwertig.

Ein Beispiel:
In einem Gruppengespräch sitzen die Kinder und ihre Erzieherinnen zusammen. Sowohl die Dreijährigen als auch die Sechsjährigen sind dabei. Sie erzählen sich gegenseitig von ihren augenblicklichen Aktivitäten. Es stellt sich heraus, dass die lau-

fenden Teilprojekte zum Thema „Wo kommen wir her" größtenteils abgeschlossen sind. Die Kinder, die den Gruppenraum umgestaltet hatten – sie haben verschiedene „Länderbereiche" dekoriert – wollen nicht, dass alle Spielmöglichkeiten gleich wieder verschwinden. Eine Erzieherin erzählt, dass die Kinder aus ihrer kleinen Gruppe zu dem Teilthema „Geburt" keine Ideen mehr hatten und eigentlich gerne etwas Neues machen würden.

Alle sammeln zusammen neue Ideen. Ein Kind meint, es fände ein großes Fest ganz gut. Eine Erzieherin fände es besser, sich jetzt genauer mit dem Krankenhaus zu beschäftigen. Ein anderes Kind schlägt vor, einen Film von dem Gruppenraum zu machen. Es kommt auf die Idee, weil sein Vater mit der neuen Videokamera gerade ihr ganzes Haus gefilmt hat. Die Erzieherin gibt zu bedenken, dass da nicht viele Kinder mitmachen können, selbst wenn sie eine Kamera auftreiben würden. Einer der „Kleinen", der die ganze Zeit nichts gesagt hat, meint: „Blödmist!", er hat also doch mitbekommen, worum es geht. Da kommt plötzlich die zündende Idee: Wir spielen vor der Kamera in unserem „Länderzimmer" Theater! Es sind zwar nicht alle begeistert, eine Erzieherin kann sich das nicht richtig vorstellen und ein paar Kinder halten sich ganz heraus, aber ein Großteil der Gruppe möchte es ausprobieren.

Erzieher/-innen können in der Medienarbeit verschiedene didaktische und methodische Schwerpunkte setzen.
Sie können in einer Hinführungsphase wesentlich aktiver als die Kinder sein. In der Erarbeitungsphase kann das Handeln fast ganz von den Kindern ausgehen. In der Abschlussphase finden wechselnde Aktivitäten statt, wobei die Erzieherin am ehesten die Aufgabe hat, die Reflexion des zurückliegenden Prozesses zu moderieren.

In welchem Grad sich eine Erzieherin in die Aktivität der Kinder einlässt, hängt stark von

ihrer Fähigkeit ab, von der Erwachsenenposition in eine den Kindern nahe Position zu wechseln.

Diese kindnahe Position ist von einem hohen Maß an **Aktivität, Beweglichkeit und Energie** gekennzeichnet. Das meint, dass sich Erwachsene gleichwertig mit den Kindern in den Lernprozess einlassen. Sie können ihre Kompetenzen einbringen und agieren als Modell.

Die Erzieherinnen können sich dabei in vielen medienpädagogischen Aktivitäten – wo es immer möglich ist – zurückhalten oder sich zurückziehen. Sie machen sich für die Kinder, die selbstständig handeln können und wollen, allmählich überflüssig. Fachleute sprechen heute von einer **Begleitung des Lernprozesses.** In diesem Begriff ist auch enthalten, **Kinder eigenständig Erfahrungen sammeln** zu **lassen,** die nicht von Erwachsenen vorab „zensiert" und damit scheinbar „kindgemäß" werden.

Sowohl eine begleitende Position der Erzieherin als auch eine lenkende Position ist aus medienpädagogischer Sicht denkbar.

Die Festlegung auf ein methodisches Prinzip ist in der Medienpädagogik nicht empfehlenswert. Die Wahl des Ansatzes orientiert sich an den **inhaltlichen Zielen** und den **grundlegenden Zielen,** die erreicht werden sollen. Je konkreter **ein spezieller Lerninhalt** angestrebt wird, desto wichtiger ist es, die Kinder durch geschlossene Angebote oder Themenprojekte direkt darauf hinzuführen. **Wo verschiedene gleichwertige Lernergebnisse** erreicht werden können, ist offene Projektarbeit angebracht.

Ein Beispiel:
Wenn Jugendliche lernen sollen, wie Fotos entwickelt werden, benötigen sie eine konkrete „Gebrauchsanweisung". Es wäre sehr teuer und unter Umständen auch gefährlich, sie so lange experimentieren zu lassen, bis sie von alleine heraushaben, wie es funktioniert. **Ein gelenk-** tes Tun führt angemessen zu den inhaltlichen Zielen.**

Die Fotos, die entwickelt werden sollen, haben die Jugendlichen unter dem selbst gewählten Thema „In unserer Straße stinkt's" geschossen. Die Erzieherin hat ihnen vorab nicht gesagt, welche Motive sie auswählen sollen oder wie sie während des Projekts miteinander umgehen sollen. Sie war zwar dabei, hat aber in Konflikte erst dann eingegriffen, wenn sie um ihre Meinung gebeten wurde oder wenn sie es selbst für notwendig hielt. **Ein offenes Projekt führt angemessen zu grundlegenden Zielen,** wie beispielsweise der Zuwendung zu einem Thema oder dem Erproben von Konfliktlösungsmöglichkeiten.

Erzieher/-innen haben vor allem die Aufgabe, das Gruppengeschehen zu koordinieren und gegebenenfalls zu lenken. Sie müssen dies einfühlsam tun und interessiert mit den Kindern umgehen.

Da Erwachsene im gesamten Lernprozess mit ihren Verhaltens- und Handlungsweisen ein Vorbild für die Kinder und Jugendlichen sind, können sie den Kindern das Sicherheitsgefühl, die Frustrationstoleranz und das Selbstvertrauen geben, das sie für den Umgang mit neuen Medienereignissen benötigen. In jedem Fall ist es entscheidend, inwieweit eine Erzieherpersönlichkeit **empathische Züge** beinhaltet. Nicht nur aktivierende Tätigkeiten, sondern auch emotionale und kognitive Bereiche sind von dieser Eigenschaft beziehungsweise Fähigkeit beeinflusst.

Beim Umgang mit Medien ist es wichtig, dass die Pädagoginnen auch über die eigenen Positionen, Gefühle und Stimmungen sprechen.

Kinder sollten erkennen können, dass es bei vielen Medienfragen keine eindeutig richtigen Antworten gibt. Medien sind so differenziert, dass sie sehr unterschiedlich erlebt werden.

1.2   Die Einflüsse der Gruppe auf medienpädagogische Lernprozesse

Soziales Erleben in der Gruppe

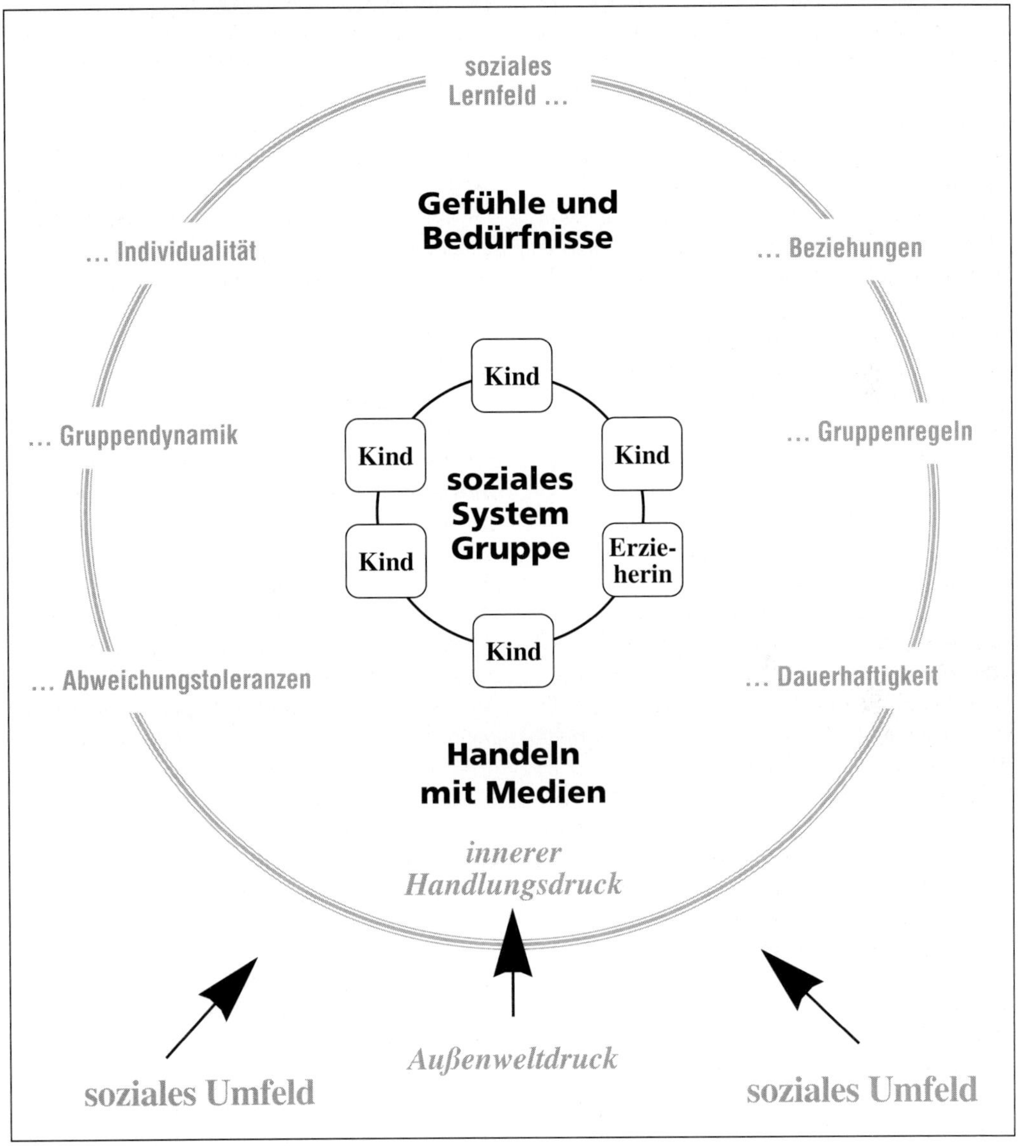

soziales
Lernfeld ...

**Gefühle und
Bedürfnisse**

... Individualität   ... Beziehungen

Kind

... Gruppendynamik   Kind   **soziales**   Kind   ... Gruppenregeln
System
Kind   **Gruppe**   Erzie-
herin

... Abweichungstoleranzen   Kind   ... Dauerhaftigkeit

**Handeln
mit Medien**

*innerer
Handlungsdruck*

Außenweltdruck

soziales Umfeld   soziales Umfeld

Nachschlagen

Die Tatsache, dass Medienpädagogik immer im Kontext spezieller sozialer Gefüge umgesetzt wird, macht es notwendig, dass sich Erzieher/-innen mit den Auswirkungen von Gruppengeschehen und entsprechenden Arbeitsweisen auseinander setzen.

Die Gleichaltrigengruppe (peer group) stellt den Spiel- und Lernraum dar, in dem neben der wichtigen Sozialisationsfunktion auch eine bewusste, zielgerichtete Funktionsebene sozialen Lernens gegeben ist.

Erzieher/-innen nutzen die Gruppenpädagogik zur Entwicklung individueller Fähigkeiten und Fertigkeiten einzelner Kinder im Gruppengeschehen und führen alle Kinder bewusst zu demokratischen und eigenständigen Gruppenprozessen.

Erzieher/-innen können Kindern im Gruppengeschehen individuelles Lernen ermöglichen.

Es geht in Medienangeboten oder Medienprojekten darum, herauszufinden, wo die individuellen Stärken sowohl der Kinder als auch der Erwachsenen liegen. Die Gruppe baut auf den individuellen Stärken auf und entwickelt gemeinsam die Inhalte eines Projekts. Letztlich kann sich die Erzieherin gerade in intakten Gruppen, selbst im Elementarbereich, herausnehmen, stellenweise sogar ganz.

Da sich Kinder- oder Jugendgruppen in einer Institution nicht ohne weiteres auflösen können, ist die Erzieherin angehalten, in ihrer Erziehungspraxis gruppenpädagogische Prinzipien zu beherzigen.

Gefühle haben im Gruppensystem einen wesentlichen Stellenwert. Sie sichern die **Strukturierungen von Prozessabläufen** und gewährleisten die Bestandsvoraussetzungen der Gruppe. Erzieherinnen, die selbst **medienpädagogische und persönliche Kompetenz** aufweisen, werden von der Gruppe eher als fachlich und persönlich kompetent erfahren. Dies macht es ihnen möglich, Lernprozesse in der Gruppe positiv zu beeinflussen.

Ein Beispiel:
Von einer Erzieherin, die selbst mit einem Fotoapparat umgehen kann, lässt sich ein Kind gerne Tipps geben.

Gefühle sind auch **soziale Steuerungsmedien** (z.B. im Zusammenhang mit der Rollenausbildung). Aber sie sind nicht kontrollierbar und sie sind zeitweise irrational. Daraus entstehen Enttäuschungen und Störungsfelder für soziale Interaktionen. Eine mögliche Eskalation wären soziale Konflikte in der Kindergruppe.

Gefühlsbindungen können andere Regelungsmechanismen in der Gruppe ersetzen.

Erzieher/-innen haben hoch divergierende Ansichten darüber, in welcher Weise sie den Kindern Gefühlsäußerungen zulassen sollen. Ziele wie „Harmonisierung der Gruppe" oder „Integration aller Kinder in das Gruppengeschehen" sind für viele Erwachsene so wichtig, dass sie durch überhöhte Ansprüche schwierige, aber wichtige Lernprozesse unterdrücken. Ihre eigene Rolle im Gruppengeschehen dürfte allerdings diesbezüglich wenig reflektiert sein.

Gefühle entstehen auf recht subtile Weise und **benötigen** daher **Räume, in denen sie sich entfalten können.** Unterschiedliche Formen von gemeinsamem Lernen und vielfältige Zusammentreffen haben dabei die Aufgabe, der Gruppe kollektive Selbsterfahrung zu ermöglichen. Es muss für Kinder die Möglichkeit geben, in Gruppen verschiedener Zusammensetzung und unterschiedlicher Größe Erfahrungen zu sammeln. Nur über Anwesenheitserfahrungen entstehen kollektive WIR-Gefühle und können verinnerlicht werden.

Die authentische Erfahrungsebene der Gruppe bietet die Chance auf die Authentizität sozialer und medialer Wahrnehmungen.

Die oder der andere wird in Details wahrgenommen, wodurch sein Zustand über die beabsichtigten Signale hinaus erkennbar wird. Die Individualität des Einzelnen wird sichtbar, die er in die Lernprozesse mit den Medien einbringt. Allerdings hat diese Wahrnehmungsebene Grenzen. Bei lange bestehenden Gruppen lässt oft die verbale Kommunikation nach, man scheint sich so zu verstehen. Die nonverbale Kommunikation (Gestik, Mimik) nimmt einen großen Platz ein.

Die Erwachsenen haben in solchen Situationen die Aufgabe, festgefahrene Gruppenrituale oder -ansichten zu hinterfragen.

> *Medien haben in diesem Prozess zwei Bedeutungen.*
> * *Einerseits helfen sie, Urteile über andere Menschen zu revidieren, wenn diese Verhaltensänderungen aufweisen. Sie machen die Persönlichkeiten „sichtbar" (z.B. Interviews mit der Videokamera oder Porträtfotografie).*
> * *Andererseits wird der Wahrnehmungsprozess in Gruppen komplexer, da mehrere Meinungen zusammenkommen. Das bietet besonders für jüngere Kinder die Gelegenheit, ihre Bewusstseinsinhalte zu erweitern und zu objektivieren (z.B. ein Film wird besprochen, zu dem die Kinder unterschiedliche Eindrücke äußern).*

Erzieher/-innen müssen Hilfestellungen anbieten, ohne selbst rasche Lösungen zu präsentieren.

Die sozialen Beziehungen innerhalb der Gruppe basieren wie gesagt auf Gefühlen, die ihrerseits auf affektiven Verhältnissen beruhen. Es entstehen Sympathien und Antipathien, da das Gegenüber sinnlich-konkret wahrnehmbar ist. Positive Ergebnisse von gruppenpädagogischen Bemühungen sind **Vertrauen und Handlungsfähigkeit.**

Vertrauen basiert auf erlebten Gefühlserfahrungen. Die Mitglieder der Kindergruppe werden füreinander und für die Erzieherin einigermaßen berechenbar. Kalkulierbarkeit steht dabei in Wechselwirkung mit der Zeit, die zum Aufbau des Vertrauens benötigt wird. Das Risiko der Gruppe, Vertrauen zu erlangen und aufrechtzuerhalten, steht im Verhältnis zu den Vertrauensvorschüssen, die sich die Mitglieder gegenseitig geben. **In diesem Sinne ist die Erzieherin selbst ein Gruppenmitglied.**

Auf der Basis des Vetrauens und der prinzipiellen Handlungsfähigkeit werden von der Gruppe für die offenen Lernprozesse, z.B. offene Projekte, Regularien und Kontrollinstanzen mit Sanktionsmechanismen entwickelt.

Kinder- und Jugendgruppen können selbstständig in Lernprozesse eintreten, wenn sie Regeln haben, die für alle verbindlich sind.

Erwachsene, die sich alleine für die Einhaltung von Regeln verantwortlich sehen, können von den Kindern nicht auf eigene Fehleinschätzungen und Fehlhandlungen aufmerksam gemacht werden. Es wäre sinnvoll, **Kinder an der Findung von Gruppenregeln und Sanktionsmöglichkeiten zu beteiligen.**

Ein Beispiel:
Kinder, die in einer Gruppe erlebt haben, dass sie sich in vielen Spielsituationen aufeinander verlassen konnten, wachsen zusammen. Sie vertrauen einander. Wenn alle zusammen vor der Aufgabe stehen, einen Videofilm zu drehen, können sie auf diesen Vertrauensvorschuss aufbauen. Das bedeutet, dass jedem einzelnen Kind zugetraut wird, seine Kompetenzen in den Arbeitsprozess bestmöglich einzubringen.

1.3 Der Planungszirkel

Im Gespräch

Der Planungszirkel ist ein pragmatischer Vorschlag, geschlossene und offene Planungsansätze zu kombinieren.

Die ideale Arbeit bleibt nicht bei der Wissensvermittlung stehen, sondern macht Lernen zu einem Erlebnis.

Medienpädagoginnen und -pädagogen stehen immer wieder vor der Frage, wie sie mit der Medienerziehung beginnen sollen. Eindrucksvolle

Theoretische Bausteine medienpädagogischen Handelns mit Kindern

Planung von medienpädagogischen Erlebnisfeldern für Kinder

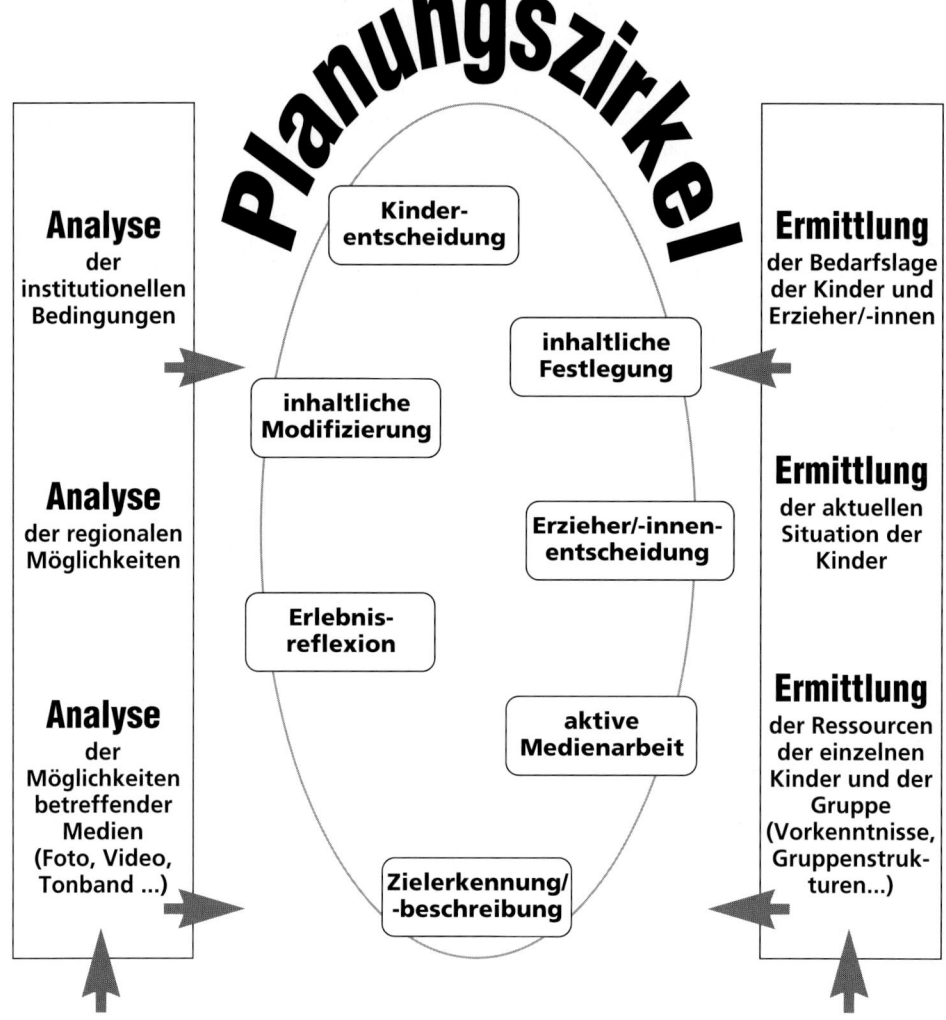

Umfeldanalyse

➪ zur Ermittlung der Infrastruktur und Sozialstruktur innerhalb der Kindereinrichtung

➪ zur Ermittlung der Infrastruktur und Sozialstruktur außerhalb der Kindereinrichtung

Ereignisse hinterlassen tiefe, lang anhaltende Lerneffekte. Medienerlebnisse werden dann elementar, wenn die Lernenden ganz in dem Lernprozess aufgehen.

Die erste Aufgabe der Pädagoginnen ist demnach die Ermittlung und Analyse der Lernbedingungen, unter denen Erlebnisse entstehen sollen.

Jede pädagogische Arbeit ist von konkreten materiellen und sozialen Rahmenbedingungen abhängig.

Ein Beispiel

Eine Einrichtung, die im Jahr dreihundert Euro für die Materialbeschaffung zur Verfügung hat, wird kaum in der Lage sein, für ein einziges Projekt einhundert davon auszugeben.

Oder

Ein Fotograf, dessen Atelier in der Nähe der Einrichtung liegt, ist sicherlich dazu zu bewegen, sich mit dem Team oder sogar mit den Kindern an einem Projekt zu beteiligen.

Kinder- und Jugendeinrichtungen arbeiten unter konkreten räumlichen und materiellen Bedingungen. Diese Grundlagen werden daraufhin überprüft, ob sie für medienpädagogische Zwecke geeignet sind.

Einige Beispiele
- Gibt es Räume, in denen ein Film gezeigt, fotografiert, ein Tonstudio oder ein Fotolabor ... eingerichtet werden kann?
- Liegt in der Nähe ein Radiosender, ein Videoverleih oder eine Bildstelle?
- Verfügt die Einrichtung über eigene Geräte?

In jeder Einrichtung treffen Menschen mit unterschiedlichsten Bedingungen zusammen. Sie bringen Impulse mit in den Alltag, auf die geachtet werden kann.

Einige Beispiele...
- Die Kinder, Jugendlichen oder Erwachsenen äußern ihre Interessen oder sie zeigen über ihr Verhalten, was sie beschäftigt.
- Aktuelle Lebenssituationen vertragen eine Aufarbeitung mit Medien oder verlangen direkt danach.
- Die Gruppenmitglieder bringen Vorkenntnisse mit, die sich zu interessanten Lerninhalten entwickeln lassen.

Die Vorbedingungen des Planungsprozesses werden in konkrete Handlungsschritte eingeschlossen.

Die verschiedenen Quellen, die einen Anstoß zur aktiven Medienarbeit leisten können, werden in einen wechselseitigen Prozess integriert. An diesem Vorgang sind sowohl die Kinder als auch die Erwachsenen beteiligt.

Sowohl die Ideen der Kinder als auch die der Erwachsenen können den Stein ins Rollen bringen.

Ein Beispiel...

Die Kinder sitzen mit den Erzieherinnen in der Gesamtgruppe zusammen und sammeln Ideen. Sie entscheiden jeweils für sich, welche Inhalte ihnen wichtig sind. Wer konkret Impulse gibt, ist eigentlich irrelevant, es ist nur wichtig, dass alle an der inhaltlichen Festlegung beteiligt sind.

Verschiedene Vorschläge führen in der Regel zu mehreren Gruppen. Ob die Kinder eigene Teilprojekte durchführen oder die Erzieherinnen Lernprozesse anbieten, hat auf den Handlungsverlauf dieselben Auswirkungen.

Ein Beispiel:

In der Gesamtgruppe sind mehrere Ideen festgehalten worden.

In der ersten Version machen sich die Erzieherinnen Gedanken darüber, wie sie die Inhalte umsetzen können, und bieten den Kindern Lerneinheiten an. Die Kinder entscheiden jeweils individuell, welches Angebot sie nutzen, und finden sich so in entsprechenden Teilgruppen wieder, um dort gemeinsam aktiv zu werden.

In der zweiten Version setzen sich die Kinder in einer Teilgruppe zusammen, werden von einer Erzieherin unterstützt und machen sich so an die aktive Medienarbeit heran. In dieser Version findet noch einmal ein gemeinsamer Entscheidungsprozess statt.

Alle Entscheidungen münden in konkrete Medienerlebnisse.

Medienpädagoginnen und -pädagogen sollten sich während der Prozesse immer wieder fragen:

- Gehe ich angemessen mit den Lern- und Entscheidungsprozessen um?
- Wo lasse ich den Kindern Freiraum?
- Wo führe oder lenke ich die Kinder?
- Wann lernen die Kinder aus eigenem Antrieb und wann werden sie fremdmotiviert, animiert oder gedrängt?

Während der aktiven Erlebnisphase wird sichtbar, welche Ziele die Lernenden erreichen, besser gesagt welche Lernergebnisse entstehen.

Erwachsene haben natürlich bereits zu Beginn eines Lernprozesses konkrete Vorstellungen darüber, was herauskommen kann oder soll. Je offener der Prozess ist, umso größer wird die Wahrscheinlichkeit, dass die tatsächlich erreichten Ziele von den ursprünglichen Ahnungen abweichen.

Es muss überprüft werden, ob die Lerneffekte für die Beteiligten positiv sind und eine Weiterentwicklung mit sich bringen oder ob sie negativ sind und vielleicht sogar einengen.

Jedes medienpädagogische Erlebnis sollte ausführlich überdacht und reflektiert werden.

Die Reflexion findet unter Einbeziehung aller Beteiligten statt. Dies kann über Beobachtungen oder Gespräche gewährleistet werden. Durch die Reflexion werden die erreichten Ziele bzw. Effekte transparent gemacht (und bei konkreten Projekten auch dokumentiert).

Aus den Überlegungen entstehen neue Impulse, die zu neuen, modifizierten Inhalten und damit Lerninteressen führen. Die Variationen können wieder mit Medien zu tun haben oder andere Gebiete erschließen.

Literaturtipp

Brenner, Gerd (Hrsg.). (1993). Handlungsorientierte Medienarbeit: Video, Film, Ton, Foto. Weinheim: Juventa-Verlag.

Deutsches Jugendinstitut (Hrsg.). (1995). Handbuch Medienerziehung im Kindergarten. Band 2: Praktische Handreichungen. Opladen: Leske + Budrich.

Näger, Sylvia (1997). Kreative Medienerziehung im Kindergarten: Ideen, Vorschläge, Beispiele. Freiburg: Herder.

Schnoor, Detlev (1992). Sehen lernen in der Fernsehgesellschaft. Das pädagogische Prinzip der Anschaulichkeit im Zeitalter technischer Bilder. Opladen: Leske + Budrich.

2 Die Entstehung einer vertonten Geschichte – ein Beispiel eines Medienprojekts

Medienarbeit

Praktische Medienarbeit entwickelt sich immer über längere Zeiträume, die typische Prozesse mit sich bringen.

Wenn sich Kinder längere Zeit mit einem Thema beschäftigen, verarbeiten sie ihre Erlebnisse und Erfahrungen. Sie versuchen ihre Eindrücke zu sammeln und wieder umzusetzen.

Der **Weg eines Medienprojektes** soll hier am Beispiel des Themas „Drachenleben und Legenden" verdeutlicht werden. Dieses Projekt fand mit Kindern im Hortalter statt. Die wichtigen Phasen lassen sich auf die verschiedensten Einrichtungen übertragen. Es entstehen nacheinander drei Projektphasen.

In unserem Beispiel beginnt alles mit der Begeisterung einiger Kinder für Dinosaurier…

In der ersten Phase geht es den Kindern und Erzieher/-innen darum, Informationen über Dinosaurier **zu sammeln.**
Aus diesem Grund heraus ergibt sich der wichtigste **Lernraum der ersten Phase** – in diesem Beispiel ein Naturkundemuseum.
Da schon längere Zeit keine lebendigen Dinosaurier mehr gesehen wurden, ist es schwierig, anschauliches Material zu diesem Thema zu finden. Das Museum bietet den Grundstock für die sachlichen Informationen, die die Kinder suchen.

Die zweite Phase hat einen weniger sachlichen Charakter. **Das Interesse verlagert sich.**
Die Projektteilnehmer/-innen haben während der ersten Phase festgestellt, dass die Fossilien, die im Museum zu sehen sind, eine gewisse Ähnlichkeit mit ihren Vorstellungen von »Drachen« haben. Der Ausgangspunkt »Dinosaurier« war nicht mehr so wichtig. Alle Beteiligten interessieren sich nun viel mehr für die Legenden und Geschichten um die Fabelwesen herum. **Den Lernraum bildet die vertraute Einrichtung**.
Während der Auseinandersetzung mit den Geschichten zeigt sich immer deutlicher das Bedürfnis, die eigenen Fantasien greifbarer zu machen, sie zu visualisieren. Der Weg ist bald entschieden. Es soll eine Drachenfigur gebaut werden. Sie sollte Ähnlichkeit mit den chinesischen Straßendrachen haben, die einige Kinder

in einem Buch entdeckt hatten. Es wird tatsächlich ein große Drachenfigur gebaut. Das ist der Höhepunkt der zweiten Phase.

Die dritte Phase entsteht während der Arbeit an der Drachenfigur. **Die Teilnehmer/-innen sind in einem kreativen Prozess.**
Aus diesem Prozess heraus entsteht die Fantasie, wie schön es wäre, wenn der Drache »lebendig« würde. Einige »Realisten« winken enttäuscht ab. Sie sind der Meinung, dass es blödsinnig ist, über Dinge nachzudenken, die ohnehin nie eintreten können. Andere bringen ihre Erfahrungen mit ein. Es sind Teilnehmer/-innen dabei, die große mechanische Figuren in Erlebnisparks gesehen haben. Andere erzählen von Filmberichten, in denen gezeigt wurde, wie Fantasiefiguren im Film auf technischem Weg »lebendig« werden. **Der gemeinsame Tenor** ist: So etwas müssten wir auch machen können. **Die Idee:** Die Gruppe macht aus einem eigenen Text eine Diareihe, die dann noch vertont wird. **Der Lernraum »Medien« wird erschlossen.**

Die Umsetzung der dritten Projektphase vollzieht sich teilweise offen und teilweise vorgeplant.

Erster Schritt: Ein Hörspiel wird geschrieben.
Während der zweiten Phase des Projekts zeigt sich, dass die beteiligten Kinder sehr lebendige Vorstellungen des (Lerninhalts) »Drachen« entwickelten. Zwei Gruppenmitglieder haben die konkrete Idee, eine eigene Drachenlegende zu erfinden. Sie können noch ein weiteres Kind begeistern. **Die Kinder schreiben ein eigenes Hörspiel.** Darin lassen sie den Drachen sagen: „Ich bin gar nicht so schlimm!"
Obwohl alle bekannten Bestandteile eines Drachenmärchens verarbeitet sind, haben die Kinder nicht einfach irgendein Märchen vertont und bebildert (visualisiert). Sie haben gezeigt, wie sensibel sie für ihre eigenen Gefühle sein können. Solche Lerninhalte werden von Medienkritikern mit medienpädagogischer Arbeit wohl eher selten verbunden. Die Erzieher haben die Entstehung des Hörspiels zwar begleitet, griffen aber nicht in den Inhalt ein.

> *Die wesentlichsten Bestandteile der Medienarbeit sind in diesem Beispiel...*
> - ***das Erfinden einer »medientauglichen« Geschichte,***
> - ***das Experimentieren mit den Möglichkeiten des Mediums und seinen Wirkungen,***
> - ***Erlebtes und Emotionen einbringen und anwenden,***
> - ***die Wahrnehmung verändern und verschiedene Blickwinkel einnehmen. Mit den eigenen Augen sehen, durch die Kamera sehen. Mit eigenen Ohren hören, durch die Lautsprecher hören.***

Zweiter Schritt: Zum Hörspiel entsteht eine Fotogeschichte

Das Geschichten-Erfinden verläuft parallel zu dem Bau des Straßendrachens. Von einer Erzieherin wird vorgeschlagen, die Bauphasen zu fotografieren – als Erinnerung. Der Fotoapparat wird wohl für solche Zwecke in vielen Einrichtungen genutzt. Einige Kinder finden Spaß daran, selbst den Fotoapparat in die Hand zu nehmen.

Die Einzelaktionen werden nicht von einer Erzieherin/einem Erzieher koordiniert. Die Teilnehmer/-innen kommen von sich aus ins Gespräch und sind aus eigenem Antrieb tätig.

Die Erzieher/-innen arbeiten in den Teilprojekten mit. Die gemeinsame Linie entwickelt sich. Insgesamt sind schließlich vierzehn Kinder und zwei Erzieher/-innen an der Entstehung der vertonten Fotogeschichte beteiligt. Die Ideen werden zusammengeführt. Dies geschieht unter der Mithilfe der Erzieher/-innen, die als Gesprächsleiter/-innen viele Einigungsprozesse begleiten.

Eine wichtige **Entdeckung der Kinder** ist: Wir »können« fotografieren! Diese Erkenntnis wird von einer Erzieherin/einem Erzieher bekräftigt und fachlich erweitert. Eigene Kenntnisse sind ihre persönliche und fachliche Grundlage.

> *Folgende **Arbeitsschritte** werden vereinbart und durchgeführt:*
> *I. Die fertig geschriebene Geschichte wird grob in Szenen aufgeteilt.*
> *II. Für die einzelnen Szenen werden Kulissen und Kostüme gesucht und hergestellt.*
> *III. Jede Szene wird aus verschiedenen Perspektiven fotografiert.*
> *IV. Die ursprüngliche Geschichte wird in einen Sprechtext umgewandelt.*
> *V. Mehrere Tonproben finden statt.*
> *VI. Die Texte und der passende Tonhintergrund (Geräusche, Musik...) werden auf Tonband aufgenommen.*

Die Arbeitsschritte weisen Besonderheiten auf

Die einzelnen Szenen müssen von den Kindern »vorgedacht« (antizipiert) werden.
Das ist eine gedankliche Leistung, die selbst manchem Erwachsenen schwer fällt. Die Handlung muss nachvollziehbar sein. Die Umsetzung muss realisierbar sein...

Die Zusammenstellung der Kulissen und Kostüme steht wohl teilweise im Schatten der Perfektion, die gewohnte professionelle Medienangebote bringen können. Den Kindern wird bald klar, dass ihnen die Möglichkeiten dazu fehlen. Einige sind demotiviert. Erst durch das **Experimentieren** mit Fotoperspektiven kommt neuer Auftrieb.

Die Fotoarbeiten werden systematisch aufgebaut.
Nicht alle Kinder wollen den Apparat in die Hand nehmen. Viele fühlen sich vor der Kame-

ra wohler. Die **Lerninhalte werden** ihnen aber dennoch **deutlich.**

Jede Szene wird aufgebaut und dann in zwei Schritten fotografiert. Der erste Schritt ist ein Sofortbild. Das Bild wird betrachtet und seine Wirkung besprochen. Die Möglichkeiten, die unterschiedliche Blickwinkel bieten, können beim Fotografieren weit besser nachvollzogen werden als beim Filmen. Der Bildeindruck ist stabiler. Filmsequenzen dauern relativ kurz an. Das Foto kann beliebig lange betrachtet werden.

Die Fotoarbeit ist professionell.

Die eingerichteten Szenen werden bei Bedarf umgestellt, ins richtige Licht gerückt und sorgfältig fotografiert. Die Arbeit mit Stativen ermöglicht es, mehreren Kindern die jeweilige »Einstellung« zu verdeutlichen. Dieser technische Teil stößt auf großes Interesse.

Im zweiten Schritt wird die »beste« Einstellung mit einer Spiegelreflexkamera auf einen Diafilm aufgenommen.

Die Geschichte entwickelt sich aus den Bildern heraus weiter.

Auf Farbtafel 9 (Seite 161) sehen Sie die Zusammenstellung einiger Bilder, die im Rahmen dieses Projekts entstanden sind.

Während der aufgenommene Film bei der Entwicklung ist, kann der ursprüngliche Text anhand der Sofortbildersequenz weiterverarbeitet werden. Die Betrachter können sich mit der »neuen« medialen Quelle weiterentwickeln. Dieser Prozess steuert dem »normalen« Medienverhalten entgegen. Bilder werden, wie im Kapitel zur Mediennutzung erklärt wurde, in der Regel als Endprodukt verstanden und daher eher konsumiert. Hier stehen sie am Anfang. **Sie regen die Kinder an, ihre Gedanken weiterzuentwickeln.**

Die Kinder hätten ihrer ursprünglichen Geschichte nachtrauern und sich über die Medien aufregen können. Sie nutzen das Medium aber bewusst so, dass es ihre individuellen Interessen nicht beschneidet, sondern fördert.

Aufgaben und Rollen werden verteilt.

Die Schritte beim Umgang mit dem Medium Tonband verlaufen analog zum Fotografieren. Der technische Aufwand ist gering. Ein einfacher Radiorekorder dient als Aufnahmegerät. Wichtig ist nur, dass es möglich ist, Mikrofone anzuschließen. Da kein Mischpult zur Verfügung steht, wird jede Szene mehrmals geprobt und dann komplett aufgenommen. Die Aufnahme wird aufmerksam durchgehört. **Die Wirkung wird** auch hier **besprochen.** Der Vergleich mit den passenden Dias gibt dann den Ausschlag, ob eine Szene noch einmal aufgenommen werden muss oder so bleiben kann.

3 Grundlegende (medien-)pädagogische Überlegungen

Fakten

Die gerade beschriebenen Projektelemente verdeutlichen die Möglichkeit, verschiedene pädagogische Wege zu einem sinnvollen System zusammenzufassen.

Das in Kapitel 2 ausführlich dargestellte Beispiel bietet dafür ausführliches Anschauungsmaterial. In der Übersicht auf S. 160/169 sind vier pädagogische Kriterien herausgearbeitet, die sich als Projektelemente wiederfinden im Beispiel wiederfinden:

– Anschaulichkeit
– Aktvität
– Lebensnähe
– Kindgemäßheit

(Auf S.161 sehen Sie Bilder zum Projekt, bitte dann auf S. 169 weiterlesen.).

Projektelement	medienpädagogische Einbindung	Zum Beispiel »Dinosaurier«
Anschaulichkeit	*Der Zugang zu Medienprojekten sollte in erster Linie Lerninhalte betonen, die auf einem möglichst anschaulichen Weg aufgenommen werden können.* *Die Teilnehmer/-innen des Projekts setzen ihre Sinne ein, um sich einem Lerngegenstand anzunähern.*	*Das Thema »Dinosaurier« ist im obigen Beispiel nicht ganz zufällig gewählt. Dinosaurier sind nicht unmittelbar zugänglich. Sie können nicht einmal eben mit in den Hort gebracht werden, damit sich die Lernenden ein authentisches Bild von ihnen machen können. Anschaulichkeit im Sinne von originaler Wahrnehmung wäre hier überhaupt nicht möglich!* *Erzieher/-innen müssen davon ausgehen, dass es viele Lerninhalte gibt, die nicht einfach anschaulich gemacht werden können.* *Im »Medium« Museum wurde der Raum erforscht. Erdgeschichte wurde lebendig. Die Kinder setzten sich mit einem Lernobjekt auseinander.*
Aktivität	*Die Teilnehmer/-innen sammeln auf unterschiedlichsten Wegen Informationen, die sie brauchen.*	*In der zweiten Phase des Projekts wird ganz deutlich, dass Kinder in der Lage sind, mit ihren Möglichkeiten konkret greifbare Umsetzungswege zu finden und diese zu gehen. Sammeln, Forschen, Nachdenken, praktisches Tun – das sind Elemente eines Prozesses, die sich gegenseitig bedingen.*
Lebensnähe	*Eine Lebensnähe ist dadurch gegeben, dass die Teilnehmer/-innen aus eigenem Interesse heraus handeln. Sie bauen aber sehr wohl kognitive Strukturen auf, beispielsweise Verbindungswissen, mit dem sie in anderen Lebenssituationen etwas anfangen können.*	*Vielleicht können die Kinder mit den Lerninhalten über Dinosaurier nicht sehr viel im späteren Berufsleben anfangen, aber die Kinder kamen von sich aus auf den Gedanken, Dinosaurier und Drachen zu vergleichen. Das ist eine hohe kognitive Leistung. Piaget nennt diesen Prozess formallogische Operationen. Die Kinder denken über die konkret vorgefundenen Umwelteindrücke hinaus. Im »Medium« Drachenbau fand eine Auseinandersetzung mit Geschichten statt. Fantastische und kreative Kräfte wurden geweckt und genutzt. Es wurde tatkräftig gehandelt. Der Drache wurde mit Menschenkraft bewegt – ein Erlebnis, das die Kinder auf andere »technisch-mediale Ideen« brachte.*

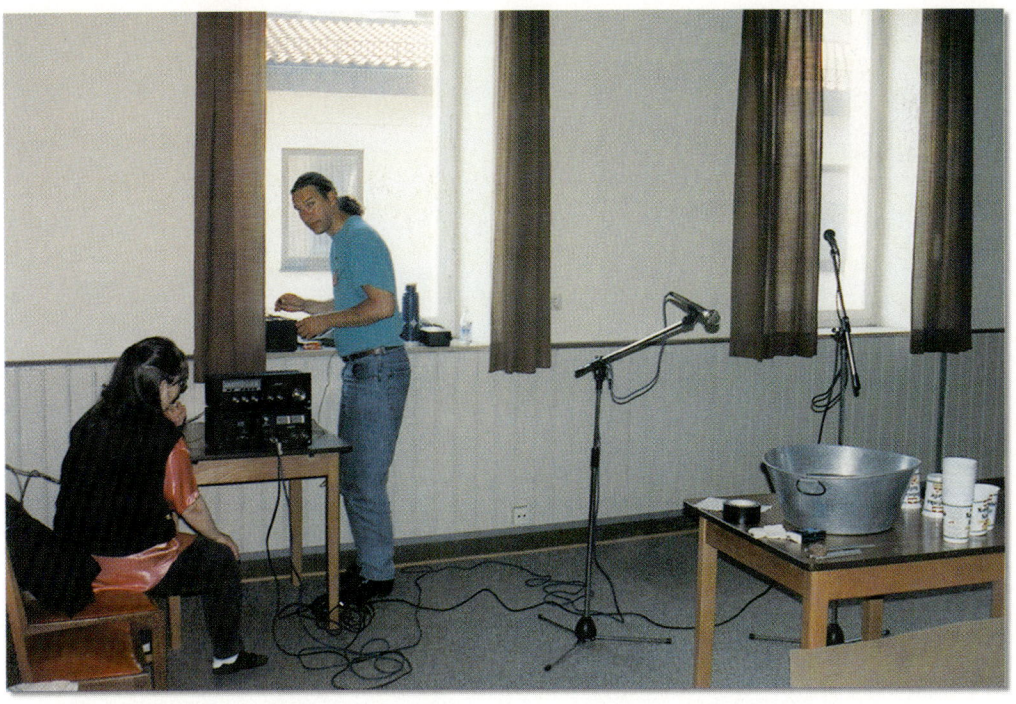

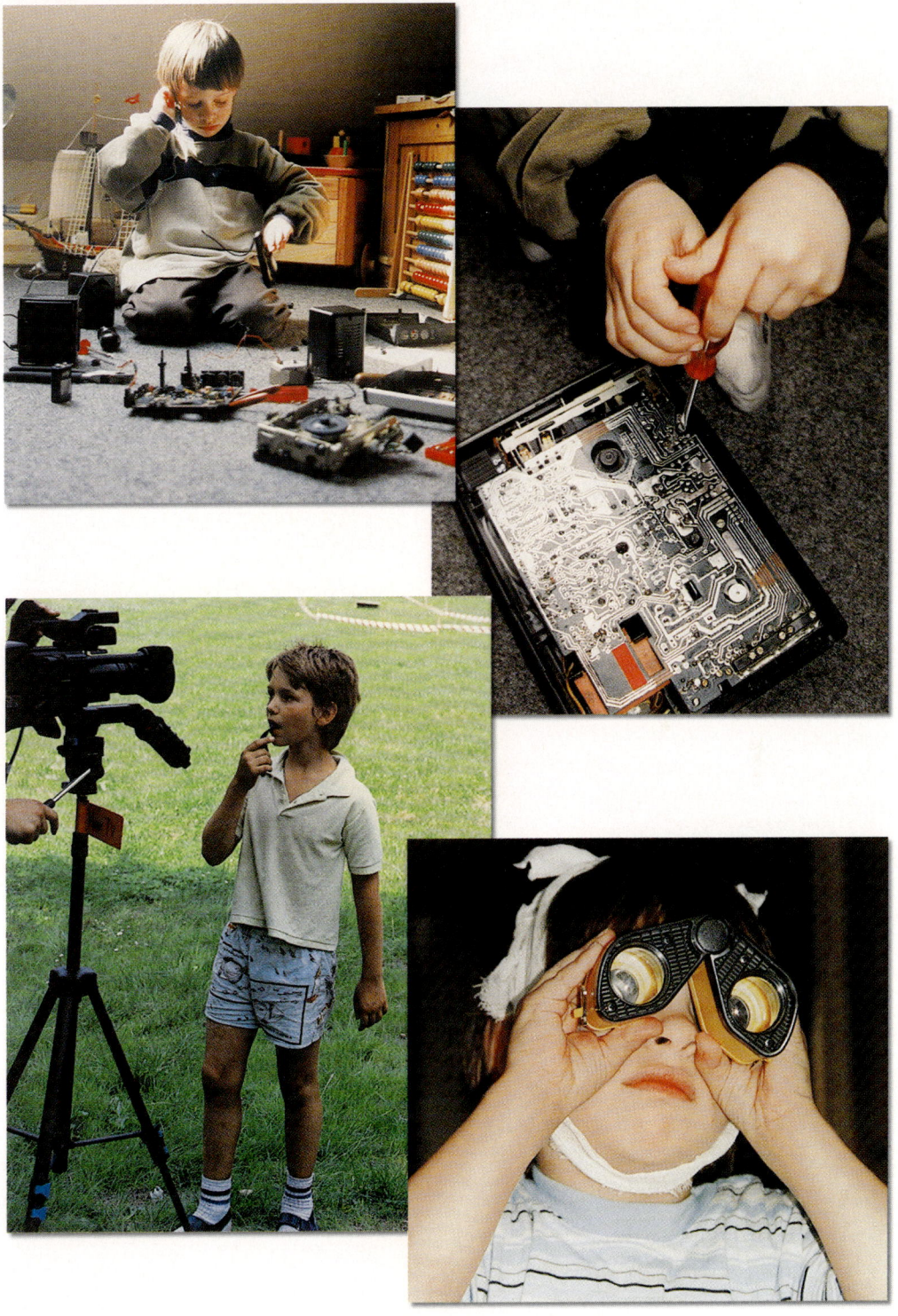

Recorded at	Villa-Studios
Engineered by	Frank Jäger
	Alex Markovic
	Thomas Kohn
	Petra Dennig-Epp
Cover designed by	Simon Layh
	Frank Ronacher
Booklet designed by	Torsten Schröter
	Frank Jäger

All songs written by the bands

SEARCHING FOR A LUCKY LIFE

Lynn Kumberg - Vocals, Guitar
(Am Stützel 1 / 76316 Malsch / Tel. 07246-91977)

Additional Musicians:
Thomas Kohn - Bass
Heiko Müller - Drums

| Kindgemäßheit | Die Verlagerung von Interessen zeigt, dass sich Lerninhalte und Lernmethoden auch dann an den Möglichkeiten und Fähigkeiten der Teilnehmer/-innen orientieren können, wenn diese nach ihrem eigenen inneren Antrieb Lerninhalte aussuchen und verarbeiten. | Das »Medium« Drachenbau ist in diesen Prozess ebenso integriert wie die technischen Medien, die in der dritten Phase die wesentliche Rolle spielen. Ohne sie könnte das gewachsene Bedürfnis, die »Drachen lebendig zu machen«, nicht erfüllt werden. |

Anregung

Diskutieren Sie im Kurs, weshalb dieses Beispiel ein Plädoyer für medienpädagogische Arbeit im Alltag ist.
Wie hängt medienpädagogische Arbeit mit anderen pädagogischen Konzepten zusammen? Welche Lernbereiche spielen in dem Beispiel eine Rolle?

Der Weg zu einem kritischen und selbstständigen Umgang mit Medien

Die vier Ebenen der praktischen Auseinandersetzung mit Medien:

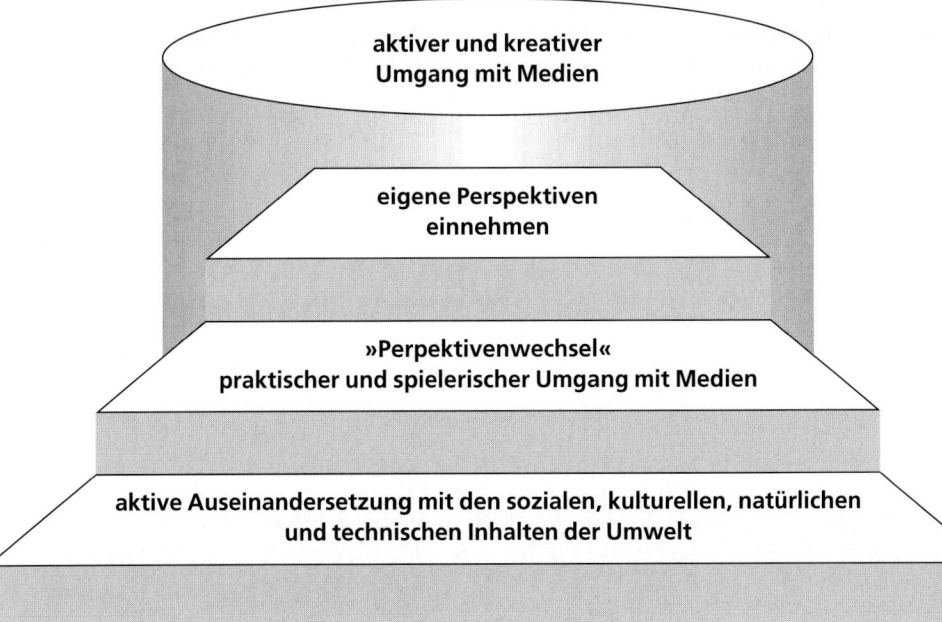

aktiver und kreativer
Umgang mit Medien

eigene Perspektiven
einnehmen

»Perpektivenwechsel«
praktischer und spielerischer Umgang mit Medien

aktive Auseinandersetzung mit den sozialen, kulturellen, natürlichen
und technischen Inhalten der Umwelt

Medienarbeit

Die Ebenen beschreiben die Phasen, in denen sich Menschen mit Medien auseinander setzen können. Zugleich dienen sie zur Orientierung bei der didaktisch-methodischen Planung der medienpädagogischen Arbeit mit Kindern, Jugendlichen und Erwachsenen.

Aktive Auseinandersetzung mit sozialen, kulturellen, natürlichen und technischen Inhalten der Umwelt

Die pädagogische Auseinandersetzung mit Medien beginnt mit ihrer aktiven Nutzung.
Kinder und Jugendliche nutzen Medien überwiegend alleine oder in der Familie. Sie bringen ihre unterschiedlichen Erfahrungen mit in die Einrichtung. Die pädagogische Begleitung kann an diesen Erfahrungen ansetzen oder bewusst gemeinsame Erfahrungen schaffen.

Ein Beispiel…
Eine Erzieherin fragt im Stuhlkreis: „Was habt ihr euch denn am Wochenende angeschaut?"
Oder
Eine Erzieherin schaut sich gemeinsam mit den Kindern einen Film an und bespricht ihn anschließend.

Die gemeinsame Interpretation von Medieninhalten ist eine praktische Möglichkeit, die Medienwirkungen auf Kinder, Jugendliche oder Erwachsene greifbar zu machen.

Um brauchbare von unbrauchbaren oder gute von schlechten Medien unterscheiden zu können, müssen diese fassbar sein.

Erzieher/-innen machen Medien zugänglich, indem sie…
* Medien auswählen, die gemeinsam mit einer Gruppe aufgearbeitet werden können,
* Zeit und Räume vorbereiten, in denen die Medien genutzt werden können,
* Medienmaterial (z.B. Videofilme) und die entsprechende Technik (z.B. Fernsehapparat und Videorekorder) organisieren,
* zusätzliches Material sammeln und für die Verarbeitung der Medieneindrücke zur Verfügung stellen.

Erzieher/-innen organisieren die Verarbeitung der Medieninhalte, indem sie…
* Lernziele auswählen,
* Bedingungen und Bedürfnisse der Adressaten berücksichtigen,
* die pädagogischen Methoden und die spezifischen Möglichkeiten der jeweiligen Medien kombinieren.

»Perspektivenwechsel« – praktischer und spielerischer Umgang mit Medien (am Beispiel Film)

Die Gruppe beschäftigt sich auf Anregung der Erzieherin mit einem Medium, sie schaut sich beispielsweise einen Videofilm an. Die Erzieherin hat genau diesen Film aus einer Videothek besorgt, da er vor einigen Tagen im Fernsehen zu sehen war. Manche Kinder hatten davon erzählt, weshalb es sinnvoll erschien, ihn noch einmal gemeinsam anzuschauen.

Die Methode – Gruppengespräch
Nachdem der Film zu Ende ist, lässt die Erzieherin etwas Zeit, damit sich die Inhalte bei den Kindern setzen können. Danach gibt sie Impulse, die das Gespräch in Gang setzen. Die ersten Äußerungen werden gesammelt und sortiert. Die Erzieherin schreibt die wichtigsten Punkte auf.
Verschiedene Meinungen werden diskutiert. Die Kinder setzen sich gleichzeitig mit dem Inhalt und den Interpretationen anderer auseinander. Dadurch erweitern sie ihren eigenen Standpunkt.
Beispielhafte Impulsfragen…
* Was ist für euch an diesem Film bemerkenswert?
* Erinnert euch der Film an etwas, das ihr schon erlebt habt?
* Wie hat euch die Figur XYZ gefallen?
* Was würdet ihr tun, wenn ihr die Filmhandlung selbst erleben würdet?

Die Methode – »Filmriss«

Bevor der Film (oder ein anderes Medium) mit der Gruppe angeschaut wird, muss sich die Erzieherin mit dem Inhalt vertraut machen (vgl. Beurteilung von Medien). Die Analyse des Films macht verschiedene Handlungsabschnitte deutlich.

Während der Präsentation kann der Film an einer passenden Stelle angehalten werden. Die Gruppe hat die Aufgabe, sich über den Fortgang Gedanken zu machen…

- Die Kinder, Jugendlichen oder Erwachsenen können das Ende weitererzählen und werden mit dem tatsächlichen Verlauf überrascht.
- Die Kinder, Jugendlichen oder Erwachsenen können aufgefordert werden, die Rollen der handelnden Personen aufzuteilen und die Handlung selbst weiterzuspielen.

…

Die Methode – Rollenspiel

Das Rollenspiel ist eine altbewährte Methode, um Medieneindrücke zu verarbeiten. Sie eignet sich vor allem dann, wenn Gruppen wenig Übung mit Gesprächen haben oder aktives Erleben im Spiel sinnvoller erscheint als die kognitive Auseinandersetzung in einer Diskussion.

Die Methode – kreativ gestalten

Eine andere klassische Methode ist die kreative Umsetzung von Medieneindrücken durch Gemälde, Collagen, Legebilder, Plastiken, Tanz …

Kinder, Jugendliche oder Erwachsene werden angeleitet, ihre Eindrücke mit Farben, Formen oder Bewegung umzusetzen. Dieser Prozess kann mit entsprechenden Materialien gesteuert werden.

Eigene Perspektiven einnehmen

Kinder, Jugendliche und Erwachsene erweitern eigene Perspektiven, wenn sie sich mit anderen austauschen oder ihre bisherigen Positionen überdenken. Die Auswahl der gerade beschriebenen Methoden beinhaltet diese beiden Richtungen…

- Kinder, Jugendliche oder Erwachsene führen Gespräche, hören Meinungen und tauschen sich aus. Dieser Austausch funktioniert nur unter folgenden Bedingungen:
  1. Die Gruppe ist überschaubar, das heißt alle können zu Wort kommen. Ein Richtwert ist, maximal zwölf Personen in einer Gruppe zusammenzufassen, sechs bis acht Personen sind optimal.
  2. Die Gruppenmitglieder bringen einander grundsätzlich Vertrauen entgegen. Dann werden auch eigene und nicht nur sozial erwünschte Meinungen geäußert.
- Kinder, Jugendliche oder Erwachsene setzen sich mit den eigenen Einstellungen auseinander. Das freiwillige Interesse an den Inhalten und die Bereitschaft, seine Perspektive zu überdenken, ist hier die Grundbedingung.

Aktiver und kreativer Umgang mit Medien

Die Erweiterung persönlicher Einstellungen hat neue Blickwinkel, neue Interessen, Neugier und viele andere aktivierende Kräfte zur Folge.

Kinder und Jugendliche entdecken in besonderem Maße neue Fragen, die sie beantwortet haben wollen…

- Wie funktioniert das?
- Warum wirkt das so?
- Kann ich das auch?
- …

Das Interesse der Kinder und Jugendlichen bezieht sich sowohl auf Inhalte als auch auf die technischen Hintergründe der Medien.

Die Fragelust und der Wissensdrang werden durch den praktischen Umgang mit Medien befriedigt.

Anregung

Um sich Medien für die aktive Auseinandersetzung zugänglich zu machen, braucht jede Schule einen entsprechenden Bestand. Überlegen Sie, sofern das nicht schon geschehen ist, neben der Einrichtung einer Bibliothek auch die Einrichtung einer Mediothek bzw. Videothek (in der Hörmedien und Videofilme für die Arbeit bereitstehen).

Suchen Sie einen Film für Kinder oder Jugendliche aus. Für Kinder könnte es ein relativ kurzer Zeichentrickfilm sein, wie z.B. „Popov und die Geschichte vom Schloss", enthalten in der Serie „Janoschs Traumstunde, (1986, 13 Minuten, Regie: Jürgen Egenhoff). Für Jugendliche wäre ein Film denkbar wie „Die Welle" (1981, 43 Minuten, Regie: Axel Grasshoff). Dies ist ein Film zu einem Experiment über die Beeinflussbarkeit junger Menschen.

Sammeln Sie zu dem gewählten Film Lernziele. Formulieren Sie diese Ziele auf einer möglichst greifbaren Ebene.

Wählen Sie konkret umsetzbare Schritte, die mit einer Gruppe von Kindern oder Jugendlichen zu den Zielen führen können.

Entscheiden Sie sich für eine oder mehrere der oben aufgezeigten Methoden (Gruppengespräch, Filmriss, …). Setzen Sie die Methode bei der Reflexion des Films praktisch ein und achten Sie vor allem auf die Gesprächsverläufe. Wie können Sie, als Moderator/in des Gesprächs, auf den Verlauf konkret Einfluss nehmen?

Literaturtipp

Aktion Jugendschutz, Landesarbeitsstelle Bayern e.V.; Kath. Landesarbeitsgemeinschaft Kinder- und Jugendschutz NRW e.V.; Landesarbeitsgemeinschaft Kinder- und Jugendschutz Thüringen e.V. (Hrsg.). (1994). Mit den Kindern gegen das „Mediensyndrom". Soziales Lernen und Medienerziehung im Hort. München: aj Landesarbeitsstelle Bayern e.V.

Bachmair, Ben (1993). TV-Kids. Ravensburg: Otto Maier Verlag.

Feil, Christine (1993). Das kindliche Fernsehpublikum. Gespräche und Spiele im Kindergarten. In: Deutsches Jugendinstitut (Hrsg.). Was für Kinder. Aufwachsen in Deutschland. S. 392 – 401. München: Kösel-Verlag.

Gottberg, Joachim von (Hrsg.) (1997). Kinder an der Fernbedienung: Konzepte und Kontroversen zum Kinderfilm und Kinderfernsehen. Berlin: Vistas.

Hönge, Folger (1994). Fernsehen und Video. Aspekte aus der Medienpraxis. Rheinfelden: Schäuble-Verlag.

4 Aktive und kreative Medienarbeit

4.1 Die Auseinandersetzung mit Technik

Nachschlagen

Die Erfindungskraft hat in der Menschheitsgeschichte zur Entwicklung technischer Systeme geführt. Der Antrieb zu deren Entwicklung war und ist der Wunsch, das Leben von schwerer körperlicher Arbeit, Nahrungsmangel, Kommunikationsschranken oder anderen materiellen und ideellen Lasten zu befreien.

Das 20. Jahrhundert hat wie keine andere Epoche zuvor mit einer Heftigkeit Veränderungen mit sich gebracht.
Die Entwicklungen machen vor keinem Lebensbereich Halt. Zu Beginn des technischen Zeitalters stand das technische Interesse im Mittelpunkt. Wie lassen sich technische Vorgänge erklären und wie können sie beeinflusst werden?

Am Ende des 20. Jahrhunderts scheint alles erfunden und erklärt zu sein, was technisch machbar ist. Um 1900 war ein Flugzeug über der Stadt noch eine Sensation. Um 2000 wird es noch nicht einmal mehr von kleinen Kindern lange registriert. Das Interesse an Technik hat sich gewandelt. Das Augenmerk liegt auf der Beziehung zwischen Technik und Mensch:
– Wie verändert Technik soziale Strukturen.
– Welchen Einfluss hat sie auf die natürliche Umwelt?
– Wie groß ist ihr Einfluss auf das Bewusstsein der Menschen? …

Technologien, die sich verändern, steuern gleichzeitig soziale, wirtschaftliche und politische Lebensbedingungen.

Die allgemeinen Einschätzungen über die Auswirkungen von Technologien liegen ebenso weit auseinander wie die speziellen Theorien zu der Wirkung von Medien.

Ein Vorurteil über Menschen in sozialen Berufen besagt, dass sie technologiefeindlich sind oder sich zumindest so geben.

Ein Gespräch während einer Fortbildung:
„Meine Kollegin weigert sich, einen Kassettenrekorder anzufassen. Wir wollten zum Sommerfest einen Tanz einüben. Ich hatte ein schönes Lied auf einer Kassette gefunden und sie gebeten, mit den Kindern zu tanzen. Stellen Sie sich vor, sie bestand darauf, die Melodie zu singen. Sie begegnete dem Gerät mit größten Aversionen. Ich hatte fast den Eindruck, sie würde sich ekeln." – „So etwas kenne ich auch! Ich hatte einmal mit einer Kollegin zu tun, die alle technischen Medien generell ablehnte. Sie hatte selbst weder einen Fernsehapparat noch ein Radio oder sonst irgendein technisches Gerät zu Hause. Sie brühte sogar den Kaffee von Hand auf!" – „Ich bin fest davon überzeugt, dass viele solcher Menschen in sozialen Berufen stecken."

Die Menschen, die in eine Gesellschaft hineinwachsen, haben ein Recht darauf, dass in ihrer Sozialisation alle gesellschaftlichen Bereiche beleuchtet werden.
Die Pädagoginnen und Pädagogen, die sich diesen Anspruch auf ihre Fahnen schreiben, müssen sich an Technik und speziell an Medientechnologien heranwagen. Der technische Aspekt muss nicht überbewertet werden, aber er darf auch nicht ausgeklammert sein.

Die entscheidende Prämisse ist: Technisches Verständnis unterstützt das allgemeine Medienverständnis. Verstehende und erkennende Menschen sind autonom!

PRAXIS – TECHNIK

Medienarbeit

Das Zoetrop (zoê = Leben)

Das Zoetrop ist ein optischer Apparat. Bild-streifen werden in eine drehbare Trommel mit Schlitzen gelegt. Beim Blick durch die Schlitze des sich drehenden Zoetrops scheinen die Bilder in Bewegung zu geraten.

Bauanleitung:
1. Ein Bilderstreifen wird gemalt

Gesamtlänge 30 cm; Höhe 3,5 cm; Breite eines Kästchens 2,5 cm

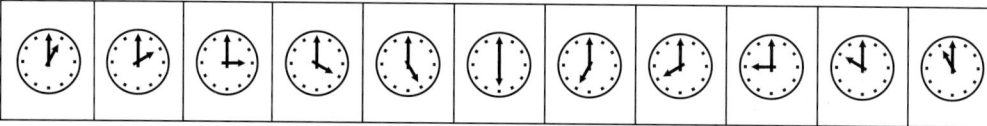

2. Der Bilderstreifen wird an den Enden von hinten mit Klebeband zusammengeklebt.

3. Ein schwarzer Papierstreifen mit 31 cm Länge und 6,5 cm Höhe (+ 1,5 cm Rand) wird in regelmäßigen Abständen (2,6 cm) vom oberen Rand aus mit Schlitzen versehen. Ein Schlitz ist 4 mm breit und 2,5 cm tief.

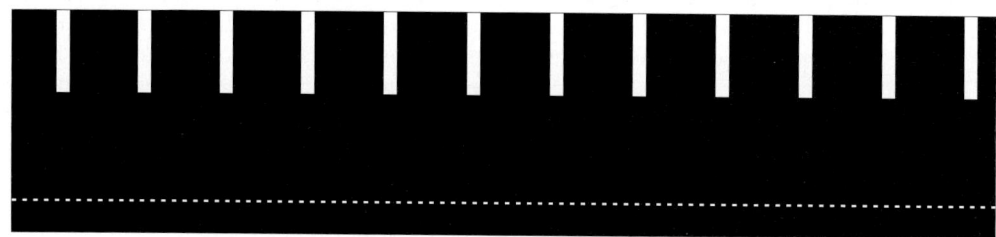

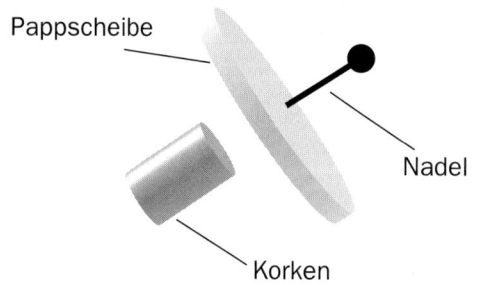

Pappscheibe

Nadel

Korken

4. Der schwarze Streifen wird ebenfalls an den Enden zusammengeklebt und auf einer schwarzen Pappscheibe mit einem Durch-messer von 10,5 cm befestigt. In der Mitte der Scheibe ist ein Loch, durch das eine Nadel geführt wird. Die Nadel wird in einen Korken gesteckt, und zwar so, dass sich die Scheibe gut drehen lässt.

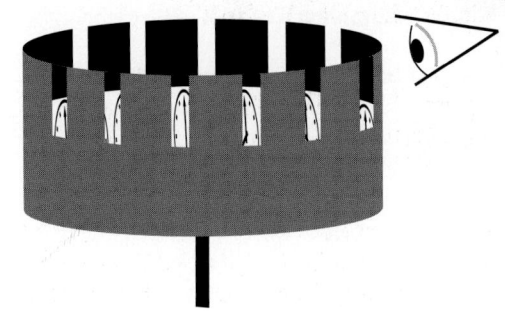

5. Der Bilderstreifen wir in die Innenwand der Trommel gelegt. Die Trommel wird gedreht (nicht zu schnell!) und die Bilder werden „lebendig".

Der Tipp: »Flohmärkte«

Das Urteil: Die Kassen von Kinder- und Jugendeinrichtungen sind chronisch leer und die Arbeit mit Medien kostet Geld.

Viele praktische Anregungen zur aktiven Medienarbeit sind tatsächlich mit Kosten verbunden. Das sollte aber niemanden davon abhalten, Medien in den pädagogischen Alltag zu integrieren.

Eine unerschöpfliche Quelle sind die Flohmärkte. Von Brillengläsern und Spiegeln über Klingeln, Mikrofone und Lautsprecher bis hin zu Fotoapparaten, Fernsehgeräten und Videospielen gibt es alles, was das Herz begehrt – zu annehmbaren Preisen.

Die wichtigsten Regeln sind:

*   Suchen Sie nie etwas Bestimmtes, das wird teuer.
*   Stöbern Sie regelmäßig auf den Flohmärkten und vergleichen Sie die Preise.
*   Testen Sie die Geräte vor Ort, um sicher zu sein, dass sie auch funktionieren.
*   Handeln Sie, so gut es geht. (Erwähnen Sie nebenbei, dass Sie für den Kindergarten, Hort oder das Jugendhaus unterwegs sind!)

Auf Farbtafel 12 (S. 164) sehen Sie „Flohmarkt-Highlights", die für die medienpädagogische Arbeit mit Kindern bereits genutzt wurden.

*   Das Polyfon ist der „CD-Player" des letzten Jahrhunderts. An der Unterseite der Metallplatte sind deutlich kleine Wölbungen zu erkennen. Diese „Nasen" treiben die Klangstäbchen einer Spieluhr an. Die Kinder sind von dem Klang des kleinen Holzkastens begeistert.

*   Das Grammofon ist technisch ähnlich einfach aufgebaut. Ein Nadel nimmt die Schwingungen von der Schallplatte ab und überträgt sie auf eine kleine Membrane. Die Schwingungen werden durch einen Trichter weitergeleitet.
    Eine Übung:
    Mit einem Bogen Papier und einem Streichholz können sich Kinder die Wirkung einer Membrane verdeutlichen. Das Streichholz wird an einem Ende angespitzt und am anderen Ende gespalten. Das Papier wird in den Schlitz gesteckt. Die Spitze des Streichholzes wird nun auf eine sich drehende Schallplatte gehalten. Die Musik ist laut und deutlich zu hören! Das Streichholz überträgt – wie die Grammofonnadel – die seitlichen Ausschläge auf das Papier. Das Papier wird in Schwingung versetzt. Diese Schwingungen werden als Schallwellen durch die Luft zum Trommelfell transportiert.

*   Die Fotoapparate stammen aus den 20er-Jahren. Sie veranschaulichen, dass Kameras tatsächlich auf dem einfachen Prinzip der Camera obscura beruhen. Eine Linse ist an einem gefalteten, beweglichen Gehäuse angebracht. Wenn die Rückwand weggeklappt und kein Film eingelegt ist, können die Kinder mit dem besonderen Blickwinkel durch das Objektiv experimentieren.

Selbst eine alte Filmkamera, die nicht mehr funktioniert, aber für drei Euro erstanden wurde, kann noch ein exzellentes Requisit für Rollenspiele oder eine Filmproduktion sein.

Kinder erforschen Technik

Forscherinnen und Forscher wurden zu ihrer Zeit oft verlacht, angefeindet oder ignoriert. Einige wurden mit Kirchenbann belegt und andere nach weltlichem Recht verurteilt. Sie haben dennoch unermüdlich und unbeirrbar ihr Leben der Forschung geweiht.

Kinder, die experimentieren, gehen der Wahrheit Stück für Stück auf den Grund. Sie ergründen Geheimnisse und schaffen sich eine Grundlage, auf der sie Neues entdecken und schaffen können.

Farbtafel 13 (S. 165) zeigt oben links ein Kind, das mit einem ausgedienten Anrufbeantworter experimentiert. Es hat den Lautsprecher ausgebaut und mit einem alten Radio verbunden. Es hat auf das Zahnrad, das normalerweise das Tonband transportiert, eine kleine Figur gesetzt, die sich dreht, sobald ein bestimmter Knopf gedrückt wird. Danach wurde der Elektromotor ausgebaut und mit ihm weiter experimentiert…

Diese Farbttafel hält noch andere Begegnungen von Kindern mit Technik fest. Dabei ist natürlich darauf zu achten, dass Kinder immer nur altersgemäße Geräte in die Hand bekommen – altersgemäß in dem Sinn, dass keine Unfälle entstehen oder Umweltgifte freigesetzt werden können (bitte bei Elektronikschrott aufpassen, dass keine mit Chemikalien gefüllten Bauteile vorhanden sind). Dies sollte sich so regeln lassen, dass die Experimentierfreude nicht beeinträchtigt wird.

Es ist relativ leicht, aus einem Buch die technischen Informationen zu einem bestimmten Medium zu erhalten. Zu gegebener Zeit wird diese Informationsquelle auch zur Hand genommen. Zuvor gewinnt das Kind jedoch seine eigenen Erkenntnisse. Und diese aus eigener Kraft gewonnenen Erkenntnisse sind neu und einmalig! Jede Erkenntnis, die ein Kind für sich neu erschließt, ist eine Entdeckung, auch wenn das Patent bereits Jahrzehnte angemeldet ist.

Ein Tonstudio wird eingerichtet

Kellerräume werden von Erzieher/-innen oft nicht sehr gerne genutzt. Sie sind dunkel und die Verbindung zur Außenwelt ist schlecht. Dies sind aber die idealen Bedingungen für ein Tonstudio. Auf Farbtafel 11 (S. 163) ist oben zu sehen, wie eine minimale Ausstattung in einem normalen Raum aussehen kann.

In ein besseres Tonstudio sollten allerdings möglichst wenig Geräusche von außen eindringen. Der Raum sollte deshalb etwas abseits liegen, damit nicht ständig jemand hereinplatzt.

In dem Tonstudio befinden sich mindestens drei Bereiche: Technik-/Regie-Bereich, Geräusche-Bereich und Aufnahme-Bereich.

Im Technik-/Regie-Bereich…
fließen alle Kabel zusammen. Hier steht das Aufnahmegerät und ein Mischpult (falls vor-

handen). Ein/e Techniker/in und ein/e Regisseur/in koordinieren die Tätigkeiten rund um die Aufnahme.

Im Geräusche-Bereich…
werden alle Geräusche produziert. Sie können entweder von Band (Schallplatte oder CD) eingespielt oder „live" produziert werden.

Im Aufnahme-Bereich…
befinden sich die Mikrofone. Zwei Mikrofone wären aus mehreren Gründen ideal: Die Produktion ist sicherer, wenn zwei Mikrofone gleichzeitig aufzeichnen. Selbst wenn eines ausfällt, muss eine Sequenz nicht noch einmal aufgezeichnet werden.
Mit zwei Mikrofonen kann auch stereo aufgenommen werden. Das ist zwar nicht ganz einfach, aber die akustischen Effekte erhöhen das Hörvergnügen.

Grundausstattung:
- ein Tonbandgerät, zur Aufnahme
- ein (Stereo-)Mikrofon
- ein Kassetten/Schallplatten/CD-Spieler, mit dem Geräusche aus dem Archiv eingespielt werden können

- verschiedene Utensilien, mit denen Geräusche „live" produziert werden können
- passende Kabel
- ausreichend Tonbänder (Kassetten)

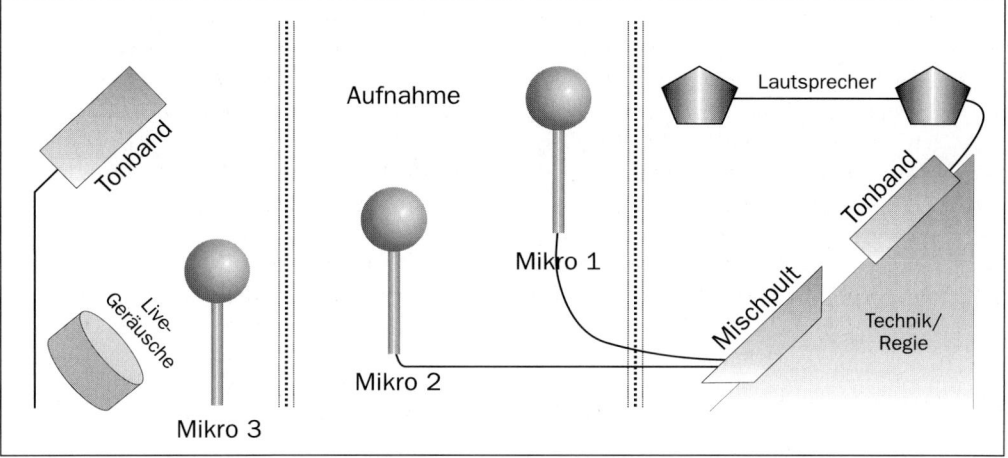

Die Grundausstattung eines Fotolabors

Die Einrichtung eines Fotolabors muss gut überlegt sein. Dieser Schritt lohnt sich nur dann, wenn es relativ oft genutzt wird. Die meisten Entwicklungsarbeiten können durch Großlabors geleistet werden. Die Kosten sind bei einmaligen Projekten wesentlich niedriger, als die eigene Dunkelkammer.

Als Fotolabor dient ein Raum, der ganz verdunkelt werden kann. Er muss zudem sehr sauber sein, damit kein Staub oder Schmutz auf die Filme kommen kann. Badezimmer sind besonders gut geeignet, da sie meist mit abwaschbaren Wänden und Böden ausgestattet sind. Zudem haben sie fließendes Wasser, ein weiteres wichtiges Element in einem Fotolabor.

Für die Herstellung von Scharzweiß-Abzügen braucht es…

- eine Dunkelkammerleuchte, die gerade so viel Licht abgibt, dass etwas zu sehen ist, aber das Fotopapier nicht ungewollt belichtet wird,
- eine Belichtungsschaltuhr, um die richtige Belichtungszeit einzuhalten,
- ein Vergrößerungsgerät und Vergrößerungsrahmen,
- Entwicklungsdosen,
- verschiedene Schalen, für die Entwicklung, Fixierung und das Waschen der Fotos,
- Entwickler und Fixierflüssigkeit,
- Fotopapier,
- Halterungen zum Trocknen der Filme und Fotos,
- …

Wer ein Fotolabor einrichten möchte, sollte sich von einem Profi beraten lassen und zusätzlich Literatur sichten. Die Ausstattung kann auch gebraucht gekauft werden!

4.2 Fernsehproduktion

Fakten

Das Fernsehen sendet aus einer Fernsehanstalt Bilder und Töne gleichzeitig an einzelne Empfangsgeräte. Der Mittelpunkt der Fernsehanstalten sind Produktionsstudios, in denen die Bilder und Töne produziert, gesammelt, aufbereitet und zur Ausstrahlung bereitgestellt werden.

Über Sendeanlagen werden Bild- und Tonsignale getrennt ausgesendet und in den Fernsehgeräten wieder kombiniert. (Aus diesem Grund kann manchmal zwar ein Bild, aber kein Ton empfangen werden.)

Ein typisches Fernsehstudio hat eigene Kameras und Geräte, die Film-, Bild- und Tonaufzeichnungen verarbeiten können.

In Regieräumen werden die verschiedenen Elemente einer Sendung technisch und inhaltlich bearbeitet. Im Gegensatz zu einer Film- oder Videoproduktion (vgl. Seite 218) müssen Fernsehregisseure rasch reagieren, besonders wenn die Produktionen „live" (= direkt, original) gesendet werden.

Einen Blick in professionelle Studios bzw. Aufnahmebereiche, so wie man Ausschnitte auch im Fernsehen direkt sieht, bietet Farbtafel 10 (Seite 162)

Ein Fernsehprogramm setzt sich aus Direktübertragungen (z.B. Nachrichten, Live-Shows, Live-Reportagen…) und Archiv-Einspielungen (z.B. Spielfilme, Dokumentationen, Aufzeichnungen von Shows…) zusammen. Die Programmauswahl liegt in der Hand der Redaktionen. Die Redaktionen setzen sich aus unterschiedlichen Ressorts (= Arbeitsbereiche) zusammen (vgl. Journalismus).

Zu den Fernsehressorts zählen beispielsweise…
- Tagesgeschehen und wichtige Ereignisse (= Aktuelles),
- Politik (getrennt nach Innen-, Außen-, Gesellschafts-, Bildungs- Wirtschafts- oder Umweltpolitik),
- Kultur,
- Wissenschaft,
- Sport,
- Kinder, Jugend und Familie,
- Magazine,
- Film und Fernsehspiel,
- Serien,
- Unterhaltung,
- Werbung.

Die Vertreter/-innen der Ressorts bringen ihre Ideen und Interessen ein. Die Zusammenstellung des Programms berücksichtigt journalistische Prinzipien und die Bedürfnisse der Zuschauerinnen und Zuschauer (vgl. Fernsehforschung).

4.3 Die Hörspielproduktion und die Hörspieltechnik

Medienarbeit

Das Schreiben
Wenn ein Manuskript entsteht, müssen die Autoren die Produktionsmöglichkeiten mit bedenken. Die meisten Kinder- und Jugendeinrich-

tungen sind nicht so gut materiell ausgerüstet, dass sie über Schneidegeräte, Mikrofone, Computer oder gar Geräuschmaschinen verfügen. Ein einfacher Rekorder bietet auch schon eine Reihe interessanter Möglichkeiten.

Ein Hörspiel beginnt bei den Autoren, entsteht in der Produktion und formt beim Anhören Bilder und Gedanken bei den Hörerinnen und Hörern. Kinder und Jugendliche können neue Stücke erfinden oder bekannte Stücke, z.B. ein Bilderbuch, weiterverarbeiten.

Was kann überhaupt vertont werden?

Berichte, Dialoge, Gedichte, Zitate, Theaterstücke, Filme, Bilderbücher, Comics usw. und jede Mischform aus diesen Bereichen eignen sich prinzipiell für ein Hörspiel.

Sowohl dokumentarische als auch literarische Inhalte sind brauchbar.

Gesprochene Worte

Im Gegensatz zum Film muss im Hörspiel der Dialog helfen, das Unsichtbare nachzuvollziehen. Dies ist ein wesentlicher Unterschied zum sichtbaren Spiel im Theater oder Film, wo neben der Sprache auch optische Darstellungsmittel zur Verfügung stehen. Gesprochene Worte geben im Hörspiel Hinweise auf Personen, Raum und Situation und regen die Fantasie der Hörerinnen und Hörer an. Der Rhythmus und Klang der Worte hilft, sich in die Handlung hineinzudenken und mitzuempfinden.

Den Worten und der Vertonung liegt ein Manuskript zu Grunde. Solche „Drehbücher" können gekauft werden. Kinder und Jugendliche können sie aber auch selbst schreiben und weiterentwickeln. Die Sprache trägt ein Hörspiel. Beim Film ist sie nur ein Teilbereich, der die Intention des Stückes vermittelt. Die Hörspielsprache muss wesentlich intensiver und anschaulicher sein.

Ein Manuskript sollte von mehreren Kindern, Jugendlichen und Erzieher/-innen gelesen werden, bevor es weiterverarbeitet wird.

Die Einleitung

Ein Hörspiel braucht einen Einstieg. Im Unterschied zum Film muss die klangliche Eröffnung die Hörerinnen schnell und direkt fesseln. Profis gehen davon aus, dass wenige erste Minuten ausreichen, um die Hörer zu fesseln, beispielsweise weil sie sich durch die Einleitung sofort in die Handlungsatmosphäre hineinversetzen können. Ebenso schnell können die Hörerinnen entscheiden, dass sie nichts mit dem Gehörten anfangen können, und wenden sich ab.

Die Probe

Eine Probe ist eigentlich eine Vorbereitung. Sie kann aber gleichzeitig ein Teil der Produktion sein.

Die erste Probe ist eine »Leseprobe«. Sie macht die Sprecher/-innen und die „Techniker/-innen" mit dem Text und den Geräuschen vertraut. Dramaturgische und technische Möglichkeiten und Probleme werden entdeckt und ggf. geklärt. Eine Probe ohne Technik macht den Sprecher/-innen weniger Druck. Die Technik kann grundsätzlich erst später einsteigen, nachdem die Sprecher/-innen eine gewisse Sicherheit haben. Häufige Proben machen ein Hörspiel zwar perfekter, aber die spontane Ausdruckskraft kann verloren gehen. Manchmal besteht sogar die Gefahr, dass die Kinder und Jugendlichen abspringen. Die Qualitätsvorstellungen der Kinder sind hier maßgebend, nicht die Vorstellungen der Erwachsenen.

Der Aufnahmeraum und die Geräuschrequisiten werden ebenso wie die Mikrofone und die Aufnahmegeräte vorbereitet.

Mikrofone nehmen das Spiel auf. Sie übertragen akustische Schwingungen in elektrische Impulse. Die Art der Mikrofone bestimmt die Qualität des Hörspiels mit. Gute Mikrofone nehmen oft viel mehr auf, als beabsichtigt ist. Sie empfangen Nebengeräusche, die technisch nur schwer zu beseitigen sind. Mikrofone vertragen keinen Lärm. Zu übertriebene Geräusche oder Texte verfälschen die Wirkung. Wer solche Details beachtet, kann mit der Aufnahme starten und sich auf einen spannenden Prozess einlassen.

Die Produktion

Die Produktion, d.h. die Aufnahme des Hörspiels, sollte etwa auf zwei bis drei Wochen verteilt werden. Ein Produktionsteam besteht aus einem/r Aufnahmeleiter/-in (Erwachsene, Jugendlicher oder Kind), „Tontechniker/-innen" und Sprecher/-innen. Die konkrete Dauer hängt natürlich vom Inhalt und den Teilnehmerinnen ab. Die Produktion hat eigentlich bereits mit der ersten Leseprobe begonnen. Es folgen die Proben und die Aufnahmefrequenzen, danach wird geschnitten.

Ein Hörspiel kann in Teilstücken nach einem genauen Plan produziert werden. Es müssen nicht immer alle Teilnehmer/-innen anwesend sein, nur diejenigen, die zur aktuellen Aufnahme gebraucht werden. (Für die Arbeit in einem Jugendzentrum könnte dies von Bedeutung sein.)

Ein Hörspiel kann aber auch „live" während eines Spiels aufgezeichnet werden. Das geht relativ schnell, allerdings ist die Qualität solcher Mittschnitte oft nicht besonders gut.

An einem gleich bleibenden **Produktionsort** können auch einzelne oder wenige Beteiligte weiterarbeiten, wenn sie gerade Zeit haben.

Ein **Schallarchiv,** in dem mehrere Geräusche gesammelt sind, bereichert eine Produktion. Es ist zusätzlich interessant, eine benötigte Geräuschkulisse nach Bedarf zu produzieren oder sie „live" einzuspielen.

Das fertige Band wird dann noch von allen Beteiligten gegengehört, um sicherzugehen, dass alle zufrieden sind.

Der Raum

Professionelle Hörspiele werden immer im künstlichen Raum hergestellt. So können unerwünschte Nebengeräusche ausgeschaltet werden. Bei der Arbeit mit Kindern können aber auch Aussenräume reizvoll sein, z.B. ein Bahnhof, ein Schwimmbad, eine Festwiese…

Die Aufnahme

Die Kinder oder Jugendlichen haben die Aufgaben bzw. die Rollen für die Hörspielproduktion aufgeteilt. Die Rollen von Regisseur/-in und Regieassistent/-in sind auch besetzt. Beide haben die Aufgabe, einen Zeitplan festzulegen, nach dem die Produktion abläuft. Der Plan hängt nicht nur von dem Inhalt des Stückes ab,

sondern auch von der Technik, den Sprecher/-innen und dem Ort der Handlung.

Jede einzelne Aufnahme wird so oft wiederholt, bis das Team mit ihr einverstanden ist. Der letzte Mitschnitt wird sicher aufbewahrt. Nachdem alle Teilaufnahmen abgeschlossen sind, werden sie anhand des Manuskripts zusammengefügt. Das fertige Band wird noch einmal gemeinsam abgehört. Eventuell können noch letzte Verbesserungen vorgenommen werden.

Die Blende

Der Übergang von einer Szene zur anderen ist eine besondere Kunst. Dieser Übergang heißt »Blende«. Die Spannung eines Stückes kann davon abhängen, wie die Übergänge zwischen den Phasen gestaltet sind. Zeit- und Raumveränderungen können beim Überblenden mit Musik, Geräuschen oder Stimmen in ihrer inhaltlichen Wirkung verstärkt werden. Einfache Effekte wie das Einschalten des Mikrofons oder das langsame Ausblenden des Tons sind bereits sehr wirkungsvoll.

Das Aufnahmegerät

Als Tonband kann ein einfacher Radiorekorder dienen. Auf vielen Flohmärkten gibt es Tonbandgeräte, manchmal sogar Tonmaschinen, mit denen etwas mehr anzufangen ist. Tonbänder können geschnitten, wieder zusammengeklebt oder von einem Band auf ein anderes überspielt werden. Das »Cutten« kann sich zu einem recht aufwändigen technischen Schritt auswachsen. Jedes kleine „äh", „öh" oder „mmh" könnte herausgeschnitten werden. Diese Aufgabe sollten Technikfreaks oder sehr geduldige Menschen übernehmen.

Die Geräusche

Schon einfache Geräuschkulissen machen es möglich, eine gehörte Situation zu erkennen. Eine Sirene bedeutet Gefahr, das Quietschen einer Tür lässt uns aufschrecken…

Sowohl realistische als auch fantastische Hörspiele können auf solche Effekte nicht verzichten. Um Spannung zu erhalten, müssen Geräusche sparsam genutzt werden. Geräusche können als bewusste Symbole in eine Handlung

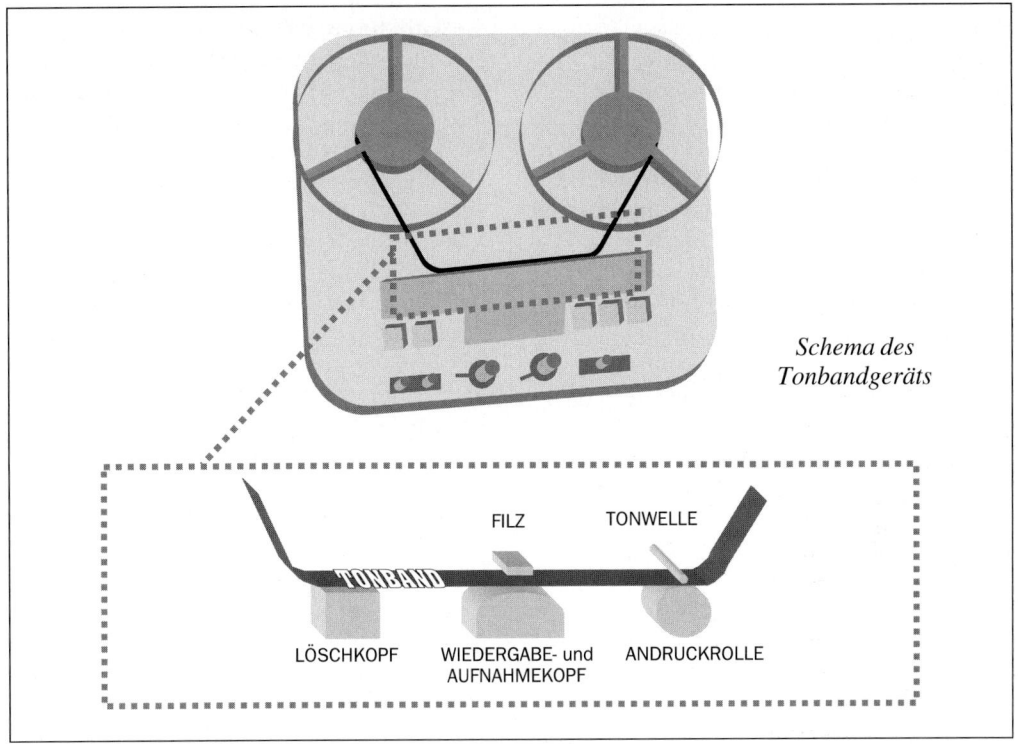

Schema des Tonbandgeräts

FILZ   TONWELLE

TONBAND

LÖSCHKOPF   WIEDERGABE- und   ANDRUCKROLLE
            AUFNAHMEKOPF

eingefügt werden. Hintergrundgeräusche sollten nur sehr bewusst eingesetzt werden.

Viele Geräusche müssen nicht künstlich während der Aufnahme produziert werden, obwohl das viel Spaß macht. Eine technisch bessere Möglichkeit wäre ein »Schallarchiv«, in dem verschiedene Geräusche gesammelt sind. Es gibt Kassetten oder CDs mit verschiedenen Geräuschen oder Klängen zu kaufen. Sie können aber auch selbst hergestellt werden.

Die Musik ist ein Teil der Geräusche. Ähnlich wie sie können musikalische Motive bestimmte Assoziationen bei den Hörern wecken. Musik kann auch als Brücke zwischen zwei Szenen dienen.

Stille und Pausen

Im Fernsehen oder im Theater erhalten die Zuschauer auch dann Informationen, wenn niemand etwas sagt oder sogar nur ein unkommentiertes Motiv, z.B. eine Landschaft, zu sehen ist. Im Hörspiel ist Stille ein dramaturgisches Mittel. Eine Pause kann leicht als „Sendepause"

empfunden werden. Bei der Produktion muss darauf geachtet werden, dass Pausen immer in einem sinnvollen inhaltlichen Zusammenhang stehen. Dann wird sie zu einem Moment der Stille, in dem Inhalte bei den Hörern nachwirken können.

Akustische Wirkungen

Die Stereotechnik macht „räumlich-bildliches" Hören möglich.

Bei der Aufnahme und beim Empfang ist dazu eine spezielle Technik notwendig. Ein Stereohörspiel macht die Illusion perfekter. Leider ist es nicht damit getan, während der Aufnahme zwei Mikrofone zu benutzen. Die „Techniker" brauchen konkrete Kenntnisse über akustische Gesetzmäßigkeiten. Da auch Monoaufnahmen, d.h. Ein-Kanal-Aufnahmen, mit Hilfe von Sprache und Handlung interessant gestaltet werden können, empfehle ich, eher auf komplizierte technische Verfahren zu verzichten und erst bei einer gewissen Routine die Hörspielarbeit in diese Richtung zu vertiefen.

Das „Studio"

Die wenigsten Einrichtungen werden über ein spezielles Tonstudio verfügen. Das ist auch nicht notwendig. Das Studio ist ein Raum, der am besten etwas abseits liegt, damit wenig Fremdgeräusche die Produktion stören. In ihm können ein Mikrofon, ein Tonbandgerät und Lautsprecher stehen. Alle Absprachen und Diskussionen werden vor der Aufnahme getroffen. Während der Aufnahme hängt ein Schild »Vorsicht! Aufnahme« vor der Tür. Im Raum befinden sich nur diejenigen, die unbedingt für den Aufnahmevorgang notwendig sind.

Die Sprecherinnen und Sprecher

Die Sprecher/-innen eines Hörspiels sind eigentlich Schauspieler. Allerdings agieren sie nicht miteinander, sondern mit dem Mikrofon. Die Technik zwingt ihnen die Spielregeln auf. Die Auseinandersetzung mit den Möglichkeiten und Grenzen der Hörspieltechnik fördert die Auseinandersetzung der Kinder und Jugendlichen mit der Realität.

Die Stimme wird als Instrument eingesetzt, das Situationen, Stimmungen und Emotionen spielt. Die Sprache wird ein Werkzeug des unmittelbaren Ausdrucks für geistige und seelische Prozesse. Im Hörspiel hat eine Stimme keinen Körper. Wir hören z.B. die eigene Stimme als fremd, wenn sie aus einem Lautsprecher ertönt. Oder wir stellen uns zu einer Telefonstimme ein bestimmtes Gesicht vor. Mit diesem Wirkungsspektrum wird ein Hörspiel lebendig gemacht. Der aktive Umgang mit diesem Medium fördert somit die Verfeinerung und Vielfältigkeit des Ausdrucks und den spielerischen Umgang mit der Sprache.

Spiel mit Raum und Zeit

Wie hört sich Vergangenheit an? Wie klingt ein Traum? Mit Hilfe optischer Eindrücke können wir verschiedene Räume leicht erkennen. Selbst verschiedene Zeitebenen lassen sich leicht sichtbar machen, z.B. durch die Kleidung einer bestimmten Epoche.

Verschiedene Zeitebenen hörbar zu machen ist ungleich schwieriger. Der geschickte Einsatz der Blende oder anderer technischer Hilfsmittel macht es aber möglich. Das Hörspiel bietet ein großes Experimentierfeld, in dem inhaltliche und technische Variationen erprobt werden können. Wir können mit eigenen Hörgewohnheiten und denen anderer spielen.

Die Aufführung – wer hört ein selbst gemachtes Hörspiel?

Ein Hörspiel macht erst dann Sinn, wenn es Zuhörer bekommt, die es in ihren Gedanken zu Bildern formen. Natürlich bringt die Produktion des Hörspiels die eigentlich wichtigen Lernprozesse mit sich. Am Ende steht aber ein Produkt, das gehört werden will.

Professionelle Produzenten haben meist nicht die Chance mitzuerleben, wie ihr Hörspiel auf die Hörer wirkt. In einer Einrichtung gibt es hingegen Kinder und Jugendliche oder Erwachsene, die nicht an der Produktion beteiligt waren und gespannt sind, was da entstanden ist. Die Beteiligten sind stolz, aufgeregt und neugierig auf deren Reaktionen.

Wenn möglich, sollte ein Hörspiel mindestens einmal in einem angemessenen Rahmen aufgeführt werden.

Anregung

Produzieren Sie einen »Monolog«.
Realistisches Theater verbannte den laut denkenden Schauspieler von der Bühne, weil er unnatürlich wirkte. Bei Übertragung von klassischen Dramen erwiesen sich aber umgekehrt die großen Monologe als besonders funkwirksam.
Eine einzelne Stimme, die aus dem Lautsprecher erklingt, formuliert Gedanken, Eindrücke und Gefühle. Solche Monologe können sehr wirkungsvoll sein. Die Hörer fühlen sich angesprochen.
Eine poetische Stimmung wird geschaffen.
Nutzen Sie die Möglichkeiten des Hörspiels. Produzieren Sie einen Monolog.

PRAXIS – HÖREN

Hörmedien auswählen

Die Palette der Hörkassetten und CDs ist ebenso groß wie unübersichtlich.

Den sichersten Weg, gut gemachte Produktionen zu finden, bietet die Programmauswahl spezialisierter Buchverlage, die ihr Angebot über Buchhandlungen oder gut sortierte Kaufhäuser vertreiben. Das Vorurteil, dass Kaufhäuser prinzipiell Ramsch anbieten würden, stimmt so nicht. Deren Sortiment an auditiven Medien ist meist sogar größer als das traditioneller Buchhandlungen. Das Stöbern lohnt sich.

Die Hörmedien lassen sich grob in drei Bereiche gliedern…
- das Hörbuch,
- das Hörspiel und
- Lieder und Musik.

Ein Hörbuch ist die unmittelbare Umsetzung von Literatur. Ein oder wenige Sprecher lesen Texte oder ganze Bücher, die in der Regel auch als Printmedien erfolgreich waren oder sind. Es werden kaum zusätzliche Effekte eingesetzt, allenfalls etwas Musik. Die Atmosphäre eines Hörbuchs hängt von der Qualität des Sprechers oder der Sprecherin ab. Schauspieler/-innen, besonders ausgebildete Synchronsprecher/-innen, stehen für Qualität.

Das Hörspiel wird von einem Team von Autoren, Interpreten, Sprechern, Musikern und Technikern produziert. Gute Hörspiele basieren auch oft auf erfolgreicher Literatur. Sie sind jedoch mehr als gelesene Texte. Ihre Qualität hängt vor allem davon ab, wie der Inhalt umgesetzt wird.

Lieder- und Musikkassetten (und CDs) sind für Kinder erfahrungsgemäß sehr attraktiv. Traditionelle und neuere Lieder und Melodien werden in unterschiedlichen Zusammenstellungen angeboten. Sammlungen sind ebenso sinnvoll wie die Produkte einzelner Liedermacher oder Musiker.

Das sinnvollste Auswahlkriterium ist der eigene Geschmack. Die äußere Aufmachung bietet kaum Hilfestellung. Produktempfehlungen sind auch nur bedingt hilfreich. Das bedeutet, dass Erwachsene die Hörprodukte kennen lernen sollten, bevor sie Kindern zugänglich gemacht werden.

Kinder hören Kassetten und CDs

Jede pädagogische Einrichtung sollte Kindern die Chance geben, frei mit Hörmedien umgehen zu können.

Nicht jeder Raum ist geeignet, Kassetten zu hören. Die Kinder sollen sich bewusst und konzentriert auf das Hören einlassen können. Der Raum sollte eine ruhige Atmosphäre haben. In einigen Einrichtungen wird ohnehin ein Raum für ruhigere Aktivitäten reserviert. Er heißt dann Traumzimmer, Märchenpalast oder Stille Oase. In solche Ruhezonen passen auch Radiorekorder oder Stereoanlage. Ruhig und still dürfen nicht verwechselt werden. Sowohl Kinder als auch Erwachsene finden ihre Ruhe auch dann, wenn die beruhigende Quelle nicht ganz so leise ist.

Mit dem Bild auf Farbtafel 11 unten (Seite 163) können Sie sich in die Stimmung hineinversetzen, die beim Hören einer Kassette vielleicht aufkommt.

In einer Ruhezone gelten bestimmte Regeln, die mit den Kindern durchgesprochen werden, z.B. die maximale Lautstärke wird vereinbart, die Anzahl der Kinder wird eingegrenzt (Ausnahmen sind aber möglich), die Kinder sind an der Auswahl der Hörmedien beteiligt…

Die Kinder können sinnvollerweise während des Freispiels frei wählen, wann und wie lange sie die Hörmedien nutzen. Kinder, die auffallend oft oder ständig Kassetten hören, werden natürlich angeregt, auch noch anders aktiv zu werden.

Hörexperiment 1: Was piepst denn da?

Kinder hören viele Geräusche, die Erwachsenen nicht oder nicht mehr auffallen. Ihre Reaktionen sind entsprechend intensiv. Kleinere Kinder fangen an zu weinen, wenn ein Flugzeug mit lautem Knall die Schallmauer durchbricht. Größere Kinder bleiben gespannt stehen, wenn sie das leise Zirpen einer Grille ausmachen.

Mit dem Experiment »Was piepst denn da?« wird der feine Gehörsinn der Kinder genutzt und aktiv gehalten...

Verlauf:
Die Erzieher/-innen haben vor dem Experiment einige Gegenstände ausgesucht und zusammengetragen, die Geräusche machen. Ein Metronom, eine Uhr, ein kleines Radio, den tropfende Wasserhahn...
Einer der Gegenstände wird in einem Raum versteckt, alle anderen Geräuschquellen werden entfernt. Am besten wird der Raum noch etwas verdunkelt, damit sich die Kinder ganz auf ihre Ohren konzentrieren können. Die Kinder werden aufgefordert, sich ganz leise durch den Raum zu bewegen und die Geräuschquelle zu suchen. Das Experiment wird mit den anderen Gegenständen wiederholt.

Variation:
Im Raum werden gleichzeitig mehrere Geräuschquellen versteckt. Die Kinder sollen die Geräusche lokalisieren und nacheinander ausschalten bzw. aus dem Raum entfernen. Im Raum wird es zunehmend leiser. Am Ende des Experiments sollen die Kinder so ruhig sein, dass nur noch ihr Atmen und ihr Herzklopfen zu hören ist.

Nach dem Experiment besprechen die Kinder mit den Erzieher/-innen ihre Eindrücke und Erfahrungen.

Hörexperiment 2: Geräusche Safari

Überall gibt es interessante Geräusche und Töne. Schon wenn es die Kinder viel zu früh am Morgen aus den Betten treibt, hören sie im Frühling das bunte Zwitschern der Vögel. Auf dem Weg in die Kindertagesstätte oder in die Schule begegnen ihnen unzählige Geräusche. Die Gespräche der Leute an der Haltestelle, das Quietschen der Räder einer S-Bahn, das Aufheulen einer Sirene, Motoren, Maschinen...

Verlauf:
Die Kinder gehen auf »Geräusche-Safari«. Sie basteln sich Papiertrichter, die sie an die Ohren halten können, und machen sich auf einen Spaziergang in die Umgebung. Die Gruppe sollte nicht zu groß sein. Sobald ein Kind ein interessantes Geräusch hört, macht es die anderen darauf aufmerksam. Alle hören genau hin und schildern anschließend in eigenen Worten, wie sie das Geräusch empfinden: angenehm oder unangenehm, schrill und laut oder fein und leise...

Variation 1:
Die Kinder gehen gemeinsam mit den Erzieher/-innen zu einer besonderen Geräusch-kulisse, z.B. einer großen Kreuzung, in den Zoo, an den Bahnhof…, und sammeln dort ihre Geräusche. Sie können sie aufschreiben oder aufzeichnen und vor Ort oder in der Einrichtung besprechen.

Variation 2:
Die Kinder nehmen zur Safari einen oder mehrere Kassettenrekorder (Batterien nicht vergessen!) mit. Die Geräusche werden aufgezeichnet und in der Einrichtung noch ein-mal angehört. Ein Tipp: Die Aufzeichnungen werden besser, wenn ein externes Mikrofon benutzt wird. Es gibt mittlerweile recht günstige Kinderrekorder, die solch ein Mikrofon dabei haben. Kassettenrekorder lassen sich immer gebrauchen!
Zusätzlich zu den Tonaufnahmen können die Kinder Fotos von den Geräuschquellen ma-chen.

Variation 3:
Mit den gesammelten Geräuschen gehen die Geräusche-Großjäger in die Einrichtung zurück. Dort werden für die anderen Kinder Ratespiele vorbereitet.
Version1:
Die Geräusche werden vom Band vorgespielt und die Kinder sollen raten, was sie hören.
Version 2:
Den Kindern werden die Fotos gezeigt und sie sollen die passenden Geräusche nach-ahmen oder beschreiben. Danach werden die Aufnahmen zum Vergleich abgespielt.
Version 3:
Den Kindern liegt eine Auswahl an Fotos vor. Sie sollen zu einem eingespielten Geräusch das passende Foto bestimmen.
Version 4:
Die gesammelten Geräusche werden in einer bunten Reihenfolge auf eine neue Kas-sette gemischt. Die Rate-Kinder sollen aus dem »Geräuschesalat« möglichst viele Ein-zelgeräusche benennen.

Hörexperiment 3: Hör mal hin

Viele Alltagsgeräusche werden uns nicht bewusst. Einfache Übungen verdeutlichen Kin-dern, Jugendlichen und Erwachsenen, mit welcher auditiven Reizvielfalt Menschen täg-lich umgehen.

Verlauf:
Die Beteiligten erhalten große Papierbögen (etwa DIN A3) und ausreichend Stifte. Sie befinden sich in einem ganz normalen Raum oder im Freien. Die Erzieherin legt eine Zeit fest (zwischen 5 und 20 Minuten), während der alle wahrgenommenen Geräusche no-tiert oder gezeichnet werden sollen.

Variation 1:
Die Beteiligten sollen die Geräusche nach ihrem Eindruck unterschiedlich auf dem Pa-

pier festhalten, z.B. werden laute Geräusche groß geschrieben oder leise Geräusche klein gezeichnet…

Variation 2:
Die Raumsituation wird während der Übung verändert. Die Fenster werden geöffnet, die Tür geschlossen…
Die Kinder oder Jugendlichen werden aufgefordert, die bereitliegenden Ohrstöpsel zu nutzen…

Bei dieser Übung ist es wichtig, die Ergebnisse nicht zu werten. Es geht nicht darum, möglichst viele Geräusche zu hören oder besonders schön zu malen.
Der Verlauf wird gemeinsam mit den Beteiligten reflektiert.

Hörprojekt 1 – Geräusche machen Geschichten

Eine Vorstufe des Hörspiels sind Geräuschgeschichten. Die Töne und Geräusche erzählen einen Inhalt.
Es ist besonders spannend, natürliche Geräusche nachzuahmen, und zwar so, dass sie „echter" klingen als die Originale. Die Kinder experimentieren mit ihren Geräuschquellen und dabei entsteht ein Gefühl für deren Wirkung und Einsatzmöglichkeiten.

Stufe 1:
Die Kinder haben Geräusche gesammelt. Sie erzählen, was sie mit einem Geräusch verbinden. Das können persönliche Erfahrungen sein oder erfundene Geschichten.

Stufe 2:
Den Kindern wird eine Geschichte vorgelesen, in die Töne und Geräusche eingebaut werden können (Klanggeschichten; vgl. mit dem Fach Musik).
Zunächst werden die Geräusche live produziert. Die Beteiligten suchen dazu geeignetes Material. Auch diese Geschichte kann danach auf Kassette aufgenommen werden.

Stufe 3:
Die Kinder erfinden eine Geschichte, in der verschiedene Geräusche vorkommen. Die Geräusche werden in der entsprechenden Reihenfolge auf Kassette aufgenommen. Die Kinder können sich auch einen Text ausdenken und ihn zwischen die einzelnen Geräuschszenen einbauen.

Hörrojekt 2 – Kinder machen Radio
(nach: Sozialpädagogisches Institut NRW – SPI, 1995)

Das SPI hat im Rahmen der Reihe „Hilfen für Erzieherinnen/Erzieher, Eltern und Kinder zum Leben in einer von AV-Medien bestimmten Welt" verschiedene medienpädagogische Projekte vorgestellt. Das Projekt „Kinder machen Radio" wurde mit Kindern aus vier Schulkinder-Häusern durchgeführt. Aus diesem Projekt werden hier die Planung und die Ergebnisse dargestellt.

Die Planung:

Die Planungsphase begann mit einer gründlichen Termin- und Zeitplanung durch das Mitarbeiterteam. Während der Hauptphase des Projekts standen den Kindern und Erwachsenen jeweils etwa zwei Nachmittagsstunden zur Verfügung.

In jedem Schulkinder-Haus waren etwa sechs bis acht Kinder beteiligt, die möglichst viele Projektschritte selbstständig und eigenverantwortlich durchgeführt haben. Die Planungsschritte wurden folgendermaßen beschrieben:

Der Einstieg
- *Das Team sucht ein Thema aus, aus dem eine Hortgruppe eine Radiosendung machen könnte.*
- *Eine erste Ideensammlung findet statt. Zu verschiedenen Sendebausteinen, wie Interview, Befragung/ Umfrage, Bericht oder Hörspiel, suchen die Beteiligten viele konkrete Inhalte aus.*

Der erste Teil der Durchführung
- *Die Sendebausteine werden ausgewählt, dabei ist es wichtig, von Anfang an zu überdenken, was überhaupt realistisch ist, d.h. welche Beiträge tatsächlich umgesetzt werden können.*
- *Die Geräusch- und Hörkulissen und die Musik werden ausgewählt.*
- *Ein erster Sendeplan wird entworfen.*
- *Die wichtigsten organisatorischen Punkte werden geklärt (z.B. Wer muss wann wo sein?, Welches Material wird benötigt...)*

Der zweite Teil der Durchführung
- *Der Produktionsort muss festgelegt werden.*
  Beim SPI-Projekt bekamen die Kinder in der Radio-Werkstatt „LORA" in Bonn Unterstützung. Dort konnten sie die Reportageeinheit (Kassettenrekorder, Mikrofon, Kopfhörer) ausleihen und das Studio benutzen.
- *Die Teams in den Einrichtungen werden von fachkundigen Mitarbeiter/-innen der Radiowerkstatt in den Umgang mit den Geräten eingewiesen.*
- *Mit den Kindern wird ein konkreter Produktionsplan erstellt.*

Der dritte Teil der Durchführung
- *Das Thema der Sendung wird bei Redaktionssitzungen inhaltlich gefüllt.*
- *Die Kinder lernen mit der Reportageeinheit umzugehen.*
- *Es werden Probeaufnahmen gemacht, damit sich die Kinder mit der Technik und der Wirkung auseinander setzen können.*
- *Die Kinder bilden Reportage-Teams, die Interviews durchführen.*
- *Nachdem einzelne Aufnahmen fertig sind, werden Bandprotokolle angefertigt, d.h., die Aufnahmen werden in Sequenzen aufgeteilt, die mit einem Zählwerk genau bestimmt werden können.*

Der vierte Teil der Durchführung
- *Im Studio werden die fertigen Originalbeiträge geschnitten.*

- Jeder Beitrag braucht eine Anmoderation und eine Abmoderation, die jetzt noch produziert wird.
- Der Endschnitt wird von den Profis der Radiowerkstatt übernommen.
- Die jeweils ein- bis eineinhalbstündigen Radiosendungen werden im Regionalradio gesendet.

Die Reflexion
- Die Beteiligten bestätigen verschiedene Lernchancen, die das Projekt bot:

  ➪ „Die Kinder haben im Gegensatz zu ihren bisherigen Erfahrungen im Umgang mit technischen Medien gelernt, dass man sich selbst und Ausschnitte aus der eigenen Lebenswelt medial darstellen und gestalten kann.
  ➪ Die Einsicht, dass man Medien nicht nur als Rezipient, sondern auch als Produzent nutzen kann, wurde durch die Sendeproduktion für den lokalen Bürgerfunk umgesetzt.
  ➪ Die Erfahrungen der Kinder während der zweiwöchigen Produktionszeit der Radiosendung haben die anfängliche Distanz zu dem Mediengeschehen vermindert.
  ➪ Notwendige Produktionsschritte zum Entstehen einer Sendung wurden durchschaubar.
  ➪ Umsetzungen in medienspezifische Formen wurden begreifbar.
  ➪ Der verhältnismäßig große Zeitaufwand zwischen Produktion und Sendeprodukt ist den Kindern bewusst geworden.
  ➪ In der Bewältigung der bearbeiteten Themen wurde die Artikulation von persönlichen Ansichten und Standpunkten geschult.
  ➪ Die während der Produktion aufgetretenen Spannungen und Meinungsverschiedenheiten mussten von den Kindern ausgehalten werden, um zu einem gemeinsamen Erfolgsergebnis zu gelangen.
  ➪ Während der Teamarbeit haben sich die Kinder in neuen Rollen und Funktionen erleben und ausprobieren können."

(aus: Sozialpädagogisches Institut NRW. 1995. Kinder machen Radio. Seite 25–27)

Vom Einstieg bis zur Reflexion vergingen etwa drei Monate. Die eigentliche Produktionsphase war auf zwei Wochen beschränkt.

Hörprojekt 3 – Musikprokjekt mit Jugendlichen

Das Projekt „Come together for music" im Jugendhaus Malsch

Das Medium Musik spielt im Leben der Jugendlichen eine besondere Rolle. Sie ist Ausdruck ihrer Kultur, ihrer Jugendkultur. Dieses Interesse wurde im Jugendhaus aufgegriffen.

Der Vorlauf
Nach der großen Resonanz, die ein vorangegangenes Musikprojekt bei den Jugendlichen erzielte, entschloss sich das Jugendhaus, das Projekt fortzusetzen und zu erweitern.

Zunächst wandte sich das Projekt an alle musikinteressierten Jugendlichen aus der Umgebung. Es war als Weiterentwicklung der laufenden offenen Angebote des Jugendhauses gedacht.

Sie hatten die Möglichkeit, in einem speziell eingerichteten Probenkeller zu üben und an diversen Kursen, wie E-Gitarrenkurs, Schlagzeugkurs oder Gesangsunterricht, teilzunehmen.

Die Zielgruppe des Musik-Medienprojekts waren also Jugendliche, die bereits Vorkenntnisse im Musizieren besitzen und in Bands zusammen spielten. Die Projektarbeit sollte die Jugendlichen aus ihren Probenkellern herausholen und sie für eine größere, gemeinsame Arbeit begeistern.

Die Durchführung

Teil 1

Das Jugendzentrum wurde für mehrere Tage in ein Aufnahmestudio umfunktioniert. Der Aufbau eines Studios für Musikaufnahmen muss technisch gut durchdacht sein, damit die Ergebnisse den Vorstellungen der Jugendlichen entsprechen, die ihre Qualitätsstandards an den professionellen Produkten orientieren.

In einer etwa vierwöchigen Vorbereitungsphase wurden die teilnehmenden Bands mit der Technik der Aufnahmegeräte vertraut gemacht. In mehreren Sitzungen wurde die Zusammenstellung der notwendigen Anlage und der Ablauf der Aufnahmen besprochen.

Die Aufnahmen wurden an einem Wochenende (Samstag und Sonntag) gemacht. An diesen beiden Tagen nahmen vier Bands mit insgesamt 20 Jugendlichen ihre Musik auf.

Das Musizieren in Studioatmosphäre sowie das richtige Abmischen der Aufnahmen war für die beteiligten Jugendlichen der erste wichtige Medien-Lernprozess.

Teil 2

In der Auswertungsphase, die insgesamt drei Monate dauerte, wurden die Aufnahmen nochmals technisch überarbeitet und der Ablauf des Projektes kritisch betrachtet.

Gemeinsam wurde ein „Sampler" abgemischt und auf Tonband aufgenommen. Daraus wurde eine CD gebrannt.

Teil 3

Überlegungen zu Vertrieb, Präsentation und Werbung (Öffentlichkeitsarbeit und Sponsoring) setzten das Projekt nach der Produktionsphase fort.

Künstlerisch interessierte Jugendliche gestalteten daraufhin ein CD-Cover und ein Booklett. Diese Arbeit wurde am Computer durchgeführt. Die beteiligten Jugendlichen lernten, ihre Ideen mit Hilfe grafischer Anwendersoftware umzusetzen. Ergebnisse der Arbeit sind auf Farbtafel 14 (S. 166) abgedruckt.

Fazit: Musik ist ein idealer Zugang zur Medienarbeit.

Musik bietet unerschöpfliche multimediale Lernprozesse. Sie steht in Verbindung mit allen gängigen Medien, selbst die Präsentation von Fotografien (z.B. Diashows) kommt nicht ohne Musik aus.

Literaturtipp

Näger, Sylvia, und Pöttinger, Ida (1996). Komm, hör mit! 50 ausgewählte Hörkassetten für Kinder und Eltern. Ein pädagogischer Ratgeber. Freiburg: Sozia Verlag.

Stipp-Hagmann, Karin (1996). Fernseh- und Radiowelt für Kinder und Jugendliche. (Hrsg. von der Landesanstalt für Kommunikation, Stuttgart). Villingen-Schwenningen: Neckar-Verlag.

4.4 Fotografieren und Fototechnik

Fakten

Die Fotografie ist ein Verfahren, mit dem optische Signale mit chemischer oder elektronischer Unterstützung wiedergegeben werden können. Dieses Verfahren umfasst drei Schritte:
1. die Aufnahme (optische Bildentstehung),
2. den Negativprozess (chemische oder elektronische Bildentstehung),
3. den Positivprozess (Wiedergabe).

1. Die **Aufnahme**
Mit Hilfe einer Fotokamera wird auf einen lichtempfindlichen Film (oder auf einen Sensor) ein verkleinertes Bild der Realität projiziert.
Zuvor wurde der Bildausschnitt durch den Sucher der Kamera ausgewählt. Vor der Aufnahme muss die Scharfeinstellung und die Belichtungszeit bestimmt werden. Beides kann automatisch (selbstständig von einer modernen Kamera) oder manuell (von Hand) eingestellt werden.
Der äußere Aufbau einer **Kamera** hat sich seit Mitte des 19. Jahrhunderts kaum verändert. Eine lichtundurchlässige Kammer (Kammer ist die Übersetzung des lateinischen Begriffs „camera") hat auf einer Seite eine Öffnung mit einem Objektiv und auf der gegenüberliegenden Seite eine Mattscheibe bzw. eine Halterung für den Film. Es gibt natürlich eine Menge verschiedener Kameramodelle, die für unterschiedliche Zwecke genutzt werden. Die gängigsten Fotokameras sind die Kleinbildkame-

ras, die als Sucherkameras und Spiegelreflexkameras auf dem Markt sind.
Moderne Kameras sind vollautomatisch. Sie stellen automatisch scharf, messen die Belichtungszeit und errechnen die Blende. Diese Funktionen werden von einem eingebauten Computer übernommen.

Zur Aufnahme wird ein Film benötigt. Am häufigsten werden heute in der Amateurfotografie Negativ- und Diapositivfarbfilme benutzt. Zudem werden Schwarzweißfilme eingesetzt, welche die aufgenommenen Signale in Grautöne umwandeln.

2. Der **Negativprozess**
Bei diesem Prozess wird mit chemischer Unterstützung das aufgenommene Bild sichtbar gemacht (= Entwicklung). Das »Negativ« bildet die Helligkeits- und Farbunterschiede des Objekts als Grau- oder Farbabstufungen ab. Was real hell ist, wird dunkel, und was real dunkel ist, wird hell abgebildet. Nach diesem Schritt wird das Negativ lichtbeständig gemacht, d.h. »fixiert«. Eine Aufnahme kann während der Entwicklung verändert, d.h. manipuliert werden. Damit sind Korrekturen, aber auch gezielte Effekte möglich.

3. Der **Positivprozess**
Mit Hilfe des Negativs wird ein Foto hergestellt. Es wird entweder direkt auf entsprechendes Pa-

pier (Fotopapier) aufgelegt und dadurch abgebildet (= Kontaktabzug) oder es wird vergrößert oder verkleinert auf das Papier (= Aufsichtsbild) übertragen. Es ist auch möglich, ein Negativ auf durchsichtige Materialien zu übertragen, dann entsteht ein Dia (= Diapositiv). Fotos werden mit Hilfe chemischer Mittel entwickelt und fixiert. Das Negativ wird in vollem Farb- und Tonumfang auf das glänzende oder matte weiße Fotopapier wiedergegeben.

Ein Fotograf/eine Fotografin braucht…
- eine Grundausstattung: Kameras und Objektive,
- Material: Filme, Fotopapiere, Chemikalien…,
- Zubehör: Blitzgeräte, Stative, Belichtungsmesser, Alben … und
- Geräte: Projektoren, Laboreinrichtungen …

Die Kamera

Als Kamera (abgeleitet von „Kammer") werden heute alle ähnlichen Aufnahmegeräte bezeichnet (z.B. Foto-, Film-, Videokamera). Der Urtyp der Fotoapparate, die „Camera obscura", besteht aus einem lichtundurchlässigen Kasten (Kammer), der an einer Seite ein kleines Loch hat. Durch dieses Loch dringt Licht, das auf die gegenüberliegende Seite abgebildet (= projiziert) wird. Ein Objekt, das sich vor der kleinen Öffnung befindet, wird als Abbild auf die Rückwand der Camera obscura geworfen.

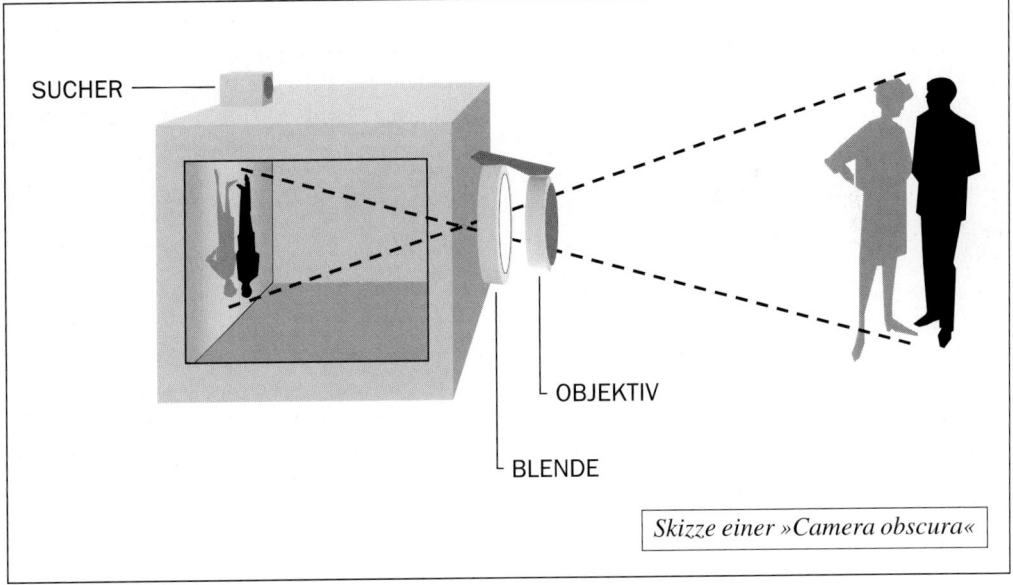

SUCHER

OBJEKTIV

BLENDE

Skizze einer »Camera obscura«

Die „Camera" wurde bald mit optischen Linsen bestückt, um die Abbildungen zu verbessern. Der Aufbau der Kameras hat sich bis heute kaum verändert. Das Gehäuse hat eine Öffnung, die mit einem Objektiv versehen ist, und eine Rückwand, an der ein Film angebracht werden kann. An die Stelle des Films tritt bei modernen Kameras ein technischer Empfänger, der die Bildinformationen an einen kleinen internen Computer weitergibt.

Um 1860 wurde der „Schlitzverschluss" erfunden, der Ende des 19. Jahrhunderts durch einen Rollfilm ergänzt wurde. Das machte es möglich, durch einen einfachen Knopfdruck ein Segment des Films in einer vorab festgelegten Zeit exakt zu belichten.

Die Kameramodelle, die heute auf dem Markt sind, unterscheiden sich im Filmformat (Groß-

bild, Mittelformat, Kleinbild und Kleinstbild) und nach ihrer Bauart (Mattscheibenkameras, Sucherkameras oder Spiegelreflexkameras). Moderne Kameras arbeiten vollautomatisch. Sie stellen automatisch scharf und sie wählen die richtige Verschlusszeit und die passende Blende.

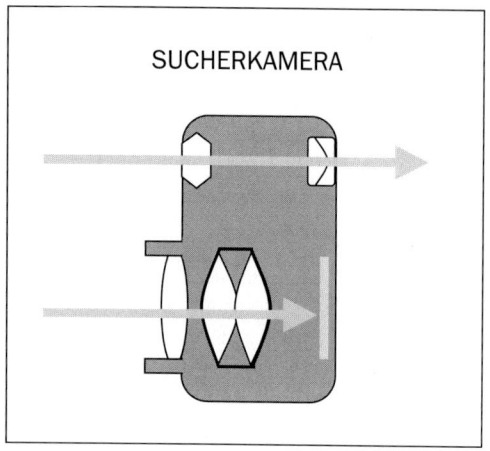

SUCHERKAMERA

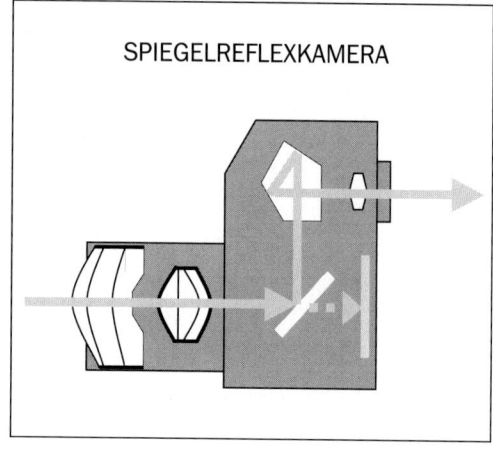

SPIEGELREFLEXKAMERA

Wer kreativ mit dem Fotoapparat umgehen möchte, kann auf vollautomatische Kameras

verzichten oder zumindest solche wählen, die eine manuelle Bedienung zulassen.

 **Fakten**

Die Sucherkamera

Das Gehäuse der Kamera hat ein großes Objektiv, mit dem das Motiv auf den Film aufgenommen wird, und ein kleines Objektiv, das ein anderes, paralleles Bild durch eine Linse zum Auge leitet. Da das Objektiv fest eingebaut ist, haben Sucherkameras eine feste Brennweite. Moderne

Sucherkameras machen die Vorauswahl eines Bildformats möglich, dieses Prinzip heißt **Advanced Photo System** (APS). Da der Bildausschnitt die Wirkung einer Fotografie deutlich betont, eignet sich das APS für viele Experimente mit Bildinhalten.

Die Spiegelreflexkamera

Die gebräuchlichsten Spiegelreflexkameras haben ein **Objektiv,** durch das das Motiv ausgewählt und scharf gestellt werden kann. Der Blick durch das Objektiv ist möglich, da ein Spiegel das einfallende Licht zum Auge umlenkt. Ein

Schlitzverschluss deckt den lichtempfindlichen Film in dieser Spiegelstellung ab. Durch den Spiegel und ein **Prisma,** das den Lichtstrahl umleitet, ist es möglich, das Motiv im **Okular** seitenrichtig zu sehen, während es seitenverkehrt

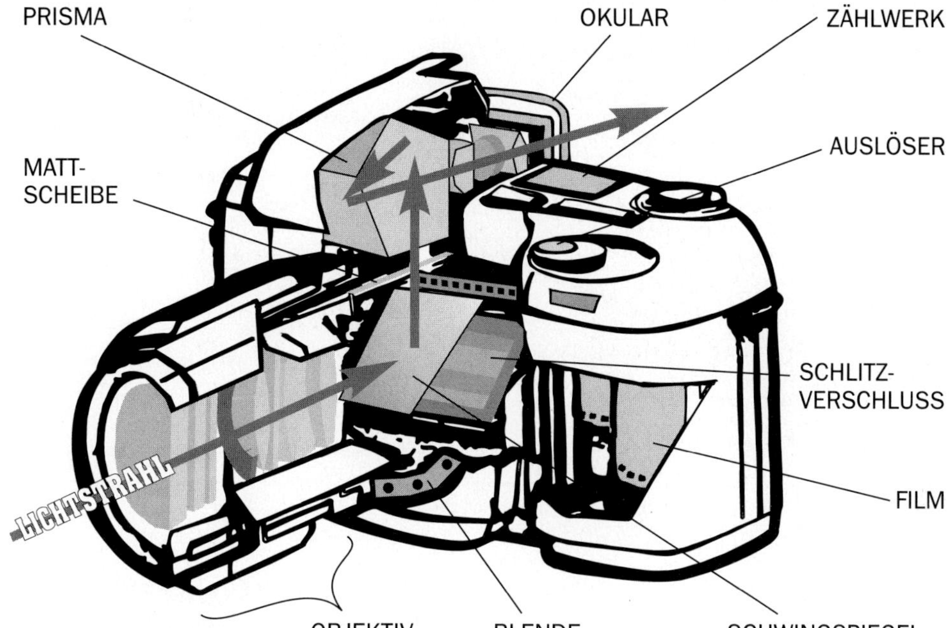

PRISMA OKULAR ZÄHLWERK

AUSLÖSER

MATT-
SCHEIBE

SCHLITZ-
VERSCHLUSS

FILM

LICHTSTRAHL

OBJEKTIV BLENDE SCHWINGSPIEGEL

Spiegelreflexkamera

auf den Film auftrifft. Mit einem Druck auf den **Auslöser** schwingt der Spiegel nur während der Aufnahme kurz nach oben, der Schlitzverschluss öffnet sich und für den Lichtstrahl ist der Weg auf den **Film** frei. Nach der Aufnahme kehrt der **Schwingspiegel** in die Ausgangsposition zurück

und das Motiv kann wieder durch das Okular betrachtet werden. Der Film wird um eine Bildbreite weitertransportiert, das geschieht entweder manuell oder mit Hilfe einer motorgetriebenen Filmaufwickelspule (= Winder). Die aktuelle Bildzahl kann am **Zählwerk** abgelesen werden.

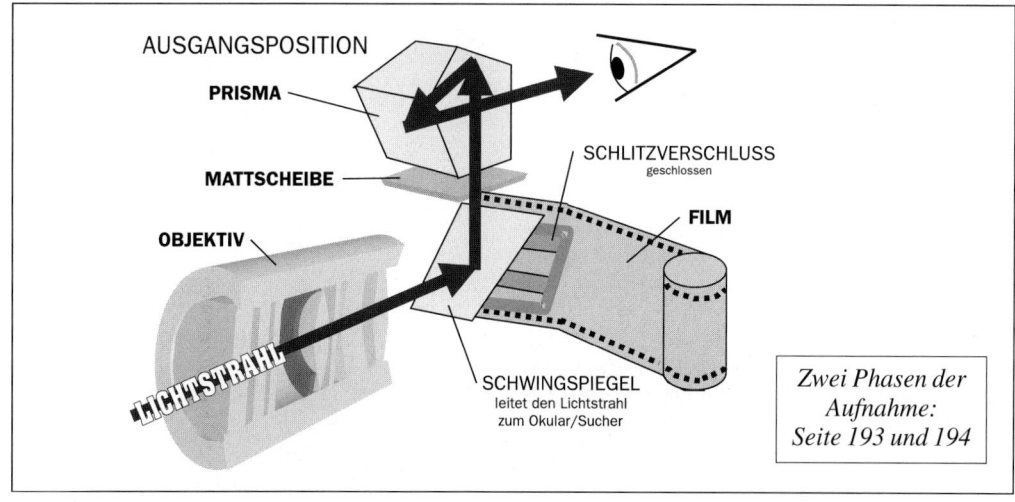

AUSGANGSPOSITION

PRISMA

SCHLITZVERSCHLUSS
geschlossen

MATTSCHEIBE

FILM

OBJEKTIV

LICHTSTRAHL

SCHWINGSPIEGEL
leitet den Lichtstrahl
zum Okular/Sucher

*Zwei Phasen der
Aufnahme:
Seite 193 und 194*

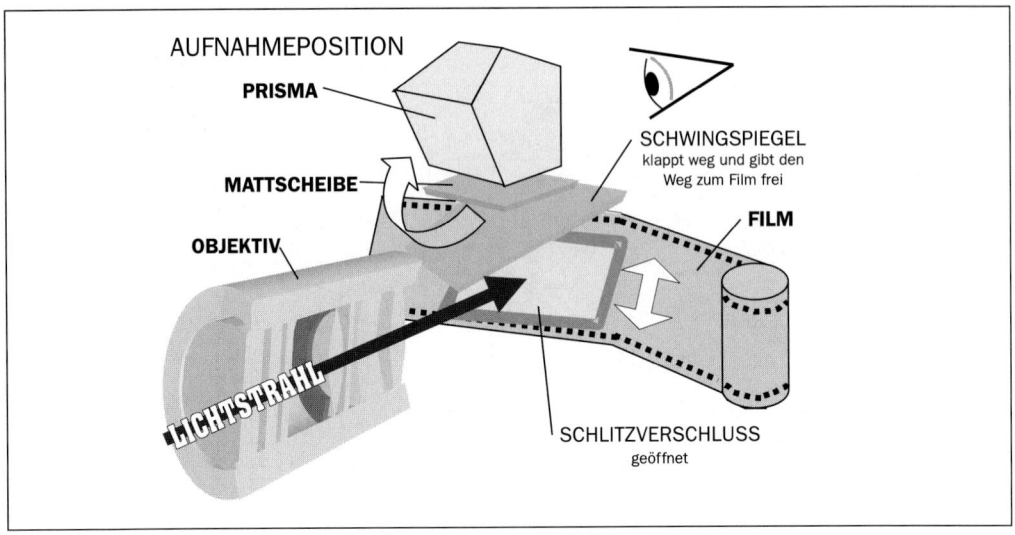

AUFNAHMEPOSITION

PRISMA

SCHWINGSPIEGEL
klappt weg und gibt den
Weg zum Film frei

MATTSCHEIBE

FILM

OBJEKTIV

LICHTSTRAHL

SCHLITZVERSCHLUSS
geöffnet

Foto-Know-how

Medienarbeit

Blende und Belichtungszeit

Die **Blende** ist ein Metallring, der zwischen dem Objektiv und dem Film liegt. An dem Ring sind kleine Metallblättchen befestigt, die beweglich sind. Sie öffnen oder schließen die Öffnung der Blende. Je kleiner die Öffnung wird, desto weniger Licht fällt auf den Film. Am Objektiv ist ein Zahlenring (z.B. 2,8 – 4 – 5.6 – 8 – 11 – 16 – 22), mit dessen Hilfe die Blendenöffnung bestimmt werden kann. Eine kleine Zahl (z.B. 4) bedeutet, dass die Öffnung groß ist (viel Licht fällt ein), und eine große Zahl (z.B. 16) bedeutet, dass die Öffnung klein ist (wenig Licht fällt ein).

Jede Blendenstufe verändert die Lichtmenge in gleichmäßigen Stufen. Die nächstgrößere Blendenstufe halbiert die Lichtmenge (= Abblenden; z.B. Blende 8 lässt halb so viel Licht durch wie Blende 5.6). Die nächstkleinere Blendenstufe verdoppelt die Lichtmenge (= Aufblenden; z.B. Blende 11 lässt doppelt so viel Licht durch wie Blende 16).

Die Lichtmenge hängt aber nicht nur von der Blende ab. Jede Kamera hat einen **Verschluss.** Mit dem Druck auf den Auslöser wird der Verschluss eine bestimmte Zeit lang geöffnet. Diese Zeit kann bei manchen Kameras auch gewählt werden. Sie wird in Anteilen einer Sekunde ausgedrückt – z.B. 30, 60, 125, 250, 500. Die Zahlen bedeuten, dass der Verschluss z.B. eine dreißigstel Sekunde (1/30 Sekunde) oder eine zweihundertfünfzigstel Sekunde (1/250 Sekunde) offen bleibt.

Die Öffnung der **Blende und** die Zeit der **Belichtung** legen gemeinsam fest, welcher Bereich des Motivs auf dem Film scharf abgebildet wird. Es ist also kein Zufall, ob das Gesicht eines Kindes scharf auf das Bild kommt und der Hintergrund verschwommen bleibt. Der Bereich, der scharf auf dem Film abgebildet wird, heißt **Tiefenschärfe.**

Eine kleine Blendenzahl (= große Öffnung) bringt eine kleine Tiefenschärfe mit sich:

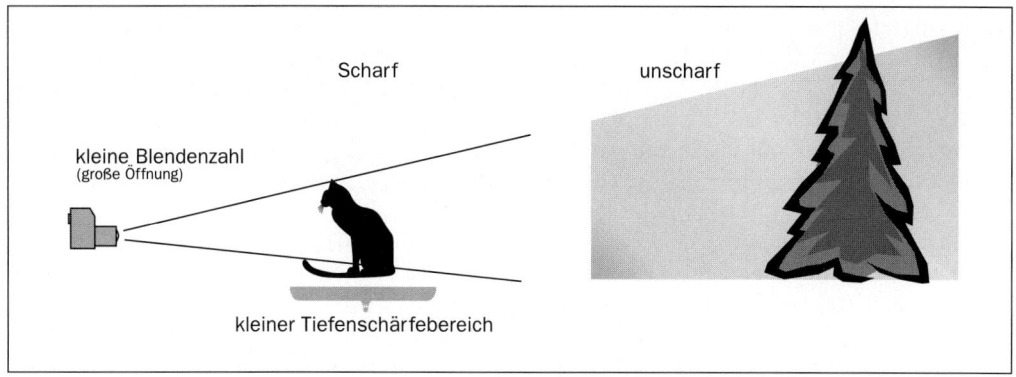

Eine große Blendenzahl (= kleine Öffnung) bringt eine große Tiefenschärfe mit sich:

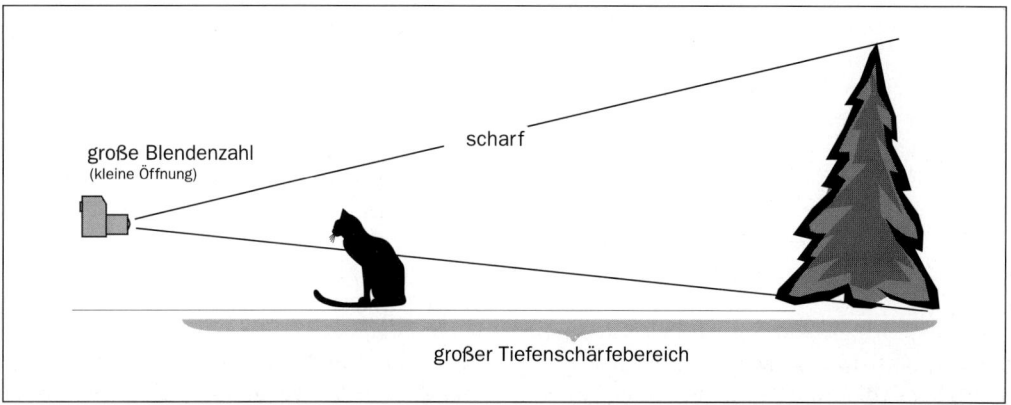

Die Tiefenschärfe hängt zusätzlich vom Objektiv ab. Die Objektive haben unterschiedliche Brennweiten. In einem Objektiv befindet sich eine Linse oder eine Kombination von Linsen. Sie leitet den Lichtstrahl auf den Film und unterstützt damit die Abbildung des Motivs. Nun braucht jede Linse einen bestimmten Abstand zum Film, um das Motiv optimal abbilden zu können (Sie können das mit verschiedenen Vergrößerungslinsen ausprobieren). Dieser Abstand wird **Brennweite** genannt.

Es lassen sich grob drei Objektivtypen mit unterschiedlichen Brennweiten unterscheiden:
- Das **Normalobjektiv** hat eine Brennweite von 50 mm. Es heißt „normal", weil es dem menschlichen Blickwinkel entspricht.
- Das **Teleobjektiv** hat eine Brennweite von mindestens 80 mm. Es wird immer dann eingesetzt, wenn ein Motiv weit entfernt ist. Mit dem Teleobjektiv kann es „herangeholt" werden.
- Das **Weitwinkelobjektiv** hat eine Brennweite von unter 35 mm. Es erweitert den menschlichen Blickwinkel. Es wirkt etwa so, als könne man gleichzeitig mit dem linken Auge nach links und dem rechten Auge nach rechts schielen.

Das Filmmaterial

Durch die Erfindung des Rollfilms wurden alle anderen Techniken (z.B. Filmplatten) weitestgehend verdrängt. Rollfilme sind aus beschichtetem Kunststoff. Die lichtempfindliche Schicht reagiert bei der Aufnahme. Die Abbildung ist mit bloßem Auge nicht zu sehen und muss erst entwickelt werden.

Am gebräuchlichsten sind Farbnegativfilme und Farbdiafilme oder Schwarzweißnegativfilme.

- Die Unterscheidung Farbfilm und Schwarzweißfilm liegt auf der Hand. Ein Farbfilm bildet das Motiv in seiner Farbigkeit ab. Die Farbtreue zwischen Motiv und Fotografie hängt von der Qualität des Films ab. Ein Schwarzweißfilm setzt die natürlichen Farben in Schwarz und Weiß bzw. abgestufte Grautöne um.
- Negativ- und Diafilme haben grundsätzlich unterschiedliche Eigenschaften. Ein Negativfilm zeigt nach der Entwicklung keine wirklichkeitsgetreue Abbildung, sondern eine Umkehrung der Farbtöne. Dunkle Motive erscheinen hell und helle Motive dunkel. Bei der Übertragung auf Fotopapier kehrt sich dies wieder um.
  Ein Diafilm zeigt nach der Entwicklung bereits fertige Bilder. Die Farben sind durchscheinend. Mit einem entsprechenden Vorführgerät können die Bilder vergrößert auf eine weiße Fläche projiziert werden.

Die Filme haben unterschiedliche Empfindlichkeit, d.h., sie reagieren verschiedenartig auf auftreffendes Licht. Hiervon hängt die Art der Belichtung ab. Damit alle Filme entsprechend erkannt und eingesetzt werden können, sind sie genormt:
- DIN = ist das europäische Normsystem
- ISO = ist das internationale Normsystem
- ASA = ist das amerikanische Normsystem

Die ASA/ISO-Werte sind am leichtesten zu merken. Sie werden in ganzen Zahlen (z.B. 50 – 100 – 200 – 400) ausgedrückt. Eine nächsthöhere Zahl bedeutet, dass sich die Lichtempfindlichkeit verdoppelt (z.B. 200 ASA/ISO ist doppelt so lichtempfindlich wie 100 ASA/ISO).

Die Sofortbildkamera und die digitale Kamera

Eine Spiegelreflexkamera ist für die meisten Fotoangebote oder -projekte ideal. Auch Sucherkameras tun ihren Dienst. Beide haben aber den Nachteil, dass die Fotografien nicht direkt betrachtet werden können. Die Entwicklung dauert, je nach in Anspruch genommenem Service, unterschiedlich lange. Kleinere Kinder können den Zusammenhang zwischen der Aufnahmesituation und dem Foto, das sie Tage danach in der Hand halten, häufig nicht nachvollziehen.

Die Sofortbildkameras oder digitale Kameras machen es möglich, das gerade geschossene Foto unmittelbar zu betrachten. In der digitalen Kamera wird ein Computerchip belichtet, der die Informationen direkt auf einen Bildschirm (und neuerdings auch direkt auf Drucker) übertragen kann. Da diese Apparate noch sehr teuer sind (mehrere hundert Euro), kommen sie vorerst für den Einsatz in Kindereinrichtungen kaum in Frage. Sofortbildkameras sind bereits für unter dreißig Euro zu bekommen.

Eine Sofortbildkamera wirft ein belichtetes Bild in wenigen Sekunden aus. Das Bild enthält in einem kleinen Reservoir sowohl den Entwickler als auch den Fixierer. Beide Chemikalien machen die Abbildung nach wenigen Minuten auf dem Fotopapier sichtbar. Die Kinder können ihre Fotografie sofort betrachten und weiterverarbeiten. Ein Sofortbild ist durchschnittlich viermal so teuer wie ein normal entwickeltes Bild, dies sollte bei Fotoprojekten beachtet werden!

Kinder und Fotoapparate

Erfahrungen zeigen, dass Kinder relativ früh mit dem Fotoapparat umgehen können. Motivierende Heranführung ohne Überforderung und richtige Aussattung sind wichtig:
- Kinder brauchen robuste, stoßunempfindliche Geräte (es gibt auch speziell für Kinder ausgerüstete).
- Der Auslöser muss auch von den kürzeren Fingern der Kinder erreichbar sein, ohne das Auge vom Sucher nehmen zu müssen.
- Am Anfang empfiehlt sich eine automatische Kamera, ideal ist eine, die man auf manuelle Bedienung umschalten kann.
- Die Kamera soll preiswert sein, aber nicht so billig, dass sie nur schlechte Ergebnisse liefert – das nimmt die Freude.

PRAXIS – FOTO

Fotoübung – »Bilder komponieren«

Ein Bild wirkt durch die Bildkomponenten, die es enthält. Die Bildaussage ist nicht zufällig, sondern kann bewusst beeinflusst werden. Zu den wichtigsten Komponenten gehören:

- der Bildausschnitt (Größe, Form),
- die Ordnung im Bildausschnitt,
- der Hell-Dunkel-Kontrast,
- die Bildinhalte (Auswahl, Anordnung)

Verlauf:
Die Kinder/Jugendlichen einigen sich auf ein Thema, z.B. Naturimpressionen. Mit Fotoapparaten ausgerüstet, suchen sie sich ein Gelände aus. Sie machen ihre Fotos. Dabei sollten sie zu jedem Bild Notizen machen: Was wollte ich im Bild festhalten? Welche Wirkung erwarte ich? Was habe ich an der Kamera eingestellt (Blende, Belichtungszeit, Blitz...)?

Nach der Entwicklung werden die Bilder analysiert. Die Teilnehmer/-innen versuchen zu ergründen, warum ein Bild positiv wirkt und warum ein anderes „schlecht" erscheint.

In einem weiteren Schritt geht die Gruppe noch einmal zu der bekannten Stelle. Jede/r Teilnehmer/-in hat einige der „schlechten" Bilder dabei und versucht nun bewusst auf die Gestaltung Einfluss zu nehmen, ein neues Bild zu komponieren.

Das Experimentieren steht bei dieser Übung im Vordergrund.

Variationen:
Für die Aufnahmen werden Themen gewählt, bei denen die Motive direkt beeinflusst werden können, z.B. „Auf dem Schreibtisch" oder „Gruppenbilder". Diese Inhalte haben den Vorteil, dass die Fotografen/Fotografinnen das „Original" verändern können.

Die Gruppe einigt sich auf ein Bildgestaltungselement, z.B. die Bildaufteilung in Waagerechte und Senkrechte. Das Ideal des goldenen Schnitts gilt auch für die Fotografie, aber auch andere Bildausschnitte können eine Wirkung unterstreichen.

Auf Farbtafel 15 (S.167 unten) und 16 (S.168) ist anschaulich die Wirkung der Perspektive vorgeführt. Dazu noch die notwendige Begriffsbildung:

TOTALE	Die Totale bietet einen Gesamtüberblick für die Szene.
HALBTOTALE	Der Bildausschnitt ist auf die wichtigen Bildinhalte ausgerichtet.
HALBNAH	Der wichtige Bildinhalt wird betont, die Umgebung vernachlässigt.
NAH	Der Bildinhalt ist klar und deutlich zu erkennen und hebt sich von der Umgebung ab.
GROSS	Die Großaufnahme rückt den Bildinhalt ins Zentrum des Bildauschnitts.
DETAIL	Die Detailaufnahme schafft Nähe. Besonderheiten und Einzelheiten sind zu erkennen.

FROSCHPERSPEKTIVE	In der Froschperspektive befindet sich die Kamera unter dem Objekt und wird schräg nach oben gehalten (Tafel 15, links unten).
	Diese Perspektive nehmen Kinder täglich ein! Sie sehen vor allem die Erwachsenen aus diesem Blickwinkel. Lassen Sie einmal ein Kind ein Foto von Ihnen machen – aus der Froschperspektive. Es lohnt sich!
VOGELPERSPEKTIVE	In der Vogelperspektive blickt die Kamera von oben auf das Objekt herunter (Tafel 16, rechts unten).

Bildexperimente und Übungen – »Spieglein, Spieglein…«

Das tägliche Bilderangebot ist durch feste Regeln strukturiert. Werbefotos machen Appetit, journalistische Fotos machen betroffen, Porträts von dem eigenen Gesicht machen unzufrieden…

Alles in allem wird uns täglich ein Spiegel vorgehalten. Was wir da erkennen, reflektiert uns selbst. Die folgenden Experimente lenken die Aufmerksamkeit auf das eigene »Ich«…

Fotoexperimente mit dem Spiegelbild

Für dieses Experiment brauchen wir möglichst große Spiegel, in denen sich der ganze Körper spiegelt. Es ist auch möglich, mehrere Spiegel aneinander zu legen oder fest an die Wand zu montieren. Spiegelfolien tun es auch.

Stufe 1: Wandelbare Selbstporträts
Die Übung ist zunächst einfach. Alle Beteiligten betrachten sich selbst möglichst intensiv. Für manche Menschen ist dies recht schwierig, da sie mit ihrer Erscheinung nicht zufrieden sind. An dieser Stelle setzt der eigentliche Lernprozess an. Die Kinder oder Jugendlichen sollen sich trauen, mit ihrer Bildwirkung zu spielen.
Der Spiegel ist aus einem einfachen Grund gut geeignet: Die Bilder können laufend verändert und live betrachtet werden. Selbst ein Sofortbild bringt eine deutliche Zeitverzögerung mit sich.

Zwei schöne Ergebnisse sehen Sie auf Farbtafel 15 (S. 197 oben).

Stufe 2: Grimassen schneiden
Bei Festen passiert es öfters. Eine Erzieherin ist dazu auserkoren, den Festverlauf fotografisch zu dokumentieren. Sie sucht sich Szenen und Gesichter. Plötzlich bemerkt jemand, dass er fotografiert wird. Ein kurzer Blick und die Zunge reckt sich der Kamera entgegen, die Augen verdrehen sich und die schönste grässliche Fratze ist in der Kamera gefangen.

Die Kinder oder Jugendlichen werden aufgefordert, sich selbst im Spiegel Fratzen zu schneiden und Grimassen zu machen. Beinahe automatisch schauen sich die Beteiligten gegenseitig zu. Das ist ein Grund, alle auch hierzu aufzufordern. Diese Momente sind witzig, das ist der Schlüssel zum nächsten Schritt.

Stufe 3: Grimassen einfangen

Ein Fotoapparat taucht auf. Die Grimassen werden auf Bilder gebannt. Je mehr Fotos geschossen werden, umso besser, deshalb eignen sich die teuren Sofortbilder eher nicht. Die Erzieherin gibt den Fotoapparat an die Kinder oder Jugendlichen ab (eventuell macht es Sinn, noch einen zweiten Apparat zur Verfügung zu stellen). Mit ausreichendem Filmmaterial ausgestattet, fotografieren sich die Beteiligten gegenseitig.

Stufe 4: Das bin nicht ich – oder doch?

Nach zwei Tagen sind die Bilder entwickelt. Sie werden am Boden oder auf großen Tischen ausgebreitet und die Entdeckungsreise beginnt. In dieser Phase tauchen die unterschiedlichsten Gefühle auf – einige Kinder finden sich hässlich, manche Jugendliche sehen sich „blöd" und andere lachen, freuen sich über ihren Mut zur Fratze, sehen stolz, was sie mit ihrem Gesicht alles machen können…
Die Erwachsenen unterstützen die positiven Eindrücke!
Aus den Grimassen wird eine Ausstellung gemacht oder ggf. aus den Dias eine Diashow zusammengestellt. Betrachten Sie ein auf diese Weise entstandenes Ausstellungsergebnis auf Farbtafel 17 (S. 201).

Fotoexperiment – »Die zwei Gesichter der…«

Nachdem die Kinder oder Jugendlichen mit ihren „Spiegelbildern" zufrieden sind, geht dieses Experiment ihrer „wahren Seele" auf den Grund.

Verlauf:

Ein Gesicht ist nie völlig symmetrisch. Auf dieser Tatsache beruht der Effekt dieses Experiments.
In einem selbst eingerichteten Fotoatelier oder im Freien werden von allen Kindern Porträts fotografiert. Jedes Gesicht wird frontal aufgenommen. Es soll das Foto möglichst ganz ausfüllen.
Der Fotoapparat wird für diese Aufnahmen auf einem Dreibeinstativ befestigt. Das Stativ steht in einem festen Abstand zu den Motiven. Wenn die Kinder oder Jugendlichen sitzen können, ist das Foto-Shooting für sie wesentlich angenehmer.

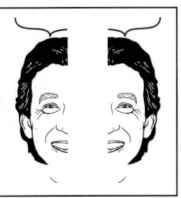
Der Film wird zur Entwicklung gegeben. Ein Gesicht muss insgesamt zweimal entwickelt werden, einmal davon spiegelverkehrt. Dazu werden die Negative einfach seitenverkehrt entwickelt.

Beide Fotos werden nach der Entwicklung zerschnitten. Die Schnittlinie verläuft in der senkrechten Mitte des Gesichts. Wer ganz genau sein will, misst den Abstand zwischen den Augen und zwischen den Mundwinkeln, halbiert die Strecken, markiert jeweils die Mitte und verbindet die beiden Punkte zur Schnittlinie.

Die vier entstandenen Bildhälften werden nun neu kombiniert. Die originale linke Gesichtshälfte wird mit der gespiegelten linken Gesichtshälfte zusammengelegt, entsprechend wird mit den beiden rechten Seiten verfahren.
Die Hälften fügen sich zu ganzen Gesichtern zusammen. In der Regel entsteht ein etwas freundlicheres und ein etwas ernsteres Gesicht. Der Originalmensch trägt beide Hälften mit sich!

Ein Tipp: Die Montage der Gesichtshälften funktioniert auch mit dem PC.

Bildexperiment – Selbstporträts mit einem Kopiergerät

In vielen größeren Einrichtungen steht ein Kopiergerät oder in der Nähe kann eines genutzt werden. Zur Vervielfältigung von Nachrichten an die Eltern oder von Teamprotokollen werden die Kopierer häufig genutzt. In diesem Experiment nutzen wir die Geräte ein wenig anders als üblich...

Verlauf:
Der Kopierer wird mit Papier bestückt (für die ersten Versuche, die in den Papierkorb wandern, können zum Beispiel Rückseiten, Fehlkopien etc. genutzt werden) und dann kann es schon losgehen.
Die Kinder oder Jugendlichen legen eine oder beide Hände auf die Kopierfläche. Jemand anderes drückt auf den Startknopf und alle erwarten gespannt das Ergebnis.

Die Variationen sind unendlich:
Die Möglichkeiten des Kopiergeräts können ausgeschöpft werden. Die Helligkeit wird verändert, der Vergrößerungs- oder Verkleinerungsgrad wird variiert, die Kopien erhalten einen automatischen Rand...

Bei offenem Deckel erscheinen andere Resultate als bei geschlossenem Deckel. Je dunkler die Kopie ausgeworfen wird, desto mehr Toner wird verbraucht. Das macht die ganze Angelegenheit teuer, also damit sparsam umgehen! Wenn die freie Kopierfläche mit einem lichtundurchlässigen weißen Tuch abgedeckt wird, bleibt die freie Papierfläche hell.
Auf verschiedenfarbigem Papier wirken die Ausdrucke unterschiedlich.

Statt der Hände können auch andere Körperteile kopiert werden, z.B. die Füße oder auch der Kopf. Gesundheitliche Folgen sind zwar nicht bekannt geworden, aber wer den Kopf in den Kopierer legt, sollte unbedingt die Augen schließen. Das Licht, das die Vorlagen abtastet, ist sehr grell! Ermuntern Sie also keinesfalls kleinere Kinder dazu, ihren

Kopf abzulichten – sie können die notwendige Vorsicht noch nicht walten lassen.
„Waghalsige" Porträtkopierer, die sicher im Klettern sind, können sich auch auf einen Stuhl direkt neben den Kopierer stellen und ausprobieren, in welcher Entfernung sie noch abgelichtet werden. Weisen Sie sie aber auf die Regeln hin, die sonst beim Turnen gelten!

ENDE

Alte Liebe ♥ bricht nicht
Eine Foto-Comic-Story von Erzieherinnen

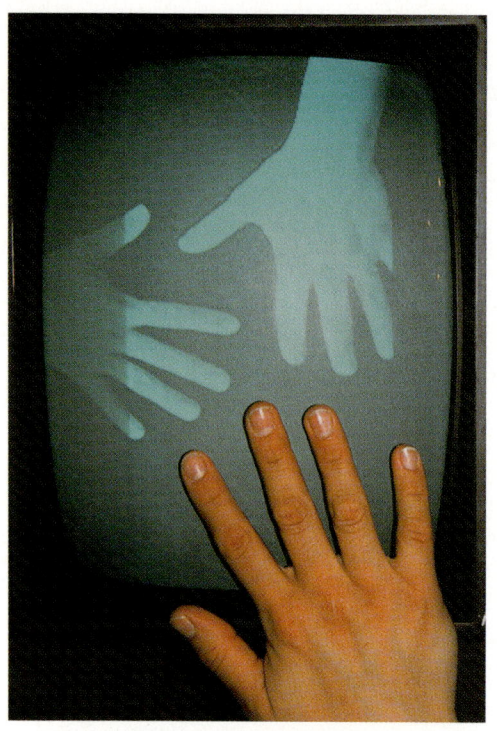

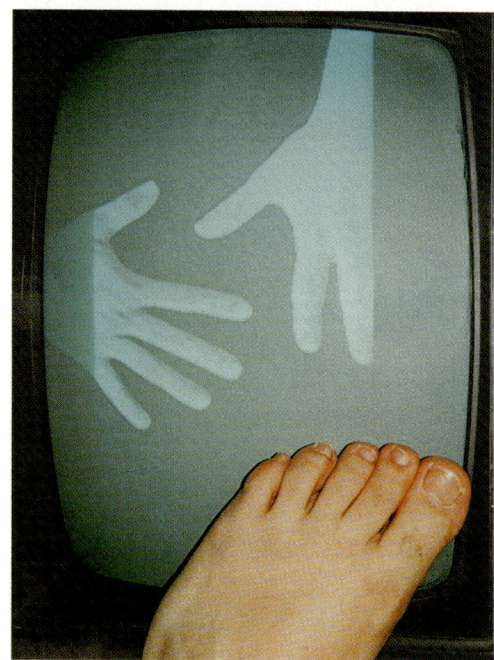

Fotocomics selbst gemacht

Die Fotostorys aus den Jugendzeitschriften kennt wohl jeder. Comics natürlich auch. Die Fotocomics sind eine Kombination aus beidem.

Ein gutes Fotocomic macht mindestens ebenso viel Arbeit wie ein Film oder ein Hörspiel. Die Produktion macht aber mindestens ebenso viel

Spaß und bringt zahlreiche Lerninhalte mit sich.

Witzige Inhalte eignen sich am besten. Die Slapstick-Situationen aus dem Alltag oder erfundene kurze Geschichten werden in Bilder und Texte umgesetzt.

Auch hier gibt es zwei Möglichkeiten…

Anregungen zum Erzählen von Fotogeschichten

Das Erzählen von Bildergeschichten und das damit verbundene Betrachten sind Tätigkeiten, die Kinder im Alltag immer wieder begeistern. Fotogeschichten bietet eine besondere Form des Erlebens. Dieses Erleben wird dann zu einem bedeutenden Ereignis, wenn bei der Produktion der Fotogeschichte auf Atmosphäre, Stimmungen, Betonungen und ähnliche Bedingungen geachtet wird.

Die Atmosphäre einer Fotogeschichte wird durch die Nähe zu der Erfahrungswelt der Betrachter getragen. Die Produktion ist eine Kunst, die sowohl gute Erzähler als auch gute Betrachter und zudem Zeit braucht.

Zu den äußeren Bedingungen der Produktion einer Fotogeschichte gehören folgende Gedanken:

- Die **Gruppe der Produzenten** darf nicht zu groß sein (höchstens zwölf Kinder).
- Die Kinder oder Jugendlichen sollten tatsächlich bereit sein, sich auf das ausgewählte Thema einzulassen. Eine ruhige und konzentrierte Situation ist für die Produktion günstig.
- Die Gruppe sollte ihre **Erzählung gut vorbereitet** haben, damit sie beim Fotografieren frei handeln kann und die Stimmungen der Geschichte durchscheinen. Die Bilder, die den Handlungsverlauf betonen, müssen bei der Produktion herausgestellt werden.
- Die Erzählung wird durch entsprechende **Mimik und Gestik der Akteure** lebendig und anschaulich.

- Die Erzähler müssen in **verständlichen Bildern** „sprechen". Den Fotoerzählungen lässt sich gut folgen, wenn viele Hauptsachen und wenig Nebensächliches in den Bildern verwendet wird.
- Eine gute Fotogeschichte wird so gestaltet, dass sie in die **Erfahrung der Zuschauer** eingeht. Die Zuschauer sollen Assoziationen herstellen und eigene Erfahrungen einbringen können. Dennoch ist die Erzählung ein Medium, in dem durchaus neue Erfahrungen gemacht werden.

Zu den Faktoren, die eine Fotogeschichte „gut" machen, gehören folgende Gedanken:

- Die Bilder müssen **Stimmungen** durchscheinen lassen. Die Geschichte muss ein ausgewogenes Maß an Spannung und Entspannung aufweisen. Sie muss neutrale und affektive Teile besitzen, damit eine dynamische Verbindung zwischen der Geschichte und den Betrachtern entstehen kann. Wenn beispielsweise Märchenerzählungen nur neutral vorgebracht werden, wirken sie monoton und nachrichtengemäß. Andererseits würden überwiegend affektiv besetzte Bilder sehr schnell überladen, theatralisch und unecht wirken.
- **Stimmungen** durchscheinen zu lassen bedeutet, dem Inhalt angepasste Gefühlsregungen in die Bilder einzubauen. Die Fotogeschichte kann natürlich mit Worten und Klängen ergänzt werden. Die jeweilige

Stimmung sollte aber durch die Bildinhalte zum Ausdruck gebracht werden.

- Durch „gute" Bilder wird eine **Erzählung plastisch,** Miterleben wird sozusagen provoziert und die Intensität des Miterlebens kann von den Akteuren vor und hinter der Kamera aktiv mit gesteuert werden. Damit wird das Anliegen der Erzählung, seine Aussage, sichtbar und spürbar gemacht.
- Es ist sehr wichtig, Gefühle gut dosiert umzusetzen, damit die Betrachter nicht überschwemmt werden. Das Mitgehen mit der Erzählung ist ein Angebot an die Zuschauer, kein Zwang!

Zu der inhaltlichen Gestaltung einer Fotogeschichte gehören folgende Gedanken:

- Es stellt sich oft die Frage, was in einer Erzählung betont werden soll. Sinnvollerweise kristallisieren sich besondere **Bildelemente** heraus, die für den Fortlauf der Erzählung wichtig und wesentlich sind. Bei dem Beispiel »Geh mit mir« (das Ergebnis dieses real durchgeführten Projekts sehen Sie als Bildserie auf Seite 212) wurden die „Kuss"-Bilder zum wichtigsten Bildelement. Sie halten den Handlungsablauf am deutlichsten aufrecht.
- In Fotogeschichten hat jedes Bild eine Bedeutung, die nicht durch zu viel Eindrücke überlagert werden darf. In langweiligen Fotogeschichten tauchen oft zu ähnliche Fotos auf. Für die Produktion ist es bequem, an einem Ort möglichst viele Bilder zu machen. Die Bequemlichkeit rächt sich aber im Ergebnis.
- Es muss nicht jede Szene modelliert und ausgestaltet werden, zumal sich auch nicht alle anbieten. Es ist wichtig, dass sie zu dem Anliegen der Erzählung passt. „Falsche" Bilder oder falsche Bildeffekte legen in Erzählungen etwas hinein, was gar nicht darin ist, beispielsweise eine Moral. Gute Fotogeschichten legen zum Beispiel keine eigene Moral fest. Sie geben den Betrachtern vielmehr die Möglichkeit, sich mit den Hauptfiguren zu identifizieren und der Bildererzählung einen eigenen Gehalt und eine eigene Aussage abzugewinnen.

Zur Präsentation einer Fotogeschichte gehören folgende Gedanken:

- Wenn eine Fotogeschichte durch eine Diapräsentation erzählt wird, muss das Erzähltempo an die Zuschauer angepasst werden. Es ist eine schwierige Aufgabe, Sinneinheiten einer Erzählung mit den Denkeinheiten der Betrachter in Übereinstimmung zu bringen. Das Verweilen bei einem Bild ist da sinnvoll, wo es den Sinnzusammenhang der Geschichte, den Gedankengang, unterstützt. Kurze Sinnabschnitte und ein gleichmäßiger Bilderfluss stellen sicher, dass das Mitdenken nicht zerhackt wird und die einzelnen Bilder nicht isoliert nebeneinander stehen.
- Zusätzlich bieten sich Verweilpausen an, wenn bei den Betrachtern innere Bilder entstehen können oder wenn besonders Schönes und besonders Wichtiges ausgekostet wird. Zudem können sie Spannung erzeugen, indem sie deutlich machen: »Jetzt kommt etwas Besonderes«.

Drei Beispiele

Eine Fotogeschichte im Kindergarten – »Die Zeitreise«

Eine Fotogeschichte, die mit Kindergartenkindern gemacht wird, lebt von vielen Schnappschüssen. Kleinere Kinder können zwar das grobe Raster einer Geschichte vordenken, in der Umsetzung wird aber improvisiert. Streng konzipierte Szenen wirken zu gestellt. Da die Kinder sich gerne auf den Fotoapparat einlassen, entsteht die tatsächliche Geschichte spielerisch. Auf diesem Weg bleibt die Freude der Akteure und der Fotografen erhalten.

Bei dem Beispiel »Die Zeitreise« haben Kinderfotografen gleichzeitig mit Erwachsenen Bilder gemacht.
Das Thema entstand am Frühstückstisch und ging zunächst nur von zwei Mädchen aus. Sie haben sich Requisiten besorgt und die Umgebung im Kindergarten zu ihren Kulissen gemacht.

Zu den Akteuren vor der Kamera kamen zwei weitere Mädchen hinzu. Ein Junge und eine Erzieherin übernahmen den Part der Fotografen. Die Geschichte wurde teilweise vorab besprochen, aber im Wesentlichen im Spiel erfunden.

Der Verlauf:

Bild 1: Zwei schlaue Köpfe haben sich ein „Zeitreiseschiff" gebaut.

Bild 2: Die Zeitreisenden ziehen sich „zeitlos" an, damit sie in jeder Epoche passend gekleidet sind.

Bild 3: Die Zeitreisenden sind auf dem Weg.

Bild 4: Die Zeitverschiebung bringt einiges zum Wackeln.

Bild 5: Das Zeitreiseschiff kommt an. Eine „Altertümliche" entdeckt es.

Bild 6: Die Zeitreisenden und die Altertümliche werden Freundinnen.

Die Bilder dieses real ausprobierten Projekts können Sie auf Farbtafel 18 (Seite 202) sehen.

Anmerkungen:
- Die Kinder haben sichtlich vor der Kamera posiert.
- Aus zwei Filmen mit 36 Bildern haben die Kinder 13 Bilder ausgesucht.
- Die Geschichte wurde anhand der Fotos fertig gestellt.
- Die Bezeichnungen „Zeitreiseschiff" oder „die Altertümliche" stammen von den Kindern selbst.
- In der Geschichte kommen noch drei weitere Begegnungen vor. Die Zeitreisenden treffen einen Zaubervogel, wilde Leute und Kleinlinge. Danach reisen sie in ihre Zeit zurück.

Eine Fotogeschichte im Hort – »Geh mit mir«

Ältere Kinder haben auch noch große Freude an abenteuerlichen oder fantastischen Geschichten. Ihr Interesse erweitert sich aber deutlich auf die Themen Freundschaft und Liebe.

In manchen Hortgruppen geht es nur darum, wer gerade mit wem „geht". Die Erzieher/-innen können sich darüber aufregen, dass dieses Thema alle anderen Aktivitäten lahm legt, oder sie können es zum Inhalt einer Fotogeschichte machen.

Die Umsetzung kann sich an den Fotoromanen der Jugendzeitschriften orientieren. Deren Produktion hat große Ähnlichkeit mit der Herstellung von Foto-Comics.

In dem Projekt »Geh mit mir« haben die Kinder eine andere Umsetzung gewählt…

Sie haben sich zunächst dafür entschieden, Schwarzweißfotografien zu machen. Diese Entscheidung wurde nach einer Experimentierphase getroffen. Der Titel der Geschichte stand von Anfang an fest.

Die Kinder haben gemeinsam mit einem Erzieher über ihre Ideen gesprochen. Das Gespräch wurde eigentlich über die aktuellen Erfahrungen der beiden „Paare" geführt. Vier Aspekte kristallisierten sich besonders heraus…

- „Mit jemandem gehen" heißt ein Stück Lebensweg miteinander zu gehen, sich aufeinander verlassen zu können, aufeinander Rücksicht zu nehmen und sich zu unterstützen.

Dieser Aspekt wurde im ersten Bild (Bildfolge auf S. 212) umgesetzt:

Die beiden Paare gehen gemeinsam einen dunklen Waldweg entlang.
Die Freunde halten sich jeweils gut fest.
Obwohl beide Paare auf demselben Weg gehen, laufen ihre Wege nicht absolut identisch. Gleichzeitig bildet ihre Anordnung ein Viereck, das signalisieren soll: Wir bilden eine Einheit.

- Kinder, die in die Pubertät kommen, haben es nicht leicht. Ihre ersten Freundschaften, die erste Liebe wird von den Erwachsenen nicht ernst genommen. Trotzdem stehen sie zu ihrer Liebe.

Dieser Aspekt wurde im zweiten und dritten Bild umgesetzt:
Die Liebenden küssen sich. Die einen etwas zaghaft, die anderen leidenschaftlich. Ihre Umgebung ist hart und abweisend – steinig.
Der Weg – zum Verständnis der Erwachsenen – ist steil.

• Liebe und Freundschaft sind verletzlich. Vor und während der Produktion der Fotogeschichte gab es immer wieder Streit. Die Tatsache, dass die Gruppe aus vier Kindern bestand, hatte Vor- und Nachteile für die Zweierbeziehungen. Es bildeten sich Parteien: die Jungs gegen die Mädchen oder ein „intaktes" Paar nahm Position für einen der anderen Partner ein.

Dieser Aspekt wurde im vierten Bild umgesetzt:
Ein Paar hatte Streit. Der Junge schaut grimmig, das Mädchen stützt trotzig die Arme in die Hüften, während sie vom anderen Paar geschützt wird. Die Freundin schaut teils mitleidig, teils verständnisvoll, der Freund blickt scheinbar ins Leere, hält aber einen Stock als „Waffe" bereit. Der Hintergrund ist dunkel, düster und bedrohlich.

• Liebe und Freundschaft sind manchmal schmerzlich. Sie bringen Enttäuschungen mit sich. Die Kinder wählten kein „Happyend" für ihre Geschichte, sondern wollten mit diesem eher traurigen Gedanken abschließen.

Dieser Aspekt wurde im fünften Bild umgesetzt:
Der zuvor ausgestoßene Junge sitzt mit verlorenem Blick in einem Auto. Das Auto sollte dafür stehen, dass er am liebsten schnell weit weg wäre. Sein Freund sitzt ihm zwar zur Seite, aber er sieht fragend aus dem Bild heraus. Kaum sichtbar streckt sich in der linken unteren Bildecke dem traurigen Verliebten eine Hand entgegen. Das Bild lässt den weiteren Verlauf offen.

Die Kinder haben viel Zeit darauf verwendet, die Bildinhalte genau nach ihren Vorstellungen aufzubauen. Sie haben abwechselnd fotografiert, der Erzieher half bei manchen Bildern aus. Die Spiegelreflexkamera stand dabei auf einem Stativ, damit der jeweilige Bildausschnitt von mehreren Beteiligten betrachtet werden konnte. Jede Szene wurde zwei- bis dreimal aufgenommen, damit nach der Entwicklung noch eine Auswahl möglich war.

Die fünf Bilder wurden vergrößert (30 x 45 cm) und eine Woche lang in der Einrichtung ausgestellt. Keines der anderen Kinder hat sich über die Bildinhalte lustig gemacht, obwohl sie sonst spätestens beim „Küssen" lauthals ihre Sprüche loswerden müssen.

Eine Fotogeschichte mit Jugendlichen – »Fernsehen ist überall«

Das dritte Beispiel war eine Arbeit von Jugendlichen aus einem Heim.
Die Auslöser waren Streitgespräche mit den Erzieher/-innen, die wieder einmal die Fernsehzeiten kürzen wollten – als Konsequenz dafür, dass einige ihren Gruppendienst nicht machten. Während des Gruppengesprächs meinte ein Junge: „Ich gehe einfach zu meinem Kumpel, dort kann ich schauen, was ich will. Fernsehen ist überall!"
Natürlich lenkten die Erzieher/-innen das Gespräch auf die Wirkung von Medien. Einer der Erzieher fotografierte sehr gerne, das war bekannt. Damit versuchten ihn die Jugendlichen auszutrumpfen: „Fotos sind doch auch Medien! Du knipst auch bloß in der Gegend herum, damit du beschäftigt bist." Die Diskussion ging schließlich darum, welches Medium das „kreativere" sei.

Drei der Jugendlichen setzen die Diskussion in die Fotogeschichte »Fernsehen ist überall« um. Der „Held" ist ein kleiner Fernsehapparat, der einsam und verlassen ist. Er macht sich auf den Weg, um jemanden zu finden, der ihn brauchen kann.

Bild 1: Der Fernsehapparat blickt durch eine kleine Maueröffnung in die weite Welt.

Bild 2: Er klettert mutig auf die Mauer, die ihn gefangen hält, und reißt aus.

Bild 3: Er klettert auf einen Baum, um sich den Himmel besser betrachten zu können.

Bild 4: Er bringt Schwung in sein Leben.

Bild 5: Er überwindet Hindernisse.

Bild 6: Er verstrickt sich immer wieder in unangenehme Sitautionen…

Bild 7: …und findet schließlich jemanden, der sich für ihn interessiert. Erstaunlich ist, dass er ruhige Typen wie die langsame Schildkröte und unruhige Typen wie das quirlige Eichhörnchen gleichermaßen fesseln kann.

Die Stationen können Sie auf der Farbtafel 19 auf Seite 203 verfolgen.

In diesem Beispiel wird deutlich, dass Fotogeschichten keine abstrakten Medienprodukte sind. Die Jugendlichen haben vieles aus ihrer Lebenserfahrung in die Geschichte hineingepackt. Es entstanden quasi zwei Handlungen. Eine Geschichte erzählt die Odyssee eines Fernsehers, die andere berichtet von dem bewegten Leben eines Menschen, der von der Familie weg musste, um von anderen Menschen angenommen zu werden…

Anregung für die Arbeit in der Aus- und Fortbildung

Fotocomicprojekte eignen sich natürlich nicht nur für die Durchführung mit Kindern und Jugendlichen. Angehende Erzieher/-innen können sich selbst durch „eigene" Projekte mit dem Medium vertraut machen. Ein solches Projekt umfasst Elemente von Theater, Kunst, Gestaltung, Medienerziehung und eignet sich deshalb hervorragend als ein fächerübergreifendes Unterrichtsvorhaben. Einen Eindruck vermittelt die auf Farbtafel 22 (S. 206) wiedergegebene „Fotocomicstory", die von Erzieherinnen gestaltet wurde.

Anregungen zur Arbeit mit Fotodokumentationen und Reportagen

Dokumentationen und Reportagen unterscheiden sich grundsätzlich in einem Punkt von der Gestaltung einer Fotogeschichte. **Die Bildinhalte werden nicht vorab festgelegt, sondern vor Ort entdeckt.** Sie orientieren sich nicht so sehr an künstlerischen Gesichtspunkten, sondern eher an den journalistischen Prinzipien.

Die Bild-Dokumentationen und – Reportagen können dennoch mit speziellen Themen verbunden werden. Kinder haben hier Vorlieben, z.B. Naturdokumentationen, Tierdokumentationen, Sportreportagen oder Alltagsreportagen…

Anregungen zu Naturdokumentationen

Naturbilder leben von Farben und Kontrasten, von Licht und Schatten.

Für die Aufnahmen in der Natur ist der Zeitpunkt wichtig. Es scheint nahe liegend, dass das hellste Licht der Sonne die besten Aufnahmen ermöglicht. Das stimmt aber nicht! Die Farben der Natur werden intensiver, wenn das Tageslicht nicht so grell ist. Die besten Fotos gelingen kurz nach dem Aufstehen, also in der Morgendämmerung, oder kurz vor dem Zubettgehen in der Abenddämmerung. Diese fotografische Vorgabe widerspricht natürlich den Öffnungszeiten normaler Kindereinrichtungen. Der Vormittag bietet aber auch gutes Licht, der richtige Zeitpunkt, um loszuziehen.

Auch schlechte Witterung und kalte Jahreszeiten halten reizvolle Motive bereit. – Sie bieten gute Anlässe für einen Regenspaziergang.

Beliebte Motive bei Kindern sind Bäume oder blühende Pflanzen (siehe Beispiele auf den Farbtafeln 20/21 S. 204/205).

Zur Technik der Naturfotografie empfiehlt sich spezielle Literatur (siehe Literaturliste).

Anregungen zu Tierdokumentationen

Tiere sind schön. Sie haben aber meist den Nachteil, dass sie sich ständig bewegen. Im 19. Jahrhundert wurden Tiere meist nur in ausgestopftem Zustand fotografiert. Da das natürlich für uns nicht in Frage kommt, bleibt nur eines – Geduld!

Tiere im Zoo

Die Zootiere sind meist etwas gemütlicher als frei lebende Tiere. Sie halten eher einmal still, wenn sie auf ein Foto gebannt werden sollen. Der Schlüssel zu guten Zoofotografien ist eine ausdauernde Beobachtung. Die Tiere haben ihre Gewohnheiten. Sie kratzen sich an einem bestimmten Baum, gehen in ihre Ecke, um etwas zu fressen, oder flattern regelmäßig mit ihren Flügeln. Wenn ein Kind den Rhythmus des Tiers erkannt hat, kann es im richtigen Moment abdrücken.

Haustiere und Tiere in freier Wildbahn

Es ist weitaus schwieriger, Tiere zu fotografieren, die sich frei bewegen können. Das Wichtigste ist, die Tiere nicht mit dem Foto zu jagen oder sie in irgendwelche Posen zu zwingen. Die „Schmusekatze" findet es in der Waschmaschine nicht sonderlich angenehm, auch wenn sie in dieser Lage noch so drollig aussieht.

In Freigehegen ist die Wahrscheinlichkeit groß, ein Tier zu entdecken. Für die Arbeit mit Kindern sind sie also geeigneter als der Wald, in dem uns nur alle paar Tage ein Reh begegnet, weil die Landstraße mitten hindurchgeht. In den sehr natürlichen Anlagen kommen wir mit dem Foto nicht so nah an die Tiere heran wie im Zoo oder zu Hause. Die Tiere können, wenn dies erlaubt ist, mit Essen angelockt werden. Zehn Fotos von einem kauenden Reh sind aber auch langweilig. Das Teleobjektiv ist hier richtig. Mit ihm können auch weiter entfernte Tiere bei ihrer jeweiligen Beschäftigung aufgenommen werden, ohne dass sie etwas davon merken.

Wenn die Kinder aufmerksam durch die Natur gehen, entdecken sie wundervolle Szenen, die niemals künstlich aufgebaut werden könnten.

Beispiele zur Tierfotografie und zu Naturausschnitten sind ebenfalls auf den Farbtafeln 20/21 auf S. 204/205 zu finden.

Anregungen zu Bildreportagen

Eine Reportage ist eine Kombination von Bildinformationen und Texten, beide sind gleichwertig.
Die Bilder sollen möglichst objektiv berichten, was in der fraglichen Situation vorgefallen ist. Das bedeutet für die Fotografen, dass sie zwar Bildgestaltungsregeln einhalten, aber möglichst wenig durch den Bildaufbau manipulieren.
Sowohl die Bilder als auch der Text sollen die klassischen journalistischen Fragen beantworten (vgl. Journalismus): Wer hat wann was, wo, warum und wie gemacht?

Für Reportagen sind sowohl besondere Ereignisse als auch Alltägliches geeignet: das Sommerfest, der Ausflug, der Besuch bei der Feuerwehr oder ein Tag in der Kindertagesstätte/im Hort, ein Projekt…

Literaturtipp

Bültmann, Gabriele (Hrsg.). (1991) Motiv Liebe. Ein Fotoprojekt der VHS Recklinghausen. Münster: Votum-Verlag.
Institut für Sozialpädagogik, Dortmund (Hrsg.). (1991). Bei Liebe klickt's. Jugendliche fotografieren Jugendliche. Dortmund: Elefanten Press.
Koshofer, Gert (1994). So macht man bessere Kinderfotos. Niedernhausen: Falken-Verlag.
Tobias, Karl-Heinz, und Neurath, Bruno (1993). Fototipps für Kids. München: Schneider-Verlag.

4.5 Die Technik der audiovisuellen Medien

 **Fakten**

Das Medium **Film** (Kamera und Projektor) und das Medium **Video** (Kamera und Rekorder) sind **audiovisuelle Medien** (kurz: AV-Medien). Sie können gleichzeitig auditive (lat. audire = hören) und visuelle (lat. videre = sehen) Signale, nämlich Töne und Bilder, senden bzw. empfangen.

Das Medium Film

Der Film ist genau genommen eine Erweiterung der Fotografie. Die Bilder lernen mit dem Film „laufen".

Auf einem Filmstreifen sind Einzelbilder aneinander gereiht. Jedes Bild zeigt den Ausschnitt einer Bewegung, ist aber selbst eine unbewegliche Abbildung (eine Fotografie). Die aufeinander folgenden Einzelbilder zerlegen die reale Bewegung in Bewegungssequenzen.

Jede Sequenz zeigt eine kleine Veränderung. Beim Betrachter entsteht der Eindruck einer Bewegung, wenn die einzelnen Bilder rasch nacheinander zu sehen sind. Der Film nutzt die Trägheit des menschlichen Auges. Wenn Licht in das Auge einfällt, wird dieser Eindruck länger festgehalten, als er tatsächlich vorhanden ist. Das bedeutet, dass der Film die Wahrnehmung täuscht. Der „Bluff" funktioniert, wenn das Auge mindestens sechzehn Einzelbilder in einer Sekunde zu sehen bekommt. Die optimale Anzahl ist vierundzwanzig Bilder in einer Sekunde.

Jedes einzelne Bild wird für einen kurzen Moment sichtbar. Zwischen den sichtbaren Bildsequenzen braucht das Auge Zeit, um den Eindruck festzuhalten und zu verarbeiten. Der Film wird bei der Projektion daher für den Bruchteil einer Sekunde verdunkelt.

Das technische Prinzip ist einfach und genial…

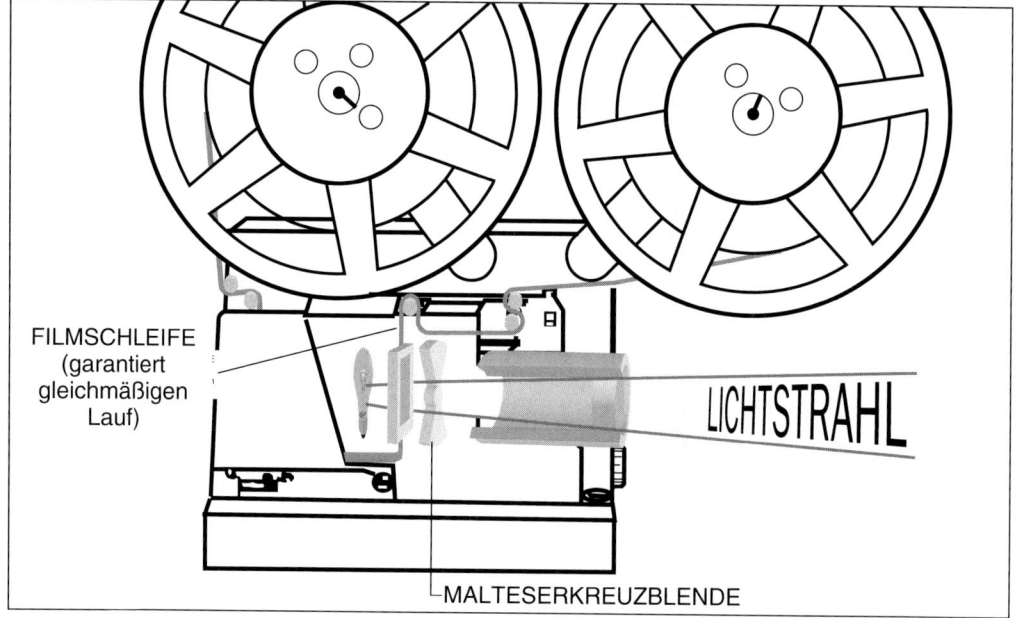

FILMSCHLEIFE
(garantiert gleichmäßigen Lauf)

LICHTSTRAHL

MALTESERKREUZBLENDE

Die Filmprojektion

Das Herzstück eines Filmprojektors ist die Malteserkreuzblende. Sie gibt abwechselnd den Lichtstrahl und damit ein Bild frei oder deckt beides ab. Die Blende hat ihren Namen von der charakteristischen Form des Malteserkreuzes. Durch diese Form können die sichtbaren und die dunklen Sequenzen genau auf das menschliche Auge abgestimmt werden. Ein Motor gewährleistet die exakte Laufgeschwindigkeit der Blende und des Filmstreifens, der durch Zahnräder transportiert wird. Die regelmäßigen Zähne greifen in die seitliche Perforation. Der Film wird von einer Spule abgewickelt, zwischen der Lichtquelle des Projektors und dem Projektionsobjektiv vorbeigeführt und auf einer anderen Spule wieder aufgewickelt.

Die Aufnahme des Films verläuft nach demselben Prinzip. Vierundzwanzig Bilder werden innerhalb einer Sekunde einzeln fotografiert.
Der Ton wird entweder separat aufgenommen, und beispielsweise mit einem Tonband, oder auf einem Tonstreifen, der seitlich am Filmband angebracht ist, festgehalten.

Das Medium Video

Die klassische Filmtechnik wird durch die Videotechnik ergänzt und erweitert. Das Filmmaterial muss, ähnlich wie Dias, nach dem Belichtungsprozess entwickelt werden. Das Videomaterial ist eher mit Tonbändern vergleichbar.

Die Videokamera nimmt die Signale auf und sendet sie an den Rekorder weiter. Die Zeichen werden mit **optischen** Werkzeugen (Objektiven) **aufgefangen** und in Form **elektrischer** Impulse **weitergegeben,** um auf ein **Magnetband** im Videorekorder aufgenommen zu werden. Diese Aufzeichnungen können auf einem Bildschirm wiedergegeben werden. Die gebräuchlichste Form ist eine Verbindung aus Videokamera und Videorekorder, der **Camcorder.** Mit diesem Gerät hat eine Videogruppe im Kindergarten oder Hort alles beisammen, was sie zum Filmen braucht.

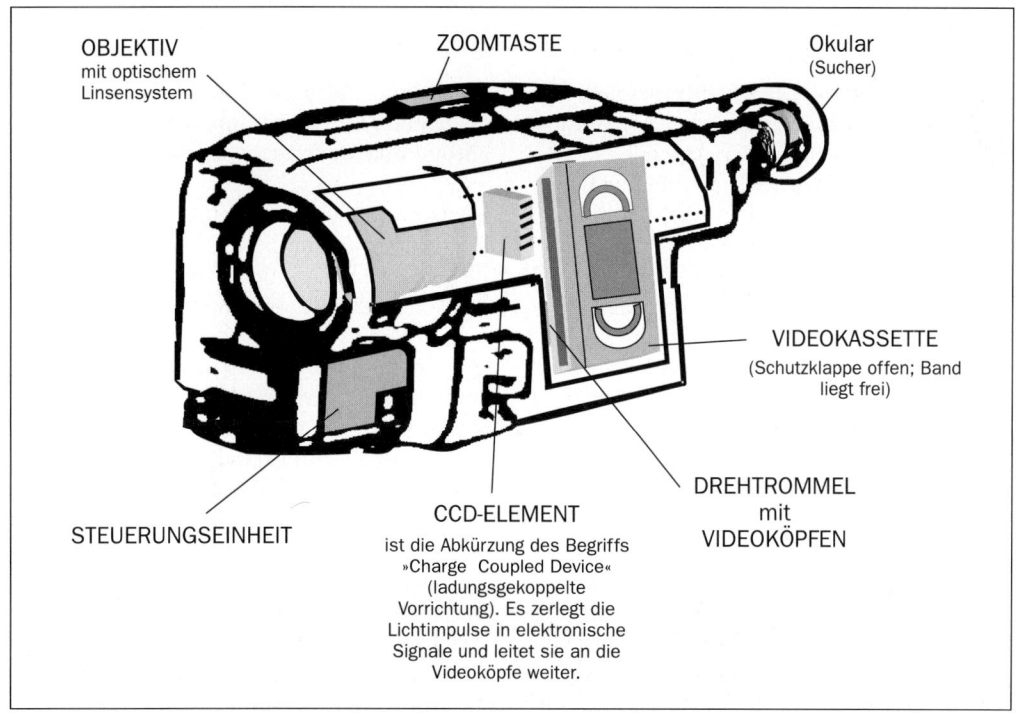

OBJEKTIV
mit optischem
Linsensystem

ZOOMTASTE

Okular
(Sucher)

VIDEOKASSETTE
(Schutzklappe offen; Band
liegt frei)

DREHTROMMEL
mit
VIDEOKÖPFEN

CCD-ELEMENT
ist die Abkürzung des Begriffs
»Charge Coupled Device«
(ladungsgekoppelte
Vorrichtung). Es zerlegt die
Lichtimpulse in elektronische
Signale und leitet sie an die
Videoköpfe weiter.

STEUERUNGSEINHEIT

Zusätzlich gibt es noch die Möglichkeit, **Schneidegeräte** oder **Mischpulte** zu benutzen. Diese sind in der Regel relativ teuer. In Jugendzentren oder Bildstellen können sie teilweise entliehen oder vor Ort genutzt werden. Die verschiedenen Gerätetypen sind aber nicht immer kompatibel, d.h., sie passen nicht immer zusammen.

Der Videorekorder

Der Videorekorder funktioniert so ähnlich wie ein Tonbandgerät, allerdings werden die Signale schräg zur Laufrichtung des Bandes aufgezeichnet und nicht längs. Das ist mit ein Grund, weshalb das „Schneiden" eines Videobandes nicht wirklich mit der Schere funktionieren kann. Im Videorekorder befindet sich eine **Drehtrommel,** auf der **Videoköpfe** angebracht

Die Filmproduktion

 **Medienarbeit**

Einen Dokumentar- oder Spielfilm herzustellen ist nicht so einfach, wie es auf den ersten Blick scheint. Gerade weil Kinder, Jugendliche und Erwachsene beinahe täglich mit Filmdokumenten zu tun haben, erscheinen diese selbstverständlich und vertraut. Hinter jeder Filmproduktion steht ein aufwändiger Prozess. Die professionelle Herstellung eines Films kann aber durchaus auf die Produktion in einer Kinder- oder Jugendgruppe übertragen werden.

Die Vorbereitungsphase

Bevor die eigentliche Produktion startet, braucht jeder Film eine Idee. Profis halten ein Exposé (= Entwurf) fest, das kurz skizziert, welchen Inhalt und welchen Handlungsbogen der Film haben soll. Wenn die Vorgabe allen Beteiligten zusagt, wird der Entwurf ausgearbeitet. Es entstehen Ausführungen und genauere Beschreibungen des Handlungsverlaufs, der Handlungsorte und

sind. Diese Köpfe können die empfangenen **Signale** auf das Mangnetband **aufbringen,** indem sie es entsprechend magnetisieren, **und** die aufgenommenen Signale wieder **abtasten.** Die Informationen über die Töne werden getrennt von den Bildinformationen auf das Band gespeichert. Dafür gibt es jeweils entsprechende Tonköpfe. Videogeräte erreichen eine hohe Tonqualität.

Verschiedene Videosysteme sind nicht kompatibel: Die Magnetbänder sind unterschiedlich breit oder die Lage der Bild- und Tonspur ist nicht identisch. Auch die Laufgeschwindigkeit kann variieren.

Videoaufnahmen lassen sich also nicht auf verschiedenen Systemen gleichzeitig verarbeiten. Die wichtigsten Systeme sind VHS (mit einer Bandbreite von einem halben Zoll) und Video 8 (mit einer Bandbreite von 8 mm).

der Figuren, die in dem Film vorkommen. Dieses grobe Drehbuch kann bereits mit einem »**Story-Board**« festgehalten werden…

Szenen werden skizziert, mit Bildinhalten und Regieanweisungen beschrieben. Technische Ideen zum „Fotografieren" des Films und zu den Tonaufnahmen werden ebenfalls entworfen.

Mit diesem groben Drehbuch könnte die Produktion in der Kinder- oder Jugendgruppe bereits starten. Eine detaillierte Ausarbeitung der einzelnen Szenen macht den Film jedoch professioneller. Die einzelnen Rollen können ausgefeilt werden. Sprechtexte und Handlungsanweisungen helfen den Schauspielerinnen und Schauspielern bei der Umsetzung ihrer Rollen. Technische Anweisungen helfen den Kindern und Jugendlichen hinter der Kamera bei der Umsetzung des Drehbuchs. In diesem Punkt wird die Nähe des Films zum Theater deutlich.

STORY-BOARD

Sequenz/Inhalt _____ Märchenfilm Dornröschen _____ Blatt-Nr. __1__

Inhalt – Szene 1
Titelbild: 2 Hofdamen halten das Titelplakat. Dazu läuft die Musik von Händel.

Technik
Einblenden und nach etwa 1 Minute (auf Musik achten) Schwenk auf Schloss im Hintergrund

Inhalt – Szene 2
Märchenanfang wird erzählt. Die Königin hält Dornröschen im Arm. Die Feen treten nacheinander auf – Die böse Fee spricht den Fluch aus.
Technik
Zoom von Totale auf Halbnahe – Der Text wird mitgeschnitten – Musik wird nachvertont.

Inhalt – Szene 3
Der Koch streitet mit dem Küchenjungen und bleibt plötzlich wie erstarrt, mit erhobener Hand stehen.

Technik
Szene komplett durchdrehen – anschließend schneiden (1. Teil vor Spindel, 2. Teil danach)

Inhalt – Szene 4
Dornröschen trifft auf eine Spinnerin, unterhält sich, fingert neugierig am Spinnrad herum, sticht sich, fällt nach hinten in den Sessel
Technik
Detail auf Spindel – Zoom auf Großaufnahme Gesicht Fee – Zoom auf Halbtotale Raum – Schwenk auf Dornröschen – Ausblenden

Inhalt – Szene 5
Die Rosenhecke wächst

Technik
Kamera beginnt auf Bodenhöhe – Nahaufnahme, leichte Schwenks, langsam aufsteigen – Schnitt – letzte Einstellung aus Froschperspektive

**Je genauer die Filmproduktion vorab durch-
dacht und geplant wird, umso besser ist das
Ergebnis.**

**Für den jeweiligen Prozess ist es sehr wichtig,
ob die Kinder oder Jugendlichen Erfahrungen mit Filmproduktionen mitbringen.**
Ist dies nicht der Fall, können sie natürlich nur
wenige Produktionsschritte während der Vorbereitungsphase gedanklich vorwegnehmen.
Zwei pädagogische Vorgehensweisen sind denkbar:

I. Die Kinder und Jugendlichen starten die
   Produktion und sammeln ihre Erfahrungen
   vor allem durch Versuch und Irrtum (lear-
   ning by doing).

II. Die Kinder und Jugendlichen setzen sich
    zuerst mit den technischen Möglichkeiten
    des Films bzw. Videos auseinander und
    übertragen diese Erfahrungen auf die Pro-
    duktion des Films.

Die Aufnahmephase

Die technische Seite der Produktion ist sehr
wichtig. Obwohl Kinder und Jugendliche andere Qualitätskriterien ansetzen als Erwachsene,
haben sie konkrete Vorstellungen darüber, wie
einzelne Szenen wirken sollen.

Zur technischen Umsetzung einer Szene gehören beispielsweise
- die Kulissen = Aufnahmen im Freien oder
  innen, Kulissenbauten, Requisiten,
- die Beleuchtung = natürliches Licht, Schein-
  werfer, Lichteffekte,
- die Kameraeinstellungen = Kamerapositionen, Reihenfolge der Produktion,
- der Ton = Direktmitschnitt oder Nachvertonung, Mikrofone, Geräuschkulisse, Dialogeffekte…

Die inhaltliche Umsetzung des Films hängt eng
mit der Technik zusammen. Gute Inhalte wirken nicht von alleine! Die Kinder, Jugendlichen
und Erwachsenen lassen sich mit der Filmproduktion daher auf einen enormen Arbeitsauf-
wand ein.

Die Kulissen

In professionellen Produktionen werden ori-
ginalgetreue Kulissen (= Ausstattungen und
Dekorationen) hergestellt, die natürlich sehr
teuer sind. Kinder und Jugendliche können mit
ihren Möglichkeiten auch sehr ansehnliche
Szenen gestalten:

Geeignete Gebäude werden gesucht und als
Hintergrund genutzt; Möbel (aus der Woh-
nung der Eltern) werden ausgeborgt; nach Ab-
sprache ist es denkbar, in Schlössern oder Museen zu drehen; eigene Kulissen werden gebaut (das ist alleine schon ein Projekt!);
Requisiten (= allerlei Zubehör, Accessoires,
Utensilien) werden gesammelt …

Die Beleuchtung

Filme leben von optischen Eindrücken. Das
Licht hat daher eine besondere Bedeutung.

Es ist beispielsweise ärgerlich, wenn gut ge-
spielte Szenen wiederholt werden müssen, weil
die Gesichter der Akteure im Dunkeln waren.
Natürliches Licht kann ebenso gut sein wie das
künstliche Licht von Scheinwerfern. Mit der
Hilfe von Stromgeneratoren (die ausgeliehen
werden können) lassen sich sogar Außenauf-
nahmen in der Dämmerung machen. Wem das
zu aufwändig ist, der kann mit optischen Filtern
oder technischen Tricks bei der Nachbearbeitung (vor allem beim Video) entsprechende
Lichteffekte erzeugen. So wird aus einer son-
nendurchfluteten Nachmittagsszene eine unheimliche Nachtreise …

Kameraeinstellungen

Filminhalte wirken dann besonders gut, wenn
sie durch passende Bildeindrücke unterstützt
werden. Gute Kameraleute sind in der Film-
branche mindestens ebenso gefragt wie gute
Regisseure oder Schauspieler.

Ein brillanter Schauspieler kann sich die Seele aus dem Leib spielen – wenn ihn die Kamera ganz winzig einfängt oder nur seinen
Rücken zeigt, bringt das alles nichts. Kinder
und Jugendliche sollten mit verschiedenen
Kamerapositionen experimentieren, um auf
diesem Weg ihre Kreativität umsetzen zu
können.

Im Zusammenhang mit der Kameraposition gibt es noch einen weiteren wichtigen Aspekt. Ein Filminhalt lebt oft davon, dass sich Handlungsorte verändern, dennoch taucht ein Ort in einem Film oft mehrmals auf. Die chronologische Abfolge der Szenen, die das Drehbuch vorgibt, muss beim Drehen nicht unbedingt eingehalten werden. Es ist effizienter, die Reihenfolge der Produktion an den Drehorten festzumachen.

Ein Beispiel:

Die Kinder drehen einen Liebesfilm. Zu Beginn des Films lernen sich die Hauptfiguren in einem Park kennen. In der Schlussszene feiern sie ihre Hochzeit am selben Ort. Dazwischen liegen Szenen, die auf der ganzen Welt spielen. Es wäre nun unlogisch, alle Geräte und Kulissen im Park aufzubauen, um nur die erste Szene aufzunehmen. Die Kinder filmen gleichzeitig den Anfang und den Schluss und fügen die Ausschnitte während der Nachbearbeitung in der richtigen Reihenfolge zusammen.

Der Ton

Die Vertonung eines Films kann technisch sehr aufwändig werden.

Direktmitschnitte haben oft den Nachteil, dass unerwünschte Nebengeräusche mit aufgenommen werden. Videokameras haben in der Regel eingebaute Mikrofone. Bei manchen Modellen sind die Motorgeräusche zu hören, bei anderen wird alles aufgenommen, nur nicht das Wesentliche. Hier gilt wieder – ausprobieren, bevor die eigentliche Produktion beginnt!

Ein Beispiel:

Kinder machen eine Reportage in der Stadt und benutzen dafür nur das Kameramikrofon. Nach der Aufnahme schauen sie sich das Ergebnis in der Einrichtung an und sind enttäuscht, weil die Antworten der Passanten hinter den Geräuschen der Autos oder Stadtbahnen verschwinden.

Hätten die Kinder die Kamera vor dem Interview getestet, wären sie sicherlich auf die Idee gekommen, ein externes **Mikrofon** in die entsprechende Buchse der Kamera einzustöpseln. Damit können die Antworten oder spezielle Geräusche treffsicher aufgenommen werden.

Geräuschkulissen oder Dialogeffekte (z.B. bei einem Telefongespräch reißt die Leitung ab) können während des Drehens aufgenommen werden (vgl. Hörspielproduktion). Um dies präzise und wirkungsvoll auf die Reihe zu bekommen, brauchen die Kinder Übung oder viel Geduld.

Professionelle Produktionen arbeiten häufig mit der Nachvertonung. Beim „Dreh" werden zwar Töne aufgezeichnet, vor allem die Dialoge, aber der wesentliche Teil der Vertonung wird nachträglich, passend zu den Bildsequenzen, produziert. Ein Videoband hat heute mindestens zwei Tonspuren (Stereo). Auf eine Spur können die Dialoge aufgezeichnet werden, auf die andere Geräusche oder Musik.

Die Nachbereitungsphase

Nachdem alle Filmsequenzen aufgenommen wurden, müssen sie weiterverarbeitet werden. Dieser Prozess ist wieder mit der Hörspielproduktion zu vergleichen. Die „Cutter" stellen die Szenen zuerst in der richtigen Reihenfolge zusammen, dieser Schritt heißt „Rohschnitt". Sollte eine Szene mehrmals gedreht worden sein (vielleicht aus verschiedenen Perspektiven), wird an dieser Stelle die beste ausgewählt. Beim „Feinschnitt" geht es darum, die Übergänge der Szenen so präzise zu gestalten, dass sie dem Betrachter später nicht mehr auffallen. Beim Filmstreifen wird die „Schere" angesetzt und Übergangssequenzen werden „eingeklebt", für diese Prozedur gibt es natürlich Geräte.

Für die Verarbeitung von Videofilmen reichen prinzipiell zwei Videorekorder aus. Ein Mischpult oder ein Computer liefert allerdings wesentlich bessere Ergebnisse. Vor allem die Nachvertonung oder die Abstimmung von Bild und Ton ist auf diesem Weg leichter.

PRAXIS – FILM und VIDEO

Visuelle Experimente

Beispiel 1: Augengläser

Jeder Mensch sieht eine Situation etwas anders. Ein kurzsichtiger Mensch sieht ohne seine Brille nicht so deutlich. Er muss ganz nah an das Objekt heran, um zu erkennen, dass es sich um einen zähnefletschenden Hund handelt, vor dem er gerade steht. Aus der Entfernung sieht das Hotel sehr schön aus. Aus der Nähe scheint es jeden Moment in sich zusammenzufallen.

Verlauf:
Die Kinder sollen erfahren, dass sich ihre Perspektiven mit Hilfe von optischen Geräten verändern. Sie können sich aus einem Fundus von Linsen, Brillen und Brillengläsern, Lupen und Ferngläsern und -rohren einen Teil aussuchen und sich damit auf Entdeckungsreise begeben...
Das Fernglas holt den weit entfernten Baum nahe heran, wenn es umgedreht wird, verschwindet der Baum beinahe in der Unendlichkeit. Die Lupe macht die Ameise sagenhaft groß. Das Brillenglas lässt die Umgebung verschwommen erscheinen.

Variationen:
Jeder Teilnehmer bekommt ein ähnliches Gerät, z.B. werden nur optische Linsen bereitgestellt. Die Erfahrungen mit den Experimenten werden besprochen.

Beispiel 2: Farbenspiele

Leuchtende Farben regen die Fantasie des Betrachters an. Sie haben Signalwirkung und wecken die Aufmerksamkeit. Farben bekommen eine besondere Leuchtkraft, wenn sie das richtige Licht erhalten.

Verlauf:
Für die Experimente mit leuchtenden Farben benötigen die Kinder einen Diaprojektor und Diarahmen und transparente Folie. Die Folie wird in Diagröße zugeschnitten und in die Rahmen geklemmt. Danach werden sie mit verschiedenen halbtransparenten und transparenten Materialien beklebt und in den Diaprojektor geschoben. Es ist wichtig, dass der Diaschlitten groß genug ist und von Hand bedient werden kann. Als Materialien sind Farbfolienreste oder Transparentpapiere geeignet.

Variation:
An Stelle der festen Materialien werden transparente Farben benutzt. Die Foliendias können direkt bemalt und projiziert werden. Schnell trocknende Farben sind sinnvoll, damit die Ergebnisse sofort sichtbar gemacht werden können.
Achtung! Als Farben eigenen sich Folienstifte, die abwischbar sind, oder flüssige Fenstermalfarbe, die aber schnell trocknen sollte.

Experiment – »Objektiv – Sehen«

Das menschliche Auge nimmt einen Ausschnitt der äußeren Wirklichkeit wahr.
Das Wahrnehmen verläuft in spezifischen Schritten:

sehen, beobachten, auswählen, interpretieren...

Das Objektiv eines Fotoapparats oder einer Videokamera grenzt den Blickwinkel auf spezifische Weise ein.

Mit jedem Weltausschnitt, den ein Kind entdeckt, entwickelt es einen Sinn für die kreativen Möglichkeiten von Fotografie und Film.

Objektiv + Sehen

Beschreibung der Übung

Zum Experimentieren mit „Objektiven" braucht man keinen besonderen technischen Aufwand. Einfache Papprollen sind sehr gut geeignet.

Jedes Kind hat ein eigenes „Objektiv" und bewegt sich frei in einem bekannten Raum oder beim Spaziergang in unbekanntem Terrain.
Zuerst sind beide Augen geöffnet, während die Papprolle vor eines gehalten wird. Danach werden die Augen abwechselnd geschlossen und die Eindrücke verglichen.
Es ist ganz wichtig, dass sich die Kinder und die Erwachsenen während des Tuns miteinander über ihre Entdeckungen unterhalten!

Variation: Kleine Holzzylinder mit verschiedenen Linsen (im Spielwarenhandel erhältlich) kommen Kameraobjektiven näher. An Stelle der Papprollen machen Ferngläser zusätzlich die Wirkung von Teleobjektiven verständlich.

Experimente mit dem <u>Overheadprojektor</u>

Die Kinder befinden sich in einem abgedunkelten Raum. In der Mitte des Raums steht ein Overheadprojektor.
Den Kindern stehen Folien, Gläser und andere durchscheinende Objekte zur Verfügung. Zusätzlich können halbtransparente und lichtundurchlässige Objekte bereitliegen.

Der Projektor wirft Bilder an die Wände und die Decke. Die Bilder werden stetig verändert und neu »komponiert«:
- *Die Bilder tauchen einmal vor den Kindern und einmal über ihren Köpfen auf.*
- *Wird der Projektor rasch an- und ausgeschaltet, kommt Bewegung in die Projektion.*
- *Wird die obere Klappe bewegt, lassen sich die leuchtenden Bilder ein- und ausblenden.*

Der Overheadprojektor eignet sich auch ganz gut für Kim-Spiele:
- *Einige Gegenstände liegen auf der Projektionsfläche und werden durch weitere ergänzt. Die Kinder müssen die Veränderungen nennen.*
- *Gegenstände werden umgelegt oder vertauscht und die Kinder sollen die Veränderungen entdecken.*

Eindrucksvolle Ergebnisse, die Kinder/Jugendliche bei diesem Experiment erzielt haben, sind auf Farbtafel 23 (Seite 207) wiedergegeben.

Visuelle Übungen

Beispiel 1: Grimassen

Gesichter sind unergründlich. Für Kinder bedeutet dies vor allem, dass sie ihr eigenes und fremde Gesichter genauestens studieren.

Verlauf:
Ein Raum wird mit möglichst vielen Spiegeln gefüllt. Die Kinder bewegen sich frei. Sie versuchen unterschiedliche Grimassen zu ziehen. Wer eine besonders schön grauslige Grimasse schneidet, macht sie den anderen vor.
Die beliebtesten Grimassen werden von allen Kindern nachgeahmt.

Variationen:
Zusätzlich zu den Spiegeln stehen Fotoapparate zur Verfügung. Eine Sofortbildkamera wäre ideal. Die Kinder fotografieren sich gegenseitig oder versuchen von sich selbst im Spiegel ein Foto zu machen. Wichtig ist dabei, dass kein Blitzlicht benötigt wird, sonst erscheinen auf den Bildern helle Flecken. Der Raum muss durch andere Lichtquellen hell genug sein.

Statt des Fotoapparats kann auch eine Videokamera zum Einsatz kommen.

Diese Übung schärft den Blick der Kinder für ihre eigene Wirkung. Sie sehen sich selbst, was für viele Menschen ohnehin nicht ganz einfach zu verarbeiten ist, Erwachsene finden sich zum Beispiel häufig nicht fotogen.

Ein paar der schönsten Grimassen, die in einer Gruppe zu Stande kommen, sind auf Farbtafel 17 (Seite 201) abgedruckt.

Beispiel 2: Erkennen und Wiedererkennen

Im Alltag schauen wir nicht immer so genau hin. Wir nehmen unsere Mitmenschen zwar wahr, aber ihr Erscheinungsbild wird nicht regelmäßig neu im Gedächtnis aktualisiert. Wem ist das noch nicht passiert: Ein guter Freund oder eine vertraute Verwandte hat plötzlich eine andere Frisur, eine neue Brille oder keinen Bart mehr. „Plötzlich" fällt uns die Veränderung auf, obwohl sie bereits mehrere Tage oder Wochen alt ist.

Verlauf:
Die Kinder oder Jugendlichen sitzen in einer Runde und unterhalten sich über ein vorgegebenes Thema. Überraschend wird jemand aus der Runde von der Spielleiterin aufgefordert, den Raum zu verlassen. Diejenigen, die im Raum geblieben sind, sollen nun genau beschreiben, wie der Mensch vor der Tür aussieht, die Haare, die Augenfarbe, die Größe, die Kleidung... Bei jeder richtigen Beschreibung bestätigt das Kind oder der Jugendliche von draußen.

Variationen:
Mehrere Kinder verlassen den Raum, müssen aber nicht vollständig beschrieben werden.
Die Beschreibung wird auf bestimmte Merkmale beschränkt, z.B. die unveränderliche Augenfarbe oder die täglich wechselnde Kleidung...
Die Kinder oder Jugendlichen, die in der Runde geblieben sind, notieren sich einzeln die Merkmale, die ihnen einfallen. Danach werden die Notizen mit dem Original verglichen.

Diese Übung macht den Teilnehmer/-innen klar, wie sie im Alltag wahrnehmen.

Videoübungen zum Kennenlernen der Technik

Beispiel 1: Ein Ratespiel

Die Videokamera und der Bildschirm sind über ein langes Antennenkabel verbunden. Zwischen den Geräten steht ein Paravent. Zwei Kinder bedienen die Kamera und die anderen raten vor dem Bildschirm, was sie sehen.
Die Kamerakinder suchen sich Gegenstände aus, die gefilmt werden sollen. Das Bild wird zunächst ganz unscharf eingestellt (das geht nur bei Kameratypen, die eine manuelle Scharfstellung erlauben). Die Gegenstände werden zunehmend schärfer aufgenommen. Sobald ein Fernsehkind herausbekommen hat, um was es sich handelt, tauscht es seinen Platz mit einem der Kamerakinder.

Beispiel 2: Ein Regiespiel

Zwei Kinder sind die Regisseure, die anderen sind Schauspieler/-innen und Techniker/-innen. Die Regisseure sehen nur den Bildschirm. Sie sollen der Filmcrew so lange Anweisungen geben, bis das Bild auf dem Monitor ihren Vorstellungen entspricht. Das Ergebnis wird gemeinsam besprochen.

Beispiel 3: Improvisationen vor der Kamera

Die Kamera wird fest auf einem Stativ installiert. Daneben oder dahinter stehen ein oder (wenn vorhanden) mehrere Fernsehapparate. Die Kinder können sich nun alleine oder gemeinsam vor der Kamera bewegen und sehen direkt („live"), wie ihre Bewegungen auf dem Monitor wirken.

Zur Anregung der Kinder kann Musik laufen oder eine einfache Szene (z.B. in einem Zugabteil) zur Improvisation vereinbart werden.

Einige lustige Ergebnisse, die bei derartigem Experimentieren zu Stande kommen können, sind auf Farbtafel 24 (S. 208) festgehalten.

Beispiel 4: Interviews

Im Fernsehen sieht es so einfach aus, Menschen auf der Straße zu befragen. Dabei ist das sowohl für die Reporter als auch für die Kameraleute ein schwieriger Job.

Die Kinder suchen sich ein Thema aus, zu dem sie sich gegenseitig befragen wollen. Die Fragestellungen werden nicht zuvor abgesprochen. Die drei Rollen Kamerafrau/-mann, Reporter/-in und Interviewpartner/-in werden öfters getauscht. Die Ergebnisse werden gemeinsam betrachtet und besprochen.

Variation:

Nachdem die Kinder einigermaßen sicher sind, suchen sie auch Interviewpartner außerhalb der Gruppe, z.B. Eltern oder zuletzt auch Passanten auf der Straße.

Beispiel 5: Ein Studio entsteht

Der Gruppe werden alle Materialien, die in ein Fernsehstudio gehören, zur Verfügung gestellt. Sie sollen damit ihr Studio selbst einrichten.

Die Erzieher/-innen können die Funktionen der einzelnen Elemente vorab mit den Kindern besprechen. Wesentlich spannender ist es aber, wenn die Kinder durch Ausprobieren selbst ein Studio entstehen lassen. Die Erzieher/-innen sollten aber auch hier immer auf Fragen der Kinder antworten (am besten ohne zu viel vorzugeben!).

Material:

Videokamera(s), Mikrofone, Videorekorder (evtl. mehrere), Beleuchtung, viele Kabel, Studiomöbel (z.B. Nachrichtentisch, Stühle...), Anzeigetafeln, Regiepult...

Videoübung – „Da bewegt sich was"

Jeder Film täuscht das menschliche Auge. Eine Täuschung besonderer Art ist die Bewegung, die überhaupt nicht stattfindet.

Stellen wir uns vor, wir sitzen in einem fahrenden Zug und schauen aus dem Fenster…

Beispiel 1: Der Kamerawagen

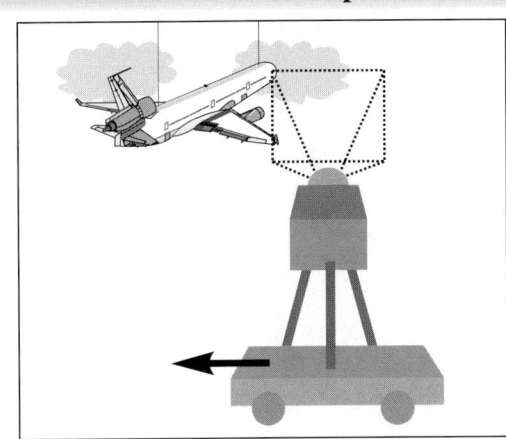

Die Kamera wird möglichst fest auf einen fahrbaren Untersatz montiert. Das Objektiv ist auf einen festen Gegenstand gerichtet, z.B. ein Modellflugzeug, das von der Decke mit dünnen Fäden herabhängt.

Der „Kamerawagen" wird langsam und gerade bewegt. Das Kameraauge zieht an dem Flugobjekt vorbei, bis es aus dem Sucher verschwindet. Beim Betrachten der Aufnahme scheint das Flugzeug tatsächlich durch den Raum zu gleiten.

Beispiel 2: Bewegung durch das Zoomen

Die Technik der Kamera hat Möglichkeiten, die das Auge nicht hat. Die Position des Objektivs und der darin befindlichen Linsen wird verändert. Dadurch erscheint das gefilmte Objekt näher oder weiter entfernt.
Auch wenn die Kamera an einem festen Standpunkt verbleibt, erscheint der Eindruck, als käme der Betrachter immer näher an das Objekt heran bzw. würde sich entfernen. Das Experimentieren mit den Kameraeinstellungen zwischen Totale und Detail ist sehr spannend.

Diese Übungen sind besonders wichtig, wenn ein Film professionell erscheinen soll. Die **Effekte der Kamerabewegung** können gezielt in die Produktion eingebaut werden:
- **Die Fahrt** simuliert die Bewegung des ganzen Körpers. Die Kamera bewegt sich auf ein Objekt zu, von ihm weg oder mit ihm mit.
- **Der Schwenk** simuliert die Bewegung des Kopfes. Die Kamera bewegt sich nach links, rechts, oben oder unten.

Videobegegnung – „Guten Tag, das bin ja ich"

Ist das nicht schon vielen passiert? – Wir gehen nichts ahnend an einem Schaufenster vorbei und sehen uns plötzlich auf dem Bildschirm in der Dekoration. Manche lachen verlegen und gehen weiter, andere erschrecken sich und laufen weg, wieder andere richten sich die Haare und setzen ihr schönstes Lächeln auf: „Bin ich jetzt im Fernsehen?"

Kinder können sich auf einem ähnlichen Weg mit dem Medium Video vertraut machen. Folgende Übungen sind empfehlenswert:

Beispiel 1: Die Kamera ist ein Spiegel

Eine Videokamera steht auf einem Stativ über einem Fernsehapparat. Beide Geräte sind etwa in Augenhöhe der Kinder ausgerichtet.

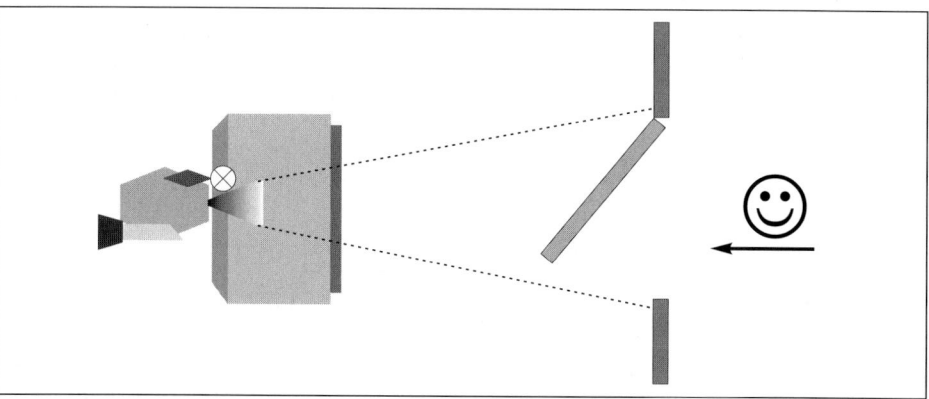

Die erste Übung greift die oben geschilderte Alltagsszene auf. Bevor die Kinder in die Einrichtung kommen, haben die Erzieherinnen eine Videokamera und einen Fernsehapparat aufgebaut. Beide sind so ausgerichtet, dass sie direkt gegenüber der Eingangstür stehen. Sobald jemand in den Raum kommt, steht ihm sein eigenes Kamerabild gegenüber.
Die Reaktionen der Kinder oder Jugendlichen werden ganz individuell ausfallen. Sie können auf Band aufgezeichnet, anschließend angeschaut und besprochen werden.

Beispiel 2: Die Kamera erzählt von mir

Nachdem sich die Kinder eine Zeit lang mit ihren Spiegelbildern beschäftigt haben, wird die Aufzeichnung gestoppt. Die vergangenen Minuten werden gemeinsam angeschaut. Während der Vorführung werden einige technische Möglichkeiten demonstriert:
- *Einzelne Szenen werden als Standbild angehalten.*
- *Der schnelle Vor- oder Rücklauf ist bei Kindern besonders beliebt.*
- *Mit manchen Camcordern kann die Zeitlupe demonstriert werden…*

Die Kinder werden allmählich mit den Möglichkeiten des Mediums »Video« vertraut.

Film und Videoprojekt – »Dornröschen«

Im Rahmen eines Ferienprogramms führte ein Kinder- und Jugendhaus in Nordbaden ein Videoprojekt mit Kindern durch. In Kinder- und Jugendzentren sind Kolleginnen und Kollegen aus unterschiedlichen sozialen Berufen tätig. Die Arbeit basiert in der Regel auf vielfältigen didaktischen und methodischen Grundlagen. Gerade für die Arbeit mit Medien sind die unterschiedlichen Zugangsweisen eine Garantie für kreative Lern- und Erlebnisprozesse.

Die Kinder, die in den Ferien ein offenes Angebot annehmen, kommen meist in zufälligen Gruppen zusammen, das heißt, sie kennen sich nicht alle und machen deshalb erste gemeinsame Erfahrungen. Gleichzeitig bringt jedes Kind individuelle Interessen mit. Die Bedingungen für die medienpädagogische Arbeit sind anders als in Kindertagesstätten, Horten oder Heimen.

Auszüge aus dem Projektverlauf

Es war einmal – die Idee, ein Märchen zu verfilmen. Die Projektidee stammte von den Mitarbeiterinnen des Jugendhauses. Interessierte Kinder fanden sich in der Videogruppe zusammen und entschieden sich gemeinsam für das Märchen „Dornröschen".

Nachdem der Inhalt des Films einen Rahmen hatte, wurde der Ablauf der Dreharbeiten und die Rollenverteilung besprochen. Im nächsten Schritt wurden die Kostüme und Requisiten selbst hergestellt.

Der Hauptteil der Dreharbeiten sollte im Freien stattfinden. Ganz so, wie es den professionellen Filmemachern auch geht, wurden die Aufnahmen durch die Witterungsbedingungen erschwert. Einmal lösten sich die Hüte aus Pappe beinahe im Regen auf, ein anderes Mal wehte der starke Wind den Hofdamen ihre Schleier vors Gesicht und die Aufnahme war geschmissen.

Die Schauspielerinnen und Schauspieler lernten ihre Dialoge gut auswendig, weil der Film in chronologischer Reihenfolge aufgenommen werden sollte. Der Ton wurde synchron aufgenommen und die mittelalterliche Musik direkt aus einem Kassettenrekorder eingespielt. Die Pädagoginnen wollten das Schneiden vermeiden, zumal ihnen der Prozess wichtiger war als die Qualität des Ergebnisses.

Die neun- bis zwölfjährigen Kinder gestalteten den Handlungsablauf und die technische Umsetzung mit. Ganz wie bei den Filmprofis machte die Kussszene Schwierigkeiten und wurde daher rasch abgehandelt. Ein Junge wollte vom ersten Tag an einen Pfarrer spielen, der in der Märchenvorlage nicht auftauchte. Die Rolle wurde kurzerhand eingebaut. Im Abspann des Films stellten sich jede Schauspielerin und jeder Schauspieler persönlich vor. „So schnell kann ja schließlich keiner lesen!"

Die Produktion eines Videofilms hängt immer von den Schwerpunkten der Beteiligten ab. Die Betonung der schauspielerischen Umsetzung ist ebenso sinnvoll, wie die technische Ausgestaltung.

Der Produktionsverlauf wurde bereits in Kapitel (Videotechnik) beschrieben. Hier nun noch einige praktische Tipps…

Die Vorbereitungsphase
- Die Themen
  Kinder bevorzugen Themen, die sie gut kennen. Am Anfang eignen sich kurze Szenen, z.B. selbst erfundene Werbespots oder witzige Nachrichten. Kürzere Spielfilme mit Inhalten aus Märchen oder Abenteuergeschichten kommen immer gut an. Längere Spielfilme, besonders mit problemorientierten Inhalten, sind eher etwas für ältere Kinder oder Jugendliche.
- Die Rollenverteilung
  Eine Zufallsverteilung (z.B. Karten ziehen) ist zwar gerecht, bringt aber häufig Unmut in die Gruppe, da immer Schauspieler/-innen dabei sind, die mit ihrer Rolle nicht zufrieden sind. Filmproduktionen sind Teamwork. Jede Rolle ist wichtig und Doppel- oder Mehrfachbesetzungen lassen sich meist nicht umgehen. Die Teilnehmer/-innen sollten ihre Rollen, mit Hilfe der Erwachsenen selbst aushandeln. Die Aufgaben vor der Kamera haben denselben Stellenwert wie die Aufgaben dahinter. Die Neigungen der Kinder und Jugendlichen sind entscheidend. Das bedeutet aber auch, dass nicht immer die Erwachsenen die Rolle der Regisseure oder Techniker übernehmen müssen.
- Wichtige Rollen und Aufgaben
  Kameraleute, Beleuchter, Regisseur(e), Schauspieler/-innen, Maske, Requisite, Tonassistenten, Cutter, Verpflegung…

Die Aufnahmephase

- Die Technik
  Die wichtigsten Materialien sind eine Videokamera (am besten ein Camcorder), ein passendes Stativ, ausreichende Akkus mit Ladegerät (damit auch im Freien gefilmt werden kann, falls kein Baum mit Steckdose in der Nähe ist), externe Mikrofone (mindestens ein Richtmikrofon, damit nur aufgenommen wird, was wirklich erwünscht ist) und Videoleuchten (am besten mehrere, um jede Szene optimal ausleuchten zu können).
- Die Aufgabenverteilung
  Die Rollen können im Verlauf der Produktion immer wieder einmal getauscht werden. So bekommt jeder einen Einblick in die verschiedenen Produktionsbereiche.
- Die Kulissen
  Kulissen selbst zu bauen ist sehr aufwändig bzw. ein eigenes Projekt. Für die Kinder und Jugendlichen ist es sehr lehrreich, wenn sie sich auf die Suche nach bereits existierenden Kulissen machen. Die gewohnte Umgebung wird mit neuen Augen gesehen. Die Suche nach Drehorten ist ein eigener sinnvoller Schritt, der entweder in Verbindung mit der Vorbereitung oder als Übergang zur Aufnahmephase eingebaut werden kann.
- Die Kameraeinstellungen, die Beleuchtung und der Ton
  Jede Szene sollte vor dem eigentlichen Dreh ausprobiert werden. Wo immer möglich, schauen sich alle Beteiligten einen Probelauf auf dem Fernsehbildschirm an. Es wäre nämlich ärgerlich, wenn sich erst am Abend oder am folgenden Tag herausstellt, dass die Kamera falsch stand, das Bild zu dunkel ist oder der Ton nicht den Vorstellungen entspricht. Außerdem wird den Teilnehmer/-innen der Zusammenhang zwischen der Technik und dem jeweiligen Ergebnis anschaulicher.

Die Nachbereitungsphase

- Die Technik
  Ein Videorekorder, um die fertiggestellten Szenen überspielen und schneiden zu können, ist mindestens notwendig. Beim Schneiden von Camcorder zu Rekorder oder Rekorder zu Rekorder können nicht mehr viele technische Raffinessen eingebaut werden. Es ist wesentlich sinnvoller, ein Schneidegerät zu benutzen. Diese Geräte können oft an Bildstellen oder Jugendzentren ausgeliehen oder zumindest vor Ort benutzt werden. Wem die Bedienung zu kompliziert erscheint, leiht man einfach jemanden dazu, der sich auskennt.
- Die Aufgabenverteilung
  Auch während der letzten Produktionsphase sollten möglichst alle beteiligt sein, allerdings nur, wenn auch Interesse besteht. Die Beteiligung kann noch einmal sehr unterschiedlich ausfallen. Vom Schneiden bis zum Besorgen von Zusatzmaterial (z.B. Musikkassetten zur Nachvertonung) gibt es noch viel zu tun. Einzelne Beteiligte können auch nur die Zwischenergebnisse kommentieren.

Der Abschluss

- Jeder Film braucht Zuschauer und Zuschauerinnen.
  Bei der Projektplanung sollte darauf geachtet werden, dass Zeit und Raum für eine Vorführung bleiben, selbst wenn das Ergebnis scheinbar nicht für die Öffentlichkeit geeignet ist.
  Die Filmprojektgruppe kann die Adressaten gemeinsam bestimmen. In einer Kindertagesstätte oder einem Hort sind es vielleicht die anderen Kinder oder die Eltern. In einem Jugendhaus werden die Eltern und der Stadtteil zur Premiere eingeladen oder die Gruppe schaut sich ihren Film ganz alleine an.

Film und Videoprojekt – »Alltagsdokumentationen«

Bild- und Filmdokumente aus der Gegenwart und aus der Vergangenheit sind Zeugen der Geschichte. Die Geschichte lebt nicht nur von großen historischen Ereignissen. Jeder Mensch, jede Familie hat ihre eigene Chronik, die erzählenswert ist.

Verlauf:

- Die älteren Kinder oder Jugendlichen erzählen sich gegenseitig von ihrer persönlichen Geschichte. Die Erzählungen werden durch Fragen gestützt (Interviewleitfaden) und auf Videokassette aufgenommen.

- Die Gruppenmitglieder vereinbaren einen längeren Zeitraum (vier Wochen bis drei Monate). In dieser Zeit forschen sie nach ihren Familienchroniken. Sie befragen vor allem die älteren Familienmitglieder, aber auch Bekannte und entfernte Verwandte, die etwas über die Familie wissen könnten. Die Interviews werden auch auf Videokassetten festgehalten. Zur Ergänzung können Fotos oder Zeitungsberichte aus der entsprechenden Zeit gesucht und gesammelt werden.

- Alle Beteiligten treffen sich wieder, um ihre Dokumentationen auszutauschen. In der Regel kommen mehrere Stunden Filmaufnahmen zusammen. Die einzelnen Gruppenmitglieder müssen deshalb Ausschnitte vorab aussuchen, die sie für besonders wichtig und gut halten. Wer seine Dokumentation nicht zeigen möchte, muss dies auch nicht tun!

- Die beiden Sammlungen werden durch eine dritte Dokumentation ergänzt. Beim Vergleich der eigenen Interviews mit denen der Familie fallen den Teilnehmern sicherlich Besonderheiten auf, die eng mit ihrem jetzigen Leben in Verbindung stehen. Diese Besonderheiten werden durch Alltagsdokumentationen veranschaulicht. Mögliche Themen sind „Mein Schultag", „Wie ich arbeite", „Meine Freizeit"…

- Die drei Videoelemente werden untereinander und mit den Foto- und Zeitungsdokumenten verbunden. Dies ist ein technisch aufwändiger Prozess, an dem sicherlich nicht durchgängig alle Gruppenmitglieder beteiligt sind. Wenn die Aufgaben sinnvoll verteilt werden, ist der Schnitt in einer annehmbaren Zeit zu bewältigen. Die Grundvoraussetzung ist eine gute technische Ausstattung.

Mit diesem Projektvorschlag ist viel Arbeit verbunden. Das Ergebnis ist allerdings die Mühe wert. Dies lässt sich bereits im Voraus ankündigen. Erzieherinnen und Erzieher sollten sich gut überlegen, ob ihre Gruppe in der Lage ist, solch ein Projekt zu tragen.

Literaturtipp

Baacke, Dieter, Schäfer, Horst, und Vollbrecht, Ralf (1994). Treffpunkt Kino: Daten und Material zum Verhältnis von Jugend und Kino. Weinheim: Juventa-Verlag.

Bürer, Margrit, und Nigg, Heinz (1990). Video. Praktische Videoarbeit mit Kindern und Jugendlichen. Zürich: Pro Juventute.

Zeiler, Detlef (Hrsg.). (1996). Einführung in die aktive Videoarbeit. Karlsruhe: Landesbildstelle Baden.

Hinweis auf AV-Materialien

Es liegt auf der Hand, für die Einarbeitung in die konkrete Praxis das Medium Video selbst zu nutzen.
Deshalb halten Landesbildstellen, Landesfilmdienste, kirchliche Medienzentralen und AV-Medienstellen vielfältige AV-Materialien zum Thema „Medienpraxis" für den Verleih bereit.
Schauen Sie sich in Ihrer Umgebung nach der nächst gelegenen Bildstelle um und sichten Sie deren Angebot!

4.6. »Multimedia« und die »neuen Medien«

4.6.1 Die Medienbiografie geht weiter

 **Im Gespräch**

Knüpfen wir noch einmal an Ebene 1 an und erinnern wir uns an die beiden einander gegenübergestellten Medienbiografien (vgl. Abschnitt 4.2 ab S. 26).

Medienbiografien sind typisch für die jeweilige Epochen und die Entwicklung geht ständig weiter. Nicht mehr nur das Fernsehen steht im Mittelpunkt der medienpädagogischen Diskussion, heute kommen der Computer und andere neue Medien hinzu, verschieben die Fragestellungen bzw. lösen weitere Diskussionen aus.

Dieser Wandel vollzieht sich in zahlreichen Lebensbereichen:

- In der Freizeit tauchen die ans Fernsehgerät angeschlossenen Telespiel auf.

- In der Schule ist der Umgang mit dem Taschenrechner schon längst selbstverständlich.
- Handschriftliche Referate und Ausarbeitungen sind noch nicht verschwunden, aber während sich früher die Frage stellte, ob Handschrift oder Schreibmaschine, ist dies heute die Frage, ob Handschrift oder Textverarbeitung.
- Wo der Computer Einzug hält, wird er in erster Linie für Textverarbeitung benutzt, aber zahlreiche andere Anwendungen nehmen zu, was bis bis in den Freizeitbereich reicht (Malen am Computer, Fotos retuschieren, Musik mischen…).

4.6.2 Die Hintergründe von Multimedia

Multimedia steht für einen technischen und medialen Fortschritt, dessen Inhalte sich ständig ändern.
Der Begriff »Multimedia« ist modern. Der reine Wortinhalt klärt seine Bedeutung nicht ganz. „Multi" heißt mehrere oder viel. Sobald also zwei oder drei Medien kombiniert sind, wie ein Buch mit Bildern oder eine vertonte Diareihe, könnten sie dazuzählen – das hängt vom Blickwinkel des Betrachters ab. Insofern ist Multi-

media ein neutraler Begriff, der beschreibt, dass Kommunikationstechnologien eng miteinander verbunden werden können und bereits werden!

Definition: MULTIMEDIA
Multimedia meint die Kombination von mehreren Medien, die interaktive und kommunikative Prozesse unterstützen.
Der Computer hat eine zentrale multimediale Funktion.

Die multimediale Technologie

 Fakten

Durch die moderne Technik werden bestehende Techniken verbunden. Sie rücken näher zusammen und sind damit leichter zu handhaben.
Informationen und Inhalte können mit einem Mediensystem erfasst, verarbeitet, gespeichert, übertragen und wieder angeboten werden.

Multimediale Medien lassen sich in folgende Bereiche unterteilen:
- Perzeptionsmedien
- Speichermedien
- Übertragungsmedien
- Präsentationsmedien

Die verschiedenen Funktionen der Medien wurden bereits vorgestellt in Ebene 2. Diese Funktionen werden durch die Eigenschaften multimedialer Systeme unterstützt:
- **Texte** werden erfasst und auf einem Bildschirm oder dem klassischen Papier sichtbar gemacht.
- **Sprache, Geräusche und Töne** werden technisch aufgenommen und können wieder zur Verfügung gestellt werden.
- **Bilder** werden verarbeitet und auf einem Bildschirm oder auf Papier wiedergegeben.

Mit ausgefeilten Techniken können neue Medien, allen voran der Computer, die allgemeinen Medienfunktionen erfüllen und erweitern. Medien wie die Fotografie, das Tonband oder der Film speichern auch Informationen und bilden sie ab. Ein multimedialer Computer hat aber wesentlich größere Kapazitäten als die einzelnen Medien. Er bietet durch die Vereinigung der jeweiligen Möglichkeiten mehr als die Summe der Einzelteile.

Die Informationstechnologien der Multimediageneration

Wissenschaftler/-innen und Erfinder träumen seit Jahrhunderten von der Möglichkeit, die großen und alltäglichen Aufgaben der Menschen von künstlichen Mechanismen lösen zu lassen.

Aus der frühen Rechenmaschine chinesischer Kaufleute, dem Abakus, über die Schreibmaschine des Henry Mill (1714) wurden bis heute sehr leistungsstarke „Automaten" (Automat = „sich selbst bewegen"). Moderne Computer sind die Krönung der Automaten, die Informationen verarbeiten.

Die Wissenschaft, die sich mit der Erforschung und Konstruktion praktischer Computersysteme und den Grundsätzen der Informationsverarbeitung beschäftigt, heißt **Informatik**.

Computer kommen dem Ideal der automatisch handelnden Maschine immer näher.

Ein Forschungsbereich der Informatik beschäftigt sich mit der **künstlichen Intelligenz** technischer Systeme. Intelligenz ist die typischste aller menschlichen Eigenschaften. Menschen können ein Problem erkennen und es lösen. Das menschliche Gehirn ist wohl der produktivste „Computer", der existiert. Es steuert jeden Moment unzählige Einzelhandlungen des Menschen. Es wird davon ausgegangen, dass jede Entscheidung prinzipiell zwei Lösungswege hat, z.B., ich tue es oder ich tue es nicht – ja oder nein (= Binärentscheidung). Intelligentes Verhalten beginnt mit der Interpretation eines erkannten Problems und setzt eine Reihe binärer Entscheidungen in Gang, die zu einer Problemlösung führen.

Ein Beispiel:

Sie wollen von zu Hause ins Kino fahren. An jeder Kreuzung entscheiden Sie sich für eine bestimmte Straße und gegen die anderen. Somit gelangen Sie Schritt für Schritt an den richtigen Ort. Je häufiger Sie diese Strecke gefahren sind, umso leichter fällt Ihnen die Entscheidung, welchen Weg Sie nehmen.

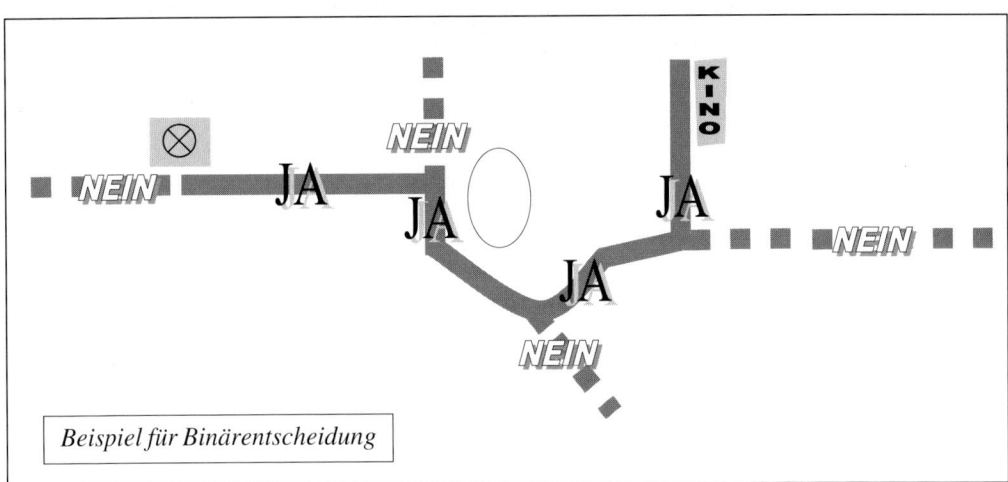

Beispiel für Binärentscheidung

Menschen vergleichen das erkannte Problem bzw. dessen Interpretation mit ihren gespeicherten Erfahrungen, lernen durch Versuch und Irrtum hinzu und setzen die neue Erfahrung in Handlungen um. Dieses Prinzip wurde auf den Computer übertragen:

Ein Computer …
- kann Probleme erkennen,
- besitzt allgemeine Problemlösungsansätze („Erfahrungen"), die helfen, das Problem zu lösen, und werden ggf. erweitert,
- stellt eine Lösung dar oder setzt sie um.

Die Umsetzung findet entweder in einer Art Dialog mit dem Menschen statt (z.B. auf einem Bildschirm erscheinen verständliche Worte) oder durch die Steuerung von bewegungsfähigen Maschinen (z.B. ein Roboter montiert ein Bauteil an die passende Stelle).

Die wesentlichste Leistung des Computers ist seine Fähigkeit zur Datenverarbeitung.
Jede Computerleistung basiert auf der Verarbeitung von Daten. Eingabedaten werden erfasst, bearbeitet und zu Ausgangsdaten umgewandelt.

Ein Beispiel...
In den Computer werden Gehaltsdaten eingetippt. Zusätzlich „erfährt" er über die Tasten, welche Ausgaben diesen Monat anstehen (= Dateneingabe). Er transportiert die Daten an die passende Stelle (= Speicherung). Er bekommt den Befehl, Einnahmen und Ausgaben zu vergleichen (= Datenbearbeitung), und rät dem Benutzer zu einem anderen Job (= Datenausgabe).

Nachschlagen

Da in unserer Gesellschaft Unmengen an Informationen bewältigt werden, sind die datenverarbeitenden Technologien in beinahe allen gesellschaftlichen Bereichen etabliert.

Sowohl im öffentlichen Leben (z.B. Verwaltung von Steuern) als auch im privaten Leben (z.B. Telefonrechnungen, Versicherungen) spielen Daten eine Rolle.

Der Computer ist das momentan vielseitigste Informationsinstrument.
Er ist zunächst nichts anderes als ein programmierbarer Rechner bzw. eine Rechenanlage. Die gebräuchlichsten Computer sind die »Personal Computer«, kurz PCs.
Ein PC besteht aus Hardware und Software. Zur Hardware zählen die Zentraleinheit, der Bildschirm (= Monitor) und die Bedienungskonsole. Die Software sind alle Programme, die das Gerät für seine Operationen benötigt.

4.6.3 Hardware und Software

Die Hardware
Zur Hardware zählen alle PC-Elemente, die „angefasst" werden können, wie die vielen Einzelteile, aus denen das Gerät zusammengebaut ist (z.B. Prozessor, Speicherzellen, Transistoren...), und die großen Bauelemente (z.B. Speicherplatten).
Die **Bedienungskonsole** und der **Bildschirm** ermöglichen dem Benutzer, mit der Zentraleinheit in Verbindung zu treten. Über die Tastatur werden Zeichen in den PC eingegeben, der Bildschirm stellt die Zeichen in einer erkennbaren Form dar. Die **Zentraleinheit** empfängt und überprüft eingehende Daten, wertet sie aus, speichert sie und führt daraufhin sog. „Befehle" aus.
Zu den wichtigsten Geräten in der **Umgebung der Zentraleinheit** (= Peripheriegeräte) gehört der **Drucker.** Papier ist auch in der Jahrtau-

sendwende eines der wichtigsten Speichermedien. Der Drucker setzt die Computersignale in Schrift oder Linien um, die auf Papier festgehalten werden.
Andere Geräte, wie ein Scanner oder ein Modem, verbinden die Hardware mit anderen Medien oder Technologien. Ein **Scanner** kann Abbildungen „lesen". Er zerlegt eine Abbildung in einzelne Bildpunkte, die als elektronische Signale an die Zentraleinheit weitergegeben werden. Ein **Modem** wandelt die Computersignale in Signale um, die über Telefonleitungen weitergeleitet werden können.

Ein PC kann seine Funktionen nur erfüllen, wenn er neben der Hardware über geeignete Software verfügt.

Die Software

Zwei Softwaretypen machen die Hardware funktionstüchtig. Die **Systemsoftware** ist notwendig, um den Hardwareelementen „Leben einzuhauchen". Ein PC führt sehr viele Arbeitsschritte auf einmal aus. Wenn ein Benutzer jedes Mal alle Einzelschritte als Befehle eingeben müsste, wäre die Arbeit schneller ohne das Gerät fertiggestellt.

Ein Beispiel…
Der PC läuft schon. Ein Satz soll geschrieben werden. Ich möchte ein Wort eingeben…
„Suche den achten Buchstaben des Alphabets → H - Bilde ihn mit Hilfe von drei Linien ab I – I Nein nicht so, zwei Linien parallel mit einem Abstand von zwei Millimetern Н. Wie, du weißt nicht, was Millimeter sind? … Bis das Wort »HALLO« geschrieben wäre, verginge eine Ewigkeit!

Die Systemsoftware wird so zusammengestellt, dass sie wiederkehrende Funktionen des PC-Systems steuern kann. Über lange Befehlsreihen werden komplexe Grundaufgaben gesteuert.

Die **Anwendersoftware** bearbeitet spezielle Aufgaben und löst konkrete Probleme. Moderne Anwendersoftware ist sehr schnell. In enormer Geschwindigkeit werden Daten verarbeitet. Dabei ist es ganz egal, ob es sich um Spielesoftware oder Arbeitssoftware handelt.

Der PC ist besonders für immer wiederkehrende Aufgaben geeignet, bei denen große Datenmengen verarbeitet werden müssen.

In Kinder- und Jugendeinrichtungen kann er für Verwaltungsaufgaben oder Schreibarbeiten eingesetzt werden. Die Zuverlässigkeit der Computer ist sehr hoch.

Die Anwendersoftware kann noch einmal in **Standard- und individuelle Software** unterteilt werden. Standardsoftware wird von ihren Anbietern für viele potenzielle Nutzer konzipiert. Es handelt sich dabei beispielsweise um Textverarbeitungs- oder Kalkulationsprogramme, die jeder nach seinen persönlichen Interessen nutzen kann. Die individuelle Software wird auf spezielle Nutzungsgebiete zugeschnitten. Es handelt sich beispielsweise um Programme, mit deren Hilfe eine Tankanlage gesteuert wird oder die die speziellen Arbeitsschritte einer Arztpraxis unterstützen.

Einige ausgewählte PC-Begriffe und -Anwendungen

Input
Jede Eingabe von Daten wird Input genannt.

Speichern von Informationen
*Der Computer hat verschiedene Speicherplätze, an denen Informationen hinterlegt und wieder abgerufen werden können. Die **Primärspeicher** befinden sich in der Zentraleinheit, den sog. Festplatten. Das sind Magnetplatten, die beschrieben und wieder gelöscht werden können.*
*Die **Sekundärspeicher** ergänzen die Zentraleinheit. Das sind zum einen kleine **Disketten** (= Floppydisk oder Kleinmagnetplatte), die eine Speicherkapazität von 1,44 Megabyte haben. Darüber hinaus gibt es die **CD-ROM**. Das steht für »Compact Disc - Read Only Memory«. Auf ihr werden etwa 680 Megabyte Speicherkapazität geboten. Die Daten werden optisch gespeichert. Der Nachteil dieses Speichers ist, dass er nur einmal beschrieben werden kann (= brennen).*
Wiederbeschreibbare CD-ROMs sind jedoch technisch realisierbar.

__Megabyte__ ist eine Maßeinheit für die Anzahl der speicherbaren Signale.

Ein Byte sind acht zusammengefasste Bit. Ein Bit ist die kleinste Einheit (entweder eine 1 oder eine 0).

Die Übertragung von Informationen

*Die umfassendste Form, Informationen auszutauschen, ist das **Internet**. Das Internet ist ein weltweites **Netzwerk** (= Verkettung von Computern, die gegenseitig Daten austauschen können). 1997 wurde das größte Netzwerk, das **WorldWideWeb** (= www.), weltweit von etwa 100 Millionen Menschen genutzt – Tendenz steigend!*

Mit einem Telefonanschluss und einem Modem (= ein Gerät, das die Computersignale in eine andere elektronische Signalform umwandelt) werden die Daten über Telefonleitungen transportiert. In einem elektronischen Briefkasten (= Mailbox) können den PC Nachrichten aus der ganzen Welt erreichen.

Die Leistungen der Computer

Mit Hilfe eines Modems kann man mit Computerprogrammen in Verbindung treten, um Mitteilungen zu empfangen oder zu verschicken. Diese Mailboxsysteme heißen BBS (= Bulletin Board System).

*Die Informationen im Internet können auf den eigenen PC übertragen werden. Dieser Vorgang heißt **Download** (= herunterladen). Es werden ganze Programme oder einzelne Texte, Grafiken, Bilder oder Filme angeboten.*

*Einzelne Benutzer oder Firmen sind im Internet mit einer **Homepage** vertreten. Das ist quasi die Hausadresse. Eine Art Visitenkarte, die „Besucher" durch das eigene Angebot leitet.*

*Über das Internet oder über eine CD-ROM können Daten importiert werden, die der **User** (= Benutzer eines Computers) individuell weiterverarbeitet. Für die Medienerziehung sind besonders **Edutainment**-Produkte und **Telelearning** interessant. Edutainment meint die spielerische Wissensvermittlung. Der Begriff ist eine Kombination aus Erziehung (Education) und Unterhaltung (Entertainment). Telelearning ist die Nutzung multimedialer Lernprogramme am PC oder am Fernsehapparat.*

4.6.4 Die Nutzung und Wirkung des Computers

Wie Computer genutzt werden

Fakten

Nach einer Repräsentativbefragung des Freizeit-Forschungsinstituts B.A.T. (nach: Presse- und Informationsamt der Bundesregierung. Chancen für Multimedia. 1997. S. 29) sind PC-Nutzer eher männlich, jugendlich und gebildet. Es stellt sich heraus, dass etwa jeder dritte Jugendliche (30 % der Befragten zwischen 14 und 19 Jahre) und etwa ein Viertel der jungen Erwachsenen (27 % der Befragten zwischen 20 und 24 Jahren) mindestens einmal pro Woche den PC nutzt.

Am häufigsten werden Briefe geschrieben und Texte verarbeitet (17 %). An zweiter Stelle steht die Nutzung als Spielgerät (12 %).

Wie Computer wirken

 **Positionen**

Der PC ist mit Sicherheit kein kaltes Medium, das nur abstumpft. Das Deutsche Jugendinstitut hat bereits 1993 mögliche positive und negative Wirkungen des Computers auf Kinder gegenübergestellt (Deutsches Jugendinstitut. Was für Kinder. 1993. S. 417). Es wird davon ausgegangen, dass das Spielen die häufigste Tätigkeit von Kindern am PC ist.

Der Computer ist ein Medium, das ganzheitliches Lernen ermöglicht!

Positive Wirkungen werden im Bereich der Motorik, der Kognition, der Emotion und der sozialen Kompetenz beschrieben.
Mit dem PC wird Geschicklichkeit und Koordinationsfähigkeit gefordert und gefördert. Logische Denkprozesse werden ebenso angeregt wie Fantasie oder strategisches Denken.
Der Computer ist eine geduldige Lernhilfe. Er regt Emotionen an und bietet gleichzeitig die Möglichkeit, Gefühle auszuleben.
Spätestens nach einer gemeinsamen Spielrunde wird klar, dass der Computer soziale Interaktionen anregt – mindestens ebenso gut, wie andere Lern- oder Spielmaterialien, was sich gut beobachten lässt.

Ohne entsprechende Ausgleichstätigkeiten oder Unterstützung durch Erwachsene kann die Computernutzung durchaus schädliche Wirkungen haben.
Übermäßige Computernutzung lässt die Bewegungsfreude stagnieren. Kinder und Jugendliche, die allzu oft oder allzu lange am PC sitzen, werden häufig träge.
Dies steht im Gegensatz zur Geschwindigkeit der medialen Sinneseindrücke. Oft bleibt bei

Spielen oder Lernprogrammen keine Zeit, einzelne Eindrücke zu vertiefen. Das kann dazu führen, dass die Fantasie auch verkümmert. Dies hängt wohl entscheidend von der Qualität der Inhalte ab.

Manche Computernutzer zeigen ein regelrechtes Suchtverhalten, das ab und zu auch an Realitätsflucht erinnert. Der Computer verbraucht dann viel Zeit und verhindert andere sinnvolle Freizeitbeschäftigungen. Dieses Phänomen ist freilich nicht ganz neu. Auch das Lesen wurde früher ambivalent beurteilt. Einerseits galt es Lesen zu fördern. Andererseits versuchten so manche Eltern, ihre hinter Büchern verkrochenen kleinen Leseratten endlich mal an die frische Luft zu befördern. Nicht das Medium an sich ist für Einseitigkeit verantwortlich, sondern wie damit umgegangen wird.

Kinder, die übermäßig Zeit am Computer verbringen, entfremden sich leicht von ihrer Umgebung.
Die Dauer der Nutzung und die Qualität der Spielinhalte sind für die Gesamtqualität der Tätigkeit mit dem PC ausschlaggebend.
Ob Zombies tanzen oder Panzer rollen oder Autos rasen oder Schafe hüpfen macht einen Unterschied! „Gewalt- und Ballerspiele" sind etwas anderes als Spiele, bei denen Reaktion und Koordination notwendig sind. Die Bandbreite der Softwareangebote ist riesig, der Zugang über legale (und auch illegale!) Kanäle oft nicht schwer – bis hin zum Herunterladen aus dem Netz. Eltern und Pädagogen brauchen Strategien – um Kindern und Jugendlichen sinnvolle Freiräume zu geben, dabei Orientierung zu bieten und um unter Umständen Kontrolle auszuüben.

4.7 Neue Medien besitzen eine eigene Realität – das Cyberspace, eine virtuelle Realität

Nachschlagen

Der Computer ist in der Lage, dreidimensionale künstliche Welten zu schaffen.

In der Mitte des 20. Jahrhunderts wurden Menschen zu Astronauten und eroberten das Weltall. Am Ende des zwanzigsten Jahrhunderts wird der Mensch **Cybernaut** und erforscht die vom Computer nachgeahmte Welt.

Mit einem Datenhelm und einer Displaybrille „bewegt" sich ein Cybernaut durch dreidimensionale Räume. Die Räume sind eine **Sinnestäuschung,** die, ähnlich wie beim Film, auf den spezifischen Eigenschaften des menschlichen Auges basiert. In diesem Fall geht es aber nicht um Geschwindigkeit, sondern um **verschiedene Blickwinkel.** Die beiden Augen bekommen dieselbe Szene mit einer jeweils etwas anderen Perspektive zu sehen. Die getrennten Eindrücke werden im Gehirn kombiniert und hinterlassen einen räumlichen Eindruck.

Der Computer registriert die **Bewegung des Cybernauten** und setzt sie in entsprechende Bilder um. Es entsteht der Eindruck, als würde sich der Betrachter durch den Raum bewegen. Diese Form von Interaktion mit einem technischen Medium ist tatsächlich »neu«. Wenn sich Menschen mit Raumanzügen im Weltall bewegen, erscheint das noch als einigermaßen „natürlicher" Vorgang. Im Cyberspace bewegen sie sich mit einem Datenanzug. Sie werden quasi aus der realen Welt in die virtuelle Realität transferiert.

Datenanzüge sind so konstruiert, dass sie die Eindrücke der virtuellen Welt nicht nur optisch, sondern auch haptisch vermitteln. Der Körper wird durch Wärme oder durch Druck stimuliert und leitet entsprechende Informationen an das Gehirn weiter.

Es ist beispielsweise möglich, im Cyberspace etwas „anzufassen", das in der äußeren Realität nicht existiert.

Der Begriff »virtuell« kommt ursprünglich aus der Informatiksprache. Er sollte eigentlich das beschreiben, was in der äußeren Realität nicht existiert, aber mit der Hilfe der Computertechnologie simuliert werden kann.

Die virtuelle Realität bleibt für die meisten Menschen noch eine Zeit lang unerreichbar. Die Technologie ist noch so teuer, dass sie für Normalverbraucher kaum erschwinglich ist. In Florida wurde 1999 der erste virtuelle Freizeitpark mit interaktiven Animationen eröffnet. Wenn noch schnellere Generationen der Heimcomputer auf den Markt kommen, ist der Weg der virtuellen Realität in die Kinderzimmer frei.

Die Simulationen der Computerspiele werden immer präziser.

Die interaktiven Bilder werden stetig realitätsgetreuer. Die dreidimensionalen Simulationen werden darüber hinaus auch immer realistischer klingen, riechen und sich anfühlen.

Die Forschung an dem Cyberspace wurde durch militärische Interessen forciert. Die ersten funktionstüchtigen virtuellen Räume waren Flugsimulatoren, die heute auch nicht mehr aus der zivilen Luftfahrt wegzudenken sind. Die Simulation gefährdet niemanden. Sie hat einen Sinn, wenn die Lerneffekte der Simulation auf die äußere Realität übertragen werden können.

Die Gegenwart und Zukunft hält spannende Anwendungsbereiche bereit:

- Architekten und Forscherinnen bauen virtuelle Gebäude, die begehbar sind.
- Das Bildtelefon macht es bereits möglich, Bilder eines Gesprächspartners zu übertragen. Virtuelle Telefongespräche ermöglichen es, den Partner zu berühren.
- In der Medizin sind virtuelle Reisen durch den Körper realisierbar.

4.8 Das Zusammenwachsen von technischen (Massen-)Medien und Computer

Nachschlagen

Die „intelligenten" Elementarbausteine der Computer, die Mikrochips, haben längst Einzug in unsere Radios, Kassettenrekorder, CD-Spieler, Videorekorder und TV-Geräte genommen. Es gibt kaum noch Geräte, die „einfach" zu bedienen sind. Die meisten Geräte bieten umfangreichen Bedienkomfort. Nur ein paar Beispiele seien genannt: Das Radio zeigt den Namen der Sendestation an, die Sie gerade hören. Und Sie finden im Display vielfach auch eine Programmrubrik, mit der sie einen Sprechtext sofort als Nachrichten oder als Kultur erkennen können. Der CD-Spieler übernimmt es, Ihnen die Songs Ihrer Lieblingsscheibe in zufälliger Reihenfolge vorzuspielen. Sie können dem Videorekorder einen Aufnahmeauftrag erteilen, indem Sie einfach mit dem Scannerstift eine Kennziffer aus dem Programmheft einlesen.

Die Empfangs- und Wiedergabegeräte der technischen Medien werden auch „Endgeräte" genannt, weil sie am Ende der Kommunikationskette stehen. Wenn wir solche komplexen Endgeräte bedienen, so bedienen wir also eigentlich kleine Computer.

Hier verläuft die technische Entwicklung rasend schnell. Der Trend geht zu neuen Endgeräten und dabei auch zu solchen, die mehrere Medien in sich vereinen, zum Beispiel die Internetnutzung über das TV-Gerät, der Ausdruck von Fotos auf dem Farbdrucker direkt aus dem Speicher des digitalen Fotoapparates. Das mag hier nur als Ausblick gesagt werden.

Anregung

Informieren Sie sich in Fachzeitschriften über das Angebot neuer Endgeräte, die schon zum Kauf durch private Haushalte angeboten werden oder deren Markteinführung angekündigt wird.

4.9 Pädagogische Kriterien zur Computernutzung

Positionen

Kindern kann der Umgang mit dem Computer gestattet werden, wenn sie daran Interesse zeigen.
Das ideale Alter zum Einstieg in die Computernutzung ist schwierig zu benennen.

In Spielzeugläden gibt es bereits Computer für Kleinkinder. Manche Länder, z.B. die Vereinigten Staaten oder Japan, führen Kinder bereits in Elementareinrichtungen gezielt an den PC heran. Ein kleineres Kind hat unheimliche Freude daran, an Knöpfen herumzuspielen. Warum sollen sie nicht auch mit den Knöpfen eines PC experimentieren? Erwachsene können diese Erkundung begleiten und sowohl das Kind als auch das Gerät vor größeren Schäden schützen.

Der eigentliche bewusste Umgang mit dem Computer hängt vom Entwicklungsalter des Kindes ab.
Ein sinnvoller Zeitpunkt zur Erstbegegnung ist wohl das dritte bis vierte Lebensjahr.

Bei der Begegnung zwischen Kind und Computer sollten Pädagoginnen darauf achten, dass…

- Erwachsene die Entdeckungen des Kindes begleiten. Sie führen Gespräche über das, was auf dem Monitor vor sich geht, und erklären einzelne Grundfunktionen der Bedienungselemente;
- Kinder mit Programmen umgehen, die für sie geeignet sind. Diese Eignung bezieht sich sowohl auf die Handhabung als auch auf die Inhalte der Programme;
- die Spielphase der Leistungsfähigkeit des Kindes entspricht. Kinder würden oft eher aufhören, wenn die Erwachsenen das nur zuließen.

Auch beim Computer lernen die Kinder am besten am Modell.
Sie beobachten die Erwachsenen oder ältere Kinder und Jugendliche. In vielen Fachbüchern wird berichtet, dass kleine Kinder schon sehr schnell mit der Maus umgehen können.
Die **Maus** ist ein Gerät, mit dessen Hilfe der Cursor bewegt werden kann. Der **Cursor** ist die Markierung, die die aktuelle Position auf dem Monitor anzeigt.

Das Spielen am Computer sollte ebenso aufmerksam begleitet werden wie andere Tätigkeiten der Kinder.
Ältere Kinder sitzen länger an dem PC. Grundschulkinder halten auch gut eine Stunde durch. Das ist oft schon deshalb notwendig und sinnvoll, weil die Spiele (auch die Lernspiele) entsprechend viel Zeit brauchen.
Solange der PC keine Ersatzhandlung ist oder als Babysitter dient, kann die Beschäftigung nicht schädlich sein!

4.10 Qualitätskriterien der neuen Medien

Fakten

Die Qualität der neuen Medien hängt von deren technischen Voraussetzungen und den dargebotenen Inhalten ab. Die Vor- und Nachteile der jeweiligen Technik sind ebenso in Beurteilungen einzubeziehen wie der Gehalt einen Spiel- oder Lernmediums.

Was gute und was schlechte Inhalte sind, muss zu guter Letzt jeder Benutzer für sich entscheiden. Da Erwachsene das ästhetische Empfinden von Kindern und Jugendlichen beeinflussen, brauchen sie Anhaltspunkte zur Orientierung.

Leider können an dieser Stelle keine konkreten Angaben zu empfehlenswerten Geräten gemacht werden. Die Entwicklung der Computer ist so schnell, dass die Tipps in diesem Buch bereits beim Tippen veraltet wären. Die Beurteilung der technischen Bedingungen eines neuen Mediums ist für Laien deshalb nicht ganz leicht. Einige Grundinformationen dienen der Orientierung…

Die Hardware wird in zwei Gruppen eingeteilt – die PCs und die Spiel- bzw. Videokonsolen.

Personalcomputer brauchen eine Grundausstattung…

- Prozessor – ist als „Gehirn" des Computers dafür verantwortlich, wie schnell eine Anwendungssoftware läuft. Je höher die Frequenz (= Megahertz, das meint 1 Million Schwingungen in einer Sekunde), desto leistungsfähiger ist der PC.
- Hauptspeicher – ist für den Grundbetrieb des PCs verantwortlich. Die meisten multimedialen Anwendungen brauchen mindestens 16 Megabyte.
- Festplatte – Neue Rechner haben mindestens eine Kapazität von etwa 2 Gigabyte.
- Bildschirm – Beim Bildschirm kommt es auf die Größe und die Bildfrequenz an. Auch hier gilt: Mehr ist besser (aber teuer!)
- Maus – Eine Maus ist für die Steuerung der

meisten Anwendungen wichtig, sie erleichtert auf jeden Fall alle Bewegungen auf der Bildschirmoberfläche.

…und PCs werden mit unterschiedlicher Zusatzausstattung flexibler:
- Drucker – Tintenstrahl- oder Laserdrucker sind heute Standard.
- Soundkarte – Sie ist dafür zuständig, dass aus den elektronischen Impulsen akustische Signale werden. Für die meisten Spiele ist sie unerlässlich!
- Grafikkarte – Die Qualität der Grafik hat viel mit der Wirkung eines Inhalts zu tun. Je mehr Farben und Farbabstufungen auf dem Bildschirm abgebildet werden können, umso höher ist die Benutzungsqualität.
- Lautsprecher – Eigene Computer-Lautsprechersysteme unterstützen die grafischen Eindrücke und sind für die Qualität des »Sounds« mindestens ebenso wichtig wie die Soundkarte.
- CD-ROM-Laufwerk – Viele Anwendungen sind nur auf CD-ROM erhältlich. Früher oder später kommen PC-Benutzer nicht um dieses Laufwerk herum. Mit guten (schnellen) Laufwerken können alle CD-Arten (z.B. auch Musik-CDs) abgespielt werden.
- Steuerungseinheiten – z.B. Joystick, können sein, müssen aber nicht…

Die Spielkonsolen sind speziell für Spielzwecke ausgerüstet.
Die Software passt jeweils nur zu einem System, das heißt, sie ist nicht oder nur teilweise kompatibel.
Spielkonsolen unterschiedlicher Anbieter (Auswahl):
- Gameboy
- Nintendo 64
- Sega Saturn
- Sony Playstation
- Super NES

Die inhaltliche Beurteilung der Edutainment- und Telelearning-Produkte lehnt sich an die allgemeinen Beurteilungskriterien von Medien an (vgl. Kapitel 3 der Ebene 4).
Die einzelnen Produkte können zunächst in verschiedene Genres unterteilt werden. Jedes Genre bringt spezifische Anforderungen in die Beurteilung mit ein.

Einteilung der Spiel- und Lernsoftware (mit Beispielen)

Simulationsspiele	Adventurespiele	Actionspiele	Strategiespiele
Anno 1602 – Erschaffung einer neuen Welt (Infogrames)[1] Creatures (GT-Interactive)[1]	Darby der Drache (Mediagold)[1] Pyjama Pit (Ravensburger Verlag)[1]	Tomb Raider III (Core Design/Eidos)[4]	Civilization: Call to Power (Activision)[4]

Spielgeschichten	Kreativität	Lernspiele	Sachthemen
Klopf an! (Terzio Verlag)[1] Zilly, die Zauberin (Tivola Verlag) Schneewittchen und die sieben Hänsel (Tivola Verlag)[1]	Autos bauen mit Willy Werkel (Terzio Verlag)[1] Mind Gym (Ravensburger Verlag)[3]	Löwenzahn (Terzio Verlag)[1] O-Kay (Domino Verlag) Secret Number (Cornelsen Verlag)[2]	Steve Hart: A Bronx Family Album – The Impact of AIDS (SCALO Verlag AG)[1] Love Line (Bundeszentrale für gesundheitliche Aufklärung)[1]

Lexika	
Wie funktioniert das? (Bibliografisches Institut & Brockhaus) [1]	1= empfohlen nach Thomas Feibels Software-Ratgeber 2= mit dem PÄDI '98 prämiert 3= empfohlen von Computer & Co (Süddeutsche Zeitung) 4= empfohlen von BRAVO Screen Fun

Nachdem eine Software zugeordnet ist, kann sie anhand folgender Aspekte eingeschätzt werden:

- **Wie gut durchdacht ist das Spiel- oder Lernkonzept?**
  Die Erfahrungen mit herkömmlichen Spiel- und Lernmaterialien können herangezogen werden.
- **Wie gut ist der Inhalt auf seine Adressaten abgestimmt?**
  Entwicklungsgemäße, lebensnahe und anschauliche Inhalte sind zu bevorzugen.
- **Wie gut sind die Inhalte aus pädagogischer Sicht?**
  Werden die Benutzer gefordert und gefördert? Können sie Freude am Umgang mit der Software haben?
- **Ist die Software benutzerfreundlich?**
  Gute Programme zeichnen sich dadurch aus, dass die Benutzer zunächst einen leichten Zugang haben (Installation und Start). Wenn ein Programm gestartet ist, muss es sich leicht steuern lassen (Navigation). Alle notwendigen Bedienungsschritte sollten sich ohne zusätzliche Materialien (z.B. Benutzerhandbücher) erklären oder ergeben.
- **Ist der Inhalt ansprechend und angemessen umgesetzt?**
  In der Umsetzung machen sich die Vorteile des interaktiven Mediums bemerkbar. Die Illustrationen werden von den Herstellern entweder im Computer erzeugt oder traditionell gemalt und dann gescannt. Im zweiten Fall entstehen Computerbilder, die mit guten Bilderbüchern mithalten können. Der Sound setzt sich aus Geräuschen, Musik und Sprechtexten zusammen, sollte in sich stimmig sein und zum Softwarekonzept passen. Die Animationen oder Videos bringen die eigentliche Bewegung in den Inhalt. Bewegungsabläufe können sehr realistisch dargestellt werden. Ist dies der Fall, steigt die Gesamtqualität des Produkts enorm an.

- **Lohnt es sich, die entsprechende Software zu kaufen?**
  Oft lohnt es sich, ähnliche Produkte miteinander zu vergleichen. Einzelne Anbieter geben Demo-Versionen ihrer Software heraus. Demos zeigen Ausschnitte aus einem Programm, die verglichen werden können. Das macht eigentlich nur dann einen Sinn, wenn die Demo-CD-ROM kostenlos erhältlich ist. Von Billigprodukten ist generell abzusehen. Etwas anderes sind Sonderangebote – da lohnt es sich oft zuzugreifen!

- **Alternativen zum Kauf**
  Die wichtigste Alternative zum Kauf oft teurer Software sind die öffentlichen Bibliotheken. Sie bieten vielerorts nicht nur ein großes Sortiment aktueller Software, sondern zusätzlich Computerarbeitsplätze. Manche Bibliotheken erweitern ihr Angebot auch in Richtung Software-Beratung für Kindern, Jugendliche, Eltern und Pädagogen.
  In den öffentlichen Bibliotheken, in denen dieses erweiterte Angebot vorhanden ist, können sich Interessierte zugleich in Ruhe mit den Medien auseinandersetzen. Auch in Buchhandlungen und Kaufhäusern kann man sich Software ansehen, wobei die Präsentation und die Beratung dort, in der Natur der Sache liegend, auf die Kaufauswahl ausgerichtet sind.
  Sowohl öffentliche Einrichtungen (Bibliotheken, Jugendhäuser u.a.) als auch geschäftliche Einrichtungen (Buchhandlungen, Kauf- und Medienhäuser, Cafés) bieten einen öffentlichen Internetzugang an (Internetcafé). Je nach Einrichtung werden mehr oder weniger hohe Gebühren erhoben.

PRAXIS – COMPUTER

Mit dem Computer spielen

Das Angebot an Spielsoftware ist enorm groß und erweitert sich scheinbar täglich. Aus diesem Grund ist es kaum sinnvoll, in diesem Buch spezielle Spiele vorzustellen.

Pädagoginnen und Eltern sind gut beraten, wenn sie selbst Computerspiele spielen. Nur auf diesem Weg können sie sich ein authentisches Bild von diesem Medium machen.

Ein Beispiel
Die frühen Produkte sind **Reaktions- und Denkspiele.** Sie werden in Verbindung mit verschiedenen Systemen angeboten. Diese Spiele erfordern eine hohe Konzentration und zügige Reaktionen. Es geht immer darum, eine möglichst hohe Punktzahl zu erreichen.

Ein zeitloser Vertreter dieses Genres ist das Spiel „Tetris". Das Spielprinzip: In die vorgegebene Spielfläche werden zufällig geometrische Formen eingebracht. Sie wandern vom oberen Bildschirmrand an seine Basis. Die Formen müssen so gedreht und verschoben werden, dass

möglichst viele in die Fläche hineinpassen. Aufbauend auf diesem Spielrhythmus gibt es verschiedene Variationen.

Pädagoginnen und Eltern sind in punkto Spiele auf Ratgeber angewiesen. Wer sich für Kinder-Software interessiert, kann von den Vertreibern Demo-Versionen anfordern. Sie gibt es oft kostenlos oder gegen eine geringe Gebühr.
Ein Demo bringt einen ersten Eindruck des Produkts, bevor es teuer eingekauft wird. Die Adressen der Hersteller sind in jedem Computerladen ausfindig zu machen. Wer nicht stundenlang vor dem Monitor sitzen möchte, kann in einer der zahlreichen Computerzeitschriften oder in entsprechenden Büchern Rat holen.

Es ist, wie bereits erwähnt, sehr empfehlenswert, die CD-ROMs in öffentlichen Bibliotheken auszuleihen. Das hat den Vorteil, dass jeweils das komplette Programm getestet werden kann, bevor es gekauft und den Kindern zur Verfügung gestellt wird.

Literaturtipp

Feibel, Thomas (1999). Großer Kindersoftware-Ratgeber: Lernen, Wissen, Spiel und Spaß!. Haar bei München: Markt und Technik, Buch- und Software-Verlag.

Laudowicz, Edith (1998). Computerspiele. Herausforderungen für Eltern und Lehrer. Köln: PapyRossa-Verlag.

Mit dem Computer lernen

Der PC ist ein Lehr- und Lernmittel, das viele pädagogische Prozesse sinnvoll unterstützen kann. Guter Lernsoftware ist es anzumerken, dass sie mit viel Fachwissen und Liebe zum Detail entwickelt wurde.
Lerneinheiten müssen nicht unbedingt im Gewand eines Spieles daherkommen, damit sie

Kinder und Jugendliche interessieren. Es macht auch Spaß zu wissen, dass es eine schwierige Aufgabe zu lösen gibt.

Wenn sich Kinder freiwillig und längere Zeit mit einem Lernprogramm beschäftigen, ist ein positiver Effekt wahrscheinlich. Das eintönige

Üben von Rechenschritten, Vokabeln oder das stupide Lernen einzelner Fakten kann mit Hilfe des Computers erleichtert werden. Gute Software unterstützt die Merkprozesse mit Gedächtnisstützen. Kinder können ihre individuelle Lerngeschwindigkeit selbst bestimmen. Der PC steht ihnen bei.

Idealerweise sollten die Kinder durch Erwachsene, ihre Eltern, Bekannte oder Erzieher/-innen, beim Lernen unterstützt werden. Eine realistische Einschätzung ist doch aber, dass Erwachsene oft nicht die Zeit und vor allem nicht die Geduld aufbringen, um die Kinder angemessen beim Lernen zu unterstützen. Der Computer kann eine Lücke füllen, vor allem, wenn Eltern oder Erzieher/-innen auf ihre Grenzen stoßen. Auch hier gilt: Erwachsenen sollten so oft und so lange wie möglich mit den Kindern das Medium Computer nutzen!

<u>Ein Beispiel:</u>

Löwenzahn 2: Erde – Wasser – Luft
Die CD-ROM vom Terzio-Verlag (1998) wird in einem Karton mit einem Begleitheft geliefert. Das Begleitheft trägt den Titel „Wasser hat viele Gesichter. Experimente, Tricks und Infos". Ähnlich wie bei der Fernsehsendung werden die Kinder angeregt, sich über das Medium hinaus mit ihrer gesamten Umwelt und ihrem Umfeld zu beschäftigen.

Das Programm startet mit dem Logo und der Melodie der Fernsehsendung. Der Bauwagen von Peter Lustig ist dann der Ausgangspunkt für viele Informationen, Videoclips und auch das eine oder andere Spiel.
Dem Benutzer wird immer erklärt, was er tun kann, um weiterzukommen. Einfache Symbole machen die Handhabung auch für Kinder möglich, die noch nicht lesen können. Beim Klicken auf ein Ohr ertönt die Stimme von Peter Lustig. Er liest dann den jeweils aktuellen Text vor.

An einer Stelle werden die Kinder aufgefordert, den Kreislauf des Wassers mit Hilfe von Symbolen darzustellen. Die einzelnen Bildelemente müssen an der richtigen Stelle eingesetzt werden. Macht der Benutzer etwas falsch, wird er aufgefordert, im Lexikon nachzuschlagen. Das liegt im Bauwagen auf einem Regal. Sobald das Schaubild richtig zusammengestellt ist, gerät der Wasserkreislauf in Bewegung.

Mit dem Computer experimentieren

Kinder nutzen sehr gerne die Gelegenheit, mit einem Computer zu experimentieren. Die Standardsoftware bietet bereits viele Entdeckungsmöglichkeiten. Da ein Computer ein teures und empfindliches Medium ist, sollten die Kinder bei ihren Experimenten von Erwachsenen unterstützt werden. Es werden klare Grundregeln aufgestellt, wie „Klicke bitte nicht auf dieses Zeichen, sonst verschwindet das Bild." Oder „Drücke bitte nicht auf diese Taste, sonst verschwindet das ganze Spiel." Wenn die Kinder verstanden haben, warum sie den einen oder anderen Schritt vermeiden sollten, können sie frei mit einem Programm umgehen…
- Es kann für ein Kind schon sehr aufregend sein, den Cursor mit Hilfe der Maus über die Benutzeroberfläche zu bewegen.

- Erste Versuche in einem einfachen Zeichenprogramm unterscheiden sich nicht wesentlich von Zeichenversuchen auf dem Papier:
  Mit einem Werkzeug (Cursor statt Pinsel) werden Linien oder Flächen auf eine Oberfläche (Monitor statt Papier) gebracht. Mit dem Cursor können Flächen gezeichnet und anschließend koloriert werden. Die farbigen Flächen werden kopiert, eingefügt, ausradiert…

Ein Ergebnis sehen Sie auf Farbtafel 25 (Seite 249). Im mittleren Bild hat das fünfjährige Kind mit einem Zeichenprogramm experimentiert. Zunächst wurde eine breite Freihand-Linie gezogen. Der Cursor wurde so eingestellt, dass er eine Sprühdüse imitiert. Wenn der Cursor bewegt wird, ergeben sich transparente Linien, wenn er länger an einer Stelle bleibt, wird die Farbe satter.

Das Kind hat danach Vierecke mit dicken Linien gezeichnet und diese über die Linien gruppiert. Zuletzt wurden Buchstabenreihen eingebracht.

Ein anderes Ergebnis (oberes Bild) stammt von einem achtjährigen Kind. Es hat Linien auf dem Bildschirm verteilt. Daraufhin wurden die entstandenen Flächen unterschiedlich eingefärbt. Der Künstler entwickelte den Ehrgeiz, dieselbe Farbe nie direkt nebeneinander zu setzen. Gleichfarbige Flächen sollten sich allenfalls an den Spitzen berühren. Abgesehen von dieser strategischen Überlegung ist eine äußerst farbintensive und ausdrucksstarke Grafik entstanden, die professionellen Kunstwerken das Wasser reichen kann.

Hinter dem dritten Ergebnis (unteres Bild) stand ein sehr aufwändiger Prozess. Ein dreizehnjähriger Junge hat scheinbar unendlich viele Kreise gezeichnet, eingefärbt und übereinander gelegt. Das Werk entstand in einer konzentrierten Experimentierphase.

Computer lassen noch ganz andere Experimente zu. Es gibt Musik-Software, mit der eigene Lieder komponiert werden können, oder Software, mit der Zeichentrickfilme gemacht werden.

Eine Vorstufe stellt die **Computeranimation** dar. Professionelle Programme (insbesondere auch Präsentationssoftware) gestatten es, kleine Bewegungsabläufe in Abbbildungen zu bringen. Da diese Programme (trotz großen Leistungsumfangs) in den Grundfunktionen einfach zu bedienen sind, eignen sie sich zum Experimentieren. Jugendliche können damit gut umgehen. Ein kleines Ergebnis eines solchen Experiments ist auf Farbtafel 26 (S. 250) dokumentiert.

Neuere Entwicklungen verbinden traditionelles Spielzeug mit der Computertechnologie. Das Konstruktionsspielzeug „Lego" wird seit 1998, kombiniert mit Software und Chips, zu Hightech-Spielzeug, das Einblicke in die Robotertechnik erlaubt.

Literaturtipp

Feibel, Thomas (1999). Großer Kindersoftware-Ratgeber. Lernen, Wissen, Spiel und Spaß!, Haar bei München: Markt und Technik, Buch- und Software-Verlag.

Fromme, Johannes (1993). Abenteuer im Super-Mario-Land. Die Spiel- und Unterhaltungswelt der „Gameboy-Generation". In: Deutsches Jugendinstitut (Hrsg.). Was für Kinder. Aufwachsen in Deutschland. S. 413 – 419. München: Kösel-Verlag.

Laudowicz, Edith (1998). Computerspiele. Herausforderung für Eltern und Lehrer. Köln: PapyRossa-Verlag.

Leu, Hans Rudolf (1993). Nützliches Werkzeug oder Alleskönner? Computervorstellungen von Kindern. In: Deutsches Jugendinstitut (Hrsg.). Was für Kinder. Aufwachsen in Deutschland. S. 406 – 412. München: Kösel-Verlag.

Mayer, Werner Paul, und Seter, Georg (1994). Computer-Kids. Ravensburg: Otto Maier Verlag.

Reetze, Jan (1993). Medienwelten. Schein und Wirklichkeit in Bild und Ton. Berlin: Springer-Verlag.

5 Mit Medien kreativ sein – Medienkunst

 Nachschlagen

> **Die Kunst der Kinder...**
> ...ist schöpferisch-ästhetisches Gestalten, dessen jeweiliger Prozess und Ergebnis mit unterschiedlichen Medienarten gestaltet werden kann.
> Kinder brauchen im Voraus keine Definitionen des Schönen. Ihre Kunst wächst mit dem Handeln.
> Gerade Kinder setzen sich über kreatives Handeln mit ihrer Gesellschaft und den für sie wesentlichen Normen und Werten auseinander. Ihre Vorstellungen vom Menschsein und vom Leben mit der gesamten Umwelt wird durch künstlerisches Handeln anschaulich.
> Kinder ahmen die Natur nach, setzen innere Symbole gestalterisch um und schaffen individuelle Kunst.
> Da eine genaue Definition über das Wesen der Kunst kaum zu leisten ist, können sich Pädagoginnen und Pädagogen gemeinsam mit Kindern und Jugendlichen auf Kunstexperimente mit Medien einlassen, ohne vorab Qualitätsmaßstäbe zu haben.

Kunst interpretiert das Jetzt, das Gestern und das Morgen.

Die europäische Kunst hatte stets zwei Strömungen:
die bewahrende Kunst, die ihre Aufgabe darin hatte, trotz kultureller Wandlungen Vergangenes lebendig abzubilden und die innovative Kunst, die mit Bewährtem brach, um Zukünftiges einzubeziehen.

Das Repertoire der zeitgenössischen Kunst ist durch die Medien der Technologiegesellschaft erweitert. Die Medien treiben vor allem die ästhetische Wahrnehmung voran. Kunst begegnet uns in allen Lebenssituationen. Die modernen Medien ermöglichen es erstmals, dass viele Menschen einen kontinuierlichen Zugang zu Kunstwerken haben.

Die kreative Auseinandersetzung mit Medien ist besonders reizvoll. Die Medien können mit all ihren Ausdrucksformen zum Einsatz kommen. Ihre Qualität liegt in der Möglichkeit, auditive, visuelle und haptische Eindrücke zu kombinieren. Die Kombinationsmöglichkeiten sind unendlich. Dies macht Kunst überhaupt erst möglich. Die Auswahl der Objekte, die Perspektiven, Bewegungen, das Licht, die Töne – dies alles kommt zum Einsatz.

Ästhetische Erfahrungen mit Medien

Ein Kind, das eine ästhetische Erfahrung macht, steht in Wechselwirkung zu dem Objekt, das wahrgenommen wird. Es verarbeitet die Wahrnehmung mit seiner spezifischen Erlebnisweise, und führt sie innerlich weiter. Dieser Prozess vollzieht sich für Jugendliche und Erwachsene in gleicher Weise, Erwachsene haben lediglich einen anderen Zugang, da ihre Vorstellungen durch mehr vorangegangene ästhetische Erfahrungen geprägt sind.

Der spezifische Gegenstand bzw. das jeweilige Medium hat objektivierbare Eigenschaften. Der Blickwinkel des einzelnen Betrachters ist aber immer subjektiv und damit individuell. Jede ästhetische Erfahrung wird somit durch den

Filter subjektiver ästhetischer Begriffe, d.h. Vorstellungen und Einstellungen, gemacht und führt erst dann zu einem ebenso subjektiven „ästhetischen Urteil".

Medienkunst ist für Kinder, Jugendliche und Erwachsene ein großes Experiment.
Die Faszination ist vor allem durch das „Eigenleben" der Medien gegeben. Die Farben eines Fotos „entwickeln" sich, die Geräusche, die aus dem Lautsprecher ertönen, suchen sich ihren Weg durch den Raum, das Licht des Bild-schirms flackert vor dem Auge des Betrachters…

Die Zeit bekommt durch die Medien eine besondere künstlerische Dimension. Während ein Gemälde oder eine Fotografie noch relativ beständig sind und beliebig lange betrachtet werden können, verändert sich ein Film oder eine Computeranimation kontinuierlich. Die „bewegten Bilder" initiieren die kunstvollen Eindrücke. Medienkunst ist nicht statisch, wie eine Skulptur, sie fließt, flackert auf, beginnt und verebbt, rafft oder dehnt…

> *Medienkunst erweitert und verbindet Emotionalität und Rationalität, sowohl im Schaffungsprozess als auch im Moment des Sehens, Hörens und Fühlens.*

Medien in der »Erlebniswelt Museum«

Medien können auf zwei Arten in die Museumsarbeit einbezogen sein.

Erstens finden sich Medien als Ausstellungsgegenstände.
Das kann zum Beispiel in historischen oder wissenschaftlichen Museen und natürlich auch in Kunst-Museen der Fall sein.

Zweitens haben Museen die Aufgabe, Bildungsbereiche anschaulich und frei zugänglich zu machen. Museen sind in diesem Sinne selbst Medien.
Dabei werden (neue) Medien als Elemente einbezogen, um die Ausstellungsinhalte zu präsentieren. Regelmäßige Ausstellungen und Sonderschauen erschließen, in der der Atmosphäre der Museumsarchitektur, die Ausstellungsstücke. Moderne Medienmuseen verdeutlichen dabei Zusammenhänge und Abläufe.Sie sind nicht mehr statisch, sondern interaktiv. Sie regen das Erleben an und lenken es. Sie geben Informationen und schaffen Erinnerungen.

Die Übergänge zwischen den beiden Arten der Verbindung von Medien und Museum sind nicht starr. Spezielle Medienmuseen, wie beispielsweise das Zentrum für Kunst und Medientechnologie in Karlsruhe, sind „Museen zum Anfassen".
Dieses Zentrum ist die weltweit erste Institution, die sich konsequent der Verbindung von Kunst mit neuen Medien widmet. In Amerika haben die „Orte der Welterschließung", die einen aktiven Umgang mit den Ausstellungen ermöglichen, eine lange Tradition.

Anregung

Medienmuseen und Medien-Dauerstellungen lassens ich in vielen Regionen Deutschlands finden. Schauen Sie sich in Ihrer Gegend nach einer solchen Ausstellung um und machen Sie sich ein Bild davon. Neben den klassischen Medien (Städte- oder Museeumsführer, Prospekte der Kulturämter usw.) hilft ggf. das Internet bei der Suche an Angeboten.

Planen Sie einen Medien-Museeumsbesuch für eine Gruppe Kinder oder Jugendlicher. Überdenken Sie eine mögliche Einleitung vor dem Besuch, evtl. eine Führung, ein Museumsquiz.

(8 Jahre)

(5 Jahre)

(13 Jahre)

Mit einem Präsentationsprogramm lernen die Bilder laufen.

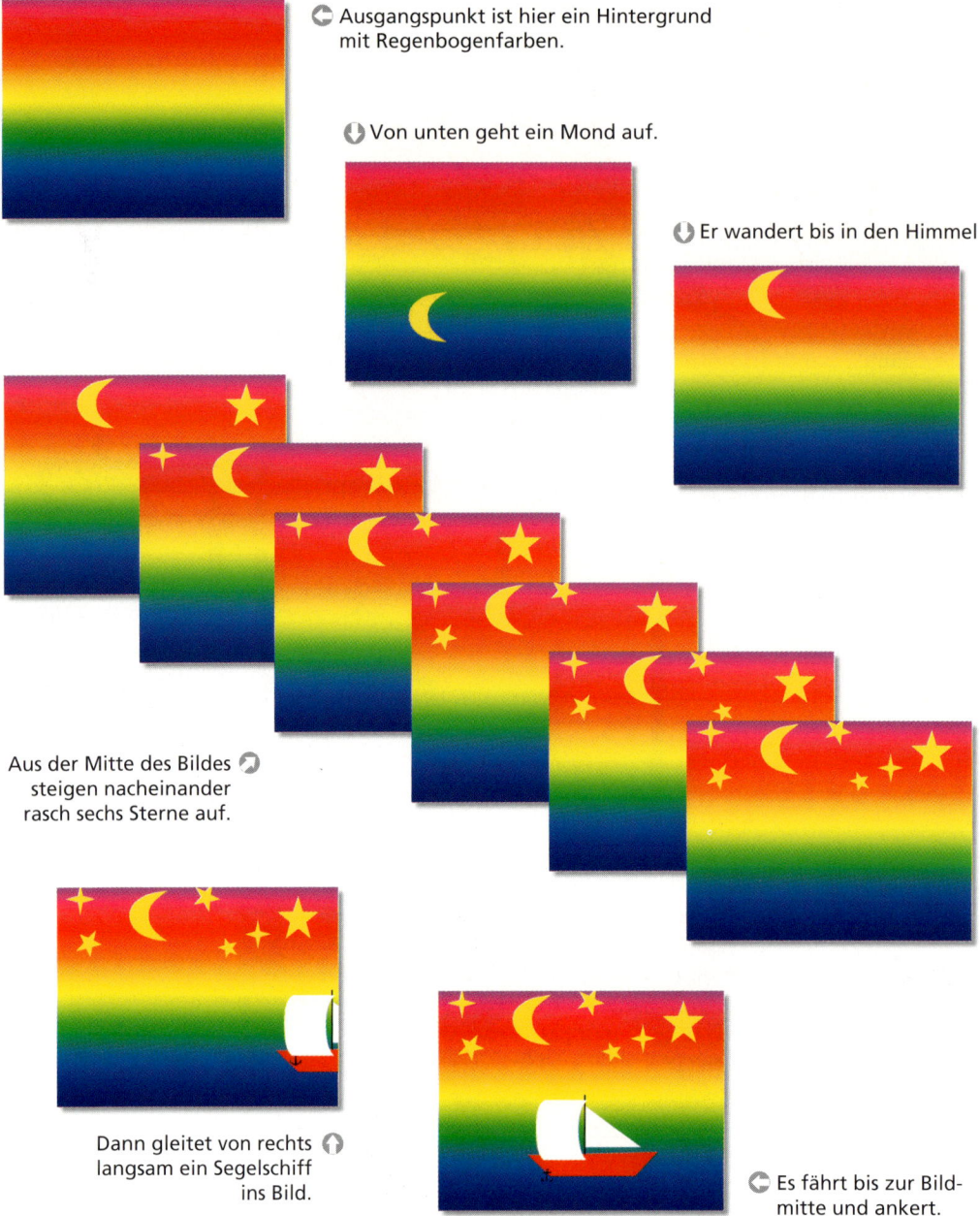

Ausgangspunkt ist hier ein Hintergrund mit Regenbogenfarben.

Von unten geht ein Mond auf.

Er wandert bis in den Himmel

Aus der Mitte des Bildes steigen nacheinander rasch sechs Sterne auf.

Dann gleitet von rechts langsam ein Segelschiff ins Bild.

Es fährt bis zur Bildmitte und ankert.

Mit professionellen Programmen (hier Power Point) lassen sich schon mit relativ einfachen grafischen Objekten flüssige Bewegungen differenziert gestalten. Diese 11 Standbilder stammen aus einer Animationssequenz mit ca. 15 Sekunden Laufzeit, die ein Jugendlicher entworfen und programmiert hat.

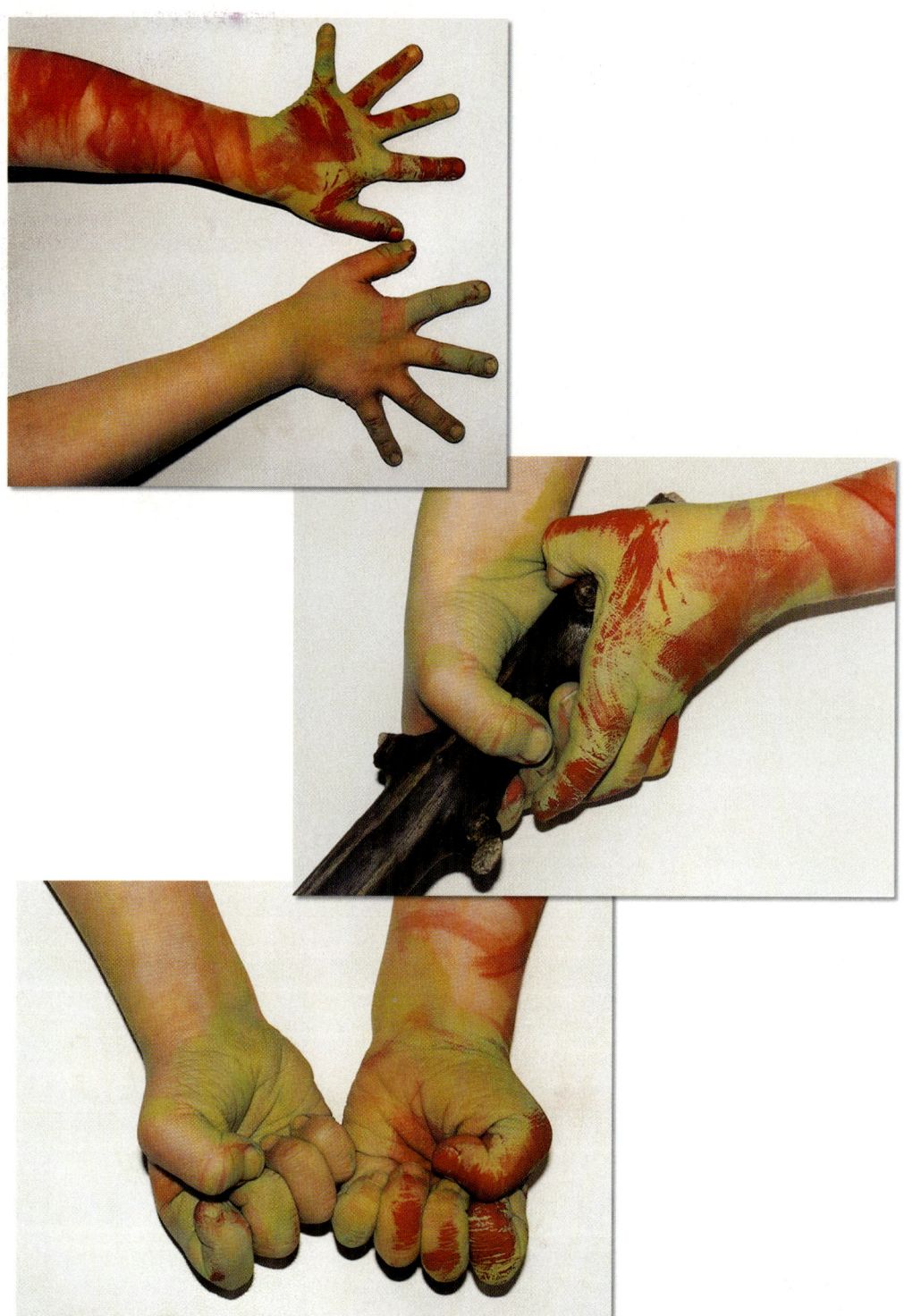

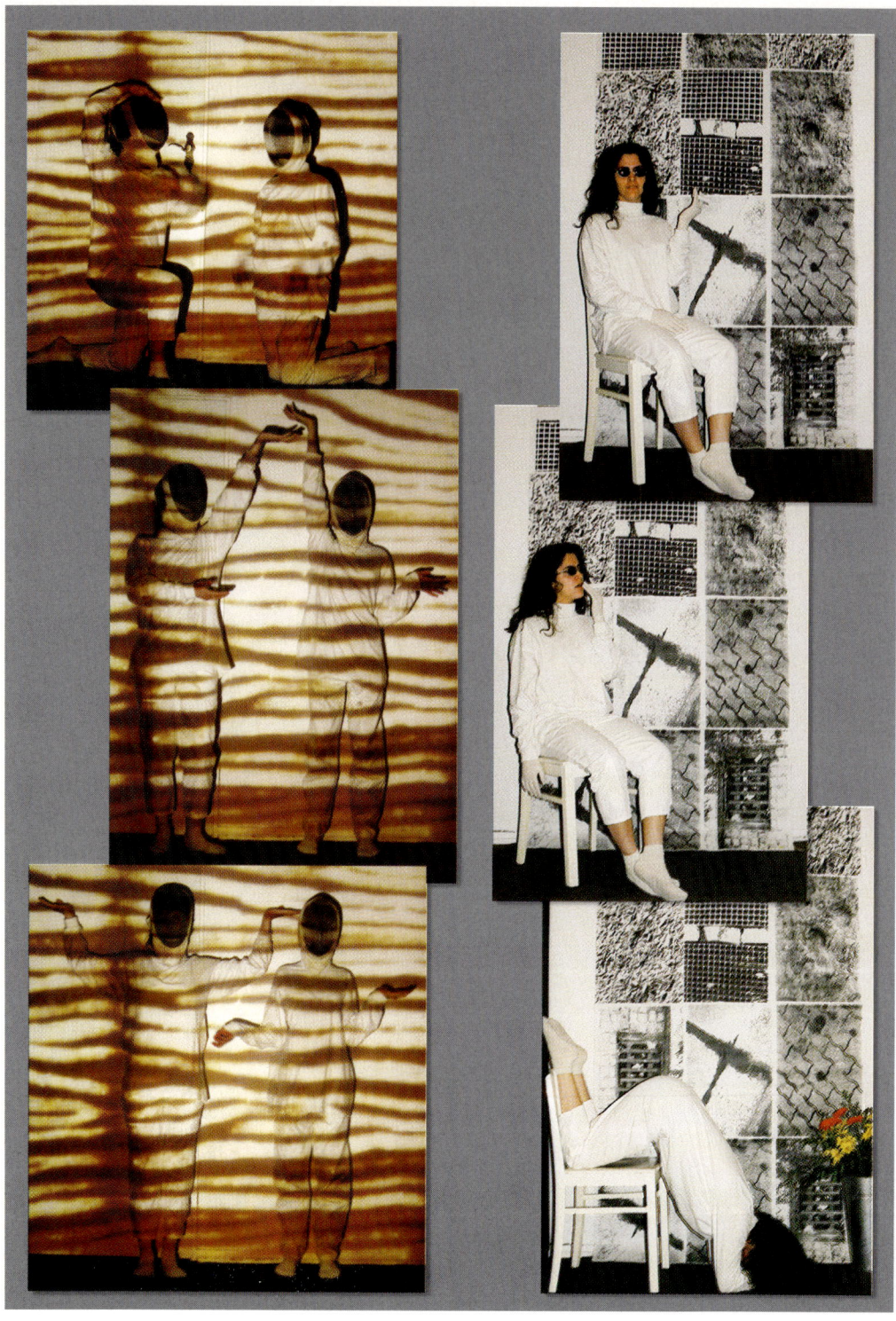

PRAXIS – MEDIENKUNST

Medienarbeit

Kinder und Jugendliche sind Künstler, auch wenn ihnen in der Regel die gesellschaftliche Anerkennung fehlt. Die endgültige Definition darüber, was Kunst ist, existiert nicht. Die folgenden Beispiele stellen Kinder- und Jugendkunst und professionelle Kunstwerke gegenüber. In den wenigsten Fällen besteht ein bewusster Zusammenhang zwischen den schöpferischen Prozessen der Kinder und Jugendlichen und den Kunstwerken der erwachsenen Künstlerinnen und Künstler. Die Kinder und Jugendlichen haben nicht einfach nachgeahmt, sondern sind verblüffenderweise auf ähnliche Ideen gekommen wie die Profis.

Konzept und Installation

Medienkunst hat viel mit der Absicht der Künstler zu tun, die hinter einem Werk stehen. Zufälle und kreative Prozesse spielen natürlich immer eine gewisse Rolle, es ist aber wesentlich, dass Kinder und Jugendliche etwas in ihr Kunstwerk hineinlegen, ihm einen Sinn geben. Dieser Sinn kann so individuell bleiben, dass er für keinen anderen Menschen zugänglich wird, aber er ist da – als künstlerisches Konzept. Hinter dem künstlerischen Vorhaben steht eine Vorstellung, ein Inhalt oder eine Intention.

Kinder und Jugendliche sollten ermutigt werden, ihre Medienkunstwerke anderen Menschen zu präsentieren.

Kunst mit Medien wird immer ein Publikum brauchen. Der Präsentationsrahmen ist für die Wirkung des Kunstwerks entscheidend. Ein besonders schöner Begriff für die Präsentation von Medienkunst ist das Wort »Installation«. Es beinhaltet eine handwerkliche Komponente, die deutlich macht, dass Künstler auch in dieser Kunstform ihr „Handwerk" verstehen müssen, um die gewünschten Ziele zu erreichen. »Installation« schließt aber auch die Organisation, den Plan, die Struktur und räumliche Gliederung einer Präsentation mit ein. Ein Foto, das in der dunklen Ecke hängt, kann noch so genial inhaltlich aufgebaut sein, es kommt nicht zur Geltung…

Beispiele – Fotokunst

<u>Mit Fotos gestalten</u>

Das Beispiel oben links auf Farbtafel 27 (S. 251) zeigt eine **Fotorollage.** Das Foto eines Rehs wurde von Janina, 12 Jahre, mit parallel verlaufenden Schnitten verfremdet.
Das rechte Vorderbein des Rehs teilt das Bild in der Horizontalen ziemlich genau in zwei Hälften. Janina hat hier ihren ersten Schnitt angesetzt. Sie hat dann festgestellt, dass die Mundpartie des Rehs etwa einen Zentimeter breit abgebildet ist. Sie wählte daraufhin eine Schnittbreite von 1 cm für alle Streifen. Durch das Auffächern der Streifen rückt die Nase des Rehs in die Bildmitte. Beim geschlossenen Foto neigte sie sich deutlich zur Seite. Das Reh blickt nun aufrecht aus dem Bild heraus.
Janina wollte mit den Schnitten, die das Motiv „auflösen", deutlich machen, dass der Schein der abgebildeten Idylle trügt. Das Foto entstand in einem Tierpark, in dem sich die Tiere zwar frei bewegen können, der aber dennoch mit ei-

nem gewaltigen Zaun umgeben ist, der die Tiere einsperrt. Für Janina war es besonders tragisch, dass im Parkrestaurant Wild auf der Speisekarte stand. Sie wollte mit ihrem Kunstwerk diese Widersprüche darstellen.

Die übrigen Beispiele auf der Farbtafel 27 zeigen **Fotobauten,** die eigens für dieses Buch hergestellt wurden. An der Arbeit waren ein Kind (4 Jahre), eine Jugendliche (14 Jahre) und zwei Erwachsene (25 und 33 Jahre) beteiligt.

Das Haus und der Baum: Die Idee zu dem Haus stammt von dem Kind. Es fand aus etwa hundert Fotos eines heraus, auf dem ein Teddybär abgebildet ist, der zwischen zwei Holzbalken durchschaut. Das Kind meinte: „Baby-Bär steht hinter der Tür und will rein." Das Bild wurde auf einen Karton aufgeklebt. Das Kind malte die Umrisse eines Hauses darum. Daraus entstand die Idee, das Haus dreidimensional zu gestalten. Alle suchten Fotos, die zum Thema Haus passen könnten heraus. Die Jugendliche hatte die Idee, ein Fachwerkhaus zu gestalten. Da die Fotos aber fast nur große Motive hatten, entschieden sich alle, die Bilder zu zerschneiden, und brachten so einen zusätzlichen Effekt ins Spiel. Das Dach wurde aus vergrößerten Fotografien gebildet. Während der Suche nach speziellen Fotos ordnete das Kind die Bilder nach Motiven. Ein Stapel war für Baum und Naturbilder reserviert. Ein Erwachsener machte den Vorschlag, einen Fotobaum zu gestalten. Die Fotos wurden, je nach Motiv, ausgeschnitten und auf Karton zu einem Baum gruppiert, wieder ausgeschnitten und zu einer dreidimensionalen Skulptur zusammengesteckt.

Das Fantasiehaus und der Turm: Wieder stand die Auswahl der Fotos an erster Stelle. Ein Kind turnt auf einer Burgruine herum. Zwei Motive inspirierten dazu, zwei Fotos zu knicken und zu einem Turm zusammenzufügen. Das Turmplateau wurde aus einem dritten Foto ausgeschnitten und montiert. Diese Arbeit stammt von den beiden Erwachsenen. Sie wurden von dem Kind und der Jugendlichen beobachtet, die daraufhin ein eigenes Werk begannen. Das Kind schnitt ein Foto aus. Es wurde nicht so gerade, wie es wollte. Die Jugendliche

überzeugte das Kind davon, dass auch aus diesem Element ein „Haus" entstehen kann. Beide machten weiter und klebten die verschieden geformten Elemente zu einem Fantasiehaus zusammen. (Den Kamin, auf dem das Kind zu sehen ist, wie es Seifenblasen macht, hat es ganz alleine gestaltet.)

Die Windmühle: Dieses Beispiel zeigt, dass die Gestaltung von Fotobauten nicht auf einfache Körper beschränkt ist. Mit einer Schere, einem Cutter, Klebstoff, eventuell ein paar Klebstreifen und reichlich Fotos mit verschiedenen Motiven und Formaten können Kinder ab etwa vier Jahren kreativ werden.

Das rechte Foto auf Farbtafel 28 (S. 252) zeigt eine **Fotomontage.** Hinter dem Porträt des Mädchens steht ein Konzept, das beim Durchblättern von Fotozeitschriften entstand. Zwei Freundinnen entdeckten Fotomontagen, die aus vielen Einzelbildern zusammengesetzt waren. Aus den Einzelbildern entstand ein neues Bild, z.B. ein Gesicht oder ein Auto… Die beiden Jugendlichen stellten bald fest, dass diese Art der Montage viel Bildmaterial verschlingt, das war schlichtweg zu teuer. Sie experimentierten mit der Sofortbildkamera, um den Effekt mit wenigen Fotos zu erzielen. Dabei entdeckten sie die Möglichkeit, eine Person in „Schichten" zu fotografieren und die Bilder anschließend wieder zusammenzusetzen. Das Ergebnis dieser Arbeit sehen Sie abgebildet.

Professionelle Fotokunst

In der professionellen Fotokunst werden Bilder inszeniert und arrangiert. Hinter jedem Bild steht eine „Idee", die sich auf die Betrachter auswirkt. Jedes Foto will einzeln betrachtet werden. Es kann unter verschiedenen Aspekten analysiert werden. Ist es z.B. Kunst, technisch durchdacht, erstattet es Bericht…?

Die Beispiele der Profis, und das gilt auch für die nachfolgenden Abschnitte zur Medienkunst und zu Installationen, stehen nicht neben den Arbeiten der Kinder und Jugendlichen, um zu zeigen, wie „richtige Kunst" aussieht. Sie tauchen auch nicht auf, um zu demonstrieren, dass

Kinder und Jugendliche das auch können. Die Kunstwerke werden an dieser Stelle eingebracht, weil sie Mut machen sollen, eigene Versuche zu starten.

Als ein Beispiel für Kunst aus dem Fotobereich ist auf Farbtafel 29 (S. 253 oben links) ein Stillleben zum Thema Fernsehen abgebildet.
Stöbern Sie mit Geduld durch Fotobände und nehmen Sie sich die Zeit, sich inspirieren zu lassen. Setzen Sie sich mit den Abbildungen auseinander und machen Sie sich selbst klar, was sie Ihnen sagen! Von vielen Fotografen wird die Wirkung von Farben und verschiedenen Ebenen genutzt.

Kinder-Fotokunst

Dass es bei Fotokunstarbeiten nicht darauf ankommt, viel Material zu verarbeiten (wie das beim obigen Beispiel des Stilllebens zum Thema Fernsehen der Fall ist), zeigen interessante Schülerarbeiten. Hier zwei Beispiele, die mit unterschiedlichen Konzepten und Techniken von Kindern/Jugendlichen umgesetzt wurden.

Das Beispiel auf Farbtafel 28 (S. 252 links) zeigt die **Fotomontage „Wolken"** von Tilo, 17 Jahre. Tilo hat sich schon länger mit Fotografie beschäftigt. Er hat mit seinem Bild „Wolken" ein Naturphänomen festgehalten, das eigentlich alltäglich ist. Alltägliches geht in unserer Wahrnehmung aber verloren. Das ist einer der Hintergründe, die zu dieser Bildanordnung geführt haben.
Die Fotos wurden kurz hintereinander gemacht. Die Kamera stand auf einem Stativ. Durch die Wahl des Bildausschnitts teilt die Wolke das Bild in einen oberen und einen unteren Teil, der ungefähr doppelt so groß ist wie der obere Teil. Die Belichtungszeit wurde so gewählt, dass die Leuchtkraft des natürlichen Lichts betont wird. Die Bilderfolge von oben nach unten betont die Bewegung der Wolke, die vom rechten Bildrand im ersten Foto in die Bildmitte im letzten Foto wandert.

Das Beispiel auf Farbtafel 30 (S. 254) zeigt eine Art **Stillleben** mit dem Thema **„Hände"** von Max und Benedikt, jeweils 4 Jahre alt.
Die beiden Kinder haben in einer Fotosequenz Hände dargestellt. Als Untergrund wurde ein weißer Karton gewählt. Die Kinder wollten darstellen, was Hände alles machen können. Aus einer Reihe von etwa zwanzig Fotografien wurden für diese Abbildung drei Bilder ausgewählt. Die abgebildeten Hände sind „offen", „geballt" und „greifen". Dieses Kunstwerk entstand in einem kreativen Prozess. Die fotografische Technik stand für die beiden Kinder nicht im Mittelpunkt, es kam ihnen auf die Bildinhalte an. Beide Kinder hatten bereits Erfahrungen mit dem Fotografieren, dennoch war es ihnen lieber, Probeaufnahmen mit der Sofortbildkamera zu machen, bevor sie die Spiegelreflexkamera eingesetzt haben.

Ein weitere Technik, die Kinder und Jugendliche gut einsetzen können, ist die Anfertigung von Fotos, die bewusst verschwommen gestaltet werden. Probieren Sie es aus! Sie werden sehen, dass es ein Vorurteil ist, nur „scharfe" Bilder seien „schön".
Um verschwommene Bilder zu erzielen, fotografiert man am besten mit einem Stativ. Die Verschlusszeit wird so eingestellt, dass das bewegte Motiv verschwimmen muss.
Auch zufällig verschwommene Fotografien oder Bilder, auf denen das Motiv nicht komplett abgebildet ist, haben einen gewissen Reiz. Sie sollten nicht leichtfertig weggeworfen werden!

Beispiele – Multimediakunst

Hörinstallationen

Klänge breiten sich aus. Sie erfüllen Räume. Sie regen an und aktivieren. Die Idee ist es, einen ganzen Raum nur mit Klängen zu füllen. Im Raum befinden sich verschiedene Klangquellen, z.B. akustische oder elektronische Musikinstrumente, Tonband, Plattenspieler… Es ist wichtig, dass die Medien zum aktiven Umgang inspirieren.

Die Kinder können selbst Klänge erzeugen oder sich von Klängen beschallen lassen. Diese Räume sollen individuell ausgestaltet und genutzt werden. Es kann ruhig zugehen oder laut sein. Richten Sie einen Raum ein, der auch über Farben (evtl. Lichtorgeln, die mit der Stereoanlage verbunden sind) Klangerlebnisse unterstützt. Begleiten Sie die Kinder und Jugendlichen bei deren Erlebnissen und tauschen Sie sich mit ihnen aus.

Professionell werden gelegentlich Räume im Rahmen von Ausstellungen als Hörinstallation ausgestaltet. Farbtafel 31 (S. 255) zeigt eines der bekannten Beispiele, ein Arrangement von Rob Moonen und Olaf Arndt.

Beispiele professioneller Medienkunst

Die Medienkunst richtet ihren Blick auf das kommende Jahrtausend. In den nächsten Jahrzehnten werden die technischen Medien das künstlerische Schaffen immer deutlicher bereichern. Medienerziehung und Kunsterziehung liegen besonders aus diesem Grund nahe beieinander. Kunst orientiert sich oft am Kunstmarkt. Sie vermittelt daher nicht nur zweckfreie Botschaften, sondern will auch gefallen und im eigenen Interesse werben. Solche Überlegungen verdeutlichen, welche Symbiose Medien, Kunst und Menschen eingehen können.

Beispiele der modernen Medienkunst können durch das Medium Buch nur in kleinen Eindrücken wiedergegeben werden. Die multimedialen Inhalte, die Interaktivität, Bewegung oder Töne stehen in den Abbildungen still.

Einige persönliche Eindrücke beim Betrachten von Kunstwerken möchte ich hier schildern: Auf Farbtafel 29 (S. 253) sehen Sie die Installation „**Touch me**" von D'Urbano. Die Künstlerin hat einen Monitor, der ihr Selbstporträt zeigt, auf eine Säule gestellt. Über dem Monitor ist eine digitale Kamera angebracht, die das Gesicht des Betrachters aufnimmt und allmählich in die vorhandene Abbildung integriert.

Diese Installation ist im Rahmen der Medienerziehung von besonderem Interesse, weil computererfahrene Schüler/-innen durchaus in der Lage sein können, sie selbst zu installieren (eine Videokamera über eine entsprechende Schnittstelle mit dem Computer verbinden und den Signaleingang entsprechend programmieren…).

Das Werk „**Tafel**" von Fietzek, ebenfalls auf Farbtafel 29 (S. 253 unten) passt vordergründig in die schulische Umgebung. Vor einer Schultafel ist ein horizontal und vertikal beweglicher Monitor angebracht. Die erste Begegnung mit dieser Installation ließ mich stocken. Ich wusste nicht so recht, was ich tun sollte. Nur hinzuschauen, wie ich das von anderen Kunstausstellungen gewohnt war, schien mir nicht auszureichen. Die Neugier siegte und ich fasste den Monitor an und bewegte ihn leicht. Dabei geschah etwas Sonderliches. Auf dem Bildschirm erschienen Textfragmente, gerade so, als hätte sie jemand auf die Tafel geschrieben. Die Tafel war aber leer. Der Monitor ließ sich über die gesamte Fläche bewegen. An verschiedenen zufälligen Stellen tauchten immer wieder neue Wörter oder kurze Sätze auf. Ich versuchte ein einmal entdecktes Wort wiederzufinden, es gelang nicht. Der Künstler hat das sinnlich wahrnehmbare Element seines Werks (Tafel und Monitor) mit einem Computerprogramm kombiniert, das über die Führungsschienen des Monitors die Position, die der Betrachter auswählt, erkennt und nach einem Zufallsprinzip immer wieder neue Textfragmente auf den Bildschirm überträgt.

Diese Kunstwerke waren im Zentrum für Kunst und Medientechnologie in Karlsruhe ausgestellt. Andere Ausstellungsorte oder Wanderausstellungen finden sich sicherlich auch in Ihrer Nähe. Ein Besuch lohnt sich allemal.

Multimediales Theater mit Kindern und Jugendlichen

Multimedia und Theater passen gut zusammen. Licht und Farben gehören von jeher zum Theater. Geräusche und Musik untermalen und ergänzen einzelne Szenen. Die Schauspieler/-innen und die Sprache gestalten ein Stück. Tonband, Dias, Video oder Filme und der Computer runden ein multimediales Erlebnis ab. Kinder und Jugendliche kennen multimediale Inszenierungen oft von Live-Konzerten. Moderne Musikgruppen inszenieren mitunter gigantische Multimediaspektakel zu ihrer Musik.

Multimediales Theater kombiniert Spielszenen mit Diaszenen oder mit Videoeinspielungen. Kulissen werden mit Lichteffekten, Fotografien oder Computerbildern gestaltet. Die Technik, vor allem der Computer, ist nicht immer für ein großes Publikum geeignet bzw. in der Umsetzung wieder relativ teuer. Kreative Experimente bringen aber auch hier scheinbar unendliche Möglichkeiten!
Beispiele sollen verdeutlichen, was gemeint ist.

Beispiel – **Lichtspiele**
Das Spiel mit Licht und Schatten ist ein fester Bestandteil der Bühnendramaturgie. Möglich sind Bilder, die sich mit der Vorstellung beschäftigen, dass der Mensch mit seiner Umgebung verschmilzt: Weiß gekleidete Jugendliche bewegen sich vor einer weißen Wand. Auf die Wand und die Darsteller werden Dias (lichtstarker Diaprojektor) oder Folien (Overheadprojektor) projiziert. Die Bewegung der Darsteller bringt die ansonsten starren Abbildungen ebenfalls in Fluss. (Farbtafel 32, S. 256, links)

Beispiel – **Medientheater**
Die Bilder auf Farbtafel 32 (S. 256, rechts) zeigen ein Theaterstück von Jugendlichen. In die Inszenierung wurden Medien fantasievoll eingebracht.
Die Kulisse wurde mit vergrößerten Schwarzweißfotografien gestaltet. Die Szene handelt von Drogen und Tod. An der Rückwand zeigt die Fotocollage verschiedene Bodenstrukturen. Das Bühnenbild sollte suggerieren, dass jemand, der Drogen nimmt, ganz am Boden ist. Zuletzt dreht sich für ihn die Welt um, er befindet sich in einem paradoxen und sinnlosen Zustand: „unter dem Unteren".
An Stelle der Fotografien können die Kulissen mit einer durchscheinenden Projektionswand und einem Dia(-projektor) gestaltet werden. So kann auch ein Teil der Szene hinter den Darstellern, quasi ihr Schatten, als das projizierte Bild anderer Darsteller „zugespielt" werden.

Literaturtipp

Lange, Udo, und Stadelmann, Thomas (1999). Das Paradies ist nicht möbliert. Räume für Kinder. Neuwied: Luchterhand.

Riemschneider, Burkhard, und Grosenick, Uta (1999). Art at the Turn of the Millenium. Köln: Taschen.

Schwarz, Hans-Peter (1997). Medien – Kunst – Geschichte. Medienmuseum, ZKM, Zentrum für Kunst- und Medientechnologie Karlsruhe. München: Prestel.

Schwarz, Hans-Peter (1996). Perspektiven der Medienkunst. Museumspraxis und Kunstwissenschaft antworten auf die digitale Herausforderung. Ostfildern: Cantz.

Zusammenfassung

Wege der Medienerziehung

- Medienerziehung hinterfragt alltägliche Rezeptionsmuster und regt zur Weiterentwicklung individueller Medienstrategien an.

- In der Lebensbegleitung von Kindern sollte die prinzipielle Unterscheidung zwischen Persönlichkeit und Medium beibehalten bleiben.

- In der praktischen Medienarbeit kann und soll interaktiv gearbeitet und gelernt werden.

- Alle Lernprozesse müssen für Kinder so gestaltet werden, dass es nicht lediglich zur Wiedergabe zusammenhangloser Elemente kommt. Kinder sollen zur Einsicht in die logischen Zusammenhänge des Lerngegenstands gelangen.

- In der medienpädagogischen Praxis sollte die aktive Auseinandersetzung mit der gesamten Umwelt auf vielen unterschiedlichen, nicht nur im engeren Sinne medialen Wegen stattfinden.

- Pädagogische Prinzipien wie Anschaulichkeit, Aktivität, Lebensnähe oder Kindgemäßheit lassen sich in aktive Medienerziehung ebenso sinnvoll einbringen wie in andere Erziehungsbereiche.

- Medienerziehung setzt an gewohnten Perspektiven an und führt über einen individuellen Perspektivenwechsel zum kritisch-aktiven Umgang mit Medien.

- Erzieher/-innen ermöglichen Lernprozesse, in denen die Medien gerade wegen ihrer Besonderheiten genutzt werden. Kindern und Jugendlichen werden mit Medien besondere Blickwinkel ermöglicht, die ihren Wahrnehmungsstrategien entgegenkommen und diese gleichzeitig erweitern.

- Erzieher/-innen ermöglichen Lernprozesse, durch die Kinder und Jugendliche Medien erfahren, erleben und erkennen.

Ebene 4

Medienreflexionen, Medien-
beurteilung, Mediendialog

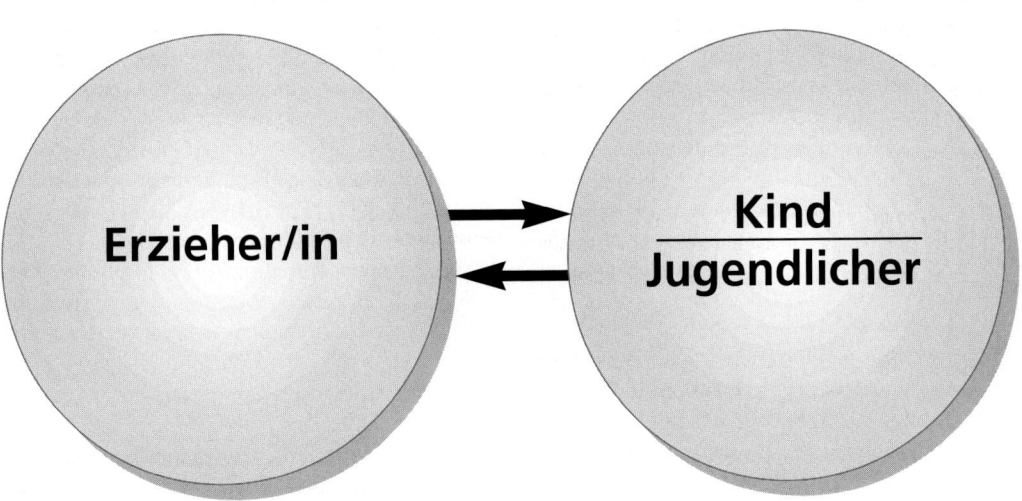

1 Die Reflexion medienpädagogischer Aktivitäten

Jede pädagogische Handlung ist einmalig.
Die Theorie bietet zwar die Grundlage für den praktischen Umgang mit Medien, aber die Prozesse, in denen Menschen gemeinsam etwas entwickeln und erleben, lassen sich niemals so genau vordenken, dass sie hundertprozentig den geplanten Weg nehmen werden. Diese Tatsache macht die Lernprozesse aber gerade so interessant und die pädagogische Arbeit so faszinierend!

Es ist legitim, wenn Erwachsenen daran gelegen ist, dass sich die Kinder, Jugendlichen oder anderen Erwachsenen, mit denen sie arbeiten, weiterentwickeln. In einer Pädagogik, in der es nicht um irgendwelche, sondern um qualitativ hochwertige Lernprozesse und -ergebnisse geht, ist der zwingende letzte Schritt der praktischen Arbeit die Verknüpfung von Theorie und Praxis durch die Reflexion.

 Nachschlagen

Eine qualifizierte Reflexion medienpädagogischer Aktivitäten steht auf pädagogischen Fundamenten!

Medienpädagogik baut auf Pädagogik im Allgemeinen auf und muss als Thema/Fach in der Erzieher/-innenausbildung auf die benachbarten Unterrichtsfächer (je nach Bundesland Erziehungswissenschaft bzw. Pädagogik und Psychologie) **Bezug nehmen.**

Folgende generelle Erkenntnisse, die aus theoriebildenden Fächern geschöpft werden, haben für die Reflexion der medienpädagogischen Praxis herausragende Bedeutung:

Medienpädagogik ist nicht von der gesellschaftlichen Realität abgekoppelt. Pädagoginnen und Pädagogen orientieren sich – bewusst oder unbewusst – immer an dem, was um sie herum vorgeht.

Am Ende des 20. Jahrhunderts ist es ein anerkanntes Ziel, vor allem kindorientiert zu handeln. Dies bedeutet, dass sich die Pädagoginnen und Pädagogen Gedanken darüber machen müssen, wie viel Selbstständigkeit sie den Kindern und Jugendlichen überlassen haben. *Konnten sie sich zurücknehmen, um den Lernenden den Alltag selbst zu überlassen? Haben sie dennoch eingegriffen, wo es notwendig wurde, und mit den Kindern, Jugendlichen und Erwachsenen gemeinsam Möglichkeiten und Grenzen gefunden?*

Das Verhalten der erwachsenen Bezugspersonen beeinflusst die alltäglichen Lernsituationen der Kinder und Jugendlichen. Es wirkt sich kurz- und längerfristig aus.
Zunächst kann sich der Einfluss direkt auf den Verlauf einer Handlung oder eines Lernprozesses auswirken. Eine Erzieherin greift beispielsweise in einen Konflikt zwischen Kindern ein, wenn sie sich für eine erfolgreiche Konfliktlösung verantwortlich fühlt. Erzieherisches Verhalten liegt dabei zwischen zwei Extremen: Weder ist es angebracht, Kinder alles machen zu lassen, noch, alles kontrollieren zu wollen. *Die Reflexionsfrage, die sich aus diesem Gedanken ableitet, lautet: Habe ich als Erwachsene/r die Kinder, Jugendlichen oder anderen Erwachsenen so behandelt, wie ich selbst gerne behandelt werde?*

Erwachsene sollten immer im Blick behalten, dass sich ihr spezielles Verhalten auch längerfristig auf die Kinder auswirkt. Als Teil der Gruppe beeinflussen die Erwachsenen vor allem die emotionalen Beziehungen zwischen den verschiedenen Gruppenmitgliedern in der Kindertagesstätte, dem Hort oder dem Heim während der pädagogischen Alltagsarbeit. Der Aufbau von sozialen Beziehungen zwischen den Gruppenmitgliedern wird durch solche Aktivitäten unterstützt, bei denen alle Mitglieder

der Gruppe gemeinsam etwas tun. Die Erzieher/-innen sind bei diesem gemeinsamen Tun ebenso Gruppenmitglieder wie die Kinder oder Jugendlichen auch.

Hier ergibt sich die Reflexionsfrage: Konnte ich ein positives pädagogisches Verhältnis aufbauen und habe ich mich als Person ganz in den Prozess eingelassen?

Die Modellfunktion erwachsener Interaktionspartner kommt beim Umgang mit Medien deutlich zum Tragen.

Im Kindergartenbereich ist es zum Beispiel sinnvoll, wenn sich Erzieher/-innen den Kindern emotional annähern. Das ist eine günstige Rahmenbedingung für die Entwicklung des Verhaltens der Kinder. Die Kinder erlernen aber noch nicht alleine durch den liebevollen und verständnisvollen Umgang mit ihnen, wie sie mit den verschiedenen Realitäten der Medienwelten selbst umgehen können. Die Kinder bekommen gerade durch die sozial-emotionale Beziehungsebene in der Familie und der Institution oft nur vorläufige und unfertige Lösungen. Das ist teilweise so, weil die Erwachsenen den Kindern nicht genügend zutrauen. Die Reflexionsfrage lautet daher:

Wie oft werden den Kindern Erfahrungen »erspart«, nur weil sie beschützt werden sollen?

Ein Beispiel:

Stellen Sie sich als Erwachsene vor, dass es einen großen Beschützer gibt, der jedes Mal, wenn Ihnen Schaden droht, eingreift.

Sie sitzen gerade gemütlich vor dem Fernsehapparat. Es läuft ein Krimi. Die Szene spitzt sich zu. Jeden Moment wird der Mord geschehen. Und plötzlich … der Apparat geht aus. Das Licht geht an und eine drohende Stimme sagt: „Das ist nichts für dich! Lies doch lieber ein schönes Buch über Natur oder so! – Keine Diskussion!"

Natürlich reizt dieses Beispiel zum Widerspruch, weil Ihnen der Film nicht schaden wird. Aber sind Sie sicher, dass Sie Kindern nur vorenthalten, was ihnen schaden würde? Wie gelangt man zu objektiven Kriterien, zu begründetem Verhalten? Keine Erzieherin kann ohne

weiteres aus ihrer Haut heraus. Das pädagogische Handeln hängt von ihrer Individualität ab. Verschiedene Situationen brauchen unterschiedliche Vorgehensweisen.

Die Erwachsenen sollten sich aber ihrer Rolle innerhalb der pädagogischen Interaktion klar sein und müssen die **Fähigkeit** besitzen, gleichermaßen **an dem Geschehen teilzunehmen und als externer Beobachter so sachlich wie möglich Situationen zu beurteilen.** In der Medienerziehung bedeutet dies vor allem, dass sich Erwachsene ihrer **Vorurteile gegenüber** verschiedenen **Medien** bewusst werden müssen. Sie sollten sich einem immer wieder **neuen Zugang zu medialen Wirklichkeiten** nicht verschließen. Dies gilt besonders, da Kinder das Verhalten von Bezugspersonen nachahmen. Ihr Verhalten, z.B. ihr Umgang mit Unbekanntem oder Neuem, wird von Kindern und Jugendlichen genau beobachtet. Sie lernen an ihren Modellen und setzen das angenommene Verhalten, später in selbst erlebten Situationen, real um. Das Nachahmungsverhalten ist nicht immer direkt sichtbar. Vor allem Verhaltensweisen, die eng mit der individuellen Persönlichkeitsstruktur verbunden sind, verfestigen sich und tauchen später und ohne sichtbaren zeitlichen und eventuell auch ohne erkennbaren inhaltlichen Zusammenhang wieder auf. Hier nicht unbeabsichtigt in die eine oder die andere Richtung zu steuern, darin liegt eine besondere Verantwortung von Erzieher/-innen.

Erzieher/-innen haben nicht alle Ursachen und Folgen ihres Handelns in der Hand und sind auch nicht verantwortlich für das, was nicht beeinflussbar ist.

Andererseits stehen wir aber für alles gerade, was sich in unserem Einflussbereich befindet, für alles, worauf wir Einfluss haben.

Für die Medienarbeit müssen beide Richtungen erzieherischen Verhaltens bedacht werden. Vor Schaden zu bewahren ist die eine Seite. Aber Erlebnisse, die wir den Kindern heute bewusst vorenthalten, könnten ihnen in ihrem späteren Leben schmerzlich fehlen – das ist die andere Seite.

Wer medienpädagogisch arbeitet, braucht …

… spezifische Persönlichkeitsmerkmale, das meint…

- ein hohes Maß an Flexibilität haben,
- sich überflüssig machen können,
- sich zurückhalten können, wenn andere mit Lösungsmöglichkeiten experimentieren,
- mit der Mitteilung von Erfahrungen zurückhaltend sein können,
- Verantwortung an die Teilnehmer/-innen abgeben können,
- gerne beobachten wollen,
- zusammenarbeiten wollen und können,
- eigenes Verhalten erklären und verständlich machen können,
- sich mit medienpädagogischen Ideen identifizieren und eigene Ideen entwickeln können,
- ein Vorbild im Umgang mit der medialen Umwelt sein können und wollen.

… fachliche Kompetenzen, das meint…

- Möglichkeiten und Grenzen der Medientätigkeiten kennen, einschätzen und kalkulierbar machen können,
- Wissen über Medienhintergründe haben,
- im Umgang mit dem jeweils gewählten Medium sicher sein,
- gewisse „technische" Kompetenzen haben
- im Umgang mit Medien selbst weiterlernen wollen.

… psychologische Kompetenzen, das meint…

- herausfordernd sein können ohne provokativ zu wirken,
- die Lernprozesse in den ausgewählten Lernsituationen erkennen, analysieren und reflektieren können,
- zurückhaltend motivieren können,
- Wissen über die Besonderheiten der Zielgruppe haben,
- mit Konflikten umgehen wollen und können,
- ein Gefühl für gruppendynamische und individuelle Signale bei Lernprozessen haben.

…pädagogische Kompetenzen, das meint…

- Lernsituationen auswählen können,
- fachliche Fähigkeiten haben,
- ein Repertoire an Experimenten, Übungen, Projektideen… haben,
- die Fähigkeit haben, sich mit den eigenen Kompetenzen nicht zur Schau zu stellen,
- das gewählte Medium nicht um seiner selbst willen nutzen wollen,
- anleiten können,
- Bedürfnissen Einzelner gerecht werden wollen und können,
- viele Sinne ansprechen und anregen,
- genau beobachten können.

Ein Leitfaden zur Reflexion und Dokumentation von Medien-Lernprozessen

Fakten

Der Prozess und der Erfolg eines Lernprozesses hängt von allen Beteiligten ab.

Die Pädagoginnen und Pädagogen, die einen Lernprozess mit Medien begleitet haben, sollten daher mehrere Reflexionsebenen berücksichtigen, um eine klar erkennbare Struktur in den Rückblick zu bringen.

Die persönliche Reflexion
Die eigenen Anteile und das eigene Verhalten in einem Lernprozess liegen uns am nächsten. Deshalb eignen sie sich als Ausgangspunkt für die Reflexion.

In einer Praxis, in der die Erwachsenen den Lernprozess lenken (vgl. Themengebundene Medienprojekte), ist die persönliche Reflexion deshalb wichtig, weil der Lernerfolg wesentlich von der Person der Pädagogin oder des Pädagogen abhängt.

In den Lernprozessen, die Erwachsene eher begleiten und sich auch teilweise stark zurücknehmen (vgl. Offene Medienprojekte), ist die Reflexion der Beziehung zwischen der Person der Pädagogin oder des Pädagogen zu der Lerngruppe und zu einzelnen Lernenden entscheidend.

Die Reflexionsfragen und -gedanken drehen sich um…
- das persönliche Verhältnis zu den Lernenden,
- das pädagogische Verhältnis,
- die Dimensionen des persönlichen Erziehungsstils.

Die methodische Reflexion

Die methodische Reflexion, d.h. die Art, wie sich die Erwachsenen mit einem Thema auseinander setzen und wie sie es mit den Lernenden umsetzen, lässt sich niemals ganz von der persönlichen Reflexion trennen. Dennoch zielt sie auf einen eher „technischen" Rückblick ab.
Die Reflexionsfragen und -gedanken drehen sich um…
- den Umgang mit dem Lerninhalt,
- die Vorbereitung und Bereitstellung der Räume und des Materials,
- die Form der Anleitung oder Begleitung der Lernenden,
- die Einhaltung pädagogischer Prinzipien,
- die Form der Hilfestellungen,
- die eigene Sprechweise und die Formen der Gesprächsführung,

- die Form der Beobachtung der Lernenden und des Lernprozesses.

Die Reflexionsformen

Während oder am Ende eines Lernprozesses kann die Reflexion alleine, mit Kolleginnen und Kollegen oder allen Beteiligten stattfinden. Eine Kombination mehrerer Reflexionsgespräche ist sinnvoll.
Während der Ausbildung bleibt genügend Zeit, um einen Lernprozess ausführlich zu überdenken. Im Alltag der Kinder- und Jugendeinrichtungen können diese Zeiten durchaus rar werden. Das Gespräch mit den Kolleginnen und Kollegen und mit der Gruppe ist die fruchtbarste Reflexionsform.

Es sollte in Reflexionsgesprächen immer zuerst um die positiven Aspekte gehen. Danach können sachliche Kritikpunkte zu dem Lernprozess und ggf. den Beteiligten folgen, um schließlich wieder zu einem positiven Abschluss und damit zu einer neuen Perspektive zu kommen.

Ein Leitfaden zur Dokumentation von Medien-Lernprozessen

Die Reflexion medienpädagogischer Aktivitäten hat unter anderem den Sinn, die erreichten Ziele festzuhalten und zu dokumentieren. Die Dokumentation ist einerseits für das Team wichtig, um die eigene Arbeit greifbar zu machen. Sie macht Lernprozesse aber gerade auch für die interessierten Eltern transparent.

Die Pädagoginnen und Pädagogen in der Praxis machen ihre gute Arbeit deutlich, wenn sie den Sinn der Aktivitäten beschreiben, den Verlauf skizzieren und die Ergebnisse für die einzelnen Beteiligten und die Gruppe festhalten.

Dokumentationsschritte themengebundenes Medienprojekt		Dokumentationsschritte offenes Medienprojekt
• Die Beteiligten werden über die geplanten Inhalte informiert.	**Der Einstieg betrifft die GESAMT-GRUPPE**	• Die Beteiligten entscheiden gemeinsam über die Inhalte und legen sie fest. Die Gesprächsergebnisse werden festgehalten.
• Die Eltern bekommen vor dem Projekt die möglichen Inhalte ausführlich beschrieben: **Der geplante Verlauf Die wichtigsten Inhalte Die Zielerwartungen**	PLAKATE INFORMIEREN	• Die Eltern werden über die Gesprächsinhalte informiert: **Der Start des Projekts Die ersten Ideen**
• Das Projekt wird wie geplant durchgeführt.	**Der Prozess betrifft oft eine TEIL-GRUPPE oder EINZELNE**	• Während des Projekts wird ein Tagebuch geführt. Die wichtigsten Inhalte des Lernprozesses werden in einer Verlaufsdokumentation festgehalten. • Die Informationen für die Eltern werden nach inhaltlichen Abschnitten weitergegeben. Die Abstände zwischen den einzelnen Informationen sollten nicht zu groß sein. Die Projekte können nur dann in den Familien weitergeführt werden, wenn die Informationen möglichst aktuell sind.
• Am Ende des Projekts wird das Ergebnis dokumentiert.		• Den Abschluss bildet die Reflexion aller Beteiligten, die zusammengefasst und beschrieben wird.
Die Ziele, die erreicht wurden, werden bestätigt.	GESAMTREFLEXION	**Die Ziele, die tatsächlich erreicht wurden, werden beschrieben und festgehalten.**
ERFOLGSKONTROLLE		**ZIELERKENNUNG**

Wenn sich die geschlossenen und offenen Projektformen im Alltag sinnvoll ergänzen, können sie natürlich in einer eigenen Dokumentationsform festgehalten werden.
Ein Beispiel:
Ein themengebundenes Projekt beinhaltet fünf gezielte Beschäftigungen, von denen die ersten detailliert vorgeplant sind. Das Projekt ist deshalb offen, weil der Schwerpunkt auf dem Experimentieren liegt. In diesem Fall werden die Ziele für den Einstieg in das Projekt nur skizziert (als Richt- und Grobziele) und nach der offenen Phase reflektiert. Der Zusammenhang zu den weiteren Phasen wird verdeutlicht und die folgenden Beschäftigungen werden mit vorab festgelegten Zielen durchgeführt.

2 Impulse zum Austausch mit Eltern und anderen Erwachsenen

Im Gespräch

Erwachsene müssen sich heute die Frage stellen, ob es überhaupt möglich ist, die rasante Gesellschaftsentwicklung in irgendeiner Weise vorauszuahnen.

Erziehung ist immer auf die Zukunft der Kinder gerichtet.
Vor 50 oder auch noch vor 20 Jahren konnten die Erwachsenen vielleicht noch relativ gut abschätzen, wie sich die gesellschaftlichen Anforderungen an heranwachsende Generationen entwickeln werden.
Wenn Eltern akzeptieren, dass Erzieherinnen und Erzieher, denen sie ihr Kind anvertrauen, neben ihnen die nächstwichtigen (erwachsenen) Bezugspersonen der Kinder sein können, müssen sie sich die Verantwortung mit ihnen teilen und sich gemeinsam den medialen Wirklichkeiten stellen. Umgekehrt müssen sich die Pädagoginnen und Pädagogen über die Art und Weise im Klaren sein, wie sie diese Verantwortung in ihrer Rolle und Position angehen und umsetzen.
Die Kompetenzen oder Qualifikationen, die Heranwachsende aufbauen, müssen sehr grundlegend, universell und interaktiv nutzbar sein. Zumindest ein Gedanke ist wahrscheinlich: Diese Gesellschaft ist so eng mit Medien verwoben, dass sich jeder Mensch, der in unserer Gesellschaft lebt, mit den unterschiedlichsten medialen Anforderungen auseinander setzen muss.

Es ist ratsam, dass Pädagoginnen und Eltern ihre Meinungen und Gedanken in einem konstruktiven Dialog austauschen.

Der Dialog über die Medien in den Familien

Nachschlagen

Eine Abwehrhaltung gegenüber diesem Thema ist bei den meisten Eltern zu vermuten und hat möglicherweise folgende Gründe:

In Familien sind emotionale Bindungen sehr stark. Die Wünsche der Kinder treffen auf die Wünsche der Erwachsenen. Daraus ergibt sich ein Konflikt:
Entscheidungen zu treffen ist eine der letzten Bastionen, die sich die Erwachsenen noch bewahrt haben, und sie untermauert ihre Vormachtstellung. Dennoch ist das Ideal der Erwachsenen hin zur Partnerschaftlichkeit orientiert. Dies bedeutet eine Konkurrenz der eigenen Interessen und derer der Kinder.
Ein Beispiel:
Die Eltern holen ihr Kind gemeinsam am Nachmittag von der Tagesstätte ab. Zu Hause ange-

kommen, würde die Mutter am liebsten die Beine hochlegen und Musik hören und der Vater hätte Spaß daran, mit dem neuen Computerspiel weiterzuspielen. Die kleine Tochter hat das Gefühl, für heute genug pädagogisch Wertvolles gespielt zu haben, und würde am liebsten etwas fernsehen. Sie fragt nach. Die Eltern schauen sich kurz an. Ihnen kommt der letzte Elternabend in den Sinn und sie schlagen vor: „Lasst uns doch noch ein wenig rausgehen!" – Bis zum Abendessen wird dann etwa zehnmal geschrien, dreimal geweint, einmal demonstrativ geschwiegen … und als das Kind im Bett ist, setzen sich die Eltern schnell vor den Fernsehapparat.

In weiten Teilen unserer Bevölkerung wird wohl die Auffassung verbreitet sein, dass Medien für Kinder schädlich seien.
Einige Medienforscher stellen die Hypothese auf, dass ein Großteil der Eltern darauf bedacht ist, ihre Kinder möglichst von »den Medien« fernzuhalten.
Kinder interessieren sich aber nicht nur für Medien, sondern versuchen von sich aus, früh praktische Erfahrungen zu machen. Medien sind für Kinder unserer Kultur gleichsam ein Teil ihrer Existenz. Umso wichtiger ist es, den Kindern einen natürlichen Umgang mit den eigenen Medienerfahrungen zu ermöglichen. Dazu braucht man eine offene Atmosphäre zwischen dem Kind und dem Erwachsenen, die nicht durch falsch verstandene „Behütungsambitionen" gestört werden darf.

Mit ziemlicher Sicherheit ist davon auszugehen, dass jedes Kind früher oder später Medienerfahrungen macht, die es zunächst nicht ohne weiteres einordnen kann.
Bei dem Versuch, die Erfahrungen mit den einhergehenden Emotionen zusammenzubringen, geraten Kinder mitunter in ein Wirrwarr von Gefühlen, aus dem sie nicht ohne weiteres herausfinden. Parallel dazu finden sie in Erwachsenen oft nicht die Ansprechpartner, die sie bräuchten. Die eigenen Erfahrungen führen so sehr leicht zu Missverständnissen und mitunter auch zu Ängsten.

Welcher Art die Medienerfahrungen sind, lässt sich vom Erwachsenen aus nicht steuern, allerdings kann Hilfestellung bei der Verarbeitung des Erlebten gegeben werden.
Ein Beispiel:
Eine Erzieherin sucht einen Märchenfilm heraus, den sie einfach schön findet, weil es so friedlich zugeht. Sie zeigt ihn einigen Kindern. Völlig unerwartet fängt ein Kind an zu weinen. Es ist erschrocken, als sich ein kleiner Bär an der Hand verletzt.

Kinder wollen und sollen Medienerfahrungen sammeln.
Die Entdeckungslust der Kinder wird aber problematisch, wenn sie Grenzen überschreiten und den Überblick verlieren. Es ist beispielsweise nicht besonders schwierig, an pornografische Medienprodukte zu kommen. Erwachsene gehen oft bedenkenlos mit „nackter Haut" um, sei es in Zeitschriften oder in der Werbung oder in anderen Medien. Wer seine Erfahrungen schon jahrzehntelang machen konnte, stumpft vielleicht ab, aber ein Kind, das seinen eigenen Körper noch nicht richtig kennt, läuft Gefahr, ein verzerrtes Selbstbild zu bekommen.

In fast allen Erziehungsbereichen wird versucht, den Kindern das Positive zu vermitteln, aber der Umgang mit Medien bleibt vielen Erwachsenen ein Greuel.
Wenn das kindliche Interesse an Medien verurteilt wird, dann ist das Scheinheiligkeit. Erwachsene haben nicht das Recht, ihre Schuldgefühle auf die Kinder zu übertragen. Sie fühlen sich schuldig für etwas, was in der Gesellschaft selbstverständlich präsent ist und das sie nicht loswerden können.

Kinder leben nicht in einer eigenen Welt, die sie von der „grausamen" Erwachsenenwelt abschirmt, sondern mittendrin.
Stellen Sie sich eine Atmosphäre vor, in der sich Erwachsene Zeit freihalten und die Fragen und Anregungen der Kinder wichtig nehmen; in der sie nach bestem Wissen und je nach ihren Einstellungen antworten. Sie sollten sich deutlich machen, dass die eigene Vorstellung nur eine

von vielen möglichen ist. Dabei müssen Wissen (das heißt Fakten) und individuelle Meinungen unterschieden werden.

Es gehört auch eine angemessene Sprache und ein angemessenes Sprachverhalten dazu, wenn man mit Kindern über Medien und Medienerfahrungen spricht. Bevor ich den bohrenden Fragen eines Kindes gegenüberstehe, mache ich mir zum Beispiel eigene Gedanken über einen Film oder ein Buch und was ich dem Kind darüber sagen will. Dabei ist mir klar, dass ich selbst nicht immer endgültige Antworten habe.

Medien werfen Fragen und Gedanken auf.
Kinder suchen schon sehr früh nach einem Sinn ihres Lebens. Der Umgang mit Medien bringt sie sicher auf spezielle Gedanken. Es ist aber höchst unwahrscheinlich, dass Kinder ohne die Medien nicht auf problematische Inhalte stoßen würden. Kinder mit Phrasen ruhig zu halten ist falsch. Ehrlicher ist es, mit ihnen Fragen zu stellen, die vielleicht weiterführen. Manchmal finden sich kleine Antworten, die das Kind und die Erwachsenen zum Weitersuchen anregen.

Diese gedankliche Unruhe, das ständige Suchen und Offensein scheint mir die beste Möglichkeit, einen Sinn im Leben zu finden. Nichts wäre schlimmer als Kinder, die bereits mit zehn Jahren aufhörten zu fragen.

Der Dialog über eine Welt voller Erlebnisse und Wünsche

Im Gespräch

Ein immer während Erlebnisdurst bestimmt den Horizont von Kindern, Jugendlichen und Erwachsenen.

Menschen haben ununterbrochen Wünsche. In einer Gesellschaft, in der jeder Einzelne täglich sieht, was andere haben und können, ist es leicht, sich das Viele und das Große, das Faszinierende und das Erlebnisreiche zu erhoffen.

Die Erfüllung eines Traumes kommt selten rechtzeitig und zudem bringt jede Erfüllung neue Wünsche hervor.

Medien sind eng mit Wünschen verbunden. Erwachsene lernen, mit den Wünschen umzugehen.
Solange Kinder oder Jugendliche wünschen und solange die Realität keine entsprechenden Erlebnisse bietet, entwickeln sie die Sehnsucht nach künstlichen Erlebniswelten, von denen sie hoffen, dass es bessere, erfülltere sind.

Die kleinen alltäglichen Wünsche beeinflussen unser Handeln direkt. Kinder und Jugendliche erhoffen sich eine gute Note, eine Süßigkeit oder einen Freund. Die Stimmung hängt davon ab, ob die Chance existiert, Hoffnungen erfüllt zu bekommen, oder ob die Erfüllung in der Gegenwart auf sich warten lässt.

Medien können relativ schnell auf Bedürfnisse reagieren.
Wünsche müssen, dank der Medien, kaum aufgeschoben werden. Die Erfahrung, dass es dauern kann, bis ein persönliches Ziel erreicht wird, scheint in unserer Gesellschaft langsam zu verschwinden.

Es ist ein häufiges Bild, dass Kinder sehr schnell aufgeben und sich hängen lassen. Erwachsene machen es ihnen gerade so vor.

Wie können Eltern und Erzieher/-innen vermitteln, dass es einen Sinn haben kann, sich anzustrengen? Wie können sie zeigen, dass es sich lohnen kann, etwas von sich zu investieren?

In ihren utopischen Wünschen möchten sich die Kinder, aber auch Erwachsene, über ihre Grenzen hinwegsetzen. Sie möchten an vielen Stellen zugleich sein, sie möchten reich und stark sein, sie möchten tun und lassen können, was sie wollen … Diese Wünsche werden nicht immer von der Wirklichkeit getrennt. Da Wünsche aber immer an der Realität und an der Chance ihrer Erfüllung gemessen werden, entsteht für einen Menschen an dieser Stelle ein Konfliktherd.

In einer Gesellschaft, die auf Erlebnisreichtum aufbaut, liegen Risikobereitschaft und Resignation sehr eng zusammen. Medien erzeugen und befriedigen Wünsche.
Eltern und Pädagogen/Pädagoginnen können den Kindern und Jugendlichen die guten, die überschreitenden Erlebnisse verdeutlichen und sie von den schlechten und hemmenden Erlebnissen trennen.

Aspekte die aufzeigen, dass Medien Erlebnisse bieten, die menschlichen Bedürfnissen entsprechen – unabhängig von einer konkreten Altersstufe

 **Fakten**

Medien bieten einen scheinbar unendlichen Vorrat an Informationen.
Damit bieten sie gleichzeitig Sicherheit und eine gewisse Beständigkeit. Sie ordnen die Lebenswirklichkeit und bieten dadurch auch Schutz.
Ein Beispiel:
Viele Menschen richten ihren Tages- und Wochenrhythmus nach dem Angebot des Fernsehens. Montags verlassen sie sich auf die Krimiserie, dienstags kommt die Kochsendung mit Tipps für den eigenen Kochplan in der kommenden Woche, mittwochs werden gute Sportbeiträge übertragen, donnerstags kommt die Naturreihe…

Medien zeigen Trends auf und analysieren deren Tendenzen.
Mediennutzer finden ihre eigenen Neigungen wieder oder entdecken mit Hilfe der Medien neue Bedürfnisse. Im selben Zug vermitteln die Medien eine gewisse Zugehörigkeit.
Ein Beispiel:
Die Mode ist wohl eines der „trendigsten" Elemente unserer Gesellschaft. Viele Jugendliche stimmen ihre Kleidung auf die gängigen Journale in Presse und Fernsehen ab. In einer Lebensphase, in der es wichtig ist, „dazuzugehören", liefern die Medien am schnellsten die entsprechenden Hintergründe.

Medien verleihen ihren Benutzern und Besitzern Ansehen und Anerkennung.
Sie ermöglichen ein gewisses Prestige. Ein Handy ist beispielsweise für manchen Besitzer ein Statussymbol. Medien machen zudem auch unabhängig und frei.
Ein Beispiel:
In einem kleinen Ort erscheint einmal monatlich eine Zeitung, über die günstiges Allerlei aus zweiter Hand verkauft wird. Die Jugendlichen stehen im Frühjahr am Kiosk Schlange, wenn sie auf der Suche nach einem neuen Mofa sind. Wie glücklich ist eine Jugendliche, die den Internet-Anschluss ihres Vaters benutzen kann. Hierüber kommt sie schneller an die Informationen und hat als Erste den Zuschlag auf das beste angebotene Stück.

Medien unterstützen das menschliche Bedürfnis nach Selbstbestimmung und Autonomie.
Wer die Fähigkeit und die Ressourcen hat, um mit Medien umzugehen, kann sich in unserer Gesellschaft freier und selbstständiger bewegen als andere.

Kinder gehen selbstverständlich mit Medien um.
Sie können zu einem frühen Zeitpunkt Erdachtes und Realität unterscheiden. Im Zusammenspiel von Wirklichkeit und Vision entstanden in der Menschheitsgeschichte große Fortschritte. Um solche Entwicklungen nicht zu bremsen, sondern zu fördern, brauchen Kinder und Jugendliche Menschen, die ihnen mit einer bejahenden Haltung begegnen. Sie entwickeln ihre Bedürfnisse in und mit der Gesellschaft. Somit ist es notwendig, Medienerlebnisse positiv in die Entwicklungserfahrungen der Kinder und Jugendlichen einzubinden.

Konkrete Elternarbeit zu Medien

Eltern können (durch die Medien) ein breites pädagogisches Allgemeinwissen aufbauen. Mit steigendem Wissen wachsen aber auch die Anforderungen an die Eltern enorm an. Die Eltern sind nicht selten selbst ihre besten Kritiker…

- Erziehe ich meine Kinder richtig?
- Mache ich alles, was ich kann?
- Schütze ich mein Kind angemessen vor Gefahren?
- Bereite ich es auf die Zukunft vor?
- …

Pädagoginnen und Pädagogen, die sich mit einem bejahenden, dennoch kritischen und insgesamt aktiven Umgang mit Medien angefreundet haben, verstärken in ihrer konkreten Elternarbeit nicht die Zweifel und reden den Eltern nicht zusätzlich Schuldgefühle ein, sondern sie…

- klären die Bedingungen der Familien, bevor sie zur Medien-Elternarbeit kommen,
- sprechen darüber, wie die Kinder tatsächlich mit Medien umgehen,
- überdenken ihre eigene Medienbiografie,
- schlüsseln ihre Einstellungen auf,
- …

Eltern und Pädagoginnen setzen sich für die gemeinsame Arbeit Ziele, sie…

- beobachten das Medienverhalten der Kinder in der Familie und in der Einrichtung und tauschen sich darüber aus,
- machen sich mit der Perspektive der Kinder vertraut, indem sie gemeinsame Gespräche suchen,
- vergleichen die Entwicklung der Kinder mit den Angeboten und Möglichkeiten der Medien,
- besprechen gemeinsam mit den Kindern Grenzen der Mediennutzung,
- beobachten ihr eigenes Medienverhalten und tauschen sich auch darüber aus,
- werden gemeinsam mit den Kindern aktiv,
- …

Für die Arbeit mit Eltern Jugendlicher gelten annähernd dieselben Ziele, auch wenn die Umsetzung der aktiven Elternarbeit in die Praxis schwieriger ist.

Die Themen der Medien-Elternarbeit

Für die Eltern sind dieselben Themen wichtig wie für professionelle Pädagogen:

- Gewalt
- Werbung
- Sexualität
- Was können Kinder verarbeiten?
- Wie lange sollen Kinder Medien am Stück nutzen? Wie lange darf ein Kind beispielsweise fernsehen?

Eltern und Pädagoginnen können über die Themen im Austausch bleiben. Die Eltern können sich an der Auswahl der Themen beteiligen. Wenn beispielsweise ein Elternabend geplant ist, wäre es ratsam, das Thema positiv zu formulieren, ohne den Medien, den Kindern oder den Erwachsenen im Vorfeld bereits eine Schuld zuzuweisen.
Ein Beispiel:
„Wie gehen Kinder mit Medien um?" statt „Fernsehen macht die Kinder krank!"

Die Umsetzung der Medien-Elternarbeit

Beginnen Sie die Medien-Elternarbeit mit dem Austausch über die verschiedenen Einstellungen zu Medien.
Kontroverse Diskussionen bei Elternabenden oder Elternstammtischen verändern entweder überhaupt nichts, weil alle auf ihrem Standpunkt beharren, oder sie führen zu einer Fülle an Ideen zur aktiven Medienarbeit.

Nehmen Sie die Ratlosigkeit der Eltern ernst.
Eltern wissen oft nicht mehr weiter. Wenn sie nach den regelmäßigen Streitigkeiten mit ihren Kindern aufgeben, suchen sie Hilfe. Es ist nicht leicht, der vierjährigen Tochter klarzumachen, dass der Fernsehapparat nach einer halben Stunde ausgemacht wird, vor allem, wenn sie

durch ihr lautes Weinen kaum etwas versteht. Es scheint aussichtslos, dem zwölfjährigen Sohn klarmachen zu wollen, dass er um zwölf Uhr nachts aufhören sollte, mit dem Computer zu spielen, vor allem, wenn den Eltern die Augen zufallen und sie genau wissen, dass der Sohn weiterspielt, wenn sie eingeschlafen sind…

Erzieherinnen und Erzieher sollten keine „Rezepte" verteilen, sondern ein offenes Ohr für die Eltern und ihre Probleme haben. Sie können Gespräche mit anderen Eltern initiieren, denn gemeinsam kommen sie eher weiter.

Wählen Sie Beispiele, in denen die Eltern ihre Situation wiedererkennen können.
Eltern wollen in der Regel Anregungen, mit denen sie etwas anfangen können. Eine gesunde Mischung aus Theorie und Praxis, angereichert mit reichlich anschaulichen Beispielen, ist ein Garant für angeregte Gespräche.

Bei Einzelgesprächen sollten sich die Beispiele immer auf das betreffende Kind oder den Jugendlichen beziehen. Bei Elternabenden eignen sich Beispiele aus dem Alltag der Gruppe. Achten Sie darauf, dass weder einzelne Kinder noch deren Eltern bloßgestellt werden.

Sprechen Sie mit den Eltern und den Kindern und werden Sie mit ihnen aktiv.
Erwachsene sprechen viel zu oft über Kinder und Jugendliche und noch zu selten mit ihnen. Nach allem, was in diesem Buch über Medien zusammengetragen wurde, ist es nur logisch, Kinder, Jugendliche und Erwachsene zusammenzubringen, damit sie mit ihren bisherigen Erfahrungen gemeinsam neue Erfahrungen sammeln können. Wo es immer möglich ist, sollten Medienprojekte generationsübergreifend stattfinden!

Anregung

Entwerfen Sie einen Elternabend zu einem Medienthema. Führen Sie die einzelnen Phasen schriftlich aus. Achten Sie darauf, dass folgende Elemente integriert sind:
Allgemeine Ziele der Medienpädagogik, Eltern sprechen über ihr eigenes Medienverhalten, Eltern bekommen Informationen über das Medienverhalten von Kindern/Jugendlichen, Eltern erfahren von der praktischen Medienarbeit, Eltern und Pädagogen/Pädagoginnen tauschen sich über ihre Erfahrungen aus…
Die Reihenfolge der Elemente hängt von dem jeweiligen Thema ab.

Literaturtipp
Aktion Jugendschutz, Landesarbeitsstelle Bayern e.V. (1996). Alles auf Empfang. Wie fange ich an? Einstiege zur medienpädagogischen Elternarbeit. München.

Pausewang, Freya (1994). Ziele suchen – Wege finden. Kapitel 6.1: Elternarbeit. S. 312 bis 339. Berlin: Cornelsen Verlag.

Institut Jugend/Film/Fernsehen e.V. (Hrsg.). medien + erziehung (merz). Fachzeitschrift. München

Ein Internet-Zugang zu einer Quelle über vielfältige Medienfragen (Hörfunk, Fernsehen, Internet …): Das Kindernetz des Südwestrundfunks: www.kindernetz.de

3 Gedanken zur Medienethik und zur Beurteilung von Medien

Im Gespräch

Die ethischen Fundamente einer Gemeinschaft werden von ihren Mitgliedern entwickelt und aufrechterhalten. Sie hängen also von konkreten Menschen ab und nicht von einer abstrakten Gesellschaft.

Medien werden von Menschen gemacht und von ihnen genutzt. Sie sind von den Idealen, den Normen oder den individuellen Vorstellungen der Menschen abhängig.
Aus diesem Grund müssen alle ethischen Fragen, die im Zusammenhang mit Medien auftauchen, gemeinsam beantwortet werden. Es kann keine allgemein gültigen Regeln geben, allerdings können sich die Mitglieder einer Gemeinschaft auf bestimmte Regeln einigen.
Gemeinsam meint: Kinder, Jugendliche, Eltern, Pädagoginnen, Medienproduzenten, Politiker/-innen… tauschen sich über die Rahmenbedingungen, die Inhalte und die Folgen der Medien aus. Sie finden Maßstäbe, die sie gemeinsam tragen können. Der Austausch macht für die Menschen Sinn, die in unmittelbaren Lebensbereichen aufeinander treffen, die Familie, die Freunde, die Kindereinrichtung, die Gemeinde, die Redaktion einer Zeitung, das Team einer Fernsehsendung…

Die ethische Auseinandersetzung mit Medien wirft eher Fragen auf als sie zu beantworten:
- Wo sind die Grenzen zwischen Realität und Fiktion?
- Wie stark beeinflussen Medien die öffentliche Meinung?
- Vor welchen konkreten Inhalten müssen Kinder und Jugendliche geschützt werden?
- Warum halten sich einige Journalisten an ihre Gebote und andere nicht?
- Ab wann ist ein Inhalt so verfälscht, dass er nicht mehr als „wahr" verbreitet werden darf?
- …

Die ethischen Fragen müssen immer wieder neu besprochen und beantwortet werden, weil sich die Gesellschaft in allen Ebenen kontinuierlich wandelt.

Der Wandel einer Gesellschaft betrifft insbesondere ihre Normen und Werte.
Einige Grundwerte haben die letzten Jahrhunderte überdauert, auch wenn sie von verschiedenen Generationen unterschiedlich gedeutet wurden. Die menschliche Entdeckungsfreude, die Kreativität und die verändernde Kraft der Fantasie haben die Entwicklung der Welt vorangetrieben und tun es noch.

Wer die heutige Kindergeneration beobachtet, stellt fest, dass sie sich nicht grundlegend von der eigenen Generation unterscheidet. Kinder entfalten sich in den Möglichkeiten, die sie vorfinden. Sie öffnen ihre Neugier, ihren Durst nach Wissen, ihre Freude am Spiel oder ihren Forschungsdrang. Die pädagogische Begleitung der Kinder setzt in logischer Konsequenz an deren Lebenswirklichkeit an und unterstützt die Fähigkeiten des einzelnen Kindes und seine persönliche Entfaltung.
Zur **Lebenswirklichkeit** eines Kindes zählen das Spiel, die Bewegung und der Umgang **mit seiner sozialen und natürlichen Umwelt.** Die **technische Umwelt** kommt hinzu. Kinder sollten in allen Bereichen handlungsfähig sein oder werden.

„Ich staune darüber, mit welcher Leichtigkeit Kinder heute mit Technik umgehen. Ich muss mir mühselig die einfachen Handgriffe am Gameboy aneignen und der vierjährige Sven in meiner Gruppe springt von einem Level zum anderen." So schilderte eine zweiundvierzigjährige Erzieherin ihre Eindrücke während eines Seminars.

Kinder gehen scheinbar unbefangener mit der Ausbreitung der Medien um, als Erwachsene. Erzieher/-innen dürfen daraus allerdings nicht die These ableiten, dass Kinder dann auch automatisch umfassende Medienkompetenzen besitzen.

Der Umgang mit Medien ist nicht gleichbedeutend **mit Medienkompetenz!**

Medienethische Aspekte für die Praxis

Die Medienkompetenz, die ein Teil der kindlichen Persönlichkeit ist, entwickelt sich vor allem aus dem Wechselspiel mit den Bezugspersonen. Das Individuum kommt durch seine soziale Verflechtung zu seiner Individualität. Die Medien beeinflussen die Bezugspersonen und deshalb sind sie in die Sozialisationsprozesse integriert.

Um Gefahren der seelischen Entwicklung entgegenzusteuern, wird ein Lernprozess notwendig, und zwar das Lernen von Beziehung zu anderen Menschen und zu Medien.
Das Kind zeigt in erster Linie eine Eigeninitiative. Es nimmt sich zum Beispiel verschiedene Verhaltensmuster Erwachsener zum Vorbild und lehnt andere ab. Dieselbe Fähigkeit setzt es auch beim Umgang mit Medien ein. Dabei werden verschiedene Einflüsse vom Kind in spezifischer Weise interpretiert und beantwortet (reflektiert).
Die medienpädagogische Aufgabe…
Einerseits bedarf es Anregungen, andererseits Ermutigung zur eigenen Tätigkeit. Spätestens hier wird die Notwendigkeit deutlich, dass die Anforderungen der Umwelt für das Kind erfüllbar sein müssen. Durch häufiges Versagen könnte nämlich ein Minderwertigkeitsgefühl unterstützt werden, wo doch eigentlich erreicht werden soll, dass sich das Kind nützlich und wertvoll fühlt.

Damit Kinder mit den Kulturtechniken einer von Medien beeinflussten Gesellschaft zurechtkommen, muss die Erziehung Medien bewusst einsetzen.
Jede Kultur stellt einen Versuch dar, die Aufgaben des Lebens zu meistern.
Eine Aufgabe, die Kinder von Anfang an lernen, ist das Zusammenleben. Eine andere Aufgabe ist die Beherrschung der Kulturtechniken, deren Vermittlung eine Teilaufgabe der Erziehung ist.
Die medienpädagogische Aufgabe…
Kinder müssen sich Kulturfertigkeiten aneignen, um selbst Aufgaben wahrnehmen zu können. Der Prozess beginnt beim Lernen am Beispiel und wird dann umgesetzt und weitergeführt. Auch mit den Medien bauen die Kinder Fertigkeiten wie eine Beziehungsfähigkeit, selbstständiges Denken oder Integration in das komplexe Sozialleben auf.

Es hängt von der Qualität eines Mediums ab, ob es die Kompetenzen unterstützt und fördert oder eher hemmt. Die Beurteilung eines Mediums und des Medieninhalts sind aber nicht einheitlich festgelegt. Hier ergibt sich für Pädagoginnen und Pädagogen die Aufgabe, eigene und stichhaltige Beurteilungskriterien für Medien zu entwickeln.

Anregungen zur Entwicklung von Beurteilungskriterien

Der erste Vorschlag bezieht sich auf eine Reihe von Leitgedanken, die auf allgemein gültigen Aussagen über den Menschen, die Medien und die Ethik beruhen…

Leitender Gedanke 1: Das wesentliche Merkmal des Menschen ist seine Fähigkeit zur zwischenmenschlichen Interaktion.
Hinzu kommt, bedingt durch seine neurophysische Ausstattung, also durch die hochkomplexe Gehirnstruktur, über die er verfügt, die außerordentliche Lernfähigkeit.
Die entstandenen spezifischen Kulturtechniken, welche Lebensqualität überhaupt erst ermöglichen, spiegeln eindeutig die menschliche Fähigkeit wider, Kultur entwickeln zu können. Die Kulturbildung ist aber immer das Ergebnis des Gemeinschaftslebens.

⇨ Daraus folgt: Beurteilungskriterien müssen darüber Aufschluss geben, ob ein Medium (oder der Medieninhalt) die charakteristische Lernfähigkeit des Menschen berücksichtigt, in seine Kultur eingebunden ist und ob es eine bestimmte Form der Interaktion zulässt.

Leitender Gedanke 2: Medien sind wichtige Hilfsmittel, die der Mensch zur Unterstützung seiner Bildungsfähigkeit nutzt.
Der Mensch entwickelte sich aus evolutionstheoretischer Sicht vom trieborientierten zum personalen Wesen. Die Bildungsfähigkeit macht die Qualität zwischenmenschlicher Interaktion aus. Die Tendenz zur Einbindung von Medien in das Leben hat dann zwei Komponenten: Zum einen ist sie die logische Folge aus dem menschlichen Lerndrang und zum anderen bieten Medien ideale Bedingungen für Lernprozesse. Das Lernen mit und durch Medien ist die leistungsfähige Anpassung an wechselnde Umweltbedingungen.

Durch die Medien erhält das Individuum selbst mehr Wissen und bereichert gleichzeitig das Wissensniveau seines sozialen Umfelds. Beides hat größere „Überlebenschancen" in einer hoch mediatisierten Umwelt zur Folge. Demnach bringt die aktive Auseinandersetzung mit Medien eine Art „evolutionären Vorteil".

⇨ Daraus folgt: Beurteilungskriterien müssen darüber Aufschluss geben, ob das Medium und der spezielle Medieninhalt dazu geeignet sind, die Entwicklung des Menschen voranzutreiben: seinen Lerndrang zu befriedigen, ihm die Auseinandersetzung mit der Umwelt zu ermöglichen bzw. zu erleichtern und sein Wissen und damit seine Chancen im Leben zu erweitern.

Leitender Gedanke 3: Die ethischen Grundregeln einer Gesellschaft haben die Aufgabe, das individuelle Leben zu schützen.
Dieser Schutz kann bewahrend sein, dann ist aber die Gefahr groß, dass einzelne Menschen den Anschluss an den gesellschaftlichen Wandel verlieren. Der Schutz kann aber auch bedeuten, dass jeder Mensch die Möglichkeit hat, sich in einem sicheren Rahmen, z.B. im Kindergarten oder auch in einem Seniorenzentrum, mit den Anforderungen der Medien vertraut zu machen.

⇨ Daraus folgt: Beurteilungskriterien müssen darüber Aufschluss geben, ob das Medium dem Menschen objektiv Schaden zufügen kann und ob es seine Entwicklung in irgendeiner Form hemmt.

Als zweiter Vorschlag folgt eine offene Sammlung einzelner Kriterien, die vor allem eine Hilfe für die praktische Beurteilung einzelner Medien (oder der Medieninhalte) sein kann (S. 278 f.)

Kriterien zur Beurteilung von Medieninhalten

Medium
Titel
Autor/-in
Datum

Kriterium	Gesichtspunkte	Richtungen
Handlung	◆ Ist die Handlung klar und folgerichtig aufgebaut? ◆ Ist eine Handlungslinie zu erkennen? ◆ Hat die Handlung angemessene Höhepunkte und Ruhepunkte? ◆ …	◆ Das Kriterium „Handlung" bezieht sich vor allem auf „bewegte" Medien, wie Hörspiele, Filme, Computerspiele… ◆ …
Gehalt	◆ Ist eine Aussageabsicht zu erkennen? ◆ Kann die inhaltliche Substanz des Mediums die Entwicklung eines Adressaten stützen oder irritieren? ◆ Bilden die abgebildeten Handlungen, die Sprache… und die Gedanken eine Einheit? ◆ Macht das Medium Kritik möglich und unterstützt so die Kritikfähigkeit? ◆ Werden bestimmte Werte vermittelt? ◆ …	◆ Die Frage nach der Vermittlung von Werten ist heikel, da es sehr subjektiv ist, welcher Wert als akzeptabel eingeschätzt wird. ◆ …
Gestaltung	◆ Sind die Darstellungen überschaubar gegeliedert? ◆ Sind die Darstellungen in sich realistisch? ◆ Stimmt die Gestaltung (z.B. Farbatmosphäre, Formen…) mit der Aussageabsicht überein? ◆ Sind die Gestaltungsmittel (Bilder, Geräusche, Musik, Sprache…) gut und verständlich eingesetzt? ◆ …	◆ Darstellungen müssen nicht unbedingt wirklichkeitsgetreu sein, um realistisch zu wirken (z.B. Sciencefictionfilme) ◆ …

Inhalt	◆ Kommen die Inhalte aus der Lebenswelt der Adressaten? ◆ Sind die Inhalte glaubwürdig? ◆ Regt der Inhalt neue Fragen an oder gibt er abschließende Antworten? ◆ Animiert der Inhalt zum Mitdenken? ◆ Werden durch das Medium hergebrachte Rollen fixiert? ◆ Sind die Inhalte eher konflikt- und problemorientiert? ◆ …	◆ Die Inhalte müssen nicht unbedingt gefallen, um gut zu sein. ◆ Bei problemorientierten Inhalten muss darauf geachtet werden, ob es Verarbeitungshilfen gibt oder ob zur Verarbeitung spezielle päd. Maßnahmen notwendig werden. ◆ …
Adressaten	◆ Ist das Auffassungsvermögen der potenziellen Adressaten der Maßstab für das Medium? ◆ Tragen Inhalt, Gehalt, Handlung und Gestaltung zur Erweiterung des „Horizonts" bei? ◆ Bietet das Medium Hilfe zur Selbstfindung und Weltorientierung? ◆ Bietet das Medium Möglichkeiten, eigene Lebenserfahrungen einzubringen (z.B. Projektion eigener Wünsche, Bedürfnisse und Gefühle)? ◆ Unterstützt das Medium das autonome Handeln (z.B. Mut und Selbstbewusstsein)? ◆ …	◆ Zur Bestimmung von Kriterien, die die Adressaten berücksichtigen, ist ein allgemeiner Überblick über Entwicklungsverläufe und Entwicklungsbedingungen notwendig. ◆ …
Einsatz-möglichkeiten	◆ Regt das Medium zum Austausch an? ◆ Ist das Medium interaktiv angelegt? ◆ Beinhaltet das Medium Sprachanreize? ◆ Wird das Medium verschiedenen Ansprüchen gerecht: Spannung, Spaß, Unterhaltung, Aktivierung, Information… ◆ …	◆ Die Einsatzmöglichkeiten eines Mediums hängen nicht nur von Inhalten u.Ä. ab, sondern ebenso sehr von den Rahmenbedingungen der Lernsituation. ◆ …
Persönliche Einschätzung	◆ Das Medium ist interessant, eindrucksvoll, schön… oder langweilig, ermüdend, beklemmend… ◆ …	◆ Die persönliche Einschätzung ist wichtig, weil die Kinder und Jugendlichen, mit denen gearbeitet wird, spüren, wie Erwachsene zu einem Medium stehen. ◆ …

Kriterien zur Beurteilung von Medien

Medium

Kriterium	Gesichtspunkte	Richtungen
Förderung der Wahrnehmung	◆ Ist das Medium dazu geeignet, die Wahrnehmung des Umfelds zu erweitern und/ oder zu fokussieren? ◆ Werden mit Hilfe des Mediums einzelne Sinne unterstützt? ◆ …	◆ Bereits ein Fernglas oder eine Lupe lässt das alltägliche Umfeld in einem besonderen Licht erscheinen. ◆ …
Förderung der Koordination und der Reflexe	◆ Kann das Medium von den jeweiligen Adressaten selbstständig genutzt werden? ◆ Fördert die Handhabung des Mediums die Abstimmung von Bewegungsabläufen? ◆ Fordert die Technik des Mediums spezielle Reaktionen bei den Benutzern heraus? ◆ …	◆ Vor dem Einsatz eines Mediums sollte sichergestellt sein, dass die Kinder/Jugendlichen mit den Bedienungselementen zurechtkommen können (z.B. Kamera: Entspricht die Anordnung von Auslöser und Sucher den Proportionen der Kinder?) ◆ …
Förderung des Erlebens, der Emotion und Kognition	◆ Verändert der Gebrauch des Mediums die Erlebnismöglichkeiten? ◆ Kann der Umgang mit dem Medium Gefühle positiv anregen? ◆ Gibt der Kontakt mit dem Medium Anregungen zur geistigen Auseinandersetzung? ◆ …	◆ Die Fotografie eines Details fordert den Fotografen und den Betrachter heraus. Sie müssen auswählen und zuordnen. ◆ Es ist faszinierend, durch ein Tonband Stimmungen zu erzeugen, z.B. mit Geräuschen Spannung zu steigern. ◆ …
Förderung der Kooperation und Kommunikation	◆ Regt das Medium an, mit anderen Menschen in Kontakt zu treten? ◆ Ist das Medium dazu geeignet, die Verständigung zwischen den Nutzern zu fördern? ◆ Macht es das Medium notwendig, einzelne Schritte in einer Arbeitsgruppe zu koordinieren? ◆ …	◆ Während ein Computer gut alleine genutzt werden kann, versammeln sich beim Herstellen eines Films leicht mehrere Menschen um die Kamera. ◆ …

Diese Listen können natürlich nicht vollständig sein. Ergänzen Sie die Beurteilungskriterien jedes Mal, wenn Ihnen ein neuer Aspekt in den Sinn kommt. Fassen Sie möglichst viele Einzelaspekte zusammen, damit der Beurteilungsleitfaden handhabbar bleibt. Auf diesem Weg haben Sie ein Instrument, mit dem Sie ein Medium und die Reaktionen der Rezipienten analysieren können.

Für Medieninhalte gilt, dass die Pädagoginnen und Pädagogen ihre Beurteilung vor dem Einsatz treffen müssen. Es ist schwieriger, gedanklich vorwegzunehmen, wie die Kinder, Jugendlichen oder Erwachsenen mit der Handhabung eines speziellen Mediums zurechtkommen. Die ergiebigste Quelle ist die **Beobachtung** der Akteure.

Die Grundlage aller Beoachtungen bildet ein einfacher, systematischer **Beobachtungsbogen,** der den Umgang mit einem Medium **grob** erfassen hilft. Die vier auf S. 280 verwendeten Kategorien sollten als Raster ausreichen.
Es gibt Bereiche, deren Erfassung relativ einfach ist, z.B. die Koordination. Hier kann einfach abgeklärt werden, ob eine einzelne entwicklungsgemäße Fähigkeit gezeigt werden kann oder nicht. Andere Bereiche können in

Stufensystemen erfasst werden, im Bereich Koordination zum Beispiel das Einhalten von logischen Arbeitsschritten. Wieder andere Bereiche, wie Erleben oder Emotion, lassen sich hingegen nur angemessen durch genauere Erläuterungen oder Rückfragen beschreiben.

Die Teile der **offenen Beobachtung** können unter einem bestimmten Gedanken beispielsweise in „Zettelboxen" gesammelt und anschließend ausgewertet werden.
Zusätzlich ist das **Gespräch** mit den Kindern oder Jugendlichen eine gute Informationsquelle. Schließlich macht es im Einzelfall auch Sinn, die Medien gezielt zu testen, bevor sie zum Einsatz kommen. Durch einen Test können bestimmte Annahmen bestätigt oder verworfen werden.

Ein Medium, das als geeignet eingestuft wurde, wird unter bestimmten Zielvorstellungen praktisch eingesetzt, es entwickelt seine Wirkung auf die Beteiligten, die bewusst reflektiert wird. Schließlich wird die Qualität des Mediums daran gemessen, ob es im Interesse der Adressaten gewirkt hat. Das ursprüngliche Urteil wird bestätigt und das Medium weiter genutzt oder das Urteil wird verworfen und das Medium hat ausgedient.

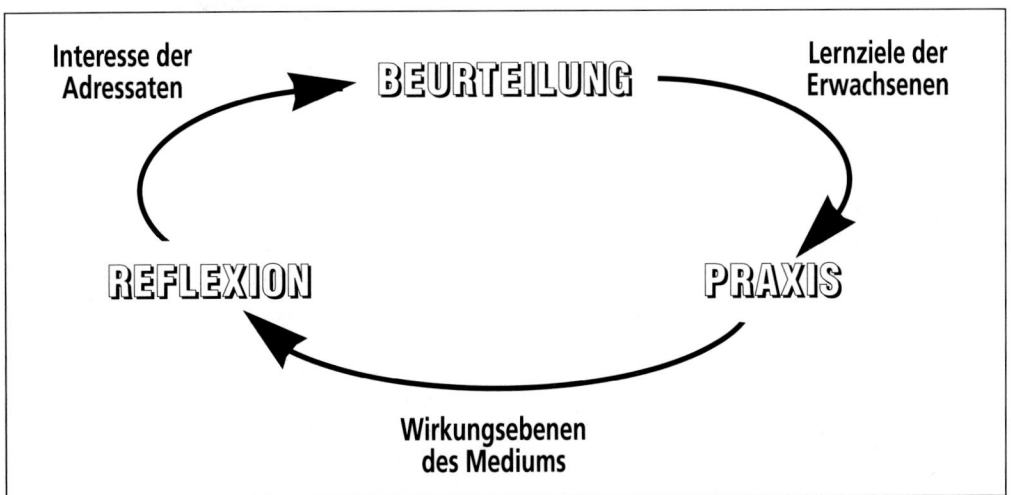

Zusammenfassung

Reflexion medienpädagogischer Aktivitäten

- Das Verhalten der erwachsenen Bezugspersonen beeinflusst die alltäglichen Lernsituationen der Kinder und Jugendlichen.

- Medienarbeit muss einerseits vor Schaden bewahren, darf aber andererseits Kindern Erlebnisse nicht vorenthalten, die ihnen in ihrem späteren Leben fehlen könnten.

- Wer medienpädagogisch arbeitet, braucht fachliche, psychologische und pädagogische Kompetenzen und muss im Umgang mit der medialen Umwelt ein Vorbild sein können.

- Die Reflexion medienpädagogischer Aktivitäten beginnt bei den eigenen Anteilen und dem eigenen Verhalten der Pädagoginnen in einem Lernprozess. Die methodische Reflexion wird mit der persönlichen Reflexion verbunden.

- In Reflexionen stehen immer zuerst die positiven Aspekte zur Debatte. Danach können sachliche Kritikpunkte zu dem Lernprozess und ggf. den Beteiligten folgen, um schließlich wieder zu einem positiven Abschluss und damit zu einer neuen Perspektive zu kommen.

- Die Pädagogen in der Praxis machen ihre gute Arbeit transparent, indem sie den Sinn der Aktivitäten beschreiben, den Verlauf skizzieren und die Ergebnisse für die Beteiligten und die Gruppe festhalten.

Der Austausch mit Eltern und Erwachsenen

- Diese Gesellschaft ist so eng mit Medien verwoben, dass sich jeder Mensch, der darin lebt, mit unterschiedlichsten medialen Anforderungen auseinander setzen muss.

- Viele Eltern werden der Auffassung sein, dass Medien für Kinder schädlich seien, und es ist wahrscheinlich, dass jedes Kind früher oder später Medienerfahrungen macht, die es zunächst nicht einordnen kann. Die Aufgabe der Medien-Elternarbeit ist es deshalb, Eltern Ängste zu nehmen und ihnen positive Perspektiven zum Umgang mit ihren Kindern und den Medien zu ermöglichen.

- In einer Gesellschaft, die auf Erlebnisreichtum aufbaut, liegen Risikobereitschaft und Resignation eng zusammen. Medien erzeugen und befriedigen Wünsche. Eltern und Pädagogen können gemeinsam den Kindern und Jugendlichen gute, überschreitende Erlebnisse verdeutlichen und sie von schlechten, hemmenden Erlebnissen trennen.

- Die konkrete Medien-Elternarbeit setzt an den Fragen der Eltern an und berücksichtigt deren Einstellungen.

Medienethik und Beurteilung von Medien

- Zur Lebenswirklichkeit eines Kindes zählen das Spiel, die Bewegung und der Umgang mit seiner sozialen und natürlichen Umwelt. Die technische Umwelt kommt hinzu. Kinder sollten in allen Bereichen handlungsfähig sein oder werden.

- Wer die heutige Kindergeneration beobachtet, stellt fest, dass sie sich nicht grundlegend von der eigenen unterscheidet. Kinder entfalten sich in den Möglichkeiten, die sie vorfinden. Sie öffnen ihre Neugier, ihre Freude am Spiel oder ihren Forschungsdrang.

- Die Aufgabe der Medienpädagogik ist Kindern/Jugendlichen das Erlernen von Kulturfertigkeiten zu ermöglichen, sie anzuregen und zur Eigentätigkeit zu ermutigen.

- Die Qualität eines Mediums wird daran gemessen, ob es im Interesse der Adressaten wirkt. In erster Linie soll es das Erreichen der gemeinsam gefundenen Ziele unterstützen und letztlich dem Wohle des Nutzers dienen.

Stichwortverzeichnis

Register der Praxisübungen und -beispiele

Bildquellen

Folgenden Personen bzw. Institutionen danken wir für die freundliche Genehmigung zum Abdruck von Fotos:

Lego GmbH, München, Tafel 1 (S. 97, oben)

Mauritius (Titelfoto)

Robert Moonen/Olaf Arndt, Camera Silens, 1994, Tafel 31 (S.255)

Sony Deutschland GmbH, Köln, Tafel 1 (S. 97, unten)

W. Siebert-da Costa Gomez und Schüler/-innen der Liebfrauenschule-Bischöfliche Berufsfachschule, Geldern (S. 43)

Alba d'Urbano, Touch Me, 1995, Tafel 29 (S. 253)

e.o.plauen, „Vater und Sohn",Gesamtausgabe
Südverlag GmbH, Konstanz, 1982 (ren.) mit Genehmigung der
Gesellschaft für Verlagswerte, GmbH, Kreuzlingen/Schweiz, (S. 130)

Die übrigen Fotos stammen vom Verfassser oder wurden ihm von Privatpersonen zur Verfügung gestellt. Bei Collagen, Zeichnungen und Fotos, die von Kindern oder Jugendlichen angefertigt wurden, ist dies jeweils einzeln vermerkt.

Sachillustrationen wurden teils von Holger Stoldt, Düsseldorf, und teils im Rahmen der Layout-arbeiten von Text & Form, Düsseldorf, nach Vorlagen des Verfassers angefertigt.